301

SPANISH VERBS

fully conjugated in all the tenses

Alphabetically arranged

301

SPANISH VERBS

fully conjugated in all the tenses
Alphabetically arranged

by

Christopher Kendris

B.S., M.S., Columbia University
M.A., Ph.D., Northwestern University
Diplômé, Faculté des Lettres, Sorbonne

Department of Foreign Languages
The Albany Academy
Albany, New York

 BARRON'S EDUCATIONAL SERIES, Inc.
Woodbury, New York / London / Toronto

All inquiries should be addressed to:
Barron's Educational Series, Inc.
113 Crossways Park Drive
Woodbury, New York 11797

Library of Congress Catalog Card No. 81-17677

International Standard Book No. 0-8120-2497-4

Library of Congress Cataloging in Publication Data

Kendris, Christopher, 1923–
    301 Spanish verbs fully conjugated in all the tenses.

    Includes indexes.
    1. Spanish language — Verbs — Tables.   I. Title.
II. Title: Three hundred one Spanish verbs fully
conjugated in all the tenses.   III. Title: Three
hundred and one Spanish verbs fully conjugated in
all the tenses.
PC4271.K377   468.2′421   81-17677
ISBN 0-8120-2497-4   AACR2

PRINTED IN THE UNITED STATES OF AMERICA

2 3 4 5   005   9 8 7 6 5 4 3 2

To my wife Yolanda,
to my two sons, Alex and Ted,
and to my daughter-in-law, Tina Marie

About the Author

Christopher Kendris has taught French at Northwestern University, at the College of the University of Chicago, at Rutgers University, at the State University of New York at Albany, and at Schenectady County Community College. For several years he also taught French and Spanish at Farmingdale High School, Farmingdale, New York, where he was chairman of the Department of Foreign Languages. At present, he teaches French and Spanish at The Albany Academy, Albany, New York.

Dr. Kendris received his B.S. and M.S. degrees at Columbia University in the City of New York and his M.A. and Ph.D. degrees at Northwestern University in Evanston, Illinois. He also earned two certificates with *Mention très Honorable* at the École Supérieure de Préparation et de Perfectionnement des Professeurs de Français à l'Étranger, Faculté des Lettres, Université de Paris.

Dr. Kendris has lived in France, Greece, and Germany and has traveled in Canada, Belgium, Switzerland, Italy, Spain, and Portugal. He is the author of numerous modern language aids, books, and workbooks, all of which have been published by Barron's Educational Series, Inc. His most popular books are: *French Now!* for French Level One, *201 Spanish Verbs* and *201 French Verbs fully conjugated in all the tenses, Dictionary of 501 French Verbs* and *Dictionary of 501 Spanish Verbs fully conjugated in all the tenses, Beginning to Write in Spanish,* and *Beginning to Write in French.*

Contents

Abbreviations

adj.   adjetivo (adjective)

ant.   anterior

comp.   compuesto (compound, perfect)

e.g.   for example

fut.   futuro (future)

i.e.   that is, that is to say

imp.   imperfecto (imperfect)

ind.   indicativo (indicative)

inf.   infinitivo (infinitive)

p.   page

part.   participio (participle)

part. pas.   participio de pasado, participio pasivo (past participle)

part. pr.   participio de presente, participio activo, gerundio (present participle)

pas.   pasado, pasivo (past, passive)

perf.   perfecto (perfect)

perf. ind.   perfecto de indicativo (present perfect indicative)

perf. subj.   perfecto de subjuntivo (present perfect or past subjunctive)

plpf.   pluscuamperfecto (pluperfect)

pot.   potencial (conditional)

pot. comp.   potencial compuesto (conditional perfect)

pr. or *pres.*   presente (present)

prep.   preposición (preposition)

pres. or *pr.*   presente (present)

pret.   pretérito (preterit)

subj.   subjuntivo (subjunctive)

Introduction

This dictionary of 301 commonly used Spanish verbs for students and travelers provides fingertip access to correct verb forms.

Verb conjugations are usually found scattered in Spanish grammar books and they are difficult to find quickly when needed. Verbs have always been a major problem for students no matter what system or approach the teacher uses. You will master Spanish verb forms if you study this book a few minutes every day, especially the pages before and after the alphabetical listing of the 301 verbs.

I compiled this book in order to help make your work easier and at the same time to teach you Spanish verb forms systematically. It is a useful book because it provides a quick and easy way to find the full conjugation of many Spanish verbs.

The 301 verbs included here are arranged alphabetically by infinitive at the top of each page. The book contains many common verbs of high frequency, both reflexive and non-reflexive, which you need to know. It also contains many other frequently used verbs which are irregular in some way. On page 346 I give you an additional 1,000 Spanish verbs that are conjugated in the same way as model verbs among the 301. If the verb you have in mind is not given among the 301, consult the list on page 346. My other book, *Dictionary of 501 Spanish verbs fully conjugated in all the tenses,* contains two hundred additional verbs.

The subject pronouns have been omitted from the conjugations in order to emphasize the verb forms. I give you the subject pronouns on page xli. Turn to that page now and become acquainted with them.

The first thing to do when you use this book is to become familiar with it from cover to cover—in particular, the front and back pages where you will find valuable and useful information to make your work easier and more enjoyable. Take a minute right now and turn to the table of contents at the beginning of this book as I guide you in the following way:

(a) Beginning on page xi I show you how to form a present participle regularly in Spanish and I give you examples. I also give you the common irregular present participles and the many uses of the present participle.

(b) Beginning on page xii I show you how to form a past participle regularly in Spanish and I give you examples. I also give you the common irregular past participles and the many uses of the past participle.

(c) On page xiv I explain the Passive and Active voices and I give numerous examples.

(d) Beginning on page xvi you will find the principal parts of some important Spanish verbs. This is useful because if you know these you are well on your way to mastering Spanish verb forms.

(e) Beginning on page xviii I give you a sample English verb conjugation so that you can get an idea of the way a verb is expressed in the English tenses. Many people do not know one tense from another because they have never learned the use of verb tenses in a systematic and organized way—not even in English! How can you, for example, know that you need the conditional form of a verb in Spanish when you want to say "*I would go* to the movies if . . ." or the pluperfect tense in Spanish if you want to say "*I had gone* . . ."? The sample English verb to distinguish one tense from another so that you will know what tense you need to express a verb in Spanish.

(f) On page xx I begin a summary of meanings and uses of Spanish verb tenses and moods as related to English verb tenses and moods. That section is very important and useful because I separate the seven simple tenses from the seven compound tenses. I give you the name of each tense in Spanish and English starting with the present indicative, which I call tense number one because it is the tense most frequently used. I assign a number to each tense name so that you can fix each one in your mind and associate the tense names and numbers in their logical order. I explain briefly what each tense is, when you use it, and I give examples using verbs in sentences in Spanish and English. At the end of each tense I show you how to form that tense for regular verbs.

(g) Beginning on page xxxiv I explain the Imperative, which is a mood, not a tense, and I give numerous examples using it.

(h) Beginning on page xxxvi I explain briefly the progressive forms of tenses and I give examples. I also note the future subjunctive and the future perfect subjunctive. I explain how these two rarely used tenses are formed, and I give examples of what tenses are used in place of them in informal writing and in conversation.

(i) Beginning on page xxxviii I give you a summary of all the fourteen tenses in Spanish with English equivalents, which I have divided into the seven simple tenses and the seven compound tenses. After referring to that summary frequently, you will soon know that tense number 1 is the present indicative, tense number 2 is the imperfect indicative, and so on. I also explain how each compound tense is based on each simple tense. Try to see these two divisions as two frames, two pictures, with the seven simple tenses in one frame and the seven compound tenses in another frame. Place them side by side in your mind, and you will see how tense number 8 is related to tense number 1, tense number 9 to tense number 2, and so on. If you study the numerical arrangement of each of the seven simple tenses and associate the tense number with the tense name, you will find it very easy to learn the names of the seven compound tenses, how they rank numerically according to use, how they are formed, and when they are used. Spend at least ten minutes every day studying these preliminary pages to help you understand better the fourteen tenses in Spanish.

Finally, in the back pages of this book there are useful indexes: an index of English-Spanish verbs, an index of common irregular Spanish verb forms identified by infinitive, and a list of over 1,000 Spanish verbs that are conjugated like model verbs among the 501. I also give many examples of Spanish verbs used in idiomatic expressions and simple sentences, verbs that require certain prepositions, and Spanish proverbs and weather expressions using verbs — all of which are special features. If you refer to these back pages each time you look up verb tense forms for a particular verb, you will increase your knowledge of Spanish vocabulary and Spanish idioms by leaps and bounds.

I sincerely hope that this book will be of some help to you in learning and using Spanish verbs.

Christopher Kendris
The Albany Academy
Albany, New York

Formation of the Present and Past Participles in Spanish

Formation of the present participle in Spanish

A present participle is a verb form which, in English, ends in -ing; for example, *singing, eating, receiving*. In Spanish, a present participle is regularly formed as follows:

drop the **ar** of an **-ar** ending verb, like **cantar,** and add **ando: cantando**/singing

drop the **er** of an **-er** ending verb, like **comer,** and add **-iendo: comiendo**/eating

drop the **ir** of an **-ir** ending verb, like **recibir,** and add **iendo: recibiendo**/receiving

In English, a gerund also ends in **-ing,** but there is a distinct difference in use between a gerund and a present participle in English. In brief, it is this: in English, when a present participle is used as a noun it is called a gerund; for example, *Reading is good*. As a present participle in English, it would be used as follows: *While reading*, the boy fell asleep.

In the first example (*Reading is good*), *reading* is a gerund because it is the subject of the verb *is*. In Spanish, however, we do not use the present participle form as a noun to serve as a subject; we use the infinitive form of the verb: *Leer es bueno*.

Common irregular present participles

INFINITIVE		PRESENT PARTICIPLE	
caer	to fall	cayendo	falling
conseguir	to attain, to achieve	consiguiendo	attaining, achieving
construir	to construct	construyendo	constructing
corregir	to correct	corrigiendo	correcting
creer	to believe	creyendo	believing
decir	to say, to tell	diciendo	saying, telling
despedirse	to say good-bye	despidiéndose	saying good-bye
destruir	to destroy	destruyendo	destroying
divertirse	to enjoy oneself	divirtiéndose	enjoying oneself
dormir	to sleep	durmiendo	sleeping
huir	to flee	huyendo	fleeing
ir	to go	yendo	going
leer	to read	leyendo	reading
mentir	to lie (tell a falsehood)	mintiendo	lying
morir	to die	muriendo	dying
oír	to hear	oyendo	hearing
pedir	to ask (for), to request	pidiendo	asking (for), requesting
poder	to be able	pudiendo	being able
reír	to laugh	riendo	laughing
repetir	to repeat	repitiendo	repeating
seguir	to follow	siguiendo	following
sentir	to feel	sintiendo	feeling
servir	to serve	sirviendo	serving
traer	to bring	trayendo	bringing
venir	to come	viniendo	coming
vestir	to dress	vistiendo	dressing
vestirse	to dress oneself	vistiéndose	dressing oneself

Uses of the present participle

1. To form the progressive tenses: **The Progressive Present** is formed by using **estar** in the present tense plus the present participle of the main verb you are using. **The Progressive Past** is formed by using **estar** in the imperfect indicative plus the present participle of the main verb you are using. (See pages xxxvi–xxxvii for a complete description of the uses and formation of the progressive tenses.)

2. To express vividly an action that occurred (preterit + present participle): *El niño entró llorando en la casa/*The little boy came into the house crying.

3. To express the English use of *by* + present participle in Spanish, we use the gerund form, which has the same ending as a present participle explained above: *Trabajando, se gana dinero/*By working, one earns (a person earns) money; *Estudiando mucho, Pepe recibió buenas notas/*By studying hard, Joe received good grades.

   Note that no preposition is used in front of the present participle (the Spanish gerund) even though it is expressed in English as *by* + present participle.

   Note, too, that in Spanish we use **al** + inf. (not + present part.) to express *on* or *upon* + present part. in English: *Al entrar en la casa, el niño comenzó a llorar/*Upon entering the house, the little boy began to cry.

4. To form the Perfect Participle: **habiendo hablado/**having talked.

   Finally, note that the only preposition that may be used in front of the Spanish gerund (English present participle) is **en** which gives the meaning of *after* + present part. in English: *En corriendo rápidamente, el viejo cayó y murió/*After running rapidly, the old man fell and died.

Formation of the past participle in Spanish

A past participle is a verb form which, in English, usually ends in *-ed*: for example, *worked, talked, arrived,* as in *I have worked, I have talked, I have arrived.* There are many irregular past participles in English; for example, *gone, sung,* as in *She has gone, We have sung.* In Spanish, a past participle is regularly formed as follows:

drop the **ar** of an **-ar** ending verb, like **cantar**, and add **-ado: cantado/**sung
drop the **er** of an **-er** ending verb, like **comer**, and add **-ido: comido/**eaten
drop the **ir** of an **-ir** ending verb, like **recibir**, and add **-ido: recibido/**received

Common irregular past participles

INFINITIVE		PAST PARTICIPLE	
abrir	to open	**abierto**	opened
caer	to fall	**caído**	fallen
creer	to believe	**creído**	believed
cubrir	to cover	**cubierto**	covered
decir	to say, to tell	**dicho**	said, told
descubrir	to discover	**descubierto**	discovered
deshacer	to undo	**deshecho**	undone
devolver	to return (something)	**devuelto**	returned (something)
escribir	to write	**escrito**	written
hacer	to do, to make	**hecho**	done, made
imponer	to impose	**impuesto**	imposed
imprimir	to print	**impreso**	printed
ir	to go	**ido**	gone
leer	to read	**leído**	read
morir	to die	**muerto**	died
oír	to hear	**oído**	heard
poner	to put	**puesto**	put
rehacer	to redo, to remake	**rehecho**	redone, remade
reír	to laugh	**reído**	laughed
resolver	to resolve, to solve	**resuelto**	resolved, solved
romper	to break	**roto**	broken
traer	to bring	**traído**	brought
ver	to see	**visto**	seen
volver	to return	**vuelto**	returned

Uses of the past participle

1. To form the seven compound tenses

2. To form the Perfect Infinitive: *haber hablado*/to have spoken

3. To form the Perfect Participle: *habiendo hablado*/having spoken

4. To serve as an adjective, which must agree in gender and number with the noun it modifies: *El señor Molina es muy respetado de todos los alumnos*/Mr. Molina is very respected by all the students; *La señora González es muy conocida*/Mrs. González is very well known.

5. To express the result of an action with **estar** and sometimes with **quedar** or **quedarse**: *La puerta está abierta*/The door is open; *Las cartas están escritas* /The letters are written; *Los niños se quedaron asustados*/The children remained frightened.

6. To express the passive voice with **ser**: *La ventana fue abierta por el ladrón*/The window was opened by the robber.

Passive Voice and Active Voice

Passive voice means that the action of the verb falls on the subject; in other words, the subject receives the action: *La ventana fue abierta por el ladrón/*The window was opened by the robber. Note that *abierta* (really a form of the past part. *abrir/ abierto*) is used as an adjective and it must agree in gender and number with the subject that it describes.

Active voice means that the subject performs the action and the subject is always stated: *El ladrón abrió la ventana/*The robber opened the window.

To form the true passive, use **ser** + the past part. of the verb you have in mind; the past part. then serves as an adjective and it must agree in gender and number with the subject that it describes. In the true passive, the agent (the doer) is always expressed with the prep. **por** in front of it. The formula for the true passive construction is: subject + tense of **ser** + past part. + **por** + the agent (the doer): *Estas composiciones fueron escritas por Juan/*These compositions were written by John.

The reflexive pronoun **se** may be used to substitute for the true passive voice construction. When you use the **se** construction, the subject is a thing (not a person) and the doer (agent) is not stated: *Aquí se habla español/*Spanish is spoken here; *Aquí se hablan español e inglés/*Spanish and English are spoken here; *Se venden libros en esta tienda/*Books are sold in this store.

There are a few standard idiomatic expressions that are commonly used with the pronoun **se**. These expressions are not truly passive, the pronoun **se** is not truly a reflexive pronoun, and the verb form is in the 3rd pers. sing. only. In this construction, there is no subject expressed; the subject is contained in the use of **se** + the 3rd pers. sing. of the verb at all times and the common translations into English are: it is . . . , people . . . , they . . . , one . . .

Se cree que . . .   It is believed that . . . , people believe that . . . , they believe that . . . , one believes that . . .

Se cree que este criminal es culpable.   It is believed that this criminal is guilty.

Se dice que . . .   It is said that . . . , people say that . . . , they say that . . . , one says that . . . , you say . . .

Se dice que va a nevar esta noche.   They say that it's going to snow tonight.
¿Cómo se dice en español "ice cream"?   How do you say *ice cream* in Spanish?

Se sabe que . . .   It is known that . . . , people know that . . . , they know that . . . , one knows that . . .

*Se sabe que María va a casarse con Juan./*People know that Mary is going to marry John.

The **se** reflexive pronoun construction is avoided if the subject is a person because there can be ambiguity in meaning. For example, how would you translate into English the following? **Se da un regalo.** Which of the following two meanings is intended? She (he) is being given a present, *or* She (he) is giving a present to himself (to herself). In correct Spanish you would have to say: **Le da (a María, a Juan, etc.) un regalo**/He (she) is giving a present to Mary (to John, etc.). Avoid using the **se** construction in the passive when the subject is a person; change your sentence around and state it in the active voice to make the meaning clear. Otherwise, the pronoun **se** seems to go with the verb, as if the verb itself is reflexive, which gives an entirely different meaning. Another example: **Se miró** would mean *He (she) looked at himself (herself)*, not *He (she) was looked at*! If you mean to say *He (she) looked at her*, say: **La miró** or, if in the plural, say: **La miraron**/They looked at her.

Principal Parts of Some Important Spanish Verbs

INFINITIVE	PRESENT PARTICIPLE	PAST PARTICIPLE	PRESENT INDICATIVE	PRETERIT
abrir	abriendo	abierto	abro	abrí
andar	andando	andado	ando	anduve
caber	cabiendo	cabido	quepo	cupe
caer	cayendo	caído	caigo	caí
conseguir	consiguiendo	conseguido	consigo	conseguí
construir	construyendo	construido	construyo	construí
corregir	corrigiendo	corregido	corrijo	corregí
creer	creyendo	creído	creo	creí
cubrir	cubriendo	cubierto	cubro	cubrí
dar	dando	dado	doy	di
decir	diciendo	dicho	digo	dije
descubrir	descubriendo	descubierto	descubro	descubrí
deshacer	deshaciendo	deshecho	deshago	deshice
despedirse	despidiéndose	despedido	me despido	me despedí
destruir	destruyendo	destruido	destruyo	destruí
devolver	devolviendo	devuelto	devuelvo	devolví
divertirse	divirtiéndose	divertido	me divierto	me divertí
dormir	durmiendo	dormido	duermo	dormí
escribir	escribiendo	escrito	escribo	escribí
estar	estando	estado	estoy	estuve
haber	habiendo	habido	he	hube
hacer	haciendo	hecho	hago	hice
huir	huyendo	huído	huyo	huí
ir	yendo	ido	voy	fui
irse	yéndose	ido	me voy	me fui
leer	leyendo	leído	leo	leí
mentir	mintiendo	mentido	miento	mentí
morir	muriendo	muerto	muero	morí
oír	oyendo	oído	oigo	oí
oler	oliendo	olido	huelo	olí
pedir	pidiendo	pedido	pido	pedí
poder	pudiendo	podido	puedo	pude
poner	poniendo	puesto	pongo	puse
querer	queriendo	querido	quiero	quise
reír	riendo	reído	río	reí
repetir	repitiendo	repetido	repito	repetí
resolver	resolviendo	resuelto	resuelvo	resolví
romper	rompiendo	roto	rompo	rompí
saber	sabiendo	sabido	sé	supe
salir	saliendo	salido	salgo	salí

INFINITIVE	PRESENT PARTICIPLE	PAST PARTICIPLE	PRESENT INDICATIVE	PRETERIT
seguir	siguiendo	seguido	sigo	seguí
sentir	sintiendo	sentido	siento	sentí
ser	siendo	sido	soy	fui
servir	sirviendo	servido	sirvo	serví
tener	teniendo	tenido	tengo	tuve
traer	trayendo	traído	traigo	traje
venir	viniendo	venido	vengo	vine
ver	viendo	visto	veo	vi
vestir	vistiendo	vestido	visto	vestí
volver	volviendo	vuelto	vuelvo	volví

Sample English Verb Conjugation

INFINITIVE **to eat**
PRESENT PARTICIPLE eating   *PAST PARTICIPLE* eaten

Tense no.	The seven simple tenses
1 *Present Indicative*	I eat, you eat, he (she, it) eats; we eat, you eat, they eat
	or: I do eat, you do eat, he (she, it) does eat; we do eat, you do eat, they do eat
	or: I am eating, you are eating, he (she, it) is eating; we are eating, you are eating, they are eating
2 *Imperfect Indicative*	I was eating, you were eating, he (she, it) was eating; we were eating, you were eating, they were eating
	or: I ate, you ate, he (she, it) ate; we ate, you ate, they ate
	or: I used to eat, you used to eat, he (she, it) used to eat; we used to eat, you used to eat, they used to eat
3 *Preterit*	I ate, you ate, he (she, it) ate; we ate, you ate, they ate
	or: I did eat, you did eat, he (she, it) did eat; we did eat, you did eat, they did eat
4 *Future*	I shall eat, you will eat, he (she, it) will eat; we shall eat, you will eat, they will eat
5 *Conditional*	I would eat, you would eat, he (she, it) would eat; we would eat, you would eat, they would eat
6 *Present Subjunctive*	that I may eat, that you may eat, that he (she, it) may eat; that we may eat, that you may eat, that they may eat
7 *Imperfect or Past Subjunctive*	that I might eat, that you might eat, that he (she, it) might eat; that we might eat, that you might eat, that they might eat

Tense no.	The seven compound tenses
8 *Present Perfect or Past Indefinite*	I have eaten, you have eaten, he (she, it) has eaten; we have eaten, you have eaten, they have eaten
9 *Pluperfect Indic. or Past Perfect*	I had eaten, you had eaten, he (she, it) had eaten; we had eaten, you had eaten, they had eaten
10 *Past Anterior or Preterit Perfect*	I had eaten, you had eaten, he (she, it) had eaten; we had eaten, you had eaten, they had eaten
11 *Future Perfect or Future Anterior*	I shall have eaten, you will have eaten, he (she, it) will have eaten; we shall have eaten, you will have eaten, they will have eaten
12 *Conditional Perfect*	I would have eaten, you would have eaten, he (she, it) would have eaten; we would have eaten, you would have eaten, they would have eaten
13 *Present Perfect or Past Subjunctive*	that I may have eaten, that you may have eaten, that he (she, it) may have eaten; that we may have eaten, that you may have eaten, that they may have eaten
14 *Pluperfect or Past Perfect Subjunctive*	that I might have eaten, that you might have eaten, that he (she, it) might have eaten; that we might have eaten, that you might have eaten, that they might have eaten
Imperative or Command	—— eat, let him (her) eat; let us eat, eat, let them eat

A Summary of Meanings and Uses of Spanish Verb Tenses and Moods as Related to English Verb Tenses and Moods

A verb is where the action is! A verb is a word that expresses an action (like *go, eat, write*) or a state of being (like *think, believe, be*). Tense means time. Spanish and English verb tenses are divided into three main groups of time: past, present, and future. A verb tense shows if an action or state of being took place, is taking place, or will take place.

Spanish and English verbs are also used in four moods, or modes. (There is also the Infinitive Mood, but we are not concerned with that here.) Mood has to do with the *way* a person regards an action or a state that he expresses. For example, a person may merely make a statement or ask a question — this is the Indicative Mood, which we use most of the time in Spanish and English. A person may say that he *would do* something if something else were possible or that he *would have done* something if something else had been possible — this is the Conditional Mood. A person may use a verb *in such a way* that he indicates a wish, a fear, a regret, a joy, a request, a supposition, or something of this sort — this is the Subjunctive Mood. The Subjunctive Mood is used in Spanish much more than in English. Finally, a person may command someone to do something or demand that something be done — this is the Imperative Mood.

There are six tenses in English: Present, Past, Future, Present Perfect, Past Perfect, and Future Perfect. The first three are simple tenses. The other three are compound tenses and are based on the simple tenses. In Spanish, however, there are fourteen tenses, seven of which are simple and seven of which are compound. The seven compound tenses are based on the seven simple tenses. In Spanish and English a verb tense is simple if it consists of one verb form, e.g., *estudio*. A verb tense is compound if it consists of two parts — the auxiliary (or helping) verb plus the past participle, e.g., *he estudiado*. See the Summary of verb tenses and moods in Spanish with English equivalents on page xxxviii. I have numbered each tense name for easy reference and recognition.

In Spanish there is also another tense which is used to express an action in the present. It is called the Progressive Present. It is used only if an action is actually in progress at the present time; for example, *Estoy leyendo*/I am reading (right now). It is formed by using the Present Indicative of *estar* plus the present participle of the verb. There is still another tense in Spanish which is used to express an action that was taking place in the past. It is called the Progressive Past. It is used if an action was actually in progress at a certain moment in the past; for example, *Estaba leyendo cuando mi hermano entró*/I was reading when my brother came in. The Progressive Past is formed by using the Imperfect Indicative of *estar* plus the present participle of the verb.

In the pages that follow, the tenses and moods are given in Spanish and the equivalent name or names in English are given in parentheses. Although some of the names given in English are not considered to be tenses (for there are only six), they are given for the purpose of identification as they are related to the Spanish names. The comparison includes only the essential points you need to know about the meanings and uses of Spanish verb tenses and moods as related to English usage. I shall use examples to illustrate their meanings and uses. This is not intended to be a treatise in detail. It is merely a summary. I hope you find it helpful.

Tense No. 1 Presente de Indicativo
(Present Indicative)

This tense is used most of the time in Spanish and English. It indicates:

(a) An action or a state of being at the present time.
EXAMPLES:
1. **Hablo** español. *I speak* Spanish.
   I am speaking Spanish.
   I do speak Spanish.
2. **Creo en** Dios. *I believe* in God.

(b) Habitual action.
EXAMPLE:
Voy a la biblioteca todos los días.
I go to the library every day.
I do go to the library every day.

(c) A general truth, something which is permanently true.
EXAMPLES:
1. Seis menos dos **son** cuatro.
   Six minus two *are* four.
2. El ejercicio **hace** maestro al novicio.
   Practice *makes* perfect.

(d) Vividness when talking or writing about past events.
EXAMPLE:
El asesino **se pone** pálido. **Tiene** miedo. **Sale** de la casa y **corre** a lo largo del río.
The murderer *turns* pale. *He is* afraid. *He goes out* of the house and *runs* along the river.

(e) A near future.
EXAMPLES:
1. Mi hermano **llega** mañana.
   My brother *arrives* tomorrow.
2. ¿**Escuchamos** un disco ahora?
   Shall we *listen* to a record now?

(f) An action or state of being that occurred in the past and *continues up to the present*. In Spanish this is an idiomatic use of the present tense of a verb with **hace**, which is also in the present.
EXAMPLE:
Hace tres horas que **miro** la televisión.
I have been watching television for three hours.

(g) The meaning of *almost* or *nearly* when used with **por poco**.
EXAMPLE:
Por poco me **matan**.
They almost *killed* me.

This tense is regularly formed as follows:

Drop the **-ar** ending of an infinitive, like **hablar**, and add the following endings: **o, as, a; amos, áis, an**

You then get: **hablo, hablas, habla;**
 hablamos, habláis, hablan

Drop the **-er** ending of an infinitive, like **beber**, and add the following endings: **o, es, e; emos, éis, en**

You then get: **bebo, bebes, bebe;**
 bebemos, bebéis, beben

Drop the **ir** ending of an infinitive, like **recibir**, and add the following endings: **o, es, e; imos, ís, en**

You then get: **recibo, recibes, recibe;**
 recibimos, recibís, reciben

Preterito

Tense No. 2   Imperfecto de Indicativo
(Imperfect Indicative)

This is a past tense. Imperfect suggests incomplete. The imperfect tense expresses an action or a state of being that was continuous in the past and its completion is not indicated. This tense is used, therefore, to express:

(a) An action that was going on in the past at the same time as another action.
EXAMPLE:
Mi hermano **leía** y mi padre **hablaba**.
My brother *was reading* and my father *was talking*.

(b) An action that was going on in the past when another action occurred.
EXAMPLE:
Mi hermana **cantaba** cuando yo entré.
My sister *was singing* when I came in.

(c) An action that a person did habitually in the past.
EXAMPLE:
1. Cuando **estábamos** en Nueva York, **íbamos** al cine todos los sábados.
When *we were* in New York, *we went* to the movies every Saturday.
When *we were* in New York, *we used to go* to the movies every Saturday.
2. Cuando **vivíamos** en California, **íbamos** a la playa todos los días.
When *we used to live* in California, *we would go* to the beach every day.
NOTE: In this last example, *we would go* looks like the conditional, but it is not. It is the imperfect tense in this sentence because habitual action in the past is expressed.

(d) A description of a mental, emotional, or physical condition in the past.
EXAMPLES:
1. (mental condition)   **Quería** ir al cine.
I *wanted* to go to the movies.
Common verbs in this use are **creer, desear, pensar, poder, preferir, querer, saber, sentir.**
2. (emotional condition)   **Estaba** contento de verle.
I *was* happy to see him.
3. (physical condition)   Mi madre **era** hermosa cuando **era** pequeña.
My mother *was* beautiful when she *was* young.

(e) The time of day in the past.
   EXAMPLES:
   1. ¿Qué hora **era?**
      What time *was* it?
   2. **Eran** las tres.
      It was three o'clock.

— (f) An action or state of being that occurred in the past and *lasted for a certain length of time* prior to another past action. In English it is usually translated as a pluperfect tense and is formed with *had been* plus the present participle of the verb you are using. It is like the special use of the presente de indicativo explained in the above section in paragraph (f), except that the action or state of being no longer exists at present. This is an idiomatic use of the imperfect tense of a verb with **hacía,** which is also in the imperfect.
   EXAMPLE:
   Hacía tres horas que **miraba** la televisión cuando mi hermano entró.
   I had been watching television for three hours when my brother came in.

(g) An indirect quotation in the past.
   EXAMPLE:
   Present: Dice que **quiere** venir a mi casa.
               He says *he wants* to come to my house.
   Past: Dijo que **quería** venir a mi casa.
               He said *he wanted* to come to my house.

This tense is regularly formed as follows:

Drop the **-ar** ending of an infinitive, like **hablar,** and add the following endings: **aba, abas, aba; ábamos, abais, aban**

You then get: **hablaba, hablabas, hablaba;**
               hablábamos, hablabais, hablaban

The usual equivalent in English is: I was talking OR I used to talk OR I talked; you were talking OR you used to talk OR you talked, etc.

Drop the **-er** ending of an infinitive, like **beber,** or the **-ir** ending of an infinitive, like **recibir,** and add the following endings: **ía, ías, ía; íamos, íais, ían**

You then get: **bebía, bebías, bebía;**
               bebíamos, bebíais, bebían

               recibía, recibías, recibía;
               recibíamos, recibíais, recibían

The usual equivalent in English is: I was drinking OR I used to drink OR I drank; you were drinking OR you used to drink OR you drank, etc.; I was receiving OR I used to receive OR I received; you were receiving OR you used to receive OR you received, etc.

Verbs irregular in the imperfect indicative:

ir/to go   **iba, ibas, iba;** (I was going, I used to go, etc.)
             íbamos, ibais, iban
ser/to be   **era, eras, era;** (I was, I used to be, etc.)
             éramos, erais, eran
ver/to see   **veía, veías, veía;** (I was seeing, I used to see, etc.)
             veíamos, veíais, veían

Tense No. 3 Pretérito *Indefinido*
(Preterit)

This tense expresses an action that was completed at some time in the past.

EXAMPLES:
1. Mi padre **llegó** ayer.
   My father *arrived* yesterday.
   My father *did arrive* yesterday.
2. María **fue** a la iglesia esta mañana.
   Mary *went* to church this morning.
   Mary *did go* to church this morning.
3. ¿Qué **pasó**?
   What *happened*?
   What *did happen*?
4. **Tomé** el desayuno a las siete.
   I *had* breakfast at seven o'clock.
   I *did have* breakfast at seven o'clock.
5. **Salí** de casa, **tomé** el autobús y **llegué** a la escuela a las ocho.
   I left the house, *I took* the bus and *I arrived* at school at eight o'clock.

In Spanish, some verbs that express a mental state have a different meaning when used in the preterit.

EXAMPLES:
1. La **conocí** la semana pasada en el baile.
   I *met* her last week at the dance.
   (**Conocer,** which means *to know* or *be acquainted with,* means *met,* that is, introduced to for the first time, in the preterit.)
2. **Pude** hacerlo.
   I *succeeded* in doing it.
   (**poder,** which means *to be able,* means *succeeded* in the preterit.)
3. **No pude** hacerlo.
   I *failed* to do it.
   (**Poder,** when used in the negative in the preterit, means *failed* or *did not succeed.*)
4. **Quise** llamarle.
   I tried to call you.
   (**Querer,** which means *to wish* or *want,* means *tried* in the preterit.)
5. **No quise** hacerlo.
   I *refused* to do it.
   (**Querer,** when used in the negative in the preterit, means *refused.*)
6. **Supe** la verdad.
   I *found out* the truth.
   (**Saber,** which means *to know,* means *found out* in the preterit.)
7. **Tuve** una carta de mi amigo Roberto.
   I *received* a letter from my friend Robert.
   (**Tener,** which means *to have,* means *received* in the preterit.)

This tense is regularly formed as follows:

Drop the **-ar** ending of an infinitive, like **hablar,** and add the following endings: **é, aste, ó; amos, asteis, aron**

You then get: **hablé, hablaste, habló;**
             hablamos, hablasteis, hablaron

The usual equivalent in English is: I talked OR I did talk; you talked OR you did talk, etc. OR I spoke OR I did speak; you spoke OR you did speak, etc.

Drop the **-er** ending of an infinitive, like **beber**, or the **-ir** ending of an infinitive, like **recibir**, and add the following endings: **í, iste, ió; imos, isteis, ieron**

You then get: **bebí, bebiste, bebió;**
                bebimos, bebisteis, bebieron
                recibí, recibiste, recibió;
                recibimos, recibisteis, recibieron

The usual equivalent in English is: I drank OR I did drink; you drank OR you did drink, etc.; I received OR I did receive, etc.

Tense No. 4   Futuro
(Future)

In Spanish and English, the future tense is used to express an action or a state of being that will take place at some time in the future.

EXAMPLES:
1. Lo **haré**.
   I shall do it.
   I will do it.
2. **Iremos** al campo la semana que viene.
   We shall go to the country next week.
   We will go to the country next week.

Also, in Spanish the future tense is used to indicate:

(a) Conjecture regarding the present.
EXAMPLES:
1. ¿Qué hora **será**?
   I wonder what time *it is*.
2. ¿Quién **será** a la puerta?
   Who *can that be* at the door?
   I wonder who is at the door.

(b) Probability regarding the present.
EXAMPLES:
1. **Serán** las cinco.
   It is probably five o'clock.
   It must be five o'clock.
2. **Tendrá** muchos amigos.
   He probably has many friends.
   He must have many friends.
3. María **estará** enferma.
   Mary *is probably* sick.
   Mary *must be* sick.

(c) An indirect quotation.
EXAMPLE:
María dice que **vendrá** mañana.
Mary says that she *will come* tomorrow.

Finally, remember that the future is never used in Spanish after *si* when *si* means *if*.

This tense is regularly formed as follows:

Add the following endings to the whole infinitive: **é, ás, á; emos, éis, án**

Note that these Future endings happen to be the endings of **haber** in the present indicative: **he, has, ha; hemos, habéis, han.** Also note the accent marks on the Future endings, except for **emos.**

You then get: **hablaré, hablarás, hablará;**
                     hablaremos, hablaréis, hablarán

                     beberé, beberás, beberá;
                     beberemos, beberéis, beberán

                     recibiré, recibirás, recibirá;
                     recibiremos, recibiréis, recibirán

Tense No. 5   Potencial Simple
(Conditional)

The conditional is used in Spanish and in English to express:

(a) An action that you *would do* if something else were possible.
    EXAMPLE:
    Iría a España si tuviera dinero.
    I would go to Spain if I had money.

(b) A conditional desire. This is a conditional of courtesy.
    EXAMPLE:
    Me **gustaría** tomar una limonada.
    I would like (*I should like*) to have a lemonade . . . (if you are willing to let me have it).

(c) An indirect quotation.
    EXAMPLES:
    1. María **dijo** que **vendría** mañana.
       Mary *said* that she *would come* tomorrow.
    2. María **decía** que **vendría** mañana.
       Mary *was saying* that she *would come* tomorrow.
    3. María **había dicho** que **vendría** nañana.
       Mary *had said* that she *would come* tomorrow.

(d) Conjecture regarding the past.
    EXAMPLE:
    ¡Quién **sería?**
    I wonder who that was.

(e) Probability regarding the past.
    EXAMPLE:
    Serían las cinco cuando salieron.
    It was probably five o'clock when they went out.

This tense is regularly formed as follows:

Add the following endings to the whole infinitive:

ía, ías, ía; íamos, íais, ían

Note that these conditional endings are the same endings of the imperfect indicative for **-er** and **-ir** verbs.

You then get: **hablaría, hablarías, hablaría;**
                  hablaríamos, hablaríais, hablarían

                  bebería, beberías, bebería;
                  beberíamos, beberíais, beberían

                  recibiría, recibirías, recibiría;
                  recibiríamos, recibiríais, recibirían

The usual translation in English is: I would talk, you would talk, etc.; I would drink, you would drink, etc.; I would receive, you would receive, etc.

Tense No. 6 Presente de Subjuntivo
(Present Subjunctive)

The subjunctive mood is used in Spanish much more than in English. In Spanish the present subjunctive is used:

(a) To express a command in the **usted** or **ustedes** form, either in the affirmative or negative.

EXAMPLES:

1. **Siéntese** Vd. *Sit down.*
2. **No se siente** Vd. *Don't sit down.*
3. **Cierren** Vds. la puerta. *Close* the door.
4. **No cierren** Vds. la puerta. *Don't close* the door.
5. **Dígame** Vd. la verdad. *Tell me* the truth.

(b) To express a negative command in the familiar form (**tú**).

EXAMPLES:

1. **No te sientes.** *Don't sit down.*
2. **No entres.** *Don't come in.*
3. **No duermas.** *Don't sleep.*
4. **No lo hagas.** *Don't do it.*

(c) To express a negative command in the second person plural (**vosotros**).

EXAMPLES:

1. **No os sentéis.** *Don't sit down.*
2. **No entréis.** *Don't come in.*
3. **No durmáis.** *Don't sleep.*
4. **No lo hagáis.** *Don't do it.*

(d) To express a command in the first person plural, either in the affirmative or negative (**nosotros**).

EXAMPLES:

1. **Sentémonos.** *Let's sit down.*
2. **No entremos.** *Let's not go in.*

See also **Imperativo** (Imperative) farther on.

(e) After a verb that expresses some kind of wish, insistence, preference, suggestion, or request.

EXAMPLES:

1. *Quiero* que María lo **haga.**
   I want Mary to do it.
   NOTE: In this example, English uses the infinitive form, *to do.* In Spanish, however, a new clause is needed introduced by *que* because there is a new subject, María. The present subjunctive of *hacer* is used (haga) because the main verb is *Quiero,* which indicates a wish. If there were no change in subject, Spanish would use the infinitive form, as we do in English, for example, *Quiero hacerlo*/I want to do it.

2. *Insisto* en que María lo **haga**.
   I insist that Mary *do* it.
3. *Prefiero* que María lo **haga**.
   I prefer that Mary *do* it.
4. *Pido* que María lo **haga**.
   I ask that Mary *do* it.
   NOTE: In examples 2, 3, and 4 here, English also uses the subjunctive form *do*. Not so in example no. 1, however.

(f) After a verb that expresses doubt, fear, joy, hope, sorrow, or some other emotion. Notice in the following examples, however, that the subjunctive is not used in English.
   EXAMPLES:
   1. *Dudo* que María lo **haga**.
      I doubt that Mary *is doing* it.
      I doubt that Mary *will do* it.
   2. *No creo* que María **venga**.
      I don't believe (I doubt) that Mary *is coming*.
      I don't believe (I doubt) that Mary *will come*.
   3. *Temo* que María **esté** enferma.
      I fear that Mary *is* ill.
   4. *Me alegro* de que **venga** María.
      I'm glad that Mary *is coming*.
      I'm glad that Mary *will come*.
   5. *Espero* que María no **esté** enferma.
      I hope that Mary *is* not ill.

(g) After certain impersonal expressions that show necessity, doubt, regret, importance, urgency, or possibility. Notice, however, that the subjunctive is not used in English in all of the following examples.
   EXAMPLES:
   1. *Es necesario que* María lo **haga**.
      It is necessary for Mary to do it.
      It is necessary that Mary *do* it.
   2. *No es cierto que* María **venga**.
      It is doubtful (not certain) that Mary *is coming*.
      It is doubtful (not certain) that Mary *will come*.
   3. *Es lástima que* María **no venga**.
      It's too bad (a pity) that Mary *isn't coming*.
   4. *Es importante que* María **venga**.
      It is important for Mary to come.
      It is important that Mary *come*.
   5. *Es preciso que* María **venga**.
      It is necessary for Mary to come.
      It is necessary that Mary *come*.
   6. *Es urgente que* María **venga**.
      It is urgent for Mary to come.
      It is urgent that Mary *come*.

(h) After certain conjunctions of time, such as, **antes (de) que, cuando, en cuanto, después (de) que, hasta que, mientras,** and the like. The subjunctive form of the verb is used when introduced by any of these time conjunctions if the time referred to is either indefinite or is expected to take place in the future. However, if the action was completed in the past, the indicative mood is used.

EXAMPLES:
1. Le hablaré a María cuando **venga**.
   I shall talk to Mary when she *comes*.
2. Vámonos antes (de) que **llueva**.
   Let's go before *it rains*.
3. En cuanto la **vea** yo, le hablaré.
   As soon as *I see* her, I shall talk to her.
4. Me quedo aquí hasta que **vuelva**.
   I'm staying here until *he returns*.

NOTE: In the above examples, the subjunctive is not used in English.

(i) After certain conjunctions that express a condition, negation, purpose, such as, **a menos que, con tal que, para que, a fin de que, sin que, en caso (de) que**, and the like. Notice, however, that the subjunctive is not used in English in the following examples.

EXAMPLES:
1. Démelo con tal que **sea** bueno.
   Give it to me provided that *it is* good.
2. Me voy a menos que **venga**.
   I'm leaving unless *he comes*.

(j) After certain adverbs, such as, **acaso, quizá**, and **tal vez**.

EXAMPLE:
Acaso **venga** mañana.
Perhaps *he will come* tomorrow.
Perhaps *he is coming* tomorrow.

(k) After **aunque** if the action has not yet occurred.

EXAMPLE:
Aunque María **venga** esta noche, no me quedo.
Although Mary *may come* tonight, I'm not staying.
Although Mary *is coming* tonight, I'm not staying.

(l) In an adjectival clause if the antecedent is something or someone that is indefinite, negative, vague, or nonexistent.

EXAMPLES:
1. Busco un libro que **sea** interesante.
   I'm looking for a book that *is* interesting.
   NOTE: In this example, *que* (which is the relative pronoun) refers to *un libro* (which is the antecedent). Since *un libro* is indefinite, the verb in the following clause must be in the subjunctive (*sea*). Notice, however, that the subjunctive is not used in English.
2. ¿Hay alguien aquí que **hable** francés?
   Is there anyone here who *speaks* French?
   NOTE: In this example, *que* (which is the relative pronoun) refers to *alguien* (which is the antecedent). Since *alguien* is indefinite and somewhat vague — we do not know who this anyone might be — the verb in the following clause must be in the subjunctive (*hable*). Notice, however, that the subjunctive is not used in English.
3. No hay nadie que **pueda** hacerlo.
   There is no one who *can* do it.
   NOTE: In this example, *que* (which is the relative pronoun) refers to *nadie* (which is the antecedent). Since *nadie* is nonexistent, the verb in the following clause must be in the subjunctive (*pueda*). Notice, however, that the subjunctive is not used in English.

(m) After **por más que** or **por mucho que.**

EXAMPLES:

1. **Por más que hable usted**, no quiero escuchar.
   No matter how much you talk, I don't want to listen.
2. **Por mucho que se alegre**, no me importa.
   No matter how glad he is, I don't care.

(n) After the expression **ojalá (que)**, which expresses a great desire. This interjection means *would to God!* or *may God grant!* . . . It is derived from the Arabic, *ya Allah!* (Oh, God!)

EXAMPLE:

¿Ojalá que vengan mañana!
Would to God that they come tomorrow!
May God grant that they come tomorrow!
How I wish that they would come tomorrow!
If only they would come tomorrow!

Finally, remember that the present subjunctive is never used in Spanish after *si* when *si* means *if.*

The present subjunctive of regular verbs and many irregular verbs is normally formed as follows:

Go to the present indicative, 1st pers. sing., of the verb you have in mind, drop the ending **o**, and

for an **-ar** ending type, add: **e, es, e; emos, éis, en**
for an **-er** or **-ir** ending type, add: **a, as, a; amos, áis, an**

As you can see, the characteristic vowel in the present subjunctive endings for an **-ar** type verb is **e** in the six persons.

As you can see, the characteristic vowel in the present subjunctive endings for an **-er** or **-ir** type verb is **a** in the six persons.

Tense No. 7 Imperfecto de Subjuntivo
(Imperfect Subjunctive)

This past tense is used for the same reasons as the presente de subjuntivo—that is, after certain verbs, conjunctions, impersonal expressions, etc., which were explained and illustrated above in tense no. 6. The main difference between these two tenses is the time of the action.

If the verb in the main clause is in the present indicative or future or present perfect indicative or imperative, the *present subjunctive* or the *present perfect subjunctive* is used in the dependent clause—provided, of course, that there is some element which requires the use of the subjunctive.

However, if the verb in the main clause is in the imperfect indicative, preterit, conditional, or pluperfect indicative, the *imperfect subjunctive* (this tense) or *pluperfect subjunctive* is ordinarily used in the dependent clause—provided, of course, that there is some element which requires the use of the subjunctive.

EXAMPLES:

1. *Insistí* en que María lo **hiciera.**
   I insisted that Mary *do it.*
2. Se lo *explicaba* a María **para que lo comprendiera.**
   I was explaining it to Mary *so that she might understand it.*

Note that the imperfect subjunctive is used after **como si** to express a condition contrary to fact.

EXAMPLE:

Me habla como si **fuera** niño.

He speaks to me as if *I were* a child.

NOTE: In this last example, the subjunctive is used in English also for the same reason.

Finally, note that **quisiera** (the imperfect subjunctive of **querer**) can be used to express politely a wish or desire, as in *I should like*: **Quisiera hablar ahora**/I should like to speak now.

The imperfect subjunctive is regularly formed as follows:

For all verbs, drop the **ron** ending of the 3rd pers. pl. of the preterit and add the following endings:

ra, ras, ra;	OR	**se, ses, se;**
ramos, rais, ran		**semos, seis, sen**

The only accent mark on the forms of the imperfect subjunctive is on the 1st pers. pl. form (**nosotros**) and it is placed on the vowel which is right in front of the ending **ramos** or **semos**.

THE SEVEN COMPOUND TENSES

Tense No. 8   Perfecto de Indicativo
(Present Perfect Indicative)

This is the first of the seven compound tenses that follow here. This tense expresses an action that took place at no definite time in the past. It is also called the past indefinite. It is a compound tense because it is formed with the present indicative of **haber** (the auxiliary or helping verb) plus the past participle of your main verb. Note the translation into English in the examples that follow. Then compare this tense with the **perfecto de subjuntivo**, which is tense no. 13. For the seven simple tenses of **haber** (which you need to know to form these seven compound tenses), see **haber** listed alphabetically among the 301 verbs in this book.

EXAMPLES:

1. (Yo) **he hablado.**
   I have spoken.
2. (Tú) no **has venido** a verme.
   You have not come to see me.
3. Elena **ha ganado** el premio.
   Helen *has won* the prize.

Tense No. 9   Pluscuamperfecto de Indicativo
(Pluperfect *or* Past Perfect Indicative)

This is the second of the compound tenses. In Spanish and English, this past tense is used to express an action which happened in the past *before* another past action. Since it is used in relation to another past action, the other past action is ordinarily expressed in the preterit. However, it is not always necessary to have the other past action expressed, as in example 2 on the following page.

In English, this tense is formed with the past tense of *to have* (had) plus the past participle of your main verb. In Spanish, this tense is formed with the imperfect indicative of **haber** plus the past participle of the verb you have in mind. Note the translation into English in the examples that follow. Then compare this tense with the **pluscuamperfecto de subjuntivo**, which is tense no. 14. For the seven simple tenses of **haber** (which you need to know to form these seven compound tenses), see **haber** listed alphabetically among the 301 verbs in this book.

EXAMPLES:

1. Cuando **llegué a casa, mi hermano había salido.**
   When I *arrived* home, my brother *had gone out*.
   NOTE: *First*, my brother went out; *then*, I arrived home. Both actions happened in the past. The action that occurred in the past *before* the other past action is in the pluperfect, and in this example, it is *my brother had gone out* (**mi hermano había salido**).
   NOTE also that **llegué** (*I arrived*) is in the preterit because it is an action that happened in the past and it was completed.

2. Juan lo **había perdido** en la calle.
   John *had lost* it in the street.
   NOTE: In this example, the pluperfect indicative is used even though no other past action is expressed. It is assumed that John *had lost* something *before* some other past action.

Tense No. 10   Pretérito Anterior *or* Pretérito Perfecto
(Past Anterior *or* Preterit Perfect)

This is the third of the compound tenses. This past tense is compound because it is formed with the preterit of **haber** plus the past participle of the verb you are using. It is translated into English like the pluperfect indicative, which is tense no. 9. This tense is not used much in spoken Spanish. Ordinarily, the pluperfect indicative is used in spoken Spanish (and sometimes even the simple preterit) in place of the past anterior.

This tense is ordinarily used in formal writing, such as history and literature. It is normally used after certain conjunctions of time, e.g., **después que, cuando, apenas, luego que, en cuanto**.

EXAMPLE:
Después que **hubo hablado**, salió.
After *he had spoken*, he left.

Tense No. 11   Futuro Perfecto
(Future Perfect *or* Future Anterior)

This is the fourth of the compound tenses. This compound tense is formed with the future of **haber** plus the past participle of the verb you have in mind. In Spanish and in English, this tense is used to express an action that will happen in the future *before* another future action. In English, this tense is formed by using *shall have* or *will have* plus the past participle of the verb you have in mind.

EXAMPLE:
María llegará mañana y **habré terminado** mi trabajo.
Mary will arrive tomorrow and *I shall have finished* my work.

NOTE: *First*, I shall finish my work; *then*, Mary will arrive. The action that will occur in the future *before* the other future action is in the **Futuro perfecto**, and in this example it is (yo) **habré terminado mi trabajo.**

Also, in Spanish the future perfect is used to indicate conjecture or probability regarding recent past time.

EXAMPLES:
1. María se **habrá acostado.**
   Mary *has probably gone to bed.*
   Mary *must have gone to bed.*
2. José **habrá llegado.**
   Joseph *has probably arrived.*
   Joseph *must have arrived.*

Tense No. 12 Potencial Compuesto
(Conditional Perfect)

This is the fifth of the compound tenses. It is formed with the conditional of **haber** plus the past participle of your main verb. It is used in Spanish and English to express an action that you *would have done* if something else had been possible; that is, you would have done something *on condition* that something else had been possible.

In English it is formed by using *would have* plus the past participle of the verb you have in mind. Observe the difference between the following example and the one given for the use of the potencial simple.

EXAMPLE:
Habría ido a España si hubiera tenido dinero.
I would have gone to Spain if I had had money.

Also, in Spanish the conditional perfect is used to indicate probability or conjecture in the past.

EXAMPLES:
1. **Habrían sido** las cinco cuando salieron.
   It must have been five o'clock when they went out.
   (Compare this with the example given for the simple conditional.)
2. ¡Quién **habría sido?**
   Who *could that have been?* (*or* I wonder *who that could have been.*)
   (Compare this with the example given for the simple conditional.)

Tense No. 13 Perfecto de Subjuntivo
(Present Perfect *or* Past Subjunctive)

This is the sixth of the compound tenses. It is formed by using the present subjunctive of **haber** as the helping verb plus the past participle of the verb you have in mind.

If the verb in the main clause is in the present indicative, future, or present perfect tense, the present subjunctive is used *or* this tense is used in the dependent clause — provided, of course, that there is some element which requires the use of the subjunctive.

The present subjunctive is used if the action is not past. However, if the action is past, this tense (present perfect subjunctive) is used, as in the examples given below.

EXAMPLES:

1. María duda que yo le **haya hablado** al profesor.
   Mary doubts that *I have spoken* to the professor.
2. Siento que tú no **hayas venido** a verme.
   I am sorry that you *have not come* to see me.
3. Me alegro de que Elena **haya ganado** el premio.
   I am glad that Helen *has won* the prize.

In these three examples, the auxiliary verb **haber** is used in the present subjunctive because the main verb in the clause that precedes is one that requires the subjunctive mood of the verb in the dependent clause.

Tense No. 14   Pluscuamperfecto de Subjuntivo
(Pluperfect *or* Past Perfect Subjunctive)

This is the seventh of the compound tenses. It is formed by using the imperfect subjunctive of **haber** as the helping verb plus the past participle of your main verb.

The translation of this tense into English is often like the pluperfect indicative.

If the verb in the main clause is in a past tense, this tense is used in the dependent clause — provided, of course, that there is some element which requires the use of the subjunctive.

EXAMPLES:

1. Sentí mucho que **no hubiera venido** María.
   I was very sorry that Mary *had not come.*
2. Me alegraba de que **hubiera venido** María.
   I was glad that Mary *had come.*
3. No creía que María **hubiera llegado**.
   I did not believe that Mary *had arrived.*

So much for the seven simple tenses and the seven compound tenses. Now, let's look at the Imperative Mood.

Imperativo
(Imperative *or* Command)

The imperative mood is used in Spanish and in English to express a command. We saw earlier that the subjunctive mood is used to express commands in the **Ud.** and **Uds.** forms, in addition to other uses of the subjunctive mood.

Here are other points you ought to know about the imperative.

(a) An indirect command or deep desire expressed in the third pers. sing. or pl. is in the subjunctive. Notice the use of *Let* or *May* in the English translations. **Que** introduces this kind of command.

EXAMPLES:

1. ¡Que lo **haga** Jorge!
   Let George do it!
2. ¡Que Dios se lo pague!
   May God reward you!
3. ¡Que **vengan** pronto!
   Let them come quickly!
4. ¡Que **entre** Roberto!
   Let Robert enter!
5. ¡Que **salgan**!
   Let them leave!
6. ¡Que **entren** las muchachas!
   Let the girls come in!

(b) In some indirect commands, **que** is omitted. Here, too, the subjunctive is used.

EXAMPLE:

¡Viva el presidente!
Long live the president!

(c) The verb form of the affirmative sing. familiar (**tú**) is the same as the 3rd pers. sing. of the present indicative when expressing a command.

EXAMPLES:

1. **¡Entra** pronto!
   Come in quickly!
2. **¡Sigue** leyendo!
   Keep on reading!
   Continue reading!

(d) There are some exceptions, however, to (c) above. The following verb forms are irregular in the affirmative sing. imperative (**tú** form only).

di (decir)	**sal** (salir)	**val** (valer)
haz (hacer)	**sé** (ser)	**ve** (ir)
he (haber)	**ten** (tener)	**ven** (venir)
pon (poner)		

(e) In the affirmative command, 1st pers. pl., instead of using the present subjunctive hortatory command, **vamos a** (*Let's* or *Let us*) + **inf.** may be used.

EXAMPLES:

1. **Vamos a** comer/Let's eat.
   or: **Comamos** (1st pers. pl., present subj., hortatory command)
2. **Vamos a** cantar/Let's sing.
   or: **Cantemos** (1st pers. pl., present subj., hortatory command)

(f) In the affirmative command, 1st pers. pl., **vamos** may be used to mean *Let's go:* **Vamos** al cine/Let's go to the movies.

(g) However, if in the negative (*Let's not go*), the present subjunctive of **ir** must be used: **No vayamos** al cine/Let's not go to the movies.

(h) Note that **vámonos** (1st pers. pl. of **irse**, imperative) means *Let's go*, or *Let's go away*, or *Let's leave*. See (m) below.

(i) Also note that **no nos vayamos** (1st pers. pl. of **irse**, present subjunctive) means *Let's not go*, or *Let's not go away*, or *Let's not leave.*

(j) The imperative in the affirmative familiar plural (**vosotros, vosotras**) is formed by dropping the final **r** of the inf. and adding **d**.

EXAMPLES:

1. **¡Hablad!**/Speak!   3. **¡Id!**/Go!
2. **¡Comed!**/Eat!   4. **¡Venid!**/Come!

(k) When forming the affirmative familiar plural (**vosotros, vosotras**) imperative of a reflexive verb, the final **d** on the inf. must be dropped before the reflexive pronoun **os** is added, and both elements are joined to make one word.

EXAMPLES:

1. **¡Levantaos!**/Get up!   2. **¡Sentaos!**/Sit down!

(l) Referring to (k) above, when the final **d** is dropped in a reflexive verb ending in **-ir**, an accent mark must be written on the **i**.

EXAMPLES:

1. **¡Vestíos!**/Get dressed!   2. **¡Divertíos!**/Have a good time!

(m) When forming the 1st pers. pl. affirmative imperative of a reflexive verb, the final **s** must drop before the reflexive pronoun **os** is added, and both elements are joined to make one word. This requires an accent mark on the vowel of the syllable that was stressed before **os** was added.

EXAMPLE:

Vamos + nos changes to: **Vámonos!**/*Let's go!* or *Let's go away!* or *Let's leave!* See (h) above.

(n) All negative imperatives in the familiar 2nd pers. sing. (**tú**) and plural (**vosotros, vosotras**) are expressed in the present subjunctive.

EXAMPLES:

1. **¡No corras (tú)!**/Don't run!
2. **¡No corráis (vosotros or vosotras)!**/Don't run!
3. **¡No vengas (tú)!**/Don't come!
4. **¡No vengáis (vosotros or vosotras)!**/Don't come!

(o) Object pronouns (direct, indirect, or reflexive) with an imperative verb form in the **affirmative** are attached to the verb form.

EXAMPLES:

1. **¡Hágalo (Ud.)!**/Do it!
2. **¡Díganoslo (Ud.)!**/Tell it to us!
3. **¡Dímelo (tú)!**/Tell it to me!
4. **¡Levántate (tú)!**/Get up!
5. **¡Siéntese (Ud.)!**/Sit down!
6. **¡Hacedlo (vosotros, vosotras)!**/Do it!
7. **¡Démelo (Ud.)!**/Give it to me!

(p) Object pronouns (direct, indirect, or reflexive) with an imperative verb form in the **negative** are placed in front of the verb form. Compare the following examples with those given in (o) above:

EXAMPLES:

1. **¡No lo haga (Ud.)!**/Don't do it!
2. **¡No nos lo diga (Ud.)!**/Don't tell it to us!
3. **¡No me lo digas (tú)!**/Don't tell it to me!
4. **¡No te levantes (tú)!**/Don't get up!
5. **¡No se siente (Ud.)!**/Don't sit down!
6. **¡No lo hagáis (vosotros, vosotras)!**/Don't do it!
7. **¡No me lo dé (Ud.)!**/Don't give it to me!

(q) Note that in some Latin American countries the 2nd pers. pl. familiar (**vosotros, vosotras**) forms are avoided. In place of them, the 3rd pers. pl. **Uds.** forms are customarily used.

The Progressive forms of tenses: a note

(1) In Spanish, there are also progressive forms of tenses. They are the Progressive Present and the Progressive Past.

(2) The **Progressive Present** is formed by using *estar* in the present tense plus the present participle of your main verb; e.g., *Estoy hablando*/I am talking, i.e., I am (in the act of) talking (right now).

(3) The **Progressive Past** is formed by using *estar* in the imperfect indicative plus the present participle of your main verb; e.g., *Estaba hablando*/I was talking, i.e., I was (in the act of) talking (right then).

(4) The progressive forms are generally used when you want to emphasize or intensify an action; if you don't want to do that, then just use the simple present or simple imperfect; e.g., say *Hablo*, not *Estoy hablando*; or *Hablaba*, not *Estaba hablando*.

(5) Sometimes *ir* is used instead of *estar* to form the progressive tenses; e.g., *Va hablando*/He (she) keeps right on talking, *Iba hablando*/He (she) kept right on talking. Note that they do not have the exact same meaning as *Está hablando* and *Estaba hablando*. See (2) and (3) above.

(6) Also, at times *andar, continuar, seguir,* and *venir* are used as helping verbs in the present or imperfect indicative tenses plus the present participle to express the progressive forms: *Los muchachos andaban cantando*/The boys were walking along singing; *La maestra seguía leyendo a la clase*/The teacher kept right on reading to the class.

The Future Subjunctive and the Future Perfect Subjunctive: a note

The future subjunctive and the future perfect subjunctive exist in Spanish, but they are rarely used. Nowadays, instead of using the future subjunctive, one uses the present subjunctive or the present indicative. Instead of using the future perfect subjunctive, one uses the future perfect indicative or the present perfect subjunctive. However, if you are curious to know how to form the future subjunctive and the future perfect subjunctive in Spanish, the following is offered:

(1) To form the future subjunctive, take the third person plural of the preterit of any Spanish verb and change the ending **-ron** to **re, res, re; remos, reis, ren**. An accent mark is needed as shown below on the first person plural form to preserve the stress.

EXAMPLES:

amar	**amare, amares, amare;** **amáremos, amareis, amaren**
comer	**comiere, comieres, comiere;** **comiéremos, comiereis, comieren**
dar	**diere, dieres, diere;** **diéremos, diereis, dieren**
haber	**hubiere, hubieres, hubiere;** **hubiéremos, hubiereis, hubieren**
hablar	**hablare, hablares, hablare;** **habláremos, hablareis, hablaren**
ir *or* **ser**	**fuere, fueres, fuere;** **fuéremos, fuereis, fueren**

(2) Let's look at the forms of **amar** above to see what the English translation is of this tense:

(que) yo amare, (that) I love . . .
(que) tú amares, (that) you love . . .
(que) Vd. (él, ella) amare, (that) you (he, she) love . . .
(que) nosotros (-tras) amáremos, (that) we love . . .
(que) vosotros (-tras) amareis, (that) you love . . .
(que) Vds. (ellos, ellas) amaren, (that) you (they) love . . .

(3) To form the future perfect subjunctive, use the future subjunctive form of **haber** (shown above) as your auxiliary plus the past participle of the verb you have in mind.

EXAMPLES:

(que) hubiere amado, hubieres amado, hubiere amado;
(que) hubiéremos amado, hubiereis amado, hubieren amado

English translation:
(that) I have *or* I shall have loved, (that) you have *or* will have loved, etc.

Summary of verb tenses and moods in Spanish with English equivalents

Los siete tiempos simples *The seven simple tenses*		**Los siete tiempos compuestos** *The seven compound tenses*	
Tense No.	Tense Name	Tense No.	Tense Name
1	**Presente de indicativo** *Present indicative*	8	**Perfecto de indicativo** *Present perfect indicative*
2	**Imperfecto de indicativo** *Imperfect indicative*	9	**Pluscuamperfecto de indicativo** *Pluperfect or Past perfect indicative*
3	**Pretérito** *Preterit*	10	**Pretérito anterior (Pret. perfecto)** *Past anterior or Preterit perfect*
4	**Futuro** *Future*	11	**Futuro perfecto** *Future perfect or Future anterior*
5	**Potencial simple** *Conditional*	12	**Potencial compuesto** *Conditional perfect*
6	**Presente de subjuntivo** *Present subjunctive*	13	**Perfecto de subjuntivo** *Present perfect or Past subjunctive*
7	**Imperfecto de subjuntivo** *Imperfect subjunctive*	14	**Pluscuamperfecto de subjuntivo** *Pluperfect or Past perfect subjunctive*

The imperative is not a tense; it is a mood.

In Spanish, there are 7 simple tenses and 7 compound tenses. A simple tense means that the verb form consists of one word. A compound tense means that the verb form consists of two words (the auxiliary verb and the past participle). The auxiliary verb is also called a helping verb and in Spanish, as you know, it is any of the 7 simple tenses of **haber** (*to have*).

Each compound tense is based on each simple tense. The 14 tenses given on the previous page are arranged in the following logical order:

Tense number 8 is based on Tense number 1; in other words, you form the **Perfecto de indicativo** by using the auxiliary **haber** in the **Presente de indicativo** plus the past participle of the verb you are dealing with.

Tense number 9 is based on Tense number 2; in other words, you form the **Pluscuamperfecto de indicativo** by using the auxiliary **haber** in the **Imperfecto de indicativo** plus the past participle of the verb you are dealing with.

Tense number 10 is based on Tense number 3; in other words, you form the **Pretérito anterior** by using the auxiliary **haber** in the **Pretérito** plus the past participle of the verb you are dealing with.

Tense number 11 is based on Tense number 4; in other words, you form the **Futuro perfecto** by using the auxiliary **haber** in the **Futuro** plus the past participle of the verb you are dealing with.

Tense number 12 is based on Tense number 5; in other words, you form the **Potencial compuesto** by using the auxiliary **haber** in the **Potencial simple** plus the past participle of the verb you are dealing with.

Tense number 13 is based on Tense number 6; in other words, you form the **Perfecto de subjuntivo** by using the auxiliary **haber** in the **Presente de subjuntivo** plus the past participle of the verb you are dealing with.

Tense number 14 is based on Tense number 7; in other words, you form the **Pluscuamperfecto de subjuntivo** by using the auxiliary **haber** in the **Imperfecto de subjuntivo** plus the past participle of the verb you are dealing with.

What does all the above mean? This: If you ever expect to know or even recognize the meaning of any of the 7 compound tenses, you certainly have to know **haber** in the 7 simple tenses. If you do not, you cannot form the 7 compound tenses. This is one perfect example to illustrate that learning Spanish verb forms is a cumulative experience. Look up **haber** where it is listed alphabetically among the 301 verbs in this book and study the seven simple tenses.

haber in the following simple tenses   **+**   PLUS the past participle of the verb you have in mind*   **=**   EQUALS the following compound tenses

1. **Presente de indicativo**
2. **Imperfecto de indicativo**
3. **Pretérito**
4. **Futuro**
5. **Potencial simple**
6. **Presente de subjuntivo**
7. **Imperfecto de subjuntivo**

8. **Perfecto de indicativo**
9. **Pluscuamperfecto de indicativo**
10. **Pretérito anterior (*Pret. Perfecto*)**
11. **Futuro perfecto**
12. **Potencial compuesto**
13. **Perfecto de subjuntivo**
14. **Pluscuamperfecto de subjuntivo**

*To know how to form a past participle, see p. xii.

Subject Pronouns

(a) The subject pronouns for all verb forms on the following pages have been omitted in order to emphasize the verb forms, which is what this book is all about.

(b) The subject pronouns that have been omitted are, as you know, as follows:

singular	*plural*
yo	**nosotros (nosotras)**
tú	**vosotros (vosotras)**
Ud. (él, ella)	**Uds. (ellos, ellas)**

Alphabetical Listing of 301 Spanish
Verbs Fully Conjugated
in All the Tenses

Subject Pronouns

singular	plural
yo	nosotros (nosotras)
tú	vosotros (vosotras)
Ud. (él, ella)	Uds. (ellos, ellas)

to open

The Seven Simple Tenses		The Seven Compound Tenses	
Singular	Plural	Singular	Plural
1 presente de indicativo		**8 perfecto de indicativo**	
abro	abrimos	he abierto	hemos abierto
abres	abrís	has abierto	habéis abierto
abre	abren	ha abierto	han abierto
2 imperfecto de indicativo		**9 pluscuamperfecto de indicativo**	
abría	abríamos	había abierto	habíamos abierto
abrías	abríais	habías abierto	habíais abierto
abría	abrían	había abierto	habían abierto
3 pretérito		**10 pretérito anterior**	
abrí	abrimos	hube abierto	hubimos abierto
abriste	abristeis	hubiste abierto	hubisteis abierto
abrió	abrieron	hubo abierto	hubieron abierto
4 futuro		**11 futuro perfecto**	
abriré	abriremos	habré abierto	habremos abierto
abrirás	abriréis	habrás abierto	habréis abierto
abrirá	abrirán	habrá abierto	habrán abierto
5 potencial simple		**12 potencial compuesto**	
abriría	abriríamos	habría abierto	habríamos abierto
abrirías	abriríais	habrías abierto	habríais abierto
abriría	abrirían	habría abierto	habrían abierto
6 presente de subjuntivo		**13 perfecto de subjuntivo**	
abra	abramos	haya abierto	hayamos abierto
abras	abráis	hayas abierto	hayáis abierto
abra	abran	haya abierto	hayan abierto
7 imperfecto de subjuntivo		**14 pluscuamperfecto de subjuntivo**	
abriera	abriéramos	hubiera abierto	hubiéramos abierto
abrieras	abrierais	hubieras abierto	hubierais abierto
abriera	abrieran	hubiera abierto	hubieran abierto
OR		OR	
abriese	abriésemos	hubiese abierto	hubiésemos abierto
abrieses	abrieseis	hubieses abierto	hubieseis abierto
abriese	abriesen	hubiese abierto	hubiesen abierto

imperativo	
—	abramos
abre	abrid
abra	abran

Sentences using this verb and words related to it

La maestra dijo a los alumnos: — Abran los libros en la página diez, por favor.
Todos los alumnos abrieron los libros en la página diez y Pablo comenzó a leer la lectura.

un abrimiento   opening   **La puerta está abierta.**   The door is open.
abrir paso   to make way   **Los libros están abiertos.**   The books are open.

1

absolver

to absolve, to acquit

The Seven Simple Tenses		The Seven Compound Tenses	
Singular	Plural	Singular	Plural
1 presente de indicativo		**8 perfecto de indicativo**	
absuelvo	absolvemos	he absuelto	hemos absuelto
absuelves	absolvéis	has absuelto	habéis absuelto
absuelve	absuelven	ha absuelto	han absuelto
2 imperfecto de indicativo		**9 pluscuamperfecto de indicativo**	
absolvía	absolvíamos	había absuelto	habíamos absuelto
absolvías	absolvíais	habías absuelto	habíais absuelto
absolvía	absolvían	había absuelto	habían absuelto
3 pretérito		**10 pretérito anterior**	
absolví	absolvimos	hube absuelto	hubimos absuelto
absolviste	absolvisteis	hubiste absuelto	hubisteis absuelto
absolvió	absolvieron	hubo absuelto	hubieron absuelto
4 futuro		**11 futuro perfecto**	
absolveré	absolveremos	habré absuelto	habremos absuelto
absolverás	absolveréis	habrás absuelto	habréis absuelto
absolverá	absolverán	habrá absuelto	habrán absuelto
5 potencial simple		**12 potencial compuesto**	
absolvería	absolveríamos	habría absuelto	habríamos absuelto
absolverías	absolveríais	habrías absuelto	habríais absuelto
absolvería	absolverían	habría absuelto	habrían absuelto
6 presente de subjuntivo		**13 perfecto de subjuntivo**	
absuelva	absolvamos	haya absuelto	hayamos absuelto
absuelvas	absolváis	hayas absuelto	hayáis absuelto
absuelva	absuelvan	haya absuelto	hayan absuelto
7 imperfecto de subjuntivo		**14 pluscuamperfecto de subjuntivo**	
absolviera	absolviéramos	hubiera absuelto	hubiéramos absuelto
absolvieras	absolvierais	hubieras absuelto	hubierais absuelto
absolviera	absolvieran	hubiera absuelto	hubieran absuelto
OR		OR	
absolviese	absolviésemos	hubiese absuelto	hubiésemos absuelto
absolvieses	absolvieseis	hubieses absuelto	hubieseis absuelto
absolviese	absolviesen	hubiese absuelto	hubiesen absuelto

	imperativo
—	absolvamos
absuelve	absolved
absuelva	absuelvan

Words related to this verb

la absolución   absolution, acquittal, pardon
absolutamente   absolutely
absoluto, absoluta   absolute, unconditional

The Seven Simple Tenses		The Seven Compound Tenses	
Singular	Plural	Singular	Plural

1   presente de indicativo

me abstengo	nos abstenemos		
te abstienes	os abstenéis		
se abstiene	se abstienen		

8   perfecto de indicativo

me he abstenido	nos hemos abstenido
te has abstenido	os habéis abstenido
se ha abstenido	se han abstenido

2   imperfecto de indicativo

me abstenía	nos absteníamos
te abstenías	os absteníais
se abstenía	se abstenían

9   pluscuamperfecto de indicativo

me había abstenido	nos habíamos abstenido
te habías abstenido	os habíais abstenido
se había abstenido	se habían abstenido

3   pretérito

me abstuve	nos abstuvimos
te abstuviste	os abstuvisteis
se abstuvo	se abstuvieron

10   pretérito anterior

me hube abstenido	nos hubimos abstenido
te hubiste abstenido	os hubisteis abstenido
se hubo abstenido	se hubieron abstenido

4   futuro

me abstendré	nos abstendremos
te abstendrás	os abstendréis
se abstendrá	se abstendrán

11   futuro perfecto

me habré abstenido	nos habremos abstenido
te habrás abstenido	os habréis abstenido
se habrá abstenido	se habrán abstenido

5   potencial simple

me abstendría	nos abstendríamos
te abstendrías	os abstendríais
se abstendría	se abstendrían

12   potencial compuesto

me habría abstenido	nos habríamos abstenido
te habrías abstenido	os habríais abstenido
se habría abstenido	se habrían abstenido

6   presente de subjuntivo

me abstenga	nos abstengamos
te abstengas	os abstengáis
se abstenga	se abstengan

13   perfecto de subjuntivo

me haya abstenido	nos hayamos abstenido
te hayas abstenido	os hayáis abstenido
se haya abstenido	se hayan abstenido

7   imperfecto de subjuntivo

me abstuviera	nos abstuviéramos
te abstuvieras	os abstuvierais
se abstuviera	se abstuvieran
OR	
me abstuviese	nos abstuviésemos
te abstuvieses	os abstuvieseis
se abstuviese	se abstuviesen

14   pluscuamperfecto de subjuntivo

me hubiera abstenido	nos hubiéramos abstenido
te hubieras abstenido	os hubierais abstenido
se hubiera abstenido	se hubieran abstenido
OR	
me hubiese abstenido	nos hubiésemos abstenido
te hubieses abstenido	os hubieseis abstenido
se hubiese abstenido	se hubiesen abstenido

	imperativo	
	—	abstengámonos
	abstente	absteneos
	absténgase	absténganse

Words related to this verb

la abstención	abstention, forbearance
abstenerse de	to abstain from
la abstinencia	abstinence, fasting

The subject pronouns are found on the page facing page 1.

aburrir

to annoy, to bore, to vex

The Seven Simple Tenses		The Seven Compound Tenses	
Singular	Plural	Singular	Plural
1 presente de indicativo		**8 perfecto de indicativo**	
aburro	aburrimos	he aburrido	hemos aburrido
aburres	aburrís	has aburrido	habéis aburrido
aburre	aburren	ha aburrido	han aburrido
2 imperfecto de indicativo		**9 pluscuamperfecto de indicativo**	
aburría	aburríamos	había aburrido	habíamos aburrido
aburrías	aburríais	habías aburrido	habíais aburrido
aburría	aburrían	había aburrido	habían aburrido
3 pretérito		**10 pretérito anterior**	
aburrí	aburrimos	hube aburrido	hubimos aburrido
aburriste	aburristeis	hubiste aburrido	hubisteis aburrido
aburrió	aburrieron	hubo aburrido	hubieron aburrido
4 futuro		**11 futuro perfecto**	
aburriré	aburriremos	habré aburrido	habremos aburrido
aburrirás	aburriréis	habrás aburrido	habréis aburrido
aburrirá	aburrirán	habrá aburrido	habrán aburrido
5 potencial simple		**12 potencial compuesto**	
aburriría	aburriríamos	habría aburrido	habríamos aburrido
aburrirías	aburriríais	habrías aburrido	habríais aburrido
aburriría	aburrirían	habría aburrido	habrían aburrido
6 presente de subjuntivo		**13 perfecto de subjuntivo**	
aburra	aburramos	haya aburrido	hayamos aburrido
aburras	aburráis	hayas aburrido	hayáis aburrido
aburra	aburran	haya aburrido	hayan aburrido
7 imperfecto de subjuntivo		**14 pluscuamperfecto de subjuntivo**	
aburriera	aburriéramos	hubiera aburrido	hubiéramos aburrido
aburrieras	aburrierais	hubieras aburrido	hubierais aburrido
aburriera	aburrieran	hubiera aburrido	hubieran aburrido
OR		OR	
aburriese	aburriésemos	hubiese aburrido	hubiésemos aburrido
aburrieses	aburrieseis	hubieses aburrido	hubieseis aburrido
aburriese	aburriesen	hubiese aburrido	hubiesen aburrido

	imperativo
—	aburramos
aburre	aburrid
aburra	aburran

Sentences using this verb and words related to it

El profesor de español cree que Pedro está aburrido, que María está aburrida, que todos los alumnos en la clase están aburridos.

un aburrimiento   annoyance, weariness

to be bored, to grow tired, to grow weary

The Seven Simple Tenses		The Seven Compound Tenses	
Singular	Plural	Singular	Plural

1 presente de indicativo

me aburro	nos aburrimos		
te aburres	os aburrís		
se aburre	se aburren		

8 perfecto de indicativo

me he aburrido	nos hemos aburrido		
te has aburrido	os habéis aburrido		
se ha aburrido	se han aburrido		

2 imperfecto de indicativo

me aburría	nos aburríamos
te aburrías	os aburríais
se aburría	se aburrían

9 pluscuamperfecto de indicativo

me había aburrido	nos habíamos aburrido
te habías aburrido	os habíais aburrido
se había aburrido	se habían aburrido

3 pretérito

me aburrí	nos aburrimos
te aburriste	os aburristeis
se aburrió	se aburrieron

10 pretérito anterior

me hube aburrido	nos hubimos aburrido
te hubiste aburrido	os hubisteis aburrido
se hubo aburrido	se hubieron aburrido

4 futuro

me aburriré	nos aburriremos
te aburrirás	os aburriréis
se aburrirá	se aburrirán

11 futuro perfecto

me habré aburrido	nos habremos aburrido
te habrás aburrido	os habréis aburrido
se habrá aburrido	se habrán aburrido

5 potencial simple

me aburriría	nos aburriríamos
te aburrirías	os aburriríais
se aburriría	se aburrirían

12 potencial compuesto

me habría aburrido	nos habríamos aburrido
te habrías aburrido	os habríais aburrido
se habría aburrido	se habrían aburrido

6 presente de subjuntivo

me aburra	nos aburramos
te aburras	os aburráis
se aburra	se aburran

13 perfecto de subjuntivo

me haya aburrido	nos hayamos aburrido
te hayas aburrido	os hayáis aburrido
se haya aburrido	se hayan aburrido

7 imperfecto de subjuntivo

me aburriera	nos aburriéramos
te aburrieras	os aburrierais
se aburriera	se aburrieran
OR	
me aburriese	nos aburriésemos
te aburrieses	os aburrieseis
se aburriese	se aburriesen

14 pluscuamperfecto de subjuntivo

me hubiera aburrido	nos hubiéramos aburrido
te hubieras aburrido	os hubierais aburrido
se hubiera aburrido	se hubieran aburrido
OR	
me hubiese aburrido	nos hubiésemos aburrido
te hubieses aburrido	os hubieseis aburrido
se hubiese aburrido	se hubiesen aburrido

imperativo

—	aburrámonos
abúrrete	aburríos
abúrrase	abúrranse

Sentences using this verb and words related to it

El profesor de español se aburre en la clase de español porque hace treinta años que enseña la lengua en la misma escuela.

un aburrimiento   annoyance, weariness

The subject pronouns are found on the page facing page 1.

to finish, to end, to complete

The Seven Simple Tenses		The Seven Compound Tenses	
Singular	Plural	Singular	Plural
1 presente de indicativo		**8 perfecto de indicativo**	
acabo	acabamos	he acabado	hemos acabado
acabas	acabáis	has acabado	habéis acabado
acaba	acaban	ha acabado	han acabado
2 imperfecto de indicativo		**9 pluscuamperfecto de indicativo**	
acababa	acabábamos	había acabado	habíamos acabado
acababas	acababais	habías acabado	habíais acabado
acababa	acababan	había acabado	habían acabado
3 pretérito		**10 pretérito anterior**	
acabé	acabamos	hube acabado	hubimos acabado
acabaste	acabasteis	hubiste acabado	hubisteis acabado
acabó	acabaron	hubo acabado	hubieron acabado
4 futuro		**11 futuro perfecto**	
acabaré	acabaremos	habré acabado	habremos acabado
acabarás	acabaréis	habrás acabado	habréis acabado
acabará	acabarán	habrá acabado	habrán acabado
5 potencial simple		**12 potencial compuesto**	
acabaría	acabaríamos	habría acabado	habríamos acabado
acabarías	acabaríais	habrías acabado	habríais acabado
acabaría	acabarían	habría acabado	habrían acabado
6 presente de subjuntivo		**13 perfecto de subjuntivo**	
acabe	acabemos	haya acabado	hayamos acabado
acabes	acabéis	hayas acabado	hayáis acabado
acabe	acaben	haya acabado	hayan acabado
7 imperfecto de subjuntivo		**14 pluscuamperfecto de subjuntivo**	
acabara	acabáramos	hubiera acabado	hubiéramos acabado
acabaras	acabarais	hubieras acabado	hubierais acabado
acabara	acabaran	hubiera acabado	hubieran acabado
OR		OR	
acabase	acabásemos	hubiese acabado	hubiésemos acabado
acabases	acabaseis	hubieses acabado	hubieseis acabado
acabase	acabasen	hubiese acabado	hubiesen acabado

imperativo	
—	acabemos
acaba	acabad
acabe	acaben

Sentences using this verb and words related to it

Yo acabo de leer la lección de español, Miguel acaba de escribir una composición, y los otros alumnos acaban de hablar en español.

el acabamiento completion
acabar de + inf. to have just + past part.
acabar por to end by, to . . . finally

6

The Seven Simple Tenses		The Seven Compound Tenses	
Singular	Plural	Singular	Plural

1   presente de indicativo

		8 perfecto de indicativo	
acepto	aceptamos	he aceptado	hemos aceptado
aceptas	aceptáis	has aceptado	habéis aceptado
acepta	aceptan	ha aceptado	han aceptado

2   imperfecto de indicativo

		9 pluscuamperfecto de indicativo	
aceptaba	aceptábamos	había aceptado	habíamos aceptado
aceptabas	aceptabais	habías aceptado	habíais aceptado
aceptaba	aceptaban	había aceptado	habían aceptado

3   pretérito

		10 pretérito anterior	
acepté	aceptamos	hube aceptado	hubimos aceptado
aceptaste	aceptasteis	hubiste aceptado	hubisteis aceptado
aceptó	aceptaron	hubo aceptado	hubieron aceptado

4   futuro

		11 futuro perfecto	
aceptaré	aceptaremos	habré aceptado	habremos aceptado
aceptarás	aceptaréis	habrás aceptado	habréis aceptado
aceptará	aceptarán	habrá aceptado	habrán aceptado

5   potencial simple

		12 potencial compuesto	
aceptaría	aceptaríamos	habría aceptado	habríamos aceptado
aceptarías	aceptaríais	habrías aceptado	habríais aceptado
aceptaría	aceptarían	habría aceptado	habrían aceptado

6   presente de subjuntivo

		13 perfecto de subjuntivo	
acepte	aceptemos	haya aceptado	hayamos aceptado
aceptes	aceptéis	hayas aceptado	hayáis aceptado
acepte	acepten	haya aceptado	hayan aceptado

7   imperfecto de subjuntivo

		14 pluscuamperfecto de subjuntivo	
aceptara	aceptáramos	hubiera aceptado	hubiéramos aceptado
aceptaras	aceptarais	hubieras aceptado	hubierais aceptado
aceptara	aceptaran	hubiera aceptado	hubieran aceptado
OR		OR	
aceptase	aceptásemos	hubiese aceptado	hubiésemos aceptado
aceptases	aceptaseis	hubieses aceptado	hubieseis aceptado
aceptase	aceptasen	hubiese aceptado	hubiesen aceptado

imperativo

—	aceptemos
acepta	aceptad
acepte	acepten

Words related to this verb

aceptable   acceptable
el aceptador, la aceptadora   acceptor
el aceptante, la aceptante   accepter
la aceptación   acceptance, acceptation

The subject pronouns are found on the page facing page 1.

to bring near, to place near

The Seven Simple Tenses		The Seven Compound Tenses	
Singular	Plural	Singular	Plural

1 presente de indicativo

acerco	acercamos
acercas	acercáis
acerca	acercan

8 perfecto de indicativo

he acercado	hemos acercado
has acercado	habéis acercado
ha acercado	han acercado

2 imperfecto de indicativo

acercaba	acercábamos
acercabas	acercabais
acercaba	acercaban

9 pluscuamperfecto de indicativo

había acercado	habíamos acercado
habías acercado	habíais acercado
había acercado	habían acercado

3 pretérito

acerqué	acercamos
acercaste	acercasteis
acercó	acercaron

10 pretérito anterior

hube acercado	hubimos acercado
hubiste acercado	hubisteis acercado
hubo acercado	hubieron acercado

4 futuro

acercaré	acercaremos
acercarás	acercaréis
acercará	acercarán

11 futuro perfecto

habré acercado	habremos acercado
habrás acercado	habréis acercado
habrá acercado	habrán acercado

5 potencial simple

acercaría	acercaríamos
acercarías	acercaríais
acercaría	acercarían

12 potencial compuesto

habría acercado	habríamos acercado
habrías acercado	habríais acercado
habría acercado	habrían acercado

6 presente de subjuntivo

acerque	acerquemos
acerques	acerquéis
acerque	acerquen

13 perfecto de subjuntivo

haya acercado	hayamos acercado
hayas acercado	hayáis acercado
haya acercado	hayan acercado

7 imperfecto de subjuntivo

acercara	acercáramos
acercaras	acercarais
acercara	acercaran
OR	
acercase	acercásemos
acercases	acercaseis
acercase	acercasen

14 pluscuamperfecto de subjuntivo

hubiera acercado	hubiéramos acercado
hubieras acercado	hubierais acercado
hubiera acercado	hubieran acercado
OR	
hubiese acercado	hubiésemos acercado
hubieses acercado	hubieseis acercado
hubiese acercado	hubiesen acercado

imperativo

—	acerquemos
acerca	acercad
acerque	acerquen

Words and expressions related to this verb

acerca de   about, regarding, with regard to
el acercamiento   approaching, approximation
cerca de   near
de cerca   close at hand, closely

to approach, to draw near

The Seven Simple Tenses		The Seven Compound Tenses	
Singular	Plural	Singular	Plural

1　presente de indicativo

me acerco	nos acercamos		
te acercas	os acercáis		
se acerca	se acercan		

8　perfecto de indicativo

me he acercado	nos hemos acercado		
te has acercado	os habéis acercado		
se ha acercado	se han acercado		

2　imperfecto de indicativo

me acercaba	nos acercábamos
te acercabas	os acercabais
se acercaba	se acercaban

9　pluscuamperfecto de indicativo

me había acercado	nos habíamos acercado
te habías acercado	os habíais acercado
se había acercado	se habían acercado

3　pretérito

me acerqué	nos acercamos
te acercaste	os acercasteis
se acercó	se acercaron

10　pretérito anterior

me hube acercado	nos hubimos acercado
te hubiste acercado	os hubisteis acercado
se hubo acercado	se hubieron acercado

4　futuro

me acercaré	nos acercaremos
te acercarás	os acercaréis
se acercará	se acercarán

11　futuro perfecto

me habré acercado	nos habremos acercado
te habrás acercado	os habréis acercado
se habrá acercado	se habrán acercado

5　potencial simple

me acercaría	nos acercaríamos
te acercarías	os acercaríais
se acercaría	se acercarían

12　potencial compuesto

me habría acercado	nos habríamos acercado
te habrías acercado	os habríais acercado
se habría acercado	se habrían acercado

6　presente de subjuntivo

me acerque	nos acerquemos
te acerques	os acerquéis
se acerque	se acerquen

13　perfecto de subjuntivo

me haya acercado	nos hayamos acercado
te hayas acercado	os hayáis acercado
se haya acercado	se hayan acercado

7　imperfecto de subjuntivo

me acercara	nos acercáramos
te acercaras	os acercarais
se acercara	se acercaran
OR	
me acercase	nos acercásemos
te acercases	os acercaseis
se acercase	se acercasen

14　pluscuamperfecto de subjuntivo

me hubiera acercado	nos hubiéramos acercado
te hubieras acercado	os hubierais acercado
se hubiera acercado	se hubieran acercado
OR	
me hubiese acercado	nos hubiésemos acercado
te hubieses acercado	os hubieseis acercado
se hubiese acercado	se hubiesen acercado

imperativo

—	acerquémonos
acércate	acercaos
acérquese	acérquense

Words and expressions related to this verb

acerca de　　about, regarding, with regard to
el acercamiento　　approaching, approximation
cerca de　　near
de cerca　　close at hand, closely

acertar

to hit the mark, to hit upon, to do (something) right, to succeed in

The Seven Simple Tenses		The Seven Compound Tenses	
Singular	Plural	Singular	Plural
1 presente de indicativo		**8 perfecto de indicativo**	
acierto	acertamos	he acertado	hemos acertado
aciertas	acertáis	has acertado	habéis acertado
acierta	aciertan	ha acertado	han acertado
2 imperfecto de indicativo		**9 pluscuamperfecto de indicativo**	
acertaba	acertábamos	había acertado	habíamos acertado
acertabas	acertabais	habías acertado	habíais acertado
acertaba	acertaban	había acertado	habían acertado
3 pretérito		**10 pretérito anterior**	
acerté	acertamos	hube acertado	hubimos acertado
acertaste	acertasteis	hubiste acertado	hubisteis acertado
acertó	acertaron	hubo acertado	hubieron acertado
4 futuro		**11 futuro perfecto**	
acertaré	acertaremos	habré acertado	habremos acertado
acertarás	acertaréis	habrás acertado	habréis acertado
acertará	acertarán	habrá acertado	habrán acertado
5 potencial simple		**12 potencial compuesto**	
acertaría	acertaríamos	habría acertado	habríamos acertado
acertarías	acertaríais	habrías acertado	habríais acertado
acertaría	acertarían	habría acertado	habrían acertado
6 presente de subjuntivo		**13 perfecto de subjuntivo**	
acierte	acertemos	haya acertado	hayamos acertado
aciertes	acertéis	hayas acertado	hayáis acertado
acierte	acierten	haya acertado	hayan acertado
7 imperfecto de subjuntivo		**14 pluscuamperfecto de subjuntivo**	
acertara	acertáramos	hubiera acertado	hubiéramos acertado
acertaras	acertarais	hubieras acertado	hubierais acertado
acertara	acertaran	hubiera acertado	hubieran acertado
OR		OR	
acertase	acertásemos	hubiese acertado	hubiésemos acertado
acertases	acertaseis	hubieses acertado	hubieseis acertado
acertase	acertasen	hubiese acertado	hubiesen acertado

imperativo	
—	acertemos
acierta	acertad
acierte	acierten

Words and expressions related to this verb

acertado, acertada   proper, fit
el acertador, la acertadora   good guesser
acertar a   to happen
acertar con   to come across, to find

to accompany, to escort, to go with

The Seven Simple Tenses		The Seven Compound Tenses	
Singular	Plural	Singular	Plural

1 presente de indicativo

acompaño	acompañamos
acompañas	acompañáis
acompaña	acompañan

8 perfecto de indicativo

he acompañado	hemos acompañado
has acompañado	habéis acompañado
ha acompañado	han acompañado

2 imperfecto de indicativo

acompañaba	acompañábamos
acompañabas	acompañabais
acompañaba	acompañaban

9 pluscuamperfecto de indicativo

había acompañado	habíamos acompañado
habías acompañado	habíais acompañado
había acompañado	habían acompañado

3 pretérito

acompañé	acompañamos
acompañaste	acompañasteis
acompañó	acompañaron

10 pretérito anterior

hube acompañado	hubimos acompañado
hubiste acompañado	hubisteis acompañado
hubo acompañado	hubieron acompañado

4 futuro

acompañaré	acompañaremos
acompañarás	acompañaréis
acompañará	acompañarán

11 futuro perfecto

habré acompañado	habremos acompañado
habrás acompañado	habréis acompañado
habrá acompañado	habrán acompañado

5 potencial simple

acompañaría	acompañaríamos
acompañarías	acompañaríais
acompañaría	acompañarían

12 potencial compuesto

habría acompañado	habríamos acompañado
habrías acompañado	habríais acompañado
habría acompañado	habrían acompañado

6 presente de subjuntivo

acompañe	acompañemos
acompañes	acompañéis
acompañe	acompañen

13 perfecto de subjuntivo

haya acompañado	hayamos acompañado
hayas acompañado	hayáis acompañado
haya acompañado	hayan acompañado

7 imperfecto de subjuntivo

acompañara	acompañáramos
acompañaras	acompañarais
acompañara	acompañaran
OR	
acompañase	acompañásemos
acompañases	acompañaseis
acompañase	acompañasen

14 pluscuamperfecto de subjuntivo

hubiera acompañado	hubiéramos acompañado
hubieras acompañado	hubierais acompañado
hubiera acompañado	hubieran acompañado
OR	
hubiese acompañado	hubiésemos acompañado
hubieses acompañado	hubieseis acompañado
hubiese acompañado	hubiesen acompañado

imperativo

—	acompañemos
acompaña	acompañad
acompañe	acompañen

Words related to this verb

el acompañador, la acompañadora   companion, chaperon, accompanist
el acompañamiento   accompaniment, attendance
el acompañado, la acompañada   assistant

aconsejar

to advise, to counsel

The Seven Simple Tenses		The Seven Compound Tenses	
Singular	Plural	Singular	Plural
1 presente de indicativo		**8 perfecto de indicativo**	
aconsejo	aconsejamos	he aconsejado	hemos aconsejado
aconsejas	aconsejáis	has aconsejado	habéis aconsejado
aconseja	aconsejan	ha aconsejado	han aconsejado
2 imperfecto de indicativo		**9 pluscuamperfecto de indicativo**	
aconsejaba	aconsejábamos	había aconsejado	habíamos aconsejado
aconsejabas	aconsejabais	habías aconsejado	habíais aconsejado
aconsejaba	aconsejaban	había aconsejado	habían aconsejado
3 pretérito		**10 pretérito anterior**	
aconsejé	aconsejamos	hube aconsejado	hubimos aconsejado
aconsejaste	aconsejasteis	hubiste aconsejado	hubisteis aconsejado
aconsejó	aconsejaron	hubo aconsejado	hubieron aconsejado
4 futuro		**11 futuro perfecto**	
aconsejaré	aconsejaremos	habré aconsejado	habremos aconsejado
aconsejarás	aconsejaréis	habrás aconsejado	habréis aconsejado
aconsejará	aconsejarán	habrá aconsejado	habrán aconsejado
5 potencial simple		**12 potencial compuesto**	
aconsejaría	aconsejaríamos	habría aconsejado	habríamos aconsejado
aconsejarías	aconsejaríais	habrías aconsejado	habríais aconsejado
aconsejaría	aconsejarían	habría aconsejado	habrían aconsejado
6 presente de subjuntivo		**13 perfecto de subjuntivo**	
aconseje	aconsejemos	haya aconsejado	hayamos aconsejado
aconsejes	aconsejéis	hayas aconsejado	hayáis aconsejado
aconseje	aconsejen	haya aconsejado	hayan aconsejado
7 imperfecto de subjuntivo		**14 pluscuamperfecto de subjuntivo**	
aconsejara	aconsejáramos	hubiera aconsejado	hubiéramos aconsejado
aconsejaras	aconsejarais	hubieras aconsejado	hubierais aconsejado
aconsejara	aconsejaran	hubiera aconsejado	hubieran aconsejado
OR		OR	
aconsejase	aconsejásemos	hubiese aconsejado	hubiésemos aconsejado
aconsejases	aconsejaseis	hubieses aconsejado	hubieseis aconsejado
aconsejase	aconsejasen	hubiese aconsejado	hubiesen aconsejado

	imperativo
—	aconsejemos
aconseja	aconsejad
aconseje	aconsejen

Words and expressions related to this verb

el aconsejador, la aconsejadora   adviser, counselor
aconsejar con   to consult
el consejo   advice, counsel
El tiempo da buen consejo.   Time will tell.

to agree (upon)

The Seven Simple Tenses		The Seven Compound Tenses	
Singular	Plural	Singular	Plural

1   presente de indicativo

		8 perfecto de indicativo	
acuerdo	acordamos	he acordado	hemos acordado
acuerdas	acordáis	has acordado	habéis acordado
acuerda	acuerdan	ha acordado	han acordado

2   imperfecto de indicativo

		9 pluscuamperfecto de indicativo	
acordaba	acordábamos	había acordado	habíamos acordado
acordabas	acordabais	habías acordado	habíais acordado
acordaba	acordaban	había acordado	habían acordado

3   pretérito

		10 pretérito anterior	
acordé	acordamos	hube acordado	hubimos acordado
acordaste	acordasteis	hubiste acordado	hubisteis acordado
acordó	acordaron	hubo acordado	hubieron acordado

4   futuro

		11 futuro perfecto	
acordaré	acordaremos	habré acordado	habremos acordado
acordarás	acordaréis	habrás acordado	habréis acordado
acordará	acordarán	habrá acordado	habrán acordado

5   potencial simple

		12 potencial compuesto	
acordaría	acordaríamos	habría acordado	habríamos acordado
acordarías	acordaríais	habrías acordado	habríais acordado
acordaría	acordarían	habría acordado	habrían acordado

6   presente de subjuntivo

		13 perfecto de subjuntivo	
acuerde	acordemos	haya acordado	hayamos acordado
acuerdes	acordéis	hayas acordado	hayáis acordado
acuerde	acuerden	haya acordado	hayan acordado

7   imperfecto de subjuntivo

		14 pluscuamperfecto de subjuntivo	
acordara	acordáramos	hubiera acordado	hubiéramos acordado
acordaras	acordarais	hubieras acordado	hubierais acordado
acordara	acordaran	hubiera acordado	hubieran acordado
OR		OR	
acordase	acordásemos	hubiese acordado	hubiésemos acordado
acordases	acordaseis	hubieses acordado	hubieseis acordado
acordase	acordasen	hubiese acordado	hubiesen acordado

imperativo		
—	acordemos	
acuerda	acordad	
acuerde	acuerden	

Words and expressions related to this verb

la acordada   decision, resolution
acordadamente   jointly, by common consent
un acuerdo   agreement
de acuerdo   in agreement
de común acuerdo   unanimously, by mutual agreement

to remember

The Seven Simple Tenses		The Seven Compound Tenses	
Singular	Plural	Singular	Plural

1 presente de indicativo

me acuerdo	nos acordamos
te acuerdas	os acordáis
se acuerda	se acuerdan

8 perfecto de indicativo

me he acordado	nos hemos acordado
te has acordado	os habéis acordado
se ha acordado	se han acordado

2 imperfecto de indicativo

me acordaba	nos acordábamos
te acordabas	os acordabais
se acordaba	se acordaban

9 pluscuamperfecto de indicativo

me había acordado	nos habíamos acordado
te habías acordado	os habíais acordado
se había acordado	se habían acordado

3 pretérito

me acordé	nos acordamos
te acordaste	os acordasteis
se acordó	se acordaron

10 pretérito anterior

me hube acordado	nos hubimos acordado
te hubiste acordado	os hubisteis acordado
se hubo acordado	se hubieron acordado

4 futuro

me acordaré	nos acordaremos
te acordarás	os acordaréis
se acordará	se acordarán

11 futuro perfecto

me habré acordado	nos habremos acordado
te habrás acordado	os habréis acordado
se habrá acordado	se habrán acordado

5 potencial simple

me acordaría	nos acordaríamos
te acordarías	os acordaríais
se acordaría	se acordarían

12 potencial compuesto

me habría acordado	nos habríamos acordado
te habrías acordado	os habríais acordado
se habría acordado	se habrían acordado

6 presente de subjuntivo

me acuerde	nos acordemos
te acuerdes	os acordéis
se acuerde	se acuerden

13 perfecto de subjuntivo

me haya acordado	nos hayamos acordado
te hayas acordado	os hayáis acordado
se haya acordado	se hayan acordado

7 imperfecto de subjuntivo

me acordara	nos acordáramos
te acordaras	os acordarais
se acordara	se acordaran
OR	
me acordase	nos acordásemos
te acordases	os acordaseis
se acordase	se acordasen

14 pluscuamperfecto de subjuntivo

me hubiera acordado	nos hubiéramos acordado
te hubieras acordado	os hubierais acordado
se hubiera acordado	se hubieran acordado
OR	
me hubiese acordado	nos hubiésemos acordado
te hubieses acordado	os hubieseis acordado
se hubiese acordado	se hubiesen acordado

imperativo

—	acordémonos
acuérdate	acordaos
acuérdese	acuérdense

Words and expressions related to this verb

si mal no me acuerdo if I remember correctly, if my memory does not fail me
un acuerdo agreement
de acuerdo in agreement
de común acuerdo unanimously, by mutual agreement

to go to bed, to lie down

The Seven Simple Tenses		The Seven Compound Tenses	
Singular	Plural	Singular	Plural

1   presente de indicativo

me acuesto	nos acostamos		
te acuestas	os acostáis		
se acuesta	se acuestan		

8   perfecto de indicativo

me he acostado	nos hemos acostado		
te has acostado	os habéis acostado		
se ha acostado	se han acostado		

2   imperfecto de indicativo

me acostaba	nos acostábamos
te acostabas	os acostabais
se acostaba	se acostaban

9   pluscuamperfecto de indicativo

me había acostado	nos habíamos acostado
te habías acostado	os habíais acostado
se había acostado	se habían acostado

3   pretérito

me acosté	nos acostamos
te acostaste	os acostasteis
se acostó	se acostaron

10   pretérito anterior

me hube acostado	nos hubimos acostado
te hubiste acostado	os hubisteis acostado
se hubo acostado	se hubieron acostado

4   futuro

me acostaré	nos acostaremos
te acostarás	os acostaréis
se acostará	se acostarán

11   futuro perfecto

me habré acostado	nos habremos acostado
te habrás acostado	os habréis acostado
se habrá acostado	se habrán acostado

5   potencial simple

me acostaría	nos acostaríamos
te acostarías	os acostaríais
se acostaría	se acostarían

12   potencial compuesto

me habría acostado	nos habríamos acostado
te habrías acostado	os habríais acostado
se habría acostado	se habrían acostado

6   presente de subjuntivo

me acueste	nos acostemos
te acuestes	os acostéis
se acueste	se acuesten

13   perfecto de subjuntivo

me haya acostado	nos hayamos acostado
te hayas acostado	os hayáis acostado
se haya acostado	se hayan acostado

7   imperfecto de subjuntivo

me acostara	nos acostáramos
te acostaras	os acostarais
se acostara	se acostaran
OR	
me acostase	nos acostásemos
te acostases	os acostaseis
se acostase	se acostasen

14   pluscuamperfecto de subjuntivo

me hubiera acostado	nos hubiéramos acostado
te hubieras acostado	os hubierais acostado
se hubiera acostado	se hubieran acostado
OR	
me hubiese acostado	nos hubiésemos acostado
te hubieses acostado	os hubieseis acostado
se hubiese acostado	se hubiesen acostado

imperativo

—	acostémonos
acuéstate	acostaos
acuéstese	acuéstense

Sentences using this verb and words related to it

Todas las noches me acuesto a las diez, mi hermanito se acuesta a las ocho, y mis padres se acuestan a las once.

el acostamiento   lying down, stretching
acostado, acostada   in bed, lying down

The subject pronouns are found on the page facing page 1.

to be accustomed, to be in the habit of

The Seven Simple Tenses		The Seven Compound Tenses	
Singular	Plural	Singular	Plural

1 presente de indicativo
		8 perfecto de indicativo	
acostumbro	acostumbramos	he acostumbrado	hemos acostumbrado
acostumbras	acostumbráis	has acostumbrado	habéis acostumbrado
acostumbra	acostumbran	ha acostumbrado	han acostumbrado

2 imperfecto de indicativo
		9 pluscuamperfecto de indicativo	
acostumbraba	acostumbrábamos	había acostumbrado	habíamos acostumbrado
acostumbrabas	acostumbrabais	habías acostumbrado	habíais acostumbrado
acostumbraba	acostumbraban	había acostumbrado	habían acostumbrado

3 pretérito
		10 pretérito anterior	
acostumbré	acostumbramos	hube acostumbrado	hubimos acostumbrado
acostumbraste	acostumbrasteis	hubiste acostumbrado	hubisteis acostumbrado
acostumbró	acostumbraron	hubo acostumbrado	hubieron acostumbrado

4 futuro
		11 futuro perfecto	
acostumbraré	acostumbraremos	habré acostumbrado	habremos acostumbrado
acostumbrarás	acostumbraréis	habrás acostumbrado	habréis acostumbrado
acostumbrará	acostumbrarán	habrá acostumbrado	habrán acostumbrado

5 potencial simple
		12 potencial compuesto	
acostumbraría	acostumbraríamos	habría acostumbrado	habríamos acostumbrado
acostumbrarías	acostumbraríais	habrías acostumbrado	habríais acostumbrado
acostumbraría	acostumbrarían	habría acostumbrado	habrían acostumbrado

6 presente de subjuntivo
		13 perfecto de subjuntivo	
acostumbre	acostumbremos	haya acostumbrado	hayamos acostumbrado
acostumbres	acostumbréis	hayas acostumbrado	hayáis acostumbrado
acostumbre	acostumbren	haya acostumbrado	hayan acostumbrado

7 imperfecto de subjuntivo
		14 pluscuamperfecto de subjuntivo	
acostumbrara	acostumbráramos	hubiera acostumbrado	hubiéramos acostumbrado
acostumbraras	acostumbrarais	hubieras acostumbrado	hubierais acostumbrado
acostumbrara	acostumbraran	hubiera acostumbrado	hubieran acostumbrado
OR		OR	
acostumbrase	acostumbrásemos	hubiese acostumbrado	hubiésemos acostumbrado
acostumbrases	acostumbraseis	hubieses acostumbrado	hubieseis acostumbrado
acostumbrase	acostumbrasen	hubiese acostumbrado	hubiesen acostumbrado

imperativo	
—	acostumbremos
acostumbra	acostumbrad
acostumbre	acostumbren

Words and expressions related to this verb

acostumbradamente   customarily
la costumbre   custom, habit
de costumbre   customary, usual
tener por costumbre   to be in the habit of

to accuse

The Seven Simple Tenses		The Seven Compound Tenses	
Singular	Plural	Singular	Plural
1 presente de indicativo		**8 perfecto de indicativo**	
acuso	acusamos	he acusado	hemos acusado
acusas	acusáis	has acusado	habéis acusado
acusa	acusan	ha acusado	han acusado
2 imperfecto de indicativo		**9 pluscuamperfecto de indicativo**	
acusaba	acusábamos	había acusado	habíamos acusado
acusabas	acusabais	habías acusado	habíais acusado
acusaba	acusaban	había acusado	habían acusado
3 pretérito		**10 pretérito anterior**	
acusé	acusamos	hube acusado	hubimos acusado
acusaste	acusasteis	hubiste acusado	hubisteis acusado
acusó	acusaron	hubo acusado	hubieron acusado
4 futuro		**11 futuro perfecto**	
acusaré	acusaremos	habré acusado	habremos acusado
acusarás	acusaréis	habrás acusado	habréis acusado
acusará	acusarán	habrá acusado	habrán acusado
5 potencial simple		**12 potencial compuesto**	
acusaría	acusaríamos	habría acusado	habríamos acusado
acusarías	acusaríais	habrías acusado	habríais acusado
acusaría	acusarían	habría acusado	habrían acusado
6 presente de subjuntivo		**13 perfecto de subjuntivo**	
acuse	acusemos	haya acusado	hayamos acusado
acuses	acuséis	hayas acusado	hayáis acusado
acuse	acusen	haya acusado	hayan acusado
7 imperfecto de subjuntivo		**14 pluscuamperfecto de subjuntivo**	
acusara	acusáramos	hubiera acusado	hubiéramos acusado
acusaras	acusarais	hubieras acusado	hubierais acusado
acusara	acusaran	hubiera acusado	hubieran acusado
OR		OR	
acusase	acusásemos	hubiese acusado	hubiésemos acusado
acusases	acusaseis	hubieses acusado	hubieseis acusado
acusase	acusasen	hubiese acusado	hubiesen acusado

imperativo	
—	acusemos
acusa	acusad
acuse	acusen

Words related to this verb

el acusado, la acusada   defendant, accused
la acusación   accusation
el acusador, la acusadora   accuser

The subject pronouns are found on the page facing page 1.   **17**

admirar

to admire

The Seven Simple Tenses		The Seven Compound Tenses	
Singular	Plural	Singular	Plural

1   presente de indicativo

admiro	admiramos	
admiras	admiráis	
admira	admiran	

8   perfecto de indicativo

he admirado	hemos admirado
has admirado	habéis admirado
ha admirado	han admirado

2   imperfecto de indicativo

admiraba	admirábamos
admirabas	admirabais
admiraba	admiraban

9   pluscuamperfecto de indicativo

había admirado	habíamos admirado
habías admirado	habíais admirado
había admirado	habían admirado

3   pretérito

admiré	admiramos
admiraste	admirasteis
admiró	admiraron

10   pretérito anterior

hube admirado	hubimos admirado
hubiste admirado	hubisteis admirado
hubo admirado	hubieron admirado

4   futuro

admiraré	admiraremos
admirarás	admiraréis
admirará	admirarán

11   futuro perfecto

habré admirado	habremos admirado
habrás admirado	habréis admirado
habrá admirado	habrán admirado

5   potencial simple

admiraría	admiraríamos
admirarías	admiraríais
admiraría	admirarían

12   potencial compuesto

habría admirado	habríamos admirado
habrías admirado	habríais admirado
habría admirado	habrían admirado

6   presente de subjuntivo

admire	admiremos
admires	admiréis
admire	admiren

13   perfecto de subjuntivo

haya admirado	hayamos admirado
hayas admirado	hayáis admirado
haya admirado	hayan admirado

7   imperfecto de subjuntivo

admirara	admiráramos
admiraras	admirarais
admirara	admiraran
OR	
admirase	admirásemos
admirases	admiraseis
admirase	admirasen

14   pluscuamperfecto de subjuntivo

hubiera admirado	hubiéramos admirado
hubieras admirado	hubierais admirado
hubiera admirado	hubieran admirado
OR	
hubiese admirado	hubiésemos admirado
hubieses admirado	hubieseis admirado
hubiese admirado	hubiesen admirado

imperativo

—	admiremos
admira	admirad
admire	admiren

Words related to this verb

el admirador, la admiradora   admirer
la admiración   admiration
admirable   admirable
admirablemente   admirably

to admit, to grant, to permit

The Seven Simple Tenses		The Seven Compound Tenses	
Singular	Plural	Singular	Plural
1 presente de indicativo		**8 perfecto de indicativo**	
admito	admitimos	he admitido	hemos admitido
admites	admitís	has admitido	habéis admitido
admite	admiten	ha admitido	han admitido
2 imperfecto de indicativo		**9 pluscuamperfecto de indicativo**	
admitía	admitíamos	había admitido	habíamos admitido
admitías	admitíais	habías admitido	habíais admitido
admitía	admitían	había admitido	habían admitido
3 pretérito		**10 pretérito anterior**	
admití	admitimos	hube admitido	hubimos admitido
admitiste	admitisteis	hubiste admitido	hubisteis admitido
admitió	admitieron	hubo admitido	hubieron admitido
4 futuro		**11 futuro perfecto**	
admitiré	admitiremos	habré admitido	habremos admitido
admitirás	admitiréis	habrás admitido	habréis admitido
admitirá	admitirán	habrá admitido	habrán admitido
5 potencial simple		**12 potencial compuesto**	
admitiría	admitiríamos	habría admitido	habríamos admitido
admitirías	admitiríais	habrías admitido	habríais admitido
admitiría	admitirían	habría admitido	habrían admitido
6 presente de subjuntivo		**13 perfecto de subjuntivo**	
admita	admitamos	haya admitido	hayamos admitido
admitas	admitáis	hayas admitido	hayáis admitido
admita	admitan	haya admitido	hayan admitido
7 imperfecto de subjuntivo		**14 pluscuamperfecto de subjuntivo**	
admitiera	admitiéramos	hubiera admitido	hubiéramos admitido
admitieras	admitierais	hubieras admitido	hubierais admitido
admitiera	admitieran	hubiera admitido	hubieran admitido
OR		OR	
admitiese	admitiésemos	hubiese admitido	hubiésemos admitido
admitieses	admitieseis	hubieses admitido	hubieseis admitido
admitiese	admitiesen	hubiese admitido	hubiesen admitido

imperativo	
—	admitamos
admite	admitid
admita	admitan

Words related to this verb

la admisión   acceptance, admission
admisible   admissible

adorar

to adore, to worship

The Seven Simple Tenses		The Seven Compound Tenses	
Singular	Plural	Singular	Plural

1   presente de indicativo

		8 perfecto de indicativo	
adoro	adoramos	he adorado	hemos adorado
adoras	adoráis	has adorado	habéis adorado
adora	adoran	ha adorado	han adorado

2   imperfecto de indicativo

		9 pluscuamperfecto de indicativo	
adoraba	adorábamos	había adorado	habíamos adorado
adorabas	adorabais	habías adorado	habíais adorado
adoraba	adoraban	había adorado	habían adorado

3   pretérito

		10 pretérito anterior	
adoré	adoramos	hube adorado	hubimos adorado
adoraste	adorasteis	hubiste adorado	hubisteis adorado
adoró	adoraron	hubo adorado	hubieron adorado

4   futuro

		11 futuro perfecto	
adoraré	adoraremos	habré adorado	habremos adorado
adorarás	adoraréis	habrás adorado	habréis adorado
adorará	adorarán	habrá adorado	habrán adorado

5   potencial simple

		12 potencial compuesto	
adoraría	adoraríamos	habría adorado	habríamos adorado
adorarías	adoraríais	habrías adorado	habríais adorado
adoraría	adorarían	habría adorado	habrían adorado

6   presente de subjuntivo

		13 perfecto de subjuntivo	
adore	adoremos	haya adorado	hayamos adorado
adores	adoréis	hayas adorado	hayáis adorado
adore	adoren	haya adorado	hayan adorado

7   imperfecto de subjuntivo

		14 pluscuamperfecto de subjuntivo	
adorara	adoráramos	hubiera adorado	hubiéramos adorado
adoraras	adorarais	hubieras adorado	hubierais adorado
adorara	adoraran	hubiera adorado	hubieran adorado
OR		OR	
adorase	adorásemos	hubiese adorado	hubiésemos adorado
adorases	adoraseis	hubieses adorado	hubieseis adorado
adorase	adorasen	hubiese adorado	hubiesen adorado

	imperativo	
—	adoremos	
adora	adorad	
adore	adoren	

Words related to this verb

el adorador, la adoradora   adorer, worshipper
adorable   adorable
la adoración   adoration

to acquire, to get, to obtain

The Seven Simple Tenses		The Seven Compound Tenses	
Singular	Plural	Singular	Plural
1 presente de indicativo		**8 perfecto de indicativo**	
adquiero	adquirimos	he adquirido	hemos adquirido
adquieres	adquirís	has adquirido	habéis adquirido
adquiere	adquieren	ha adquirido	han adquirido
2 imperfecto de indicativo		**9 pluscuamperfecto de indicativo**	
adquiría	adquiríamos	había adquirido	habíamos adquirido
adquirías	adquiríais	habías adquirido	habíais adquirido
adquiría	adquirían	había adquirido	habían adquirido
3 pretérito		**10 pretérito anterior**	
adquirí	adquirimos	hube adquirido	hubimos adquirido
adquiriste	adquiristeis	hubiste adquirido	hubisteis adquirido
adquirió	adquirieron	hubo adquirido	hubieron adquirido
4 futuro		**11 futuro perfecto**	
adquiriré	adquiriremos	habré adquirido	habremos adquirido
adquirirás	adquiriréis	habrás adquirido	habréis adquirido
adquirirá	adquirirán	habrá adquirido	habrán adquirido
5 potencial simple		**12 potencial compuesto**	
adquiriría	adquiriríamos	habría adquirido	habríamos adquirido
adquirirías	adquiriríais	habrías adquirido	habríais adquirido
adquiriría	adquirirían	habría adquirido	habrían adquirido
6 presente de subjuntivo		**13 perfecto de subjuntivo**	
adquiera	adquiramos	haya adquirido	hayamos adquirido
adquieras	adquiráis	hayas adquirido	hayáis adquirido
adquiera	adquieran	haya adquirido	hayan adquirido
7 imperfecto de subjuntivo		**14 pluscuamperfecto de subjuntivo**	
adquiriera	adquiriéramos	hubiera adquirido	hubiéramos adquirido
adquirieras	adquirierais	hubieras adquirido	hubierais adquirido
adquiriera	adquirieran	hubiera adquirido	hubieran adquirido
OR		OR	
adquiriese	adquiriésemos	hubiese adquirido	hubiésemos adquirido
adquirieses	adquirieseis	hubieses adquirido	hubieseis adquirido
adquiriese	adquiriesen	hubiese adquirido	hubiesen adquirido

	imperativo
—	adquiramos
adquiere	adquirid
adquiera	adquieran

Words related to this verb

el adquiridor, la adquiridora   acquirer
el (la) adquirente, el (la) adquiriente   acquirer
la adquisición   acquisition, attainment

to advise, to give notice, to give warning, to take notice of, to warn

The Seven Simple Tenses		The Seven Compound Tenses	
Singular	Plural	Singular	Plural
1 presente de indicativo		**8 perfecto de indicativo**	
advierto	advertimos	he advertido	hemos advertido
adviertes	advertís	has advertido	habéis advertido
advierte	advierten	ha advertido	han advertido
2 imperfecto de indicativo		**9 pluscuamperfecto de indicativo**	
advertía	advertíamos	había advertido	habíamos advertido
advertías	advertíais	habías advertido	habíais advertido
advertía	advertían	había advertido	habían advertido
3 pretérito		**10 pretérito anterior**	
advertí	advertimos	hube advertido	hubimos advertido
advertiste	advertisteis	hubiste advertido	hubisteis advertido
advirtió	advirtieron	hubo advertido	hubieron advertido
4 futuro		**11 futuro perfecto**	
advertiré	advertiremos	habré advertido	habremos advertido
advertirás	advertiréis	habrás advertido	habréis advertido
advertirá	advertirán	habrá advertido	habrán advertido
5 potencial simple		**12 potencial compuesto**	
advertiría	advertiríamos	habría advertido	habríamos advertido
advertirías	advertiríais	habrías advertido	habríais advertido
advertiría	advertirían	habría advertido	habrían advertido
6 presente de subjuntivo		**13 perfecto de subjuntivo**	
advierta	advirtamos	haya advertido	hayamos advertido
adviertas	advirtáis	hayas advertido	hayáis advertido
advierta	adviertan	haya advertido	hayan advertido
7 imperfecto de subjuntivo		**14 pluscuamperfecto de subjuntivo**	
advirtiera	advirtiéramos	hubiera advertido	hubiéramos advertido
advirtieras	advirtierais	hubieras advertido	hubierais advertido
advirtiera	advirtieran	hubiera advertido	hubieran advertido
OR		OR	
advirtiese	advirtiésemos	hubiese advertido	hubiésemos advertido
advirtieses	advirtieseis	hubieses advertido	hubieseis advertido
advirtiese	advirtiesen	hubiese advertido	hubiesen advertido

imperativo	
—	advirtamos
advierte	advertid
advierta	adviertan

Words related to this verb

advertido, advertida skillful, clever
la advertencia warning, notice, foreword
advertidamente advisedly

The Seven Simple Tenses		The Seven Compound Tenses	
Singular	Plural	Singular	Plural

1   presente de indicativo

me afeito	nos afeitamos
te afeitas	os afeitáis
se afeita	se afeitan

8   perfecto de indicativo

me he afeitado	nos hemos afeitado
te has afeitado	os habéis afeitado
se ha afeitado	se han afeitado

2   imperfecto de indicativo

me afeitaba	nos afeitábamos
te afeitabas	os afeitabais
se afeitaba	se afeitaban

9   pluscuamperfecto de indicativo

me había afeitado	nos habíamos afeitado
te habías afeitado	os habíais afeitado
se había afeitado	se habían afeitado

3   pretérito

me afeité	nos afeitamos
te afeitaste	os afeitasteis
se afeitó	se afeitaron

10   pretérito anterior

me hube afeitado	nos hubimos afeitado
te hubiste afeitado	os hubisteis afeitado
se hubo afeitado	se hubieron afeitado

4   futuro

me afeitaré	nos afeitaremos
te afeitarás	os afeitaréis
se afeitará	se afeitarán

11   futuro perfecto

me habré afeitado	nos habremos afeitado
te habrás afeitado	os habréis afeitado
se habrá afeitado	se habrán afeitado

5   potencial simple

me afeitaría	nos afeitaríamos
te afeitarías	os afeitaríais
se afeitaría	se afeitarían

12   potencial compuesto

me habría afeitado	nos habríamos afeitado
te habrías afeitado	os habríais afeitado
se habría afeitado	se habrían afeitado

6   presente de subjuntivo

me afeite	nos afeitemos
te afeites	os afeitéis
se afeite	se afeiten

13   perfecto de subjuntivo

me haya afeitado	nos hayamos afeitado
te hayas afeitado	os hayáis afeitado
se haya afeitado	se hayan afeitado

7   imperfecto de subjuntivo

me afeitara	nos afeitáramos
te afeitaras	os afeitarais
se afeitara	se afeitaran
OR	
me afeitase	nos afeitásemos
te afeitases	os afeitaseis
se afeitase	se afeitasen

14   pluscuamperfecto de subjuntivo

me hubiera afeitado	nos hubiéramos afeitado
te hubieras afeitado	os hubierais afeitado
se hubiera afeitado	se hubieran afeitado
OR	
me hubiese afeitado	nos hubiésemos afeitado
te hubieses afeitado	os hubieseis afeitado
se hubiese afeitado	se hubiesen afeitado

imperativo

—	afeitémonos
aféitate	afeitaos
aféitese	aféitense

Words related to this verb

afeitar   to shave
una afeitada   a shave
el afeite   cosmetic, makeup

The subject pronouns are found on the page facing page 1.   **23**

to please, to be pleasing

The Seven Simple Tenses		The Seven Compound Tenses	
Singular	Plural	Singular	Plural
1 presente de indicativo		**8 perfecto de indicativo**	
agrado	agradamos	he agradado	hemos agradado
agradas	agradáis	has agradado	habéis agradado
agrada	agradan	ha agradado	han agradado
2 imperfecto de indicativo		**9 pluscuamperfecto de indicativo**	
agradaba	agradábamos	había agradado	habíamos agradado
agradabas	agradabais	habías agradado	habíais agradado
agradaba	agradaban	había agradado	habían agradado
3 pretérito		**10 pretérito anterior**	
agradé	agradamos	hube agradado	hubimos agradado
agradaste	agradasteis	hubiste agradado	hubisteis agradado
agradó	agradaron	hubo agradado	hubieron agradado
4 futuro		**11 futuro perfecto**	
agradaré	agradaremos	habré agradado	habremos agradado
agradarás	agradaréis	habrás agradado	habréis agradado
agradará	agradarán	habrá agradado	habrán agradado
5 potencial simple		**12 potencial compuesto**	
agradaría	agradaríamos	habría agradado	habríamos agradado
agradarías	agradaríais	habrías agradado	habríais agradado
agradaría	agradarían	habría agradado	habrían agradado
6 presente de subjuntivo		**13 perfecto de subjuntivo**	
agrade	agrademos	haya agradado	hayamos agradado
agrades	agradéis	hayas agradado	hayáis agradado
agrade	agraden	haya agradado	hayan agradado
7 imperfecto de subjuntivo		**14 pluscuamperfecto de subjuntivo**	
agradara	agradáramos	hubiera agradado	hubiéramos agradado
agradaras	agradarais	hubieras agradado	hubierais agradado
agradara	agradaran	hubiera agradado	hubieran agradado
OR		OR	
agradase	agradásemos	hubiese agradado	hubiésemos agradado
agradases	agradaseis	hubieses agradado	hubieseis agradado
agradase	agradasen	hubiese agradado	hubiesen agradado

imperativo	
—	agrademos
agrada	agradad
agrade	agraden

Words and expressions related to this verb

agradable pleasing, pleasant, agreeable
agradablemente agreeably, pleasantly
el agrado pleasure, liking
Es de mi agrado. It's to my liking.

to thank, to be thankful for

The Seven Simple Tenses		The Seven Compound Tenses	
Singular	Plural	Singular	Plural

1   presente de indicativo

agradezco	agradecemos		
agradeces	agradecéis		
agradece	agradecen		

2   imperfecto de indicativo

agradecía	agradecíamos
agradecías	agradecíais
agradecía	agradecían

3   pretérito

agradecí	agradecimos
agradeciste	agradecisteis
agradeció	agradecieron

4   futuro

agradeceré	agradeceremos
agradecerás	agradeceréis
agradecerá	agradecerán

5   potencial simple

agradecería	agradeceríamos
agradecerías	agradeceríais
agradecería	agradecerían

6   presente de subjuntivo

agradezca	agradezcamos
agradezcas	agradezcáis
agradezca	agradezcan

7   imperfecto de subjuntivo

agradeciera	agradeciéramos
agradecieras	agradecierais
agradeciera	agradecieran
OR	
agradeciese	agradeciésemos
agradecieses	agradecieseis
agradeciese	agradeciesen

8   perfecto de indicativo

he agradecido	hemos agradecido
has agradecido	habéis agradecido
ha agradecido	han agradecido

9   pluscuamperfecto de indicativo

había agradecido	habíamos agradecido
habías agradecido	habíais agradecido
había agradecido	habían agradecido

10   pretérito anterior

hube agradecido	hubimos agradecido
hubiste agradecido	hubisteis agradecido
hubo agradecido	hubieron agradecido

11   futuro perfecto

habré agradecido	habremos agradecido
habrás agradecido	habréis agradecido
habrá agradecido	habrán agradecido

12   potencial compuesto

habría agradecido	habríamos agradecido
habrías agradecido	habríais agradecido
habría agradecido	habrían agradecido

13   perfecto de subjuntivo

haya agradecido	hayamos agradecido
hayas agradecido	hayáis agradecido
haya agradecido	hayan agradecido

14   pluscuamperfecto de subjuntivo

hubiera agradecido	hubiéramos agradecido
hubieras agradecido	hubierais agradecido
hubiera agradecido	hubieran agradecido
OR	
hubiese agradecido	hubiésemos agradecido
hubieses agradecido	hubieseis agradecido
hubiese agradecido	hubiesen agradecido

imperativo

—	agradezcamos
agradece	agradeced
agradezca	agradezcan

Words related to this verb

agradecido, agradecida   thankful, grateful
el agradecimiento   gratitude, gratefulness

to expect, to wait for

The Seven Simple Tenses		The Seven Compound Tenses	
Singular	Plural	Singular	Plural
1 presente de indicativo		**8 perfecto de indicativo**	
aguardo	aguardamos	he aguardado	hemos aguardado
aguardas	aguardáis	has aguardado	habéis aguardado
aguarda	aguardan	ha aguardado	han aguardado
2 imperfecto de indicativo		**9 pluscuamperfecto de indicativo**	
aguardaba	aguardábamos	había aguardado	habíamos aguardado
aguardabas	aguardabais	habías aguardado	habíais aguardado
aguardaba	aguardaban	había aguardado	habían aguardado
3 pretérito		**10 pretérito anterior**	
aguardé	aguardamos	hube aguardado	hubimos aguardado
aguardaste	aguardasteis	hubiste aguardado	hubisteis aguardado
aguardó	aguardaron	hubo aguardado	hubieron aguardado
4 futuro		**11 futuro perfecto**	
aguardaré	aguardaremos	habré aguardado	habremos aguardado
aguardarás	aguardaréis	habrás aguardado	habréis aguardado
aguardará	aguardarán	habrá aguardado	habrán aguardado
5 potencial simple		**12 potencial compuesto**	
aguardaría	aguardaríamos	habría aguardado	habríamos aguardado
aguardarías	aguardaríais	habrías aguardado	habríais aguardado
aguardaría	aguardarían	habría aguardado	habrían aguardado
6 presente de subjuntivo		**13 perfecto de subjuntivo**	
aguarde	aguardemos	haya aguardado	hayamos aguardado
aguardes	aguardéis	hayas aguardado	hayáis aguardado
aguarde	aguarden	haya aguardado	hayan aguardado
7 imperfecto de subjuntivo		**14 pluscuamperfecto de subjuntivo**	
aguardara	aguardáramos	hubiera aguardado	hubiéramos aguardado
aguardaras	aguardarais	hubieras aguardado	hubierais aguardado
aguardara	aguardaran	hubiera aguardado	hubieran aguardado
OR		OR	
aguardase	aguardásemos	hubiese aguardado	hubiésemos aguardado
aguardases	aguardaseis	hubieses aguardado	hubieseis aguardado
aguardase	aguardasen	hubiese aguardado	hubiesen aguardado

	imperativo
—	aguardemos
aguarda	aguardad
aguarde	aguarden

Consult the sections on verbs used in idiomatic expressions, verbs with prepositions, and the list of over 1,000 verbs conjugated like model verbs in the back pages.

to reach, to overtake

The Seven Simple Tenses		The Seven Compound Tenses	
Singular	Plural	Singular	Plural

1 presente de indicativo		8 perfecto de indicativo	
alcanzo	alcanzamos	he alcanzado	hemos alcanzado
alcanzas	alcanzáis	has alcanzado	habéis alcanzado
alcanza	alcanzan	ha alcanzado	han alcanzado

2 imperfecto de indicativo		9 pluscuamperfecto de indicativo	
alcanzaba	alcanzábamos	había alcanzado	habíamos alcanzado
alcanzabas	alcanzabais	habías alcanzado	habíais alcanzado
alcanzaba	alcanzaban	había alcanzado	habían alcanzado

3 pretérito		10 pretérito anterior	
alcancé	alcanzamos	hube alcanzado	hubimos alcanzado
alcanzaste	alcanzasteis	hubiste alcanzado	hubisteis alcanzado
alcanzó	alcanzaron	hubo alcanzado	hubieron alcanzado

4 futuro		11 futuro perfecto	
alcanzaré	alcanzaremos	habré alcanzado	habremos alcanzado
alcanzarás	alcanzaréis	habrás alcanzado	habréis alcanzado
alcanzará	alcanzarán	habrá alcanzado	habrán alcanzado

5 potencial simple		12 potencial compuesto	
alcanzaría	alcanzaríamos	habría alcanzado	habríamos alcanzado
alcanzarías	alcanzaríais	habrías alcanzado	habríais alcanzado
alcanzaría	alcanzarían	habría alcanzado	habrían alcanzado

6 presente de subjuntivo		13 perfecto de subjuntivo	
alcance	alcancemos	haya alcanzado	hayamos alcanzado
alcances	alcancéis	hayas alcanzado	hayáis alcanzado
alcance	alcancen	haya alcanzado	hayan alcanzado

7 imperfecto de subjuntivo		14 pluscuamperfecto de subjuntivo	
alcanzara	alcanzáramos	hubiera alcanzado	hubiéramos alcanzado
alcanzaras	alcanzarais	hubieras alcanzado	hubierais alcanzado
alcanzara	alcanzaran	hubiera alcanzado	hubieran alcanzado
OR		OR	
alcanzase	alcanzásemos	hubiese alcanzado	hubiésemos alcanzado
alcanzases	alcanzaseis	hubieses alcanzado	hubieseis alcanzado
alcanzase	alcanzasen	hubiese alcanzado	hubiesen alcanzado

imperativo	
—	alcancemos
alcanza	alcanzad
alcance	alcancen

Words and expressions related to this verb

el alcance   overtaking, reach
al alcance de   within reach of
dar alcance a   to overtake

to be glad, to rejoice

The Seven Simple Tenses		The Seven Compound Tenses	
Singular	Plural	Singular	Plural
1 presente de indicativo		**8 perfecto de indicativo**	
me alegro	nos alegramos	me he alegrado	nos hemos alegrado
te alegras	os alegráis	te has alegrado	os habéis alegrado
se alegra	se alegran	se ha alegrado	se han alegrado
2 imperfecto de indicativo		**9 pluscuamperfecto de indicativo**	
me alegraba	nos alegrábamos	me había alegrado	nos habíamos alegrado
te alegrabas	os alegrabais	te habías alegrado	os habíais alegrado
se alegraba	se alegraban	se había alegrado	se habían alegrado
3 pretérito		**10 pretérito anterior**	
me alegré	nos alegramos	me hube alegrado	nos hubimos alegrado
te alegraste	os alegrasteis	te hubiste alegrado	os hubisteis alegrado
se alegró	se alegraron	se hubo alegrado	se hubieron alegrado
4 futuro		**11 futuro perfecto**	
me alegraré	nos alegraremos	me habré alegrado	nos habremos alegrado
te alegrarás	os alegraréis	te habrás alegrado	os habréis alegrado
se alegrará	se alegrarán	se habrá alegrado	se habrán alegrado
5 potencial simple		**12 potencial compuesto**	
me alegraría	nos alegraríamos	me habría alegrado	nos habríamos alegrado
te alegrarías	os alegraríais	te habrías alegrado	os habríais alegrado
se alegraría	se alegrarían	se habría alegrado	se habrían alegrado
6 presente de subjuntivo		**13 perfecto de subjuntivo**	
me alegre	nos alegremos	me haya alegrado	nos hayamos alegrado
te alegres	os alegréis	te hayas alegrado	os hayáis alegrado
se alegre	se alegren	se haya alegrado	se hayan alegrado
7 imperfecto de subjuntivo		**14 pluscuamperfecto de subjuntivo**	
me alegrara	nos alegráramos	me hubiera alegrado	nos hubiéramos alegrado
te alegraras	os alegrarais	te hubieras alegrado	os hubierais alegrado
se alegrara	se alegraran	se hubiera alegrado	se hubieran alegrado
OR		OR	
me alegrase	nos alegrásemos	me hubiese alegrado	nos hubiésemos alegrado
te alegrases	os alegraseis	te hubieses alegrado	os hubieseis alegrado
se alegrase	se alegrasen	se hubiese alegrado	se hubiesen alegrado

imperativo	
—	alegrémonos
alégrate	alegraos
alégrese	alégrense

Words related to this verb

la alegría   joy, rejoicing, mirth
alegro   allegro
alegremente   gladly, cheerfully
alegre   happy, joyful, merry

to lunch, to have lunch

The Seven Simple Tenses		The Seven Compound Tenses	
Singular	Plural	Singular	Plural

1 presente de indicativo

almuerzo	almorzamos
almuerzas	almorzáis
almuerza	almuerzan

8 perfecto de indicativo

he almorzado	hemos almorzado
has almorzado	habéis almorzado
ha almorzado	han almorzado

2 imperfecto de indicativo

almorzaba	almorzábamos
almorzabas	almorzabais
almorzaba	almorzaban

9 pluscuamperfecto de indicativo

había almorzado	habíamos almorzado
habías almorzado	habíais almorzado
había almorzado	habían almorzado

3 pretérito

almorcé	almorzamos
almorzaste	almorzasteis
almorzó	almorzaron

10 pretérito anterior

hube almorzado	hubimos almorzado
hubiste almorzado	hubisteis almorzado
hubo almorzado	hubieron almorzado

4 futuro

almorzaré	almorzaremos
almorzarás	almorzaréis
almorzará	almorzarán

11 futuro perfecto

habré almorzado	habremos almorzado
habrás almorzado	habréis almorzado
habrá almorzado	habrán almorzado

5 potencial simple

almorzaría	almorzaríamos
almorzarías	almorzaríais
almorzaría	almorzarían

12 potencial compuesto

habría almorzado	habríamos almorzado
habrías almorzado	habríais almorzado
habría almorzado	habrían almorzado

6 presente de subjuntivo

almuerce	almorcemos
almuerces	almorcéis
almuerce	almuercen

13 perfecto de subjuntivo

haya almorzado	hayamos almorzado
hayas almorzado	hayáis almorzado
haya almorzado	hayan almorzado

7 imperfecto de subjuntivo

almorzara	almorzáramos
almorzaras	almorzarais
almorzara	almorzaran
OR	
almorzase	almorzásemos
almorzases	almorzaseis
almorzase	almorzasen

14 pluscuamperfecto de subjuntivo

hubiera almorzado	hubiéramos almorzado
hubieras almorzado	hubierais almorzado
hubiera almorzado	hubieran almorzado
OR	
hubiese almorzado	hubiésemos almorzado
hubieses almorzado	hubieseis almorzado
hubiese almorzado	hubiesen almorzado

imperativo

—	almorcemos
almuerza	almorzad
almuerce	almuercen

Sentences using this verb and words related to it

Todos los días tomo el desayuno en casa, tomo el almuerzo en la escuela con mis amigos, y ceno con mi familia a las ocho.

alzar   Part. pr. **alzando**   Part. pas. **alzado**

to heave, to lift, to pick up, to raise (prices)

The Seven Simple Tenses		The Seven Compound Tenses	
Singular	Plural	Singular	Plural
1 presente de indicativo		**8 perfecto de indicativo**	
alzo	alzamos	he alzado	hemos alzado
alzas	alzáis	has alzado	habéis alzado
alza	alzan	ha alzado	han alzado
2 imperfecto de indicativo		**9 pluscuamperfecto de indicativo**	
alzaba	alzábamos	había alzado	habíamos alzado
alzabas	alzabais	habías alzado	habíais alzado
alzaba	alzaban	había alzado	habían alzado
3 pretérito		**10 pretérito anterior**	
alcé	alzamos	hube alzado	hubimos alzado
alzaste	alzasteis	hubiste alzado	hubisteis alzado
alzó	alzaron	hubo alzado	hubieron alzado
4 futuro		**11 futuro perfecto**	
alzaré	alzaremos	habré alzado	habremos alzado
alzarás	alzaréis	habrás alzado	habréis alzado
alzará	alzarán	habrá alzado	habrán alzado
5 potencial simple		**12 potencial compuesto**	
alzaría	alzaríamos	habría alzado	habríamos alzado
alzarías	alzaríais	habrías alzado	habríais alzado
alzaría	alzarían	habría alzado	habrían alzado
6 presente de subjuntivo		**13 perfecto de subjuntivo**	
alce	alcemos	haya alzado	hayamos alzado
alces	alcéis	hayas alzado	hayáis alzado
alce	alcen	haya alzado	hayan alzado
7 imperfecto de subjuntivo		**14 pluscuamperfecto de subjuntivo**	
alzara	alzáramos	hubiera alzado	hubiéramos alzado
alzaras	alzarais	hubieras alzado	hubierais alzado
alzara	alzaran	hubiera alzado	hubieran alzado
OR		OR	
alzase	alzásemos	hubiese alzado	hubiésemos alzado
alzases	alzaseis	hubieses alzado	hubieseis alzado
alzase	alzasen	hubiese alzado	hubiesen alzado

	imperativo	
	—	alcemos
	alza	alzad
	alce	alcen

Words and expressions related to this verb

alzar velas   to set the sails
alzar con   to run off with, to steal
la alzadura   elevation
el alzamiento   raising, lifting

The Seven Simple Tenses		The Seven Compound Tenses	
Singular	Plural	Singular	Plural

1   presente de indicativo

		8 perfecto de indicativo	
amo	amamos	he amado	hemos amado
amas	amáis	has amado	habéis amado
ama	aman	ha amado	han amado

2   imperfecto de indicativo

		9 pluscuamperfecto de indicativo	
amaba	amábamos	había amado	habíamos amado
amabas	amabais	habías amado	habíais amado
amaba	amaban	había amado	habían amado

3   pretérito

		10 pretérito anterior	
amé	amamos	hube amado	hubimos amado
amaste	amasteis	hubiste amado	hubisteis amado
amó	amaron	hubo amado	hubieron amado

4   futuro

		11 futuro perfecto	
amaré	amaremos	habré amado	habremos amado
amarás	amaréis	habrás amado	habréis amado
amará	amarán	habrá amado	habrán amado

5   potencial simple

		12 potencial compuesto	
amaría	amaríamos	habría amado	habríamos amado
amarías	amaríais	habrías amado	habríais amado
amaría	amarían	habría amado	habrían amado

6   presente de subjuntivo

		13 perfecto de subjuntivo	
ame	amemos	haya amado	hayamos amado
ames	améis	hayas amado	hayáis amado
ame	amen	haya amado	hayan amado

7   imperfecto de subjuntivo

		14 pluscuamperfecto de subjuntivo	
amara	amáramos	hubiera amado	hubiéramos amado
amaras	amarais	hubieras amado	hubierais amado
amara	amaran	hubiera amado	hubieran amado
OR		OR	
amase	amásemos	hubiese amado	hubiésemos amado
amases	amaseis	hubieses amado	hubieseis amado
amase	amasen	hubiese amado	hubiesen amado

imperativo	
—	amemos
ama	amad
ame	amen

Words related to this verb

la amabilidad   amiability, kindness
amable   amiable, kind, affable
amablemente   amiably, kindly
el amor   love

to walk

The Seven Simple Tenses		The Seven Compound Tenses	
Singular	Plural	Singular	Plural
1 presente de indicativo		**8 perfecto de indicativo**	
ando	andamos	he andado	hemos andado
andas	andáis	has andado	habéis andado
anda	andan	ha andado	han andado
2 imperfecto de indicativo		**9 pluscuamperfecto de indicativo**	
andaba	andábamos	había andado	habíamos andado
andabas	andabais	habías andado	habíais andado
andaba	andaban	había andado	habían andado
3 pretérito		**10 pretérito anterior**	
anduve	anduvimos	hube andado	hubimos andado
anduviste	anduvisteis	hubiste andado	hubisteis andado
anduvo	anduvieron	hubo andado	hubieron andado
4 futuro		**11 futuro perfecto**	
andaré	andaremos	habré andado	habremos andado
andarás	andaréis	habrás andado	habréis andado
andará	andarán	habrá andado	habrán andado
5 potencial simple		**12 potencial compuesto**	
andaría	andaríamos	habría andado	habríamos andado
andarías	andaríais	habrías andado	habríais andado
andaría	andarían	habría andado	habrían andado
6 presente de subjuntivo		**13 perfecto de subjuntivo**	
ande	andemos	haya andado	hayamos andado
andes	andéis	hayas andado	hayáis andado
ande	anden	haya andado	hayan andado
7 imperfecto de subjuntivo		**14 pluscuamperfecto de subjuntivo**	
anduviera	anduviéramos	hubiera andado	hubiéramos andado
anduvieras	anduvierais	hubieras andado	hubierais andado
anduviera	anduvieran	hubiera andado	hubieran andado
OR		OR	
anduviese	anduviésemos	hubiese andado	hubiésemos andado
anduvieses	anduvieseis	hubieses andado	hubieseis andado
anduviese	anduviesen	hubiese andado	hubiesen andado

imperativo	
—	andemos
anda	andad
ande	anden

Words and expressions related to this verb

las andanzas	running about	**a todo andar**	at full speed
buena andanza	good fortune	**a largo andar**	in the long run
mala andanza	bad fortune		

Anda despacio que tengo prisa.   Make haste slowly.
Dime con quien andas y te diré quien eres.   Tell me who your friends are and I will tell
   you who you are.

to add

The Seven Simple Tenses		The Seven Compound Tenses	
Singular	Plural	Singular	Plural

1 presente de indicativo

		8 perfecto de indicativo	
añado	añadimos	he añadido	hemos añadido
añades	añadís	has añadido	habéis añadido
añade	añaden	ha añadido	han añadido

2 imperfecto de indicativo

		9 pluscuamperfecto de indicativo	
añadía	añadíamos	había añadido	habíamos añadido
añadías	añadíais	habías añadido	habíais añadido
añadía	añadían	había añadido	habían añadido

3 pretérito

		10 pretérito anterior	
añadí	añadimos	hube añadido	hubimos añadido
añadiste	añadisteis	hubiste añadido	hubisteis añadido
añadió	añadieron	hubo añadido	hubieron añadido

4 futuro

		11 futuro perfecto	
añadiré	añadiremos	habré añadido	habremos añadido
añadirás	añadiréis	habrás añadido	habréis añadido
añadirá	añadirán	habrá añadido	habrán añadido

5 potencial simple

		12 potencial compuesto	
añadiría	añadiríamos	habría añadido	habríamos añadido
añadirías	añadiríais	habrías añadido	habríais añadido
añadiría	añadirían	habría añadido	habrían añadido

6 presente de subjuntivo

		13 perfecto de subjuntivo	
añada	añadamos	haya añadido	hayamos añadido
añadas	añadáis	hayas añadido	hayáis añadido
añada	añadan	haya añadido	hayan añadido

7 imperfecto de subjuntivo

		14 pluscuamperfecto de subjuntivo	
añadiera	añadiéramos	hubiera añadido	hubiéramos añadido
añadieras	añadierais	hubieras añadido	hubierais añadido
añadiera	añadieran	hubiera añadido	hubieran añadido
OR		OR	
añadiese	añadiésemos	hubiese añadido	hubiésemos añadido
añadieses	añadieseis	hubieses añadido	hubieseis añadido
añadiese	añadiesen	hubiese añadido	hubiesen añadido

imperativo	
—	añadamos
añade	añadid
añada	añadan

Words related to this verb

la añadidura   increase, addition
por añadidura   in addition

to appear, to show up

The Seven Simple Tenses		The Seven Compound Tenses	
Singular	Plural	Singular	Plural
1 presente de indicativo		**8 perfecto de indicativo**	
aparezco	aparecemos	he aparecido	hemos aparecido
apareces	aparecéis	has aparecido	habéis aparecido
aparece	aparecen	ha aparecido	han aparecido
2 imperfecto de indicativo		**9 pluscuamperfecto de indicativo**	
aparecía	aparecíamos	había aparecido	habíamos aparecido
aparecías	aparecíais	habías aparecido	habíais aparecido
aparecía	aparecían	había aparecido	habían aparecido
3 pretérito		**10 pretérito anterior**	
aparecí	aparecimos	hube aparecido	hubimos aparecido
apareciste	aparecisteis	hubiste aparecido	hubisteis aparecido
apareció	aparecieron	hubo aparecido	hubieron aparecido
4 futuro		**11 futuro perfecto**	
apareceré	apareceremos	habré aparecido	habremos aparecido
aparecerás	apareceréis	habrás aparecido	habréis aparecido
aparecerá	aparecerán	habrá aparecido	habrán aparecido
5 potencial simple		**12 potencial compuesto**	
aparecería	apareceríamos	habría aparecido	habríamos aparecido
aparecerías	apareceríais	habrías aparecido	habríais aparecido
aparecería	aparecerían	habría aparecido	habrían aparecido
6 presente de subjuntivo		**13 perfecto de subjuntivo**	
aparezca	aparezcamos	haya aparecido	hayamos aparecido
aparezcas	aparezcáis	hayas aparecido	hayáis aparecido
aparezca	aparezcan	haya aparecido	hayan aparecido
7 imperfecto de subjuntivo		**14 pluscuamperfecto de subjuntivo**	
apareciera	apareciéramos	hubiera aparecido	hubiéramos aparecido
aparecieras	aparecierais	hubieras aparecido	hubierais aparecido
apareciera	aparecieran	hubiera aparecido	hubieran aparecido
OR		OR	
apareciese	apareciésemos	hubiese aparecido	hubiésemos aparecido
aparecieses	aparecieseis	hubieses aparecido	hubieseis aparecido
apareciese	apareciesen	hubiese aparecido	hubiesen aparecido

imperativo	
—	aparezcamos
aparece	apareced
aparezca	aparezcan

Words related to this verb

un aparecimiento apparition
un aparecido ghost
una aparición apparition, appearance

The Seven Simple Tenses		The Seven Compound Tenses	
Singular	Plural	Singular	Plural

1   presente de indicativo

		8 perfecto de indicativo	
aplaudo	aplaudimos	he aplaudido	hemos aplaudido
aplaudes	aplaudís	has aplaudido	habéis aplaudido
aplaude	aplauden	ha aplaudido	han aplaudido

2   imperfecto de indicativo

		9 pluscuamperfecto de indicativo	
aplaudía	aplaudíamos	había aplaudido	habíamos aplaudido
aplaudías	aplaudíais	habías aplaudido	habíais aplaudido
aplaudía	aplaudían	había aplaudido	habían aplaudido

3   pretérito

		10 pretérito anterior	
aplaudí	aplaudimos	hube aplaudido	hubimos aplaudido
aplaudiste	aplaudisteis	hubiste aplaudido	hubisteis aplaudido
aplaudió	aplaudieron	hubo aplaudido	hubieron aplaudido

4   futuro

		11 futuro perfecto	
aplaudiré	aplaudiremos	habré aplaudido	habremos aplaudido
aplaudirás	aplaudiréis	habrás aplaudido	habréis aplaudido
aplaudirá	aplaudirán	habrá aplaudido	habrán aplaudido

5   potencial simple

		12 potencial compuesto	
aplaudiría	aplaudiríamos	habría aplaudido	habríamos aplaudido
aplaudirías	aplaudiríais	habrías aplaudido	habríais aplaudido
aplaudiría	aplaudirían	habría aplaudido	habrían aplaudido

6   presente de subjuntivo

		13 perfecto de subjuntivo	
aplauda	aplaudamos	haya aplaudido	hayamos aplaudido
aplaudas	aplaudáis	hayas aplaudido	hayáis aplaudido
aplauda	aplaudan	haya aplaudido	hayan aplaudido

7   imperfecto de subjuntivo

		14 pluscuamperfecto de subjuntivo	
aplaudiera	aplaudiéramos	hubiera aplaudido	hubiéramos aplaudido
aplaudieras	aplaudierais	hubieras aplaudido	hubierais aplaudido
aplaudiera	aplaudieran	hubiera aplaudido	hubieran aplaudido
OR		OR	
aplaudiese	aplaudiésemos	hubiese aplaudido	hubiésemos aplaudido
aplaudieses	aplaudieseis	hubieses aplaudido	hubieseis aplaudido
aplaudiese	aplaudiesen	hubiese aplaudido	hubiesen aplaudido

imperativo	
—	aplaudamos
aplaude	aplaudid
aplauda	aplaudan

Words related to this verb

el aplauso   applause, praise
el aplaudidor, la aplaudidora   applauder

apoderarse

Part. pr. **apoderándose**   Part. pas. **apoderado**

to take power, to take possession

The Seven Simple Tenses		The Seven Compound Tenses	
Singular	Plural	Singular	Plural
1 presente de indicativo		**8 perfecto de indicativo**	
me apodero	nos apoderamos	me he apoderado	nos hemos apoderado
te apoderas	os apoderáis	te has apoderado	os habéis apoderado
se apodera	se apoderan	se ha apoderado	se han apoderado
2 imperfecto de indicativo		**9 pluscuamperfecto de indicativo**	
me apoderaba	nos apoderábamos	me había apoderado	nos habíamos apoderado
te apoderabas	os apoderabais	te habías apoderado	os habíais apoderado
se apoderaba	se apoderaban	se había apoderado	se habían apoderado
3 pretérito		**10 pretérito anterior**	
me apoderé	nos apoderamos	me hube apoderado	nos hubimos apoderado
te apoderaste	os apoderasteis	te hubiste apoderado	os hubisteis apoderado
se apoderó	se apoderaron	se hubo apoderado	se hubieron apoderado
4 futuro		**11 futuro perfecto**	
me apoderaré	nos apoderaremos	me habré apoderado	nos habremos apoderado
te apoderarás	os apoderaréis	te habrás apoderado	os habréis apoderado
se apoderará	se apoderarán	se habrá apoderado	se habrán apoderado
5 potencial simple		**12 potencial compuesto**	
me apoderaría	nos apoderaríamos	me habría apoderado	nos habríamos apoderado
te apoderarías	os apoderaríais	te habrías apoderado	os habríais apoderado
se apoderaría	se apoderarían	se habría apoderado	se habrían apoderado
6 presente de subjuntivo		**13 perfecto de subjuntivo**	
me apodere	nos apoderemos	me haya apoderado	nos hayamos apoderado
te apoderes	os apoderéis	te hayas apoderado	os hayáis apoderado
se apodere	se apoderen	se haya apoderado	se hayan apoderado
7 imperfecto de subjuntivo		**14 pluscuamperfecto de subjuntivo**	
me apoderara	nos apoderáramos	me hubiera apoderado	nos hubiéramos apoderado
te apoderaras	os apoderarais	te hubieras apoderado	os hubierais apoderado
se apoderara	se apoderaran	se hubiera apoderado	se hubieran apoderado
OR		OR	
me apoderase	nos apoderásemos	me hubiese apoderado	nos hubiésemos apoderado
te apoderases	os apoderaseis	te hubieses apoderado	os hubieseis apoderado
se apoderase	se apoderasen	se hubiese apoderado	se hubiesen apoderado

	imperativo	
—	**apoderémonos**	
apodérate	**apoderaos**	
apodérese	**apodérense**	

Words related to this verb

poder to be able
el poder power
el apoderado proxy

to learn

The Seven Simple Tenses		The Seven Compound Tenses	
Singular	Plural	Singular	Plural

1 presente de indicativo

aprendo	aprendemos	
aprendes	aprendéis	
aprende	aprenden	

8 perfecto de indicativo

he aprendido	hemos aprendido
has aprendido	habéis aprendido
ha aprendido	han aprendido

2 imperfecto de indicativo

aprendía	aprendíamos
aprendías	aprendíais
aprendía	aprendían

9 pluscuamperfecto de indicativo

había aprendido	habíamos aprendido
habías aprendido	habíais aprendido
había aprendido	habían aprendido

3 pretérito

aprendí	aprendimos
aprendiste	aprendisteis
aprendió	aprendieron

10 pretérito anterior

hube aprendido	hubimos aprendido
hubiste aprendido	hubisteis aprendido
hubo aprendido	hubieron aprendido

4 futuro

aprenderé	aprenderemos
aprenderás	aprenderéis
aprenderá	aprenderán

11 futuro perfecto

habré aprendido	habremos aprendido
habrás aprendido	habréis aprendido
habrá aprendido	habrán aprendido

5 potencial simple

aprendería	aprenderíamos
aprenderías	aprenderíais
aprendería	aprenderían

12 potencial compuesto

habría aprendido	habríamos aprendido
habrías aprendido	habríais aprendido
habría aprendido	habrían aprendido

6 presente de subjuntivo

aprenda	aprendamos
aprendas	aprendáis
aprenda	aprendan

13 perfecto de subjuntivo

haya aprendido	hayamos aprendido
hayas aprendido	hayáis aprendido
haya aprendido	hayan aprendido

7 imperfecto de subjuntivo

aprendiera	aprendiéramos
aprendieras	aprendierais
aprendiera	aprendieran
OR	
aprendiese	aprendiésemos
aprendieses	aprendieseis
aprendiese	aprendiesen

14 pluscuamperfecto de subjuntivo

hubiera aprendido	hubiéramos aprendido
hubieras aprendido	hubierais aprendido
hubiera aprendido	hubieran aprendido
OR	
hubiese aprendido	hubiésemos aprendido
hubieses aprendido	hubieseis aprendido
hubiese aprendido	hubiesen aprendido

imperativo

—	aprendamos
aprende	aprended
aprenda	aprendan

Sentences using this verb and words related to it

Aprendo mucho en la escuela. En la clase de español aprendemos a hablar, a leer, y a escribir en español.

el aprendedor, la aprendedora   learner
el aprendizaje   apprenticeship
el aprendiz, la aprendiza   apprentice

The subject pronouns are found on the page facing page 1.

37

to hasten, to hurry, to rush

The Seven Simple Tenses		The Seven Compound Tenses	
Singular	Plural	Singular	Plural
1 presente de indicativo		**8 perfecto de indicativo**	
me apresuro	nos apresuramos	me he apresurado	nos hemos apresurado
te apresuras	os apresuráis	te has apresurado	os habéis apresurado
se apresura	se apresuran	se ha apresurado	se han apresurado
2 imperfecto de indicativo		**9 pluscuamperfecto de indicativo**	
me apresuraba	nos apresurábamos	me había apresurado	nos habíamos apresurado
te apresurabas	os apresurabais	te habías apresurado	os habíais apresurado
se apresuraba	se apresuraban	se había apresurado	se habían apresurado
3 pretérito		**10 pretérito anterior**	
me apresuré	nos apresuramos	me hube apresurado	nos hubimos apresurado
te apresuraste	os apresurasteis	te hubiste apresurado	os hubisteis apresurado
se apresuró	se apresuraron	se hubo apresurado	se hubieron apresurado
4 futuro		**11 futuro perfecto**	
me apresuraré	nos apresuraremos	me habré apresurado	nos habremos apresurado
te apresurarás	os apresuraréis	te habrás apresurado	os habréis apresurado
se apresurará	se apresurarán	se habrá apresurado	se habrán apresurado
5 potencial simple		**12 potencial compuesto**	
me apresuraría	nos apresuraríamos	me habría apresurado	nos habríamos apresurado
te apresurarías	os apresuraríais	te habrías apresurado	os habríais apresurado
se apresuraría	se apresurarían	se habría apresurado	se habrían apresurado
6 presente de subjuntivo		**13 perfecto de subjuntivo**	
me apresure	nos apresuremos	me haya apresurado	nos hayamos apresurado
te apresures	os apresuréis	te hayas apresurado	os hayáis apresurado
se apresure	se apresuren	se haya apresurado	se hayan apresurado
7 imperfecto de subjuntivo		**14 pluscuamperfecto de subjuntivo**	
me apresurara	nos apresuráramos	me hubiera apresurado	nos hubiéramos apresurado
te apresuraras	os apresurarais	te hubieras apresurado	os hubierais apresurado
se apresurara	se apresuraran	se hubiera apresurado	se hubieran apresurado
OR		OR	
me apresurase	nos apresurásemos	me hubiese apresurado	nos hubiésemos apresurado
te apresurases	os apresuraseis	te hubieses apresurado	os hubieseis apresurado
se apresurase	se apresurasen	se hubiese apresurado	se hubiesen apresurado

	imperativo
—	apresurémonos
apresúrate	apresuraos
apresúrese	apresúrense

Words and expressions related to this verb

la apresuración   haste
apresurado, apresurada   hasty, quick
apresuradamente   hastily
la prisa   haste
tener prisa   to be in a hurry

to take advantage, to avail oneself

The Seven Simple Tenses		The Seven Compound Tenses	
Singular	Plural	Singular	Plural

1   presente de indicativo

me aprovecho	nos aprovechamos
te aprovechas	os aprovecháis
se aprovecha	se aprovechan

8   perfecto de indicativo

me he aprovechado	nos hemos aprovechado
te has aprovechado	os habéis aprovechado
se ha aprovechado	se han aprovechado

2   imperfecto de indicativo

me aprovechaba	nos aprovechábamos
te aprovechabas	os aprovechabais
se aprovechaba	se aprovechaban

9   pluscuamperfecto de indicativo

me había aprovechado	nos habíamos aprovechado
te habías aprovechado	os habíais aprovechado
se había aprovechado	se habían aprovechado

3   pretérito

me aproveché	nos aprovechamos
te aprovechaste	os aprovechasteis
se aprovechó	se aprovecharon

10   pretérito anterior

me hube aprovechado	nos hubimos aprovechado
te hubiste aprovechado	os hubisteis aprovechado
se hubo aprovechado	se hubieron aprovechado

4   futuro

me aprovecharé	nos aprovecharemos
te aprovecharás	os aprovecharéis
se aprovechará	se aprovecharán

11   futuro perfecto

me habré aprovechado	nos habremos aprovechado
te habrás aprovechado	os habréis aprovechado
se habrá aprovechado	se habrán aprovechado

5   potencial simple

me aprovecharía	nos aprovecharíamos
te aprovecharías	os aprovecharíais
se aprovecharía	se aprovecharían

12   potencial compuesto

me habría aprovechado	nos habríamos aprovechado
te habrías aprovechado	os habríais aprovechado
se habría aprovechado	se habrían aprovechado

6   presente de subjuntivo

me aproveche	nos aprovechemos
te aproveches	os aprovechéis
se aproveche	se aprovechen

13   perfecto de subjuntivo

me haya aprovechado	nos hayamos aprovechado
te hayas aprovechado	os hayáis aprovechado
se haya aprovechado	se hayan aprovechado

7   imperfecto de subjuntivo

me aprovechara	nos aprovecháramos
te aprovecharas	os aprovecharais
se aprovechara	se aprovecharan
OR	
me aprovechase	nos aprovechásemos
te aprovechases	os aprovechaseis
se aprovechase	se aprovechasen

14   pluscuamperfecto de subjuntivo

me hubiera aprovechado	nos hubiéramos aprovechado
te hubieras aprovechado	os hubierais aprovechado
se hubiera aprovechado	se hubieran aprovechado
OR	
me hubiese aprovechado	nos hubiésemos aprovechado
te hubieses aprovechado	os hubieseis aprovechado
se hubiese aprovechado	se hubiesen aprovechado

imperativo

—	aprovechémonos
aprovéchate	aprovechaos
aprovéchese	aprovéchense

Words related to this verb

aprovechado, aprovechada   economical
aprovechable   available
aprovechamiento   use, utilization

to fling, to hurl, to throw

The Seven Simple Tenses		The Seven Compound Tenses	
Singular	Plural	Singular	Plural
1　presente de indicativo		**8　perfecto de indicativo**	
arrojo	arrojamos	he arrojado	hemos arrojado
arrojas	arrojáis	has arrojado	habéis arrojado
arroja	arrojan	ha arrojado	han arrojado
2　imperfecto de indicativo		**9　pluscuamperfecto de indicativo**	
arrojaba	arrojábamos	había arrojado	habíamos arrojado
arrojabas	arrojabais	habías arrojado	habíais arrojado
arrojaba	arrojaban	había arrojado	habían arrojado
3　pretérito		**10　pretérito anterior**	
arrojé	arrojamos	hube arrojado	hubimos arrojado
arrojaste	arrojasteis	hubiste arrojado	hubisteis arrojado
arrojó	arrojaron	hubo arrojado	hubieron arrojado
4　futuro		**11　futuro perfecto**	
arrojaré	arrojaremos	habré arrojado	habremos arrojado
arrojarás	arrojaréis	habrás arrojado	habréis arrojado
arrojará	arrojarán	habrá arrojado	habrán arrojado
5　potencial simple		**12　potencial compuesto**	
arrojaría	arrojaríamos	habría arrojado	habríamos arrojado
arrojarías	arrojaríais	habrías arrojado	habríais arrojado
arrojaría	arrojarían	habría arrojado	habrían arrojado
6　presente de subjuntivo		**13　perfecto de subjuntivo**	
arroje	arrojemos	haya arrojado	hayamos arrojado
arrojes	arrojéis	hayas arrojado	hayáis arrojado
arroje	arrojen	haya arrojado	hayan arrojado
7　imperfecto de subjuntivo		**14　pluscuamperfecto de subjuntivo**	
arrojara	arrojáramos	hubiera arrojado	hubiéramos arrojado
arrojaras	arrojarais	hubieras arrojado	hubierais arrojado
arrojara	arrojaran	hubiera arrojado	hubieran arrojado
OR		OR	
arrojase	arrojásemos	hubiese arrojado	hubiésemos arrojado
arrojases	arrojaseis	hubieses arrojado	hubieseis arrojado
arrojase	arrojasen	hubiese arrojado	hubiesen arrojado

imperativo	
—	arrojemos
arroja	arrojad
arroje	arrojen

Words related to this verb

el arrojador, la arrojadora　thrower
arrojado, arrojada　fearless
el arrojo　fearlessness

to assure, to affirm, to assert, to insure

The Seven Simple Tenses		The Seven Compound Tenses	
Singular	Plural	Singular	Plural

1 presente de indicativo		8 perfecto de indicativo	
aseguro	aseguramos	he asegurado	hemos asegurado
aseguras	aseguráis	has asegurado	habéis asegurado
asegura	aseguran	ha asegurado	han asegurado

2 imperfecto de indicativo		9 pluscuamperfecto de indicativo	
aseguraba	asegurábamos	había asegurado	habíamos asegurado
asegurabas	asegurabais	habías asegurado	habíais asegurado
aseguraba	aseguraban	había asegurado	habían asegurado

3 pretérito		10 pretérito anterior	
aseguré	aseguramos	hube asegurado	hubimos asegurado
aseguraste	asegurasteis	hubiste asegurado	hubisteis asegurado
aseguró	aseguraron	hubo asegurado	hubieron asegurado

4 futuro		11 futuro perfecto	
aseguraré	aseguraremos	habré asegurado	habremos asegurado
asegurarás	aseguraréis	habrás asegurado	habréis asegurado
asegurará	asegurarán	habrá asegurado	habrán asegurado

5 potencial simple		12 potencial compuesto	
aseguraría	aseguraríamos	habría asegurado	habríamos asegurado
asegurarías	aseguraríais	habrías asegurado	habríais asegurado
aseguraría	asegurarían	habría asegurado	habrían asegurado

6 presente de subjuntivo		13 perfecto de subjuntivo	
asegure	aseguremos	haya asegurado	hayamos asegurado
asegures	aseguréis	hayas asegurado	hayáis asegurado
asegure	aseguren	haya asegurado	hayan asegurado

7 imperfecto de subjuntivo		14 pluscuamperfecto de subjuntivo	
asegurara	aseguráramos	hubiera asegurado	hubiéramos asegurado
aseguraras	asegurarais	hubieras asegurado	hubierais asegurado
asegurara	aseguraran	hubiera asegurado	hubieran asegurado
OR		OR	
asegurase	asegurásemos	hubiese asegurado	hubiésemos asegurado
asegurases	aseguraseis	hubieses asegurado	hubieseis asegurado
asegurase	asegurasen	hubiese asegurado	hubiesen asegurado

imperativo	
—	aseguremos
asegura	asegurad
asegure	aseguren

Words related to this verb

la aseguración   insurance
asegurable   insurable
el asegurado, la asegurada   insured person
la seguridad   security, surety
seguramente   surely, securely

The subject pronouns are found on the page facing page 1.

to seize, to grasp

The Seven Simple Tenses		The Seven Compound Tenses	
Singular	Plural	Singular	Plural
1 presente de indicativo		**8 perfecto de indicativo**	
asgo	asimos	he asido	hemos asido
ases	asís	has asido	habéis asido
ase	asen	ha asido	han asido
2 imperfecto de indicativo		**9 pluscuamperfecto de indicativo**	
asía	asíamos	había asido	habíamos asido
asías	asíais	habías asido	habíais asido
asía	asían	había asido	habían asido
3 pretérito		**10 pretérito anterior**	
así	asimos	hube asido	hubimos asido
asiste	asisteis	hubiste asido	hubisteis asido
asió	asieron	hubo asido	hubieron asido
4 futuro		**11 futuro perfecto**	
asiré	asiremos	habré asido	habremos asido
asirás	asiréis	habrás asido	habréis asido
asirá	asirán	habrá asido	habrán asido
5 potencial simple		**12 potencial compuesto**	
asiría	asiríamos	habría asido	habríamos asido
asirías	asiríais	habrías asido	habríais asido
asiría	asirían	habría asido	habrían asido
6 presente de subjuntivo		**13 perfecto de subjuntivo**	
asga	asgamos	haya asido	hayamos asido
asgas	asgáis	hayas asido	hayáis asido
asga	asgan	haya asido	hayan asido
7 imperfecto de subjuntivo		**14 pluscuamperfecto de subjuntivo**	
asiera	asiéramos	hubiera asido	hubiéramos asido
asieras	asierais	hubieras asido	hubierais asido
asiera	asieran	hubiera asido	hubieran asido
OR		OR	
asiese	asiésemos	hubiese asido	hubiésemos asido
asieses	asieseis	hubieses asido	hubieseis asido
asiese	asiesen	hubiese asido	hubiesen asido

imperativo	
—	asgamos
ase	asid
asga	asgan

Consult the sections on verbs used in idiomatic expressions, verbs with prepositions, and the list of over 1,000 verbs conjugated like model verbs in the back pages.

to attend, to assist

The Seven Simple Tenses		The Seven Compound Tenses	
Singular	Plural	Singular	Plural

1   presente de indicativo

		8 perfecto de indicativo	
asisto	asistimos	he asistido	hemos asistido
asistes	asistís	has asistido	habéis asistido
asiste	asisten	ha asistido	han asistido

2   imperfecto de indicativo

		9 pluscuamperfecto de indicativo	
asistía	asistíamos	había asistido	habíamos asistido
asistías	asistíais	habías asistido	habíais asistido
asistía	asistían	había asistido	habían asistido

3   pretérito

		10 pretérito anterior	
asistí	asistimos	hube asistido	hubimos asistido
asististe	asististeis	hubiste asistido	hubisteis asistido
asistió	asistieron	hubo asistido	hubieron asistido

4   futuro

		11 futuro perfecto	
asistiré	asistiremos	habré asistido	habremos asistido
asistirás	asistiréis	habrás asistido	habréis asistido
asistirá	asistirán	habrá asistido	habrán asistido

5   potencial simple

		12 potencial compuesto	
asistiría	asistiríamos	habría asistido	habríamos asistido
asistirías	asistiríais	habrías asistido	habríais asistido
asistiría	asistirían	habría asistido	habrían asistido

6   presente de subjuntivo

		13. perfecto de subjuntivo	
asista	asistamos	haya asistido	hayamos asistido
asistas	asistáis	hayas asistido	hayáis asistido
asista	asistan	haya asistido	hayan asistido

7   imperfecto de subjuntivo

		14 pluscuamperfecto de subjuntivo	
asistiera	asistiéramos	hubiera asistido	hubiéramos asistido
asistieras	asistierais	hubieras asistido	hubierais asistido
asistiera	asistieran	hubiera asistido	hubieran asistido
OR		OR	
asistiese	asistiésemos	hubiese asistido	hubiésemos asistido
asistieses	asistieseis	hubieses asistido	hubieseis asistido
asistiese	asistiesen	hubiese asistido	hubiesen asistido

imperativo	
—	asistamos
asiste	asistid
asista	asistan

Words related to this verb

asistir a   to attend, to be present at
la asistencia   attendance, presence

asustar

to frighten, to scare

The Seven Simple Tenses		The Seven Compound Tenses	
Singular	Plural	Singular	Plural
1 presente de indicativo		**8 perfecto de indicativo**	
asusto	asustamos	he asustado	hemos asustado
asustas	asustáis	has asustado	habéis asustado
asusta	asustan	ha asustado	han asustado
2 imperfecto de indicativo		**9 pluscuamperfecto de indicativo**	
asustaba	asustábamos	había asustado	habíamos asustado
asustabas	asustabais	habías asustado	habíais asustado
asustaba	asustaban	había asustado	habían asustado
3 pretérito		**10 pretérito anterior**	
asusté	asustamos	hube asustado	hubimos asustado
asustaste	asustasteis	hubiste asustado	hubisteis asustado
asustó	asustaron	hubo asustado	hubieron asustado
4 futuro		**11 futuro perfecto**	
asustaré	asustaremos	habré asustado	habremos asustado
asustarás	asustaréis	habrás asustado	habréis asustado
asustará	asustarán	habrá asustado	habrán asustado
5 potencial simple		**12 potencial compuesto**	
asustaría	asustaríamos	habría asustado	habríamos asustado
asustarías	asustaríais	habrías asustado	habríais asustado
asustaría	asustarían	habría asustado	habrían asustado
6 presente de subjuntivo		**13 perfecto de subjuntivo**	
asuste	asustemos	haya asustado	hayamos asustado
asustes	asustéis	hayas asustado	hayáis asustado
asuste	asusten	haya asustado	hayan asustado
7 imperfecto de subjuntivo		**14 pluscuamperfecto de subjuntivo**	
asustara	asustáramos	hubiera asustado	hubiéramos asustado
asustaras	asustarais	hubieras asustado	hubierais asustado
asustara	asustaran	hubiera asustado	hubieran asustado
OR		OR	
asustase	asustásemos	hubiese asustado	hubiésemos asustado
asustases	asustaseis	hubieses asustado	hubieseis asustado
asustase	asustasen	hubiese asustado	hubiesen asustado

imperativo	
—	asustemos
asusta	asustad
asuste	asusten

Words related to this verb

asustado, asustada   frightened, scared
asustadizo, asustadiza   easily frightened

to be frightened, to be scared

The Seven Simple Tenses		The Seven Compound Tenses	
Singular	Plural	Singular	Plural

1   presente de indicativo

me asusto	nos asustamos
te asustas	os asustáis
se asusta	se asustan

8   perfecto de indicativo

me he asustado	nos hemos asustado
te has asustado	os habéis asustado
se ha asustado	se han asustado

2   imperfecto de indicativo

me asustaba	nos asustábamos
te asustabas	os asustabais
se asustaba	se asustaban

9   pluscuamperfecto de indicativo

me había asustado	nos habíamos asustado
te habías asustado	os habíais asustado
se había asustado	se habían asustado

3   pretérito

me asusté	nos asustamos
te asustaste	os asustasteis
se asustó	se asustaron

10   pretérito anterior

me hube asustado	nos hubimos asustado
te hubiste asustado	os hubisteis asustado
se hubo asustado	se hubieron asustado

4   futuro

me asustaré	nos asustaremos
te asustarás	os asustaréis
se asustará	se asustarán

11   futuro perfecto

me habré asustado	nos habremos asustado
te habrás asustado	os habréis asustado
se habra asustado	se habrán asustado

5   potencial simple

me asustaría	nos asustaríamos
te asustarías	os asustaríais
se asustaría	se asustarían

12   potencial compuesto

me habría asustado	nos habríamos asustado
te habrías asustado	os habríais asustado
se habría asustado	se habrían asustado

6   presente de subjuntivo

me asuste	nos asustemos
te asustes	os asustéis
se asuste	se asusten

13   perfecto de subjuntivo

me haya asustado	nos hayamos asustado
te hayas asustado	os hayáis asustado
se haya asustado	se hayan asustado

7   imperfecto de subjuntivo

me asustara	nos asustáramos
te asustaras	os asustarais
se asustara	se asustaran
OR	
me asustase	nos asustásemos
te asustases	os asustaseis
se asustase	se asustasen

14   pluscuamperfecto de subjuntivo

me hubiera asustado	nos hubiéramos asustado
te hubieras asustado	os hubierais asustado
se hubiera asustado	se hubieran asustado
OR	
me hubiese asustado	nos hubiésemos asustado
te hubieses asustado	os hubieseis asustado
se hubiese asustado	se hubiesen asustado

imperativo

—	asustémonos
asústate	asustaos
asústese	asústense

Words related to this verb

asustado, asustada   frightened, scared
asustadizo, asustadiza   easily frightened

atacar

Part. pr. **atacando**   Part. pas. **atacado**

The Seven Simple Tenses		The Seven Compound Tenses	
Singular	Plural	Singular	Plural

1   presente de indicativo

ataco	atacamos
atacas	atacáis
ataca	atacan

8   perfecto de indicativo

he atacado	hemos atacado
has atacado	habéis atacado
ha atacado	han atacado

2   imperfecto de indicativo

atacaba	atacábamos
atacabas	atacabais
atacaba	atacaban

9   pluscuamperfecto de indicativo

había atacado	habíamos atacado
habías atacado	habíais atacado
había atacado	habían atacado

3   pretérito

ataqué	atacamos
atacaste	atacasteis
atacó	atacaron

10   pretérito anterior

hube atacado	hubimos atacado
hubiste atacado	hubisteis atacado
hubo atacado	hubieron atacado

4   futuro

atacaré	atacaremos
atacarás	atacaréis
atacará	atacarán

11   futuro perfecto

habré atacado	habremos atacado
habrás atacado	habréis atacado
habrá atacado	habrán atacado

5   potencial simple

atacaría	atacaríamos
atacarías	atacaríais
atacaría	atacarían

12   potencial compuesto

habría atacado	habríamos atacado
habrías atacado	habríais atacado
habría atacado	habrían atacado

6   presente de subjuntivo

ataque	ataquemos
ataques	ataquéis
ataque	ataquen

13   perfecto de subjuntivo

haya atacado	hayamos atacado
hayas atacado	hayáis atacado
haya atacado	hayan atacado

7   imperfecto de subjuntivo

atacara	atacáramos
atacaras	atacarais
atacara	atacaran
OR	
atacase	atacásemos
atacases	atacaseis
atacase	atacasen

14   pluscuamperfecto de subjuntivo

hubiera atacado	hubiéramos atacado
hubieras atacado	hubierais atacado
hubiera atacado	hubieran atacado
OR	
hubiese atacado	hubiésemos atacado
hubieses atacado	hubieseis atacado
hubiese atacado	hubiesen atacado

imperativo

—	ataquemos
ataca	atacad
ataque	ataquen

Words related to this verb

el ataque   attack
atacado, atacada   attacked

to cross, to go through, to run through

The Seven Simple Tenses		The Seven Compound Tenses	
Singular	Plural	Singular	Plural

1   presente de indicativo

atravieso	atravesamos
atraviesas	atravesáis
atraviesa	atraviesan

8   perfecto de indicativo

he atravesado	hemos atravesado
has atravesado	habéis atravesado
ha atravesado	han atravesado

2   imperfecto de indicativo

atravesaba	atravesábamos
atravesabas	atravesabais
atravesaba	atravesaban

9   pluscuamperfecto de indicativo

había atravesado	habíamos atravesado
habías atravesado	habíais atravesado
había atravesado	habían atravesado

3   pretérito

atravesé	atravesamos
atravesaste	atravesasteis
atravesó	atravesaron

10   pretérito anterior

hube atravesado	hubimos atravesado
hubiste atravesado	hubisteis atravesado
hubo atravesado	hubieron atravesado

4   futuro

atravesaré	atravesaremos
atravesarás	atravesaréis
atravesará	atravesarán

11   futuro perfecto

habré atravesado	habremos atravesado
habrás atravesado	habréis atravesado
habrá atravesado	habrán atravesado

5   potencial simple

atravesaría	atravesaríamos
atravesarías	atravesaríais
atravesaría	atravesarían

12   potencial compuesto

habría atravesado	habríamos atravesado
habrías atravesado	habríais atravesado
habría atravesado	habrían atravesado

6   presente de subjuntivo

atraviese	atravesemos
atravieses	atraveséis
atraviese	atraviesen

13   perfecto de subjuntivo

haya atravesado	hayamos atravesado
hayas atravesado	hayáis atravesado
haya atravesado	hayan atravesado

7   imperfecto de subjuntivo

atravesara	atravesáramos
atravesaras	atravesarais
atravesara	atravesaran
OR	
atravesase	atravesásemos
atravesases	atravesaseis
atravesase	atravesasen

14   pluscuamperfecto de subjuntivo

hubiera atravesado	hubiéramos atravesado
hubieras atravesado	hubierais atravesado
hubiera atravesado	hubieran atravesado
OR	
hubiese atravesado	hubiésemos atravesado
hubieses atravesado	hubieseis atravesado
hubiese atravesado	hubiesen atravesado

imperativo

—	atravesemos
atraviesa	atravesad
atraviese	atraviesen

Words and expressions related to this verb

atravesar con   to meet
travesar   to cross
mirar de través   to look out of the corner of one's eye
la travesía   crossing (sea)

Part. pr. **atreviéndose**   Part. pas. **atrevido**

to dare, to venture

The Seven Simple Tenses		The Seven Compound Tenses	
Singular	Plural	Singular	Plural

1   presente de indicativo

me atrevo	nos atrevemos
te atreves	os atrevéis
se atreve	se atreven

2   imperfecto de indicativo

me atrevía	nos atrevíamos
te atrevías	os atrevíais
se atrevía	se atrevían

3   pretérito

me atreví	nos atrevimos
te atreviste	os atrevisteis
se atrevió	se atrevieron

4   futuro

me atreveré	nos atreveremos
te atreverás	os atreveréis
se atreverá	se atreverán

5   potencial simple

me atrevería	nos atreveríamos
te atreverías	os atreveríais
se atrevería	se atreverían

6   presente de subjuntivo

me atreva	nos atrevamos
te atrevas	os atreváis
se atreva	se atrevan

7   imperfecto de subjuntivo

me atreviera	nos atreviéramos
te atrevieras	os atrevierais
se atreviera	se atrevieran
OR	
me atreviese	nos atreviésemos
te atrevieses	os atrevieseis
se atreviese	se atreviesen

8   perfecto de indicativo

me he atrevido	nos hemos atrevido
te has atrevido	os habéis atrevido
se ha atrevido	se han atrevido

9   pluscuamperfecto de indicativo

me había atrevido	nos habíamos atrevido
te habías atrevido	os habíais atrevido
se había atrevido	se habían atrevido

10   pretérito anterior

me hube atrevido	nos hubimos atrevido
te hubiste atrevido	os hubisteis atrevido
se hubo atrevido	se hubieron atrevido

11   futuro perfecto

me habré atrevido	nos habremos atrevido
te habrás atrevido	os habréis atrevido
se habrá atrevido	se habrán atrevido

12   potencial compuesto

me habría atrevido	nos habríamos atrevido
te habrías atrevido	os habríais atrevido
se habría atrevido	se habrían atrevido

13   perfecto de subjuntivo

me haya atrevido	nos hayamos atrevido
te hayas atrevido	os hayáis atrevido
se haya atrevido	se hayan atrevido

14   pluscuamperfecto de subjuntivo

me hubiera atrevido	nos hubiéramos atrevido
te hubieras atrevido	os hubierais atrevido
se hubiera atrevido	se hubieran atrevido
OR	
me hubiese atrevido	nos hubiésemos atrevido
te hubieses atrevido	os hubieseis atrevido
se hubiese atrevido	se hubiesen atrevido

imperativo

—	atrevámonos
atrévete	atreveos
atrévase	atrévanse

Words related to this verb

atrevido, atrevida   daring, bold
el atrevimiento   audacity, boldness
atrevidamente   boldly, daringly

The Seven Simple Tenses		The Seven Compound Tenses	
Singular	Plural	Singular	Plural

1 presente de indicativo		8 perfecto de indicativo	
avanzo	avanzamos	he avanzado	hemos avanzado
avanzas	avanzáis	has avanzado	habéis avanzado
avanza	avanzan	ha avanzado	han avanzado

2 imperfecto de indicativo		9 pluscuamperfecto de indicativo	
avanzaba	avanzábamos	había avanzado	habíamos avanzado
avanzabas	avanzabais	habías avanzado	habíais avanzado
avanzaba	avanzaban	había avanzado	habían avanzado

3 pretérito		10 pretérito anterior	
avancé	avanzamos	hube avanzado	hubimos avanzado
avanzaste	avanzasteis	hubiste avanzado	hubisteis avanzado
avanzó	avanzaron	hubo avanzado	hubieron avanzado

4 futuro		11 futuro perfecto	
avanzaré	avanzaremos	habré avanzado	habremos avanzado
avanzarás	avanzaréis	habrás avanzado	habréis avanzado
avanzará	avanzarán	habrá avanzado	habrán avanzado

5 potencial simple		12 potencial compuesto	
avanzaría	avanzaríamos	habría avanzado	habríamos avanzado
avanzarías	avanzaríais	habrías avanzado	habríais avanzado
avanzaría	avanzarían	habría avanzado	habrían avanzado

6 presente de subjuntivo		13 perfecto de subjuntivo	
avance	avancemos	haya avanzado	hayamos avanzado
avances	avancéis	hayas avanzado	hayáis avanzado
avance	avancen	haya avanzado	hayan avanzado

7 imperfecto de subjuntivo		14 pluscuamperfecto de subjuntivo	
avanzara	avanzáramos	hubiera avanzado	hubiéramos avanzado
avanzaras	avanzarais	hubieras avanzado	hubierais avanzado
avanzara	avanzaran	hubiera avanzado	hubieran avanzado
OR		OR	
avanzase	avanzásemos	hubiese avanzado	hubiésemos avanzado
avanzases	avanzaseis	hubieses avanzado	hubieseis avanzado
avanzase	avanzasen	hubiese avanzado	hubiesen avanzado

	imperativo	
—	avancemos
avanza	avanzad
avance	avancen

Words and expressions related to this verb

avanzado, avanzada   advanced
la avanzada   advance guard
avante   forward, ahead
salir avante   to succeed

to find out, to inquire, to investigate

The Seven Simple Tenses		The Seven Compound Tenses	
Singular	Plural	Singular	Plural
1 presente de indicativo		**8 perfecto de indicativo**	
averiguo	averiguamos	he averiguado	hemos averiguado
averiguas	averiguáis	has averiguado	habéis averiguado
averigua	averiguan	ha averiguado	han averiguado
2 imperfecto de indicativo		**9 pluscuamperfecto de indicativo**	
averiguaba	averiguábamos	había averiguado	habíamos averiguado
averiguabas	averiguabais	habías averiguado	habíais averiguado
averiguaba	averiguaban	había averiguado	habían averiguado
3 pretérito		**10 pretérito anterior**	
averigüé	averiguamos	hube averiguado	hubimos averiguado
averiguaste	averiguasteis	hubiste averiguado	hubisteis averiguado
averiguó	averiguaron	hubo averiguado	hubieron averiguado
4 futuro		**11 futuro perfecto**	
averiguaré	averiguaremos	habré averiguado	habremos averiguado
averiguarás	averiguaréis	habrás averiguado	habréis averiguado
averiguará	averiguarán	habrá averiguado	habrán averiguado
5 potencial simple		**12 potencial compuesto**	
averiguaría	averiguaríamos	habría averiguado	habríamos averiguado
averiguarías	averiguaríais	habrías averiguado	habríais averiguado
averiguaría	averiguarían	habría averiguado	habrían averiguado
6 presente de subjuntivo		**13 perfecto de subjuntivo**	
averigüe	averigüemos	haya averiguado	hayamos averiguado
averigües	averigüéis	hayas averiguado	hayáis averiguado
averigüe	averigüen	haya averiguado	hayan averiguado
7 imperfecto de subjuntivo		**14 pluscuamperfecto de subjuntivo**	
averiguara	averiguáramos	hubiera averiguado	hubiéramos averiguado
averiguaras	averiguarais	hubieras averiguado	hubierais averiguado
averiguara	averiguaran	hubiera averiguado	hubieran averiguado
OR		OR	
averiguase	averiguásemos	hubiese averiguado	hubiésemos averiguado
averiguases	averiguaseis	hubieses averiguado	hubieseis averiguado
averiguase	averiguasen	hubiese averiguado	hubiesen averiguado

	imperativo
—	averigüemos
averigua	averiguad
averigüe	averigüen

Words related to this verb

el averiguador, la averiguadora   investigator
la averiguación   inquiry, investigation
averiguable   investigable
averiguadamente   surely, certainly

to help, to aid, to assist

The Seven Simple Tenses		The Seven Compound Tenses	
Singular	Plural	Singular	Plural
1 presente de indicativo		**8 perfecto de indicativo**	
ayudo	ayudamos	he ayudado	hemos ayudado
ayudas	ayudáis	has ayudado	habéis ayudado
ayuda	ayudan	ha ayudado	han ayudado
2 imperfecto de indicativo		**9 pluscuamperfecto de indicativo**	
ayudaba	ayudábamos	había ayudado	habíamos ayudado
ayudabas	ayudabais	habías ayudado	habíais ayudado
ayudaba	ayudaban	había ayudado	habían ayudado
3 pretérito		**10 pretérito anterior**	
ayudé	ayudamos	hube ayudado	hubimos ayudado
ayudaste	ayudasteis	hubiste ayudado	hubisteis ayudado
ayudó	ayudaron	hubo ayudado	hubieron ayudado
4 futuro		**11 futuro perfecto**	
ayudaré	ayudaremos	habré ayudado	habremos ayudado
ayudarás	ayudaréis	habrás ayudado	habréis ayudado
ayudará	ayudarán	habrá ayudado	habrán ayudado
5 potencial simple		**12 potencial compuesto**	
ayudaría	ayudaríamos	habría ayudado	habríamos ayudado
ayudarías	ayudaríais	habrías ayudado	habríais ayudado
ayudaría	ayudarían	habría ayudado	habrían ayudado
6 presente de subjuntivo		**13 perfecto de subjuntivo**	
ayude	ayudemos	haya ayudado	hayamos ayudado
ayudes	ayudéis	hayas ayudado	hayáis ayudado
ayude	ayuden	haya ayudado	hayan ayudado
7 imperfecto de subjuntivo		**14 pluscuamperfecto de subjuntivo**	
ayudara	ayudáramos	hubiera ayudado	hubiéramos ayudado
ayudaras	ayudarais	hubieras ayudado	hubierais ayudado
ayudara	ayudaran	hubiera ayudado	hubieran ayudado
OR		OR	
ayudase	ayudásemos	hubiese ayudado	hubiésemos ayudado
ayudases	ayudaseis	hubieses ayudado	hubieseis ayudado
ayudase	ayudasen	hubiese ayudado	hubiesen ayudado

imperativo	
—	ayudemos
ayuda	ayudad
ayude	ayuden

Words related to this verb

la ayuda   aid, assistance, help
ayuda de cámara   valet
un ayudador, una ayudadora   helper
ayudante   assistant

bailar

to dance

The Seven Simple Tenses		The Seven Compound Tenses	
Singular	Plural	Singular	Plural

1   presente de indicativo

		8 perfecto de indicativo	
bailo	bailamos	he bailado	hemos bailado
bailas	bailáis	has bailado	habéis hailado
baila	bailan	ha bailado	han bailado

2   imperfecto de indicativo

		9 pluscuamperfecto de indicativo	
bailaba	bailábamos	había bailado	habíamos bailado
bailabas	bailabais	habías bailado	habíais bailado
bailaba	bailaban	había bailado	habían bailado

3   pretérito

		10 pretérito anterior	
bailé	bailamos	hube bailado	hubimos bailado
bailaste	bailasteis	hubiste bailado	hubisteis bailado
bailó	bailaron	hubo bailado	hubieron bailado

4   futuro

		11 futuro perfecto	
bailaré	bailaremos	habré bailado	habremos bailado
bailarás	bailaréis	habrás bailado	habréis bailado
bailará	bailarán	habrá bailado	habrán bailado

5   potencial simple

		12 potencial compuesto	
bailaría	bailaríamos	habría bailado	habríamos bailado
bailarías	bailaríais	habrías bailado	habríais bailado
bailaría	bailarían	habría bailado	habrían bailado

6   presente de subjuntivo

		13 perfecto de subjuntivo	
baile	bailemos	haya bailado	hayamos bailado
bailes	bailéis	hayas bailado	hayáis bailado
baile	bailen	haya bailado	hayan bailado

7   imperfecto de subjuntivo

		14 pluscuamperfecto de subjuntivo	
bailara	bailáramos	hubiera bailado	hubiéramos bailado
bailaras	bailarais	hubieras bailado	hubierais bailado
bailara	bailaran	hubiera bailado	hubieran bailado
OR		OR	
bailase	bailásemos	hubiese bailado	hubiésemos bailado
bailases	bailaseis	hubieses bailado	hubieseis bailado
bailase	bailasen	hubiese bailado	hubiesen bailado

imperativo	
—	bailemos
baila	bailad
baile	bailen

Sentences using this verb and words related to it

Cuando el gato va a sus devociones, bailan los ratones.   When the cat is away, the mice will play.

un baile   dance
un bailarín, una bailarina   dancer
un bailador, una bailadora   dancer

52

to come down, to go down, to descend

The Seven Simple Tenses		The Seven Compound Tenses	
Singular	Plural	Singular	Plural

1 presente de indicativo

bajo	bajamos		
bajas	bajáis		
baja	bajan		

8 perfecto de indicativo

he bajado	hemos bajado
has bajado	habéis bajado
ha bajado	han bajado

2 imperfecto de indicativo

bajaba	bajábamos
bajabas	bajabais
bajaba	bajaban

9 pluscuamperfecto de indicativo

había bajado	habíamos bajado
habías bajado	habíais bajado
había bajado	habían bajado

3 pretérito

bajé	bajamos
bajaste	bajasteis
bajó	bajaron

10 pretérito anterior

hube bajado	hubimos bajado
hubiste bajado	hubisteis bajado
hubo bajado	hubieron bajado

4 futuro

bajaré	bajaremos
bajarás	bajaréis
bajará	bajarán

11 futuro perfecto

habré bajado	habremos bajado
habrás bajado	habréis bajado
habrá bajado	habrán bajado

5 potencial simple

bajaría	bajaríamos
bajarías	bajaríais
bajaría	bajarían

12 potencial compuesto

habría bajado	habríamos bajado
habrías bajado	habríais bajado
habría bajado	habrían bajado

6 presente de subjuntivo

baje	bajemos
bajes	bajéis
baje	bajen

13 perfecto de subjuntivo

haya bajado	hayamos bajado
hayas bajado	hayáis bajado
haya bajado	hayan bajado

7 imperfecto de subjuntivo

bajara	bajáramos
bajaras	bajarais
bajara	bajaran
OR	
bajase	bajásemos
bajases	bajaseis
bajase	bajasen

14 pluscuamperfecto de subjuntivo

hubiera bajado	hubiéramos bajado
hubieras bajado	hubierais bajado
hubiera bajado	hubieran bajado
OR	
hubiese bajado	hubiésemos bajado
hubieses bajado	hubieseis bajado
hubiese bajado	hubiesen bajado

imperativo

—	bajemos
baja	bajad
baje	bajen

Words related to this verb

la baja   reduction (fall) in prices
la bajada   descent
bajamente   basely

bañarse

to bathe oneself, to take a bath

The Seven Simple Tenses		The Seven Compound Tenses	
Singular	Plural	Singular	Plural
1 presente de indicativo		**8 perfecto de indicativo**	
me baño	nos bañamos	me he bañado	nos hemos bañado
te bañas	os bañáis	te has bañado	os habéis bañado
se baña	se bañan	se ha bañado	se han bañado
2 imperfecto de indicativo		**9 pluscuamperfecto de indicativo**	
me bañaba	nos bañábamos	me había bañado	nos habíamos bañado
te bañabas	os bañabais	te habías bañado	os habíais bañado
se bañaba	se bañaban	se había bañado	se habían bañado
3 pretérito		**10 pretérito anterior**	
me bañé	nos bañamos	me hube bañado	nos hubimos bañado
te bañaste	os bañasteis	te hubiste bañado	os hubisteis bañado
se bañó	se bañaron	se hubo bañado	se hubieron bañado
4 futuro		**11 futuro perfecto**	
me bañaré	nos bañaremos	me habré bañado	nos habremos bañado
te bañarás	os bañaréis	te habrás bañado	os habréis bañado
se bañará	se bañarán	se habrá bañado	se habrán bañado
5 potencial simple		**12 potencial compuesto**	
me bañaría	nos bañaríamos	me habría bañado	nos habríamos bañado
te bañarías	os bañaríais	te habrías bañado	os habríais bañado
se bañaría	se bañarían	se habría bañado	se habrían bañado
6 presente de subjuntivo		**13 perfecto de subjuntivo**	
me bañe	nos bañemos	me haya bañado	nos hayamos bañado
te bañes	os bañéis	te hayas bañado	os hayáis bañado
se bañe	se bañen	se haya bañado	se hayan bañado
7 imperfecto de subjuntivo		**14 pluscuamperfecto de subjuntivo**	
me bañara	nos bañáramos	me hubiera bañado	nos hubiéramos bañado
te bañaras	os bañarais	te hubieras bañado	os hubierais bañado
se bañara	se bañaran	se hubiera bañado	se hubieran bañado
OR		OR	
me bañase	nos bañásemos	me hubiese bañado	nos hubiésemos bañado
te bañases	os bañaseis	te hubieses bañado	os hubieseis bañado
se bañase	se bañasen	se hubiese bañado	se hubiesen bañado

	imperativo
—	bañémonos
báñate	bañaos
báñese	báñense

Words related to this verb

una bañera, una bañadera bathtub
un bañador, una bañadora bather
un baño bath, bathing
un baño de vapor steam bath

to be enough, to be sufficient, to suffice

The Seven Simple Tenses		The Seven Compound Tenses	
Singular	Plural	Singular	Plural
1 presente de indicativo		8 perfecto de indicativo	
basta	**bastan**	**ha bastado**	**han bastado**
2 imperfecto de indicativo		9 pluscuamperfecto de indicativo	
bastaba	**bastaban**	**había bastado**	**habían bastado**
3 pretérito		10 pretérito anterior	
bastó	**bastaron**	**hubo bastado**	**hubieron bastado**
4 futuro		11 futuro perfecto	
bastará	**bastarán**	**habrá bastado**	**habrán bastado**
5 potencial simple		12 potencial compuesto	
bastaría	**bastarían**	**habría bastado**	**habrían bastado**
6 presente de subjuntivo		13 perfecto de subjuntivo	
que baste	**que basten**	**haya bastado**	**hayan bastado**
7 imperfecto de subjuntivo		14 pluscuamperfecto de subjuntivo	
que bastara	**que bastaran**	**hubiera bastado**	**hubieran bastado**
OR		OR	
que bastase	**que bastasen**	**hubiese bastado**	**hubiesen bastado**

imperativo
¡que baste!   **¡que basten!**

Common expression related to this verb

¡Basta!   Enough! That will do!

This is an impersonal verb and it is used mainly in the third person singular and plural.

bautizar

to baptize, to christen

The Seven Simple Tenses		The Seven Compound Tenses	
Singular	Plural	Singular	Plural
1 presente de indicativo		**8 perfecto de indicativo**	
bautizo	bautizamos	he bautizado	hemos bautizado
bautizas	bautizáis	has bautizado	habéis bautizado
bautiza	bautizan	ha bautizado	han bautizado
2 imperfecto de indicativo		**9 pluscuamperfecto de indicativo**	
bautizaba	bautizábamos	había bautizado	habíamos bautizado
bautizabas	bautizabais	habías bautizado	habíais bautizado
bautizaba	bautizaban	había bautizado	habían bautizado
3 pretérito		**10 pretérito anterior**	
bauticé	bautizamos	hube bautizado	hubimos bautizado
bautizaste	bautizasteis	hubiste bautizado	hubisteis bautizado
bautizó	bautizaron	hubo bautizado	hubieron bautizado
4 futuro		**11 futuro perfecto**	
bautizaré	bautizaremos	habré bautizado	habremos bautizado
bautizarás	bautizaréis	habrás bautizado	habréis bautizado
bautizará	hautizarán	habrá bautizado	habrán bautizado
5 potencial simple		**12 potencial compuesto**	
bautizaría	bautizaríamos	habría bautizado	habríamos bautizado
bautizarías	bautizaríais	habrías bautizado	habríais bautizado
bautizaría	bautizarían	habría bautizado	habrían bautizado
6 presente de subjuntivo		**13 perfecto de subjuntivo**	
bautice	bauticemos	haya bautizado	hayamos bautizado
bautices	bauticéis	hayas bautizado	hayáis bautizado
bautice	bauticen	haya bautizado	hayan bautizado
7 imperfecto de subjuntivo		**14 pluscuamperfecto de subjuntivo**	
bautizara	bautizáramos	hubiera bautizado	hubiéramos bautizado
bautizaras	bautizarais	hubieras bautizado	hubierais bautizado
bautizara	bautizaran	hubiera bautizado	hubieran bautizado
OR		OR	
bautizase	bautizásemos	hubiese bautizado	hubiésemos bautizado
bautizases	bautizaseis	hubieses bautizado	hubieseis bautizado
bautizase	bautizasen	hubiese bautizado	hubiesen bautizado

imperativo	
—	bauticemos
bautiza	bautizad
bautice	bauticen

Words related to this verb

el bautisterio   baptistery
el bautismo   baptism, christening
bautismal   baptismal

The Seven Simple Tenses		The Seven Compound Tenses	
Singular	Plural	Singular	Plural
1 presente de indicativo		**8 perfecto de indicativo**	
bebo	bebemos	he bebido	hemos bebido
bebes	bebéis	has bebido	habéis bebido
bebe	beben	ha bebido	han bebido
2 imperfecto de indicativo		**9 pluscuamperfecto de indicativo**	
bebía	bebíamos	había bebido	habíamos bebido
bebías	bebíais	habías bebido	habíais bebido
bebía	bebían	había bebido	habían bebido
3 pretérito		**10 pretérito anterior**	
bebí	bebimos	hube bebido	hubimos bebido
bebiste	bebisteis	hubiste bebido	hubisteis bebido
bebió	bebieron	hubo bebido	hubieron bebido
4 futuro		**11 futuro perfecto**	
beberé	beberemos	habré bebido	habremos bebido
beberás	beberéis	habrás bebido	habréis bebido
beberá	beberán	habrá bebido	habrán bebido
5 potencial simple		**12 potencial compuesto**	
bebería	beberíamos	habría bebido	habríamos bebido
beberías	beberíais	habrías bebido	habríais bebido
bebería	beberían	habría bebido	habrían bebido
6 presente de subjuntivo		**13 perfecto de subjuntivo**	
beba	bebamos	haya bebido	hayamos bebido
bebas	bebáis	hayas bebido	hayáis bebido
beba	beban	haya bebido	hayan bebido
7 imperfecto de subjuntivo		**14 pluscuamperfecto de subjuntivo**	
bebiera	bebiéramos	hubiera bebido	hubiéramos bebido
bebieras	bebierais	hubieras bebido	hubierais bebido
bebiera	bebieran	hubiera bebido	hubieran bebido
OR		OR	
bebiese	bebiésemos	hubiese bebido	hubiésemos bebido
bebieses	bebieseis	hubieses bebido	hubieseis bebido
bebiese	bebiesen	hubiese bebido	hubiesen bebido

imperativo	
–	bebamos
bebe	bebed
beba	beban

Words and expressions related to this verb

una bebida   drink, beverage
beber en   to drink from
beber a la salud   to drink to health

bendecir

Part. pr. **bendiciendo**   **Part. pas.** **bendecido (bendito,** when used as an adj. with **estar)**

to bless, to consecrate

The Seven Simple Tenses		The Seven Compound Tenses	
Singular	Plural	Singular	Plural

1 presente de indicativo

		8 perfecto de indicativo	
bendigo	bendecimos	he bendecido	hemos bendecido
bendices	bendecís	has bendecido	habéis bendecido
bendice	bendicen	ha bendecido	han bendecido

2 imperfecto de indicativo

		9 pluscuamperfecto de indicativo	
bendecía	bendecíamos	había bendecido	habíamos bendecido
bendecías	bendecíais	habías bendecido	habíais bendecido
bendecía	bendecían	había bendecido	habían bendecido

3 pretérito

		10 pretérito anterior	
bendije	bendijimos	hube bendecido	hubimos bendecido
bendijiste	bendijisteis	hubiste bendecido	hubisteis bendecido
bendijo	bendijeron	hubo bendecido	hubieron bendecido

4 futuro

		11 futuro perfecto	
bendeciré	bendeciremos	habré bendecido	habremos bendecido
bendecirás	bendeciréis	habrás bendecido	habréis bendecido
bendecirá	bendecirán	habrá bendecido	habrán bendecido

5 potencial simple

		12 potencial compuesto	
bendeciría	bendeciríamos	habría bendecido	habríamos bendecido
bendecirías	bendeciríais	habrías bendecido	habríais bendecido
bendeciría	bendecirían	habría bendecido	habrían bendecido

6 presente de subjuntivo

		13 perfecto de subjuntivo	
bendiga	bendigamos	haya bendecido	hayamos bendecido
bendigas	bendigáis	hayas bendecido	hayáis bendecido
bendiga	bendigan	haya bendecido	hayan bendecido

7 imperfecto de subjuntivo

		14 pluscuamperfecto de subjuntivo	
bendijera	bendijéramos	hubiera bendecido	hubiéramos bendecido
bendijeras	bendijerais	hubieras bendecido	hubierais bendecido
bendijera	bendijeran	hubiera bendecido	hubieran bendecido
OR		OR	
bendijese	bendijésemos	hubiese bendecido	hubiésemos bendecido
bendijeses	bendijeseis	hubieses bendecido	hubieseis bendecido
bendijese	bendijesen	hubiese bendecido	hubiesen bendecido

imperativo	
—	bendigamos
bendice; no bendigas	bendecid; no bendigáis
bendiga	bendigan

Words and expressions related to this verb

la bendición benediction, blessing
las bendiciones nupciales marriage ceremony
un bendecidor, una bendecidora blesser

to erase, to cross out

The Seven Simple Tenses		The Seven Compound Tenses	
Singular	Plural	Singular	Plural
1 presente de indicativo		**8 perfecto de indicativo**	
borro	borramos	he borrado	hemos borrado
borras	borráis	has borrado	habéis borrado
borra	borran	ha borrado	han borrado
2 imperfecto de indicativo		**9 pluscuamperfecto de indicativo**	
borraba	borrábamos	había borrado	habíamos borrado
borrabas	borrabais	habías borrado	habíais borrado
borraba	borraban	había borrado	habían borrado
3 pretérito		**10 pretérito anterior**	
borré	borramos	hube borrado	hubimos borrado
borraste	borrasteis	hubiste borrado	hubisteis borrado
borró	borraron	hubo borrado	hubieron borrado
4 futuro		**11 futuro perfecto**	
borraré	borraremos	habré borrado	habremos borrado
borrarás	borraréis	habrás borrado	habréis borrado
borrará	borrarán	habrá borrado	habrán borrado
5 potencial simple		**12 potencial compuesto**	
borraría	borraríamos	habría borrado	habríamos borrado
borrarías	borraríais	habrías borrado	habríais borrado
borraría	borrarían	habría borrado	habrían borrado
6 presente de subjuntivo		**13 perfecto de subjuntivo**	
borre	borremos	haya borrado	hayamos borrado
borres	borréis	hayas borrado	hayáis borrado
borre	borren	haya borrado	hayan borrado
7 imperfecto de subjuntivo		**14 pluscuamperfecto de subjuntivo**	
borrara	borráramos	hubiera borrado	hubiéramos borrado
borraras	borrarais	hubieras borrado	hubierais borrado
borrara	borraran	hubiera borrado	hubieran borrado
OR		OR	
borrase	borrásemos	hubiese borrado	hubiésemos borrado
borrases	borraseis	hubieses borrado	hubieseis borrado
borrase	borrasen	hubiese borrado	hubiesen borrado

imperativo	
—	borremos
borra	borrad
borre	borren

Words related to this verb

la goma de borrar   rubber eraser
la borradura   erasure
el borrador   eraser (chalk)

to boil, to bustle, to hustle, to stir

The Seven Simple Tenses		The Seven Compound Tenses	
Singular	Plural	Singular	Plural
1 presente de indicativo		**8 perfecto de indicativo**	
bullo	bullimos	he bullido	hemos bullido
bulles	bullís	has bullido	habéis bullido
bulle	bullen	ha bullido	han bullido
2 imperfecto de indicativo		**9 pluscuamperfecto de indicativo**	
bullía	bullíamos	había bullido	habíamos bullido
bullías	bullíais	habías bullido	habíais bullido
bullía	bullían	había bullido	habían bullido
3 pretérito		**10 pretérito anterior**	
bullí	bullimos	hube bullido	hubimos bullido
bulliste	bullisteis	hubiste bullido	hubisteis bullido
bulló	bulleron	hubo bullido	hubieron bullido
4 futuro		**11 futuro perfecto**	
bulliré	bulliremos	habré bullido	habremos bullido
bullirás	bulliréis	habrás bullido	habréis bullido
bullirá	bullirán	habrá bullido	habrán bullido
5 potencial simple		**12 potencial compuesto**	
bulliría	bulliríamos	habría bullido	habríamos bullido
bullirías	bulliríais	habrías bullido	habríais bullido
bulliría	bullirían	habría bullido	habrían bullido
6 presente de subjuntivo		**13 perfecto de subjuntivo**	
bulla	bullamos	haya bullido	hayamos bullido
bullas	bulláis	hayas bullido	hayáis bullido
bulla	bullan	haya bullido	hayan bullido
7 imperfecto de subjuntivo		**14 pluscuamperfecto de subjuntivo**	
bullera	bulléramos	hubiera bullido	hubiéramos bullido
bulleras	bullerais	hubieras bullido	hubierais bullido
bullera	bulleran	hubiera bullido	hubieran bullido
OR		OR	
bullese	bullésemos	hubiese bullido	hubiésemos bullido
bulleses	bulleseis	hubieses bullido	hubieseis bullido
bullese	bullesen	hubiese bullido	hubiesen bullido

	imperativo
—	bullamos
bulle	bullid
bulla	bullan

Words related to this verb

un bullebulle busybody
el bullicio noise, bustle
bulliciosamente noisily

to make fun of, to poke fun at, to ridicule

The Seven Simple Tenses		The Seven Compound Tenses	
Singular	Plural	Singular	Plural

1   presente de indicativo
me burlo	nos burlamos		
te burlas	os burláis		
se burla	se burlan		

8   perfecto de indicativo
me he burlado	nos hemos burlado
te has burlado	os habéis burlado
se ha burlado	se han burlado

2   imperfecto de indicativo
me burlaba	nos burlábamos
te burlabas	os burlabais
se burlaba	se burlaban

9   pluscuamperfecto de indicativo
me había burlado	nos habíamos burlado
te habías burlado	os habíais burlado
se había burlado	se habían burlado

3   pretérito
me burlé	nos burlamos
te burlaste	os burlasteis
se burló	se burlaron

10   pretérito anterior
me hube burlado	nos hubimos burlado
te hubiste burlado	os hubisteis burlado
se hubo burlado	se hubieron burlado

4   futuro
me burlaré	nos burlaremos
te burlarás	os burlaréis
se burlará	se burlarán

11   futuro perfecto
me habré burlado	nos habremos burlado
te habrás burlado	os habréis burlado
se habrá burlado	se habrán burlado

5   potencial simple
me burlaría	nos burlaríamos
te burlarías	os burlaríais
se burlaría	se burlarían

12   potencial compuesto
me habría burlado	nos habríamos burlado
te habrías burlado	os habríais burlado
se habría burlado	se habrían burlado

6   presente de subjuntivo
me burle	nos burlemos
te burles	os burléis
se burle	se burlen

13   perfecto de subjuntivo
me haya burlado	nos hayamos burlado
te hayas burlado	os hayáis burlado
se haya burlado	se hayan burlado

7   imperfecto de subjuntivo
me burlara	nos burláramos
te burlaras	os burlarais
se burlara	se burlaran
OR	
me burlase	nos burlásemos
te burlases	os burlaseis
se burlase	se burlasen

14   pluscuamperfecto de subjuntivo
me hubiera burlado	nos hubiéramos burlado
te hubieras burlado	os hubierais burlado
se hubiera burlado	se hubieran burlado
OR	
me hubiese burlado	nos hubiésemos burlado
te hubieses burlado	os hubieseis burlado
se hubiese burlado	se hubiesen burlado

imperativo
—	burlémonos
búrlate	burlaos
búrlese	búrlense

Words related to this verb

el burlador, la burladora   practical joker, jester, wag
burlescamente   comically
la burleta   joke, little trick
la burlería   mockery
burlesco, burlesca   burlesque

to look for, to seek

The Seven Simple Tenses		The Seven Compound Tenses	
Singular	Plural	Singular	Plural
1 presente de indicativo		**8 perfecto de indicativo**	
busco	buscamos	he buscado	hemos buscado
buscas	buscáis	has buscado	habéis buscado
busca	buscan	ha buscado	han buscado
2 imperfecto de indicativo		**9 pluscuamperfecto de indicativo**	
buscaba	buscábamos	había buscado	habíamos buscado
buscabas	buscabais	habías buscado	habíais buscado
buscaba	buscaban	había buscado	habían buscado
3 pretérito		**10 pretérito anterior**	
busqué	buscamos	hube buscado	hubimos buscado
buscaste	buscasteis	hubiste buscado	hubisteis buscado
buscó	buscaron	hubo buscado	hubieron buscado
4 futuro		**11 futuro perfecto**	
buscaré	buscaremos	habré buscado	habremos buscado
buscarás	buscaréis	habrás buscado	habréis buscado
buscará	buscarán	habrá buscado	habrán buscado
5 potencial simple		**12 potencial compuesto**	
buscaría	buscaríamos	habría buscado	habríamos buscado
buscarías	buscaríais	habrías buscado	habríais buscado
buscaría	buscarían	habría buscado	habrían buscado
6 presente de subjuntivo		**13 perfecto de subjuntivo**	
busque	busquemos	haya buscado	hayamos buscado
busques	busquéis	hayas buscado	hayáis buscado
busque	busquen	haya buscado	hayan buscado
7 imperfecto de subjuntivo		**14 pluscuamperfecto de subjuntivo**	
buscara	buscáramos	hubiera buscado	hubiéramos buscado
buscaras	buscarais	hubieras buscado	hubierais buscado
buscara	buscaran	hubiera buscado	hubieran buscado
OR		OR	
buscase	buscásemos	hubiese buscado	hubiésemos buscado
buscases	buscaseis	hubieses buscado	hubieseis buscado
buscase	buscasen	hubiese buscado	hubiesen buscado

	imperativo
—	busquemos
busca	buscad
busque	busquen

Sentences using this verb and words related to it

¿Qué busca Ud.?   What are you looking for?
Busco mis libros.   I'm looking for my books.

la busca, la buscada   research, search
la búsqueda   search

to be contained, to fit into

The Seven Simple Tenses		The Seven Compound Tenses	
Singular	Plural	Singular	Plural
1 presente de indicativo		**8 perfecto de indicativo**	
quepo	cabemos	he cabido	hemos cabido
cabes	cabéis	has cabido	habéis cabido
cabe	caben	ha cabido	han cabido
2 imperfecto de indicativo		**9 pluscuamperfecto de indicativo**	
cabía	cabíamos	había cabido	habíamos cabido
cabías	cabíais	habías cabido	habíais cabido
cabía	cabían	había cabido	habían cabido
3 pretérito		**10 pretérito anterior**	
cupe	cupimos	hube cabido	hubimos cabido
cupiste	cupisteis	hubiste cabido	hubisteis cabido
cupo	cupieron	hubo cabido	hubieron cabido
4 futuro		**11 futuro perfecto**	
cabré	cabremos	habré cabido	habremos cabido
cabrás	cabréis	habrás cabido	habréis cabido
cabrá	cabrán	habrá cabido	habrán cabido
5 potencial simple		**12 potencial compuesto**	
cabría	cabríamos	habría cabido	habríamos cabido
cabrías	cabríais	habrías cabido	habríais cabido
cabría	cabrían	habría cabido	habrían cabido
6 presente de subjuntivo		**13 perfecto de subjuntivo**	
quepa	quepamos	haya cabido	hayamos cabido
quepas	quepáis	hayas cabido	hayáis cabido
quepa	quepan	haya cabido	hayan cabido
7 imperfecto de subjuntivo		**14 pluscuamperfecto de subjuntivo**	
cupiera	cupiéramos	hubiera cabido	hubiéramos cabido
cupieras	cupierais	hubieras cabido	hubierais cabido
cupiera	cupieran	hubiera cabido	hubieran cabido
OR		OR	
cupiese	cupiésemos	hubiese cabido	hubiésemos cabido
cupieses	cupieseis	hubieses cabido	hubieseis cabido
cupiese	cupiesen	hubiese cabido	hubiesen cabido

imperativo	
—	quepamos
cabe	cabed
quepa	quepan

Common idiomatic expressions using this verb

Pablo no cabe en sí. Paul has a swelled head.
No quepo aquí. I don't have enough room here.
No cabe duda de que . . . There is no doubt that . . .

to fall

The Seven Simple Tenses		The Seven Compound Tenses	
Singular	Plural	Singular	Plural
1 presente de indicativo		**8 perfecto de indicativo**	
caigo	caemos	he caído	hemos caído
caes	caéis	has caído	habéis caído
cae	caen	ha caído	han caído
2 imperfecto de indicativo		**9 pluscuamperfecto de indicativo**	
caía	caíamos	había caído	habíamos caído
caías	caíais	habías caído	habíais caído
caía	caían	había caído	habían caído
3 pretérito		**10 pretérito anterior**	
caí	caímos	hube caído	hubimos caído
caíste	caísteis	hubiste caído	hubisteis caído
cayó	cayeron	hubo caído	hubieron caído
4 futuro		**11 futuro perfecto**	
caeré	caeremos	habré caído	habremos caído
caerás	caeréis	habrás caído	habréis caído
caerá	caerán	habrá caído	habrán caído
5 potencial simple		**12 potencial compuesto**	
caería	caeríamos	habría caído	habríamos caído
caerías	caeríais	habrías caído	habríais caído
caería	caerían	habría caído	habrían caído
6 presente de subjuntivo		**13 perfecto de subjuntivo**	
caiga	caigamos	haya caído	hayamos caído
caigas	caigáis	hayas caído	hayáis caído
caiga	caigan	haya caído	hayan caído
7 imperfecto de subjuntivo		**14 pluscuamperfecto de subjuntivo**	
cayera	cayéramos	hubiera caído	hubiéramos caído
cayeras	cayerais	hubieras caído	hubierais caído
cayera	cayeran	hubiera caído	hubieran caído
OR		OR	
cayese	cayésemos	hubiese caído	hubiésemos caído
cayeses	cayeseis	hubieses caído	hubieseis caído
cayese	cayesen	hubiese caído	hubiesen caído

imperativo	
—	caigamos
cae	caed
caiga	caigan

Words and expressions related to this verb

la caída   the fall
a la caída del sol   at sunset
a la caída de la tarde   at the end of the afternoon
caer enfermo (enferma)   to fall sick
dejar caer   to drop

64

to be silent, to keep quiet

The Seven Simple Tenses		The Seven Compound Tenses	
Singular	Plural	Singular	Plural
1 presente de indicativo		**8 perfecto de indicativo**	
me callo	nos callamos	me he callado	nos hemos callado
te callas	os calláis	te has callado	os habéis callado
se calla	se callan	se ha callado	se han callado
2 imperfecto de indicativo		**9 pluscuamperfecto de indicativo**	
me callaba	nos callábamos	me había callado	nos habíamos callado
te callabas	os callabais	te habías callado	os habíais callado
se callaba	se callaban	se había callado	se habían callado
3 pretérito		**10 pretérito anterior**	
me callé	nos callamos	me hube callado	nos hubimos callado
te callaste	os callasteis	te hubiste callado	os hubisteis callado
se calló	se callaron	se hubo callado	se hubieron callado
4 futuro		**11 futuro perfecto**	
me callaré	nos callaremos	me habré callado	nos habremos callado
te callarás	os callaréis	te habrás callado	os habréis callado
se callará	se callarán	se habrá callado	se habrán callado
5 potencial simple		**12 potencial compuesto**	
me callaría	nos callaríamos	me habría callado	nos habríamos callado
te callarías	os callaríais	te habrías callado	os habríais callado
se callaría	se callarían	se habría callado	se habrían callado
6 presente de subjuntivo		**13 perfecto de subjuntivo**	
me calle	nos callemos	me haya callado	nos hayamos callado
te calles	os calléis	te hayas callado	os hayáis callado
se calle	se callen	se haya callado	se hayan callado
7 imperfecto de subjuntivo		**14 pluscuamperfecto de subjuntivo**	
me callara	nos calláramos	me hubiera callado	nos hubiéramos callado
te callaras	os callarais	te hubieras callado	os hubierais callado
se callara	se callaran	se hubiera callado	se hubieran callado
OR		OR	
me callase	nos callásemos	me hubiese callado	nos hubiésemos callado
te callases	os callaseis	te hubieses callado	os hubieseis callado
se callase	se callasen	se hubiese callado	se hubiesen callado

	imperativo	
—		callémonos
cállate		callaos
cállese		cállense

Common idiomatic expressions using this verb

Quien calla, otorga.   Silence means consent.
¡Cállese Ud.!   Keep quiet!

cambiar

to change

The Seven Simple Tenses		The Seven Compound Tenses	
Singular	Plural	Singular	Plural

1   presente de indicativo

cambio	cambiamos		
cambias	cambiáis		
cambia	cambian		

8   perfecto de indicativo

he cambiado	hemos cambiado
has cambiado	habéis cambiado
ha cambiado	han cambiado

2   imperfecto de indicativo

cambiaba	cambiábamos
cambiabas	cambiabais
cambiaba	cambiaban

9   pluscuamperfecto de indicativo

había cambiado	habíamos cambiado
habías cambiado	habíais cambiado
había cambiado	habían cambiado

3   pretérito

cambié	cambiamos
cambiaste	cambiasteis
cambió	cambiaron

10   pretérito anterior

hube cambiado	hubimos cambiado
hubiste cambiado	hubisteis cambiado
hubo cambiado	hubieron cambiado

4   futuro

cambiaré	cambiaremos
cambiarás	cambiaréis
cambiará	cambiarán

11   futuro perfecto

habré cambiado	habremos cambiado
habrás cambiado	habréis cambiado
habrá cambiado	habrán cambiado

5   potencial simple

cambiaría	cambiaríamos
cambiarías	cambiaríais
cambiaría	cambiarían

12   potencial compuesto

habría cambiado	habríamos cambiado
habrías cambiado	habríais cambiado
habría cambiado	habrían cambiado

6   presente de subjuntivo

cambie	cambiemos
cambies	cambiéis
cambie	cambien

13   perfecto de subjuntivo

haya cambiado	hayamos cambiado
hayas cambiado	hayáis cambiado
haya cambiado	hayan cambiado

7   imperfecto de subjuntivo

cambiara	cambiáramos
cambiaras	cambiarais
cambiara	cambiaran
OR	
cambiase	cambiásemos
cambiases	cambiaseis
cambiase	cambiasen

14   pluscuamperfecto de subjuntivo

hubiera cambiado	hubiéramos cambiado
hubieras cambiado	hubierais cambiado
hubiera cambiado	hubieran cambiado
OR	
hubiese cambiado	hubiésemos cambiado
hubieses cambiado	hubieseis cambiado
hubiese cambiado	hubiesen cambiado

imperativo

—	cambiemos
cambia	cambiad
cambie	cambien

Common idiomatic expressions using this verb

cambiar de traje   to change one's clothing
cambiar de opinión   to change one's mind
el cambio   exchange
cambio minuto   small change

to walk, to move along

The Seven Simple Tenses		The Seven Compound Tenses	
Singular	Plural	Singular	Plural

1 presente de indicativo

camino	caminamos
caminas	camináis
camina	caminan

8 perfecto de indicativo

he camindo	hemos caminado
has caminado	habéis caminado
ha caminado	han caminado

2 imperfecto de indicativo

caminaba	caminábamos
caminabas	caminabais
caminaba	caminaban

9 pluscuamperfecto de indicativo

había caminado	habíamos caminado
habías caminado	habíais caminado
había caminado	habían caminado

3 pretérito

caminé	caminamos
caminaste	caminasteis
caminó	caminaron

10 pretérito anterior

hube caminado	hubimos caminado
hubiste caminado	hubisteis caminado
hubo caminado	hubieron caminado

4 futuro

caminaré	caminaremos
caminarás	caminaréis
caminará	caminarán

11 futuro perfecto

habré caminado	habremos caminado
habrás caminado	habréis caminado
habrá caminado	habrán caminado

5 potencial simple

caminaría	caminaríamos
caminarías	caminaríais
caminaría	caminarían

12 potencial compuesto

habría caminado	habríamos caminado
habrías caminado	habríais caminado
habría caminado	habrían caminado

6 presente de subjuntivo

camine	caminemos
camines	caminéis
camine	caminen

13 perfecto de subjuntivo

haya caminado	hayamos caminado
hayas caminado	hayáis caminado
haya caminado	hayan caminado

7 imperfecto de subjuntivo

caminara	camináramos
caminaras	caminarais
caminara	caminaran
OR	
caminase	caminásemos
caminases	caminaseis
caminase	caminasen

14 pluscuamperfecto de subjuntivo

hubiera caminado	hubiéramos caminado
hubieras caminado	hubierais caminado
hubiera caminado	hubieran caminado
OR	
hubiese caminado	hubiésemos caminado
hubieses caminado	hubieseis caminado
hubiese caminado	hubiesen caminado

imperativo

—	caminemos
camina	caminad
camine	caminen

Words and expressions related to this verb

el camino   road, highway
el camino de hierro   railroad
en camino de   on the way to
una caminata   a long walk

Part. pr. **cansando**   Part. pas. **cansado**

to fatigue, to tire, to weary

The Seven Simple Tenses		The Seven Compound Tenses	
Singular	Plural	Singular	Plural
1 presente de indicativo		**8 perfecto de indicativo**	
canso	cansamos	he cansado	hemos cansado
cansas	cansáis	has cansado	habéis cansado
cansa	cansan	ha cansado	han cansado
2 imperfecto de indicativo		**9 pluscuamperfecto de indicativo**	
cansaba	cansábamos	había cansado	habíamos cansado
cansabas	cansabais	habías cansado	habíais cansado
cansaba	cansaban	había cansado	habían cansado
3 pretérito		**10 pretérito anterior**	
cansé	cansamos	hube cansado	hubimos cansado
cansaste	cansasteis	hubiste cansado	hubisteis cansado
cansó	cansaron	hubo cansado	hubieron cansado
4 futuro		**11 futuro perfecto**	
cansaré	cansaremos	habré cansado	habremos cansado
cansarás	cansaréis	habrás cansado	habréis cansado
cansará	cansarán	habrá cansado	habrán cansado
5 potencial simple		**12 potencial compuesto**	
cansaría	cansaríamos	habría cansado	habríamos cansado
cansarías	cansaríais	habrías cansado	habríais cansado
cansaría	cansarían	habría cansado	habrían cansado
6 presente de subjuntivo		**13 perfecto de subjuntivo**	
canse	cansemos	haya cansado	hayamos cansado
canses	canséis	hayas cansado	hayáis cansado
canse	cansen	haya cansado	hayan cansado
7 imperfecto de subjuntivo		**14 pluscuamperfecto de subjuntivo**	
cansara	cansáramos	hubiera cansado	hubiéramos cansado
cansaras	cansarais	hubieras cansado	hubierais cansado
cansara	cansaran	hubiera cansado	hubieran cansado
OR		OR	
cansase	cansásemos	hubiese cansado	hubiésemos cansado
cansases	cansaseis	hubieses cansado	hubieseis cansado
cansase	cansasen	hubiese cansado	hubiesen cansado

	imperativo	
—	cansemos	
cansa	cansad	
canse	cansen	

Sentences using this verb and words related to it

María está cansada, Pedro está cansado y yo estoy cansado. Nosotros estamos cansados.

la cansera   fatigue
el cansancio   fatigue, weariness

el descanso   rest, relief
el descansadero   resting place

to become tired, to become weary, to get tired

The Seven Simple Tenses		The Seven Compound Tenses	
Singular	Plural	Singular	Plural

1   presente de indicativo

me canso	nos cansamos	
te cansas	os cansáis	
se cansa	se cansan	

8   perfecto de indicativo

me he cansado	nos hemos cansado
te has cansado	os habéis cansado
se ha cansado	se han cansado

2   imperfecto de indicativo

me cansaba	nos cansábamos
te cansabas	os cansabais
se cansaba	se cansaban

9   pluscuamperfecto de indicativo

me había cansado	nos habíamos cansado
te habías cansado	os habíais cansado
se había cansado	se habían cansado

3   pretérito

me cansé	nos cansamos
te cansaste	os cansasteis
se cansó	se cansaron

10   pretérito anterior

me hube cansado	nos hubimos cansado
te hubiste cansado	os hubisteis cansado
se hubo cansado	se hubieron cansado

4   futuro

me cansaré	nos cansaremos
te cansarás	os cansaréis
se cansará	se cansarán

11   futuro perfecto

me habré cansado	nos habremos cansado
te habrás cansado	os habréis cansado
se habrá cansado	se habrán cansado

5   potencial simple

me cansaría	nos cansaríamos
te cansarías	os cansaríais
se cansaría	se cansarían

12   potencial compuesto

me habría cansado	nos habríamos cansado
te habrías cansado	os habríais cansado
se habría cansado	se habrían cansado

6   presente de subjuntivo

me canse	nos cansemos
te canses	os canséis
se canse	se cansen

13   perfecto de subjuntivo

me haya cansado	nos hayamos cansado
te hayas cansado	os hayáis cansado
se haya cansado	se hayan cansado

7   imperfecto de subjuntivo

me cansara	nos cansáramos
te cansaras	os cansarais
se cansara	se cansaran
OR	
me cansase	nos cansásemos
te cansases	os cansaseis
se cansase	se cansasen

14   pluscuamperfecto de subjuntivo

me hubiera cansado	nos hubiéramos cansado
te hubieras cansado	os hubierais cansado
se hubiera cansado	se hubieran cansado
OR	
me hubiese cansado	nos hubiésemos cansado
te hubieses cansado	os hubieseis cansado
se hubiese cansado	se hubiesen cansado

imperativo

—	cansémonos
cánsate	cansaos
cánsese	cánsense

Sentences using this verb and words related to it

María se cansa, Pedro se cansa y yo me canso. Nosotros nos cansamos.

la cansera   fatigue
el cansancio   fatigue, weariness

cantar

to sing

The Seven Simple Tenses		The Seven Compound Tenses	
Singular	Plural	Singular	Plural
1 presente de indicativo		**8 perfecto de indicativo**	
canto	cantamos	he cantado	hemos cantado
cantas	cantáis	has cantado	habéis cantado
canta	cantan	ha cantado	han cantado
2 imperfecto de indicativo		**9 pluscuamperfecto de indicativo**	
cantaba	cantábamos	había cantado	habíamos cantado
cantabas	cantabais	habías cantado	habíais cantado
cantaba	cantaban	había cantado	habían cantado
3 pretérito		**10 pretérito anterior**	
canté	cantamos	hube cantado	hubimos cantado
cantaste	cantasteis	hubiste cantado	hubisteis cantado
cantó	cantaron	hubo cantado	hubieron cantado
4 futuro		**11 futuro perfecto**	
cantaré	cantaremos	habré cantado	habremos cantado
cantarás	cantaréis	habrás cantado	habréis cantado
cantará	cantarán	habrá cantado	habrán cantado
5 potencial simple		**12 potencial compuesto**	
cantaría	cantaríamos	habría cantado	habríamos cantado
cantarías	cantaríais	habrías cantado	habríais cantado
cantaría	cantarían	habría cantado	habrían cantado
6 presente de subjuntivo		**13 perfecto de subjuntivo**	
cante	cantemos	haya cantado	hayamos cantado
cantes	cantéis	hayas cantado	hayáis cantado
cante	canten	haya cantado	hayan cantado
7 imperfecto de subjuntivo		**14 pluscuamperfecto de subjuntivo**	
cantara	cantáramos	hubiera cantado	hubiéramos cantado
cantaras	cantarais	hubieras cantado	hubierais cantado
cantara	cantaran	hubiera cantado	hubieran cantado
OR		OR	
cantase	cantásemos	hubiese cantado	hubiésemos cantado
cantases	cantaseis	hubieses cantado	hubieseis cantado
cantase	cantasen	hubiese cantado	hubiesen cantado

imperativo	
—	cantemos
canta	cantad
cante	canten

Sentences using this verb and words related to it

Quien canta su mal espanta.   When you sing you drive away your grief.

una canción   song
una cantata   cantata

una cantatriz   woman singer
cantor, cantora, cantante   singer

to load, to burden

The Seven Simple Tenses		The Seven Compound Tenses	
Singular	Plural	Singular	Plural

1   presente de indicativo

cargo	cargamos
cargas	cargáis
carga	cargan

8   perfecto de indicativo

he cargado	hemos cargado
has cargado	habéis cargado
ha cargado	han cargado

2   imperfecto de indicativo

cargaba	cargábamos
cargabas	cargabais
cargaba	cargaban

9   pluscuamperfecto de indicativo

había cargado	habíamos cargado
habías cargado	habíais cargado
había cargado	habían cargado

3   pretérito

cargué	cargamos
cargaste	cargasteis
cargó	cargaron

10   pretérito anterior

hube cargado	hubimos cargado
hubiste cargado	hubisteis cargado
hubo cargado	hubieron cargado

4   futuro

cargaré	cargaremos
cargarás	cargaréis
cargará	cargarán

11   futuro perfecto

habré cargado	habremos cargado
habrás cargado	habréis cargado
habrá cargado	habrán cargado

5   potencial simple

cargaría	cargaríamos
cargarías	cargaríais
cargaría	cargarían

12   potencial compuesto

habría cargado	habríamos cargado
habrías cargado	habríais cargado
habría cargado	habrían cargado

6   presente de subjuntivo

cargue	carguemos
cargues	carguéis
cargue	carguen

13   perfecto de subjuntivo

haya cargado	hayamos cargado
hayas cargado	hayáis cargado
haya cargado	hayan cargado

7   imperfecto de subjuntivo

cargara	cargáramos
cargaras	cargarais
cargara	cargaran
OR	
cargase	cargásemos
cargases	cargaseis
cargase	cargasen

14   pluscuamperfecto de subjuntivo

hubiera cargado	hubiéramos cargado
hubieras cargado	hubierais cargado
hubiera cargado	hubieran cargado
OR	
hubiese cargado	hubiésemos cargado
hubieses cargado	hubieseis cargado
hubiese cargado	hubiesen cargado

imperativo

—	carguemos
carga	cargad
cargue	carguen

Words and expressions related to this verb

cargoso, cargosa   burdensome
la cargazón   cargo
una cargazón de cabeza   heaviness of the head
el cargamento   shipment
el cargador   shipper

to get married, to marry

The Seven Simple Tenses		The Seven Compound Tenses	
Singular	Plural	Singular	Plural

1 presente de indicativo

		8 perfecto de indicativo	
me caso	nos casamos	me he casado	nos hemos casado
te casas	os casáis	te has casado	os habéis casado
se casa	se casan	se ha casado	se han casado

2 imperfecto de indicativo   **9 pluscuamperfecto de indicativo**

me casaba	nos casábamos	me había casado	nos habíamos casado
te casabas	os casabais	te habías casado	os habíais casado
se casaba	se casaban	se había casado	se habían casado

3 pretérito   **10 pretérito anterior**

me casé	nos casamos	me hube casado	nos hubimos casado
te casaste	os casasteis	te hubiste casado	os hubisteis casado
se casó	se casaron	se hubo casado	se hubieron casado

4 futuro   **11 futuro perfecto**

me casaré	nos casaremos	me habré casado	nos habremos casado
te casarás	os casaréis	te habrás casado	os habréis casado
se casará	se casarán	se habrá casado	se habrán casado

5 potencial simple   **12 potencial compuesto**

me casaría	nos casaríamos	me habría casado	nos habríamos casado
te casarías	os casaríais	te habrías casado	os habríais casado
se casaría	se casarían	se habría casado	se habrían casado

6 presente de subjuntivo   **13 perfecto de subjuntivo**

me case	nos casemos	me haya casado	nos hayamos casado
te cases	os caséis	te hayas casado	os hayáis casado
se case	se casen	se haya casado	se hayan casado

7 imperfecto de subjuntivo   **14 pluscuamperfecto de subjuntivo**

me casara	nos casáramos	me hubiera casado	nos hubiéramos casado
te casaras	os casarais	te hubieras casado	os hubierais casado
se casara	se casaran	se hubiera casado	se hubieran casado
OR		OR	
me casase	nos casásemos	me hubiese casado	nos hubiésemos casado
te casases	os casaseis	te hubieses casado	os hubieseis casado
se casase	se casasen	se hubiese casado	se hubiesen casado

imperativo	
—	casémonos
cásate	casaos
cásese	cásense

Words and expressions related to this verb

Antes que te cases, mira lo que haces.   Look before you leap.

casarse con alguien   to marry someone
los recién casados   newlyweds

The Seven Simple Tenses		The Seven Compound Tenses	
Singular	Plural	Singular	Plural

1   presente de indicativo

celebro	celebramos		
celebras	celebráis		
celebra	celebran		

8   perfecto de indicativo

he celebrado	hemos celebrado
has celebrado	habéis celebrado
ha celebrado	han celebrado

2   imperfecto de indicativo

celebraba	celebrábamos
celebrabas	celebrabais
celebraba	celebraban

9   pluscuamperfecto de indicativo

había celebrado	habíamos celebrado
habías celebrado	habíais celebrado
había celebrado	habían celebrado

3   pretérito

celebré	celebramos
celebraste	celebrasteis
celebró	celebraron

10   pretérito anterior

hube celebrado	hubimos celebrado
hubiste celebrado	hubisteis celebrado
hubo celebrado	hubieron celebrado

4   futuro

celebraré	celebraremos
celebrarás	celebraréis
celebrará	celebrarán

11   futuro perfecto

habré celebrado	habremos celebrado
habrás celebrado	habréis celebrado
habrá celebrado	habrán celebrado

5   potencial simple

celebraría	celebraríamos
celebrarías	celebraríais
celebraría	celebrarían

12   potencial compuesto

habría celebrado	habríamos celebrado
habrías celebrado	habríais celebrado
habría celebrado	habrían celebrado

6   presente de subjuntivo

celebre	celebremos
celebres	celebréis
celebre	celebren

13   perfecto de subjuntivo

haya celebrado	hayamos celebrado
hayas celebrado	hayáis celebrado
haya celebrado	hayan celebrado

7   imperfecto de subjuntivo

celebrara	celebráramos
celebraras	celebrarais
celebrara	celebraran
OR	
celebrase	celebrásemos
celebrases	celebraseis
celebrase	celebrasen

14   pluscuamperfecto de subjuntivo

hubiera celebrado	hubiéramos celebrado
hubieras celebrado	hubierais celebrado
hubiera celebrado	hubieran celebrado
OR	
hubiese celebrado	hubiésemos celebrado
hubieses celebrado	hubieseis celebrado
hubiese celebrado	hubiesen celebrado

imperativo

—	celebremos
celebra	celebrad
celebre	celebren

Words related to this verb

célebre   famous, celebrated, renowned
la celebridad   fame, celebrity
la celebración   celebration

The subject pronouns are found on the page facing page 1.

cenar

Part. pr. **cenando**   Part. pas. **cenado**

to have supper, to eat supper

The Seven Simple Tenses		The Seven Compound Tenses	
Singular	Plural	Singular	Plural
1 presente de indicativo		**8 perfecto de indicativo**	
ceno	cenamos	he cenado	hemos cenado
cenas	cenáis	has cenado	habéis cenado
cena	cenan	ha cenado	han cenado
2 imperfecto de indicativo		**9 pluscuamperfecto de indicativo**	
cenaba	cenábamos	había cenado	habíamos cenado
cenabas	cenabais	habías cenado	habíais cenado
cenaba	cenaban	había cenado	habían cenado
3 pretérito		**10 pretérito anterior**	
cené	cenamos	hube cenado	hubimos cenado
cenaste	cenasteis	hubiste cenado	hubisteis cenado
cenó	cenaron	hubo cenado	hubieron cenado
4 futuro		**11 futuro perfecto**	
cenaré	cenaremos	habré cenado	habremos cenado
cenarás	cenaréis	habrás cenado	habréis cenado
cenará	cenarán	habrá cenado	habrán cenado
5 potencial simple		**12 potencial compuesto**	
cenaría	cenaríamos	habría cenado	habríamos cenado
cenarías	cenaríais	habrías cenado	habríais cenado
cenaría	cenarían	habría cenado	habrían cenado
6 presente de subjuntivo		**13 perfecto de subjuntivo**	
cene	cenemos	haya cenado	hayamos cenado
cenes	cenéis	hayas cenado	hayáis cenado
cene	cenen	haya cenado	hayan cenado
7 imperfecto de subjuntivo		**14 pluscuamperfecto de subjuntivo**	
cenara	cenáramos	hubiera cenado	hubiéramos cenado
cenaras	cenarais	hubieras cenado	hubierais cenado
cenara	cenaran	hubiera cenado	hubieran cenado
OR		OR	
cenase	cenásemos	hubiese cenado	hubiésemos cenado
cenases	cenaseis	hubieses cenado	hubieseis cenado
cenase	cenasen	hubiese cenado	hubiesen cenado

imperativo	
—	cenemos
cena	cenad
cene	cenen

Sentences using this verb and words related to it

—Carlos, ¿A qué hora cenas?
—Ceno a las ocho con mi familia en casa.

la cena   supper (dinner)

The Seven Simple Tenses		The Seven Compound Tenses	
Singular	Plural	Singular	Plural
1 presente de indicativo		**8 perfecto de indicativo**	
cierro	cerramos	he cerrado	hemos cerrado
cierras	cerráis	has cerrado	habéis cerrado
cierra	cierran	ha cerrado	han cerrado
2 imperfecto de indicativo		**9 pluscuamperfecto de indicativo**	
cerraba	cerrábamos	había cerrado	habíamos cerrado
cerrabas	cerrabais	habías cerrado	habíais cerrado
cerraba	cerraban	había cerrado	habían cerrado
3 pretérito		**10 pretérito anterior**	
cerré	cerramos	hube cerrado	hubimos cerrado
cerraste	cerrasteis	hubiste cerrado	hubisteis cerrado
cerró	cerraron	hubo cerrado	hubieron cerrado
4 futuro		**11 futuro perfecto**	
cerraré	cerraremos	habré cerrado	habremos cerrado
cerrarás	cerraréis	habrás cerrado	habréis cerrado
cerrará	cerrarán	habrá cerrado	habrán cerrado
5 potencial simple		**12 potencial compuesto**	
cerraría	cerraríamos	habría cerrado	habríamos cerrado
cerrarías	cerraríais	habrías cerrado	habríais cerrado
cerraría	cerrarían	habría cerrado	habrían cerrado
6 presente de subjuntivo		**13 perfecto de subjuntivo**	
cierre	cerremos	haya cerrado	hayamos cerrado
cierres	cerréis	hayas cerrado	hayáis cerrado
cierre	cierren	haya cerrado	hayan cerrado
7 imperfecto de subjuntivo		**14 pluscuamperfecto de subjuntivo**	
cerrara	cerráramos	hubiera cerrado	hubiéramos cerrado
cerraras	cerrarais	hubieras cerrado	hubierais cerrado
cerrara	cerraran	hubiera cerrado	hubieran cerrado
OR		OR	
cerrase	cerrásemos	hubiese cerrado	hubiésemos cerrado
cerrases	cerraseis	hubieses cerrado	hubieseis cerrado
cerrase	cerrasen	hubiese cerrado	hubiesen cerrado

	imperativo	
—		cerremos
	cierra	cerrad
	cierre	cierren

Common idiomatic expressions using this verb

cerrar los ojos   to close one's eyes
cerrar los oídos   to turn a deaf ear
cerrar la boca   to shut up, to keep silent
la cerradura   lock
La puerta está cerrada.   The door is closed.
Las ventanas están cerradas.   The windows are closed.

The subject pronouns are found on the page facing page 1.

to certify, to register (a letter), to attest

The Seven Simple Tenses		The Seven Compound Tenses	
Singular	Plural	Singular	Plural
1 presente de indicativo		**8 perfecto de indicativo**	
certifico	certificamos	he certificado	hemos certificado
certificas	certificáis	has certificado	habéis certificado
certifica	certifican	ha certificado	han certificado
2 imperfecto de indicativo		**9 pluscuamperfecto de indicativo**	
certificaba	certificábamos	había certificado	habíamos certificado
certificabas	certificabais	habías certificado	habíais certificado
certificaba	certificaban	había certificado	habían certificado
3 pretérito		**10 pretérito anterior**	
certifiqué	certificamos	hube certificado	hubimos certificado
certificaste	certificasteis	hubiste certificado	hubisteis certificado
certificó	certificaron	hubo certificado	hubieron certificado
4 futuro		**11 futuro perfecto**	
certificaré	certificaremos	habré certificado	habremos certificado
certificarás	certificaréis	habrás certificado	habréis certificado
certificará	certificarán	habrá certificado	habrán certificado
5 potencial simple		**12 potencial compuesto**	
certificaría	certificaríamos	habría certificado	habríamos certificado
certificarías	certificaríais	habrías certificado	habríais certificado
certificaría	certificarían	habría certificado	habrían certificado
6 presente de subjuntivo		**13 perfecto de subjuntivo**	
certifique	certifiquemos	haya certificado	hayamos certificado
certifiques	certifiquéis	hayas certificado	hayáis certificado
certifique	certifiquen	haya certificado	hayan certificado
7 imperfecto de subjuntivo		**14 pluscuamperfecto de subjuntivo**	
certificara	certificáramos	hubiera certificado	hubiéramos certificado
certificaras	certificarais	hubieras certificado	hubierais certificado
certificara	certificaran	hubiera certificado	hubieran certificado
OR		OR	
certificase	certificásemos	hubiese certificado	hubiésemos certificado
certificases	certificaseis	hubieses certificado	hubieseis certificado
certificase	certificasen	hubiese certificado	hubiesen certificado

	imperativo
—	certifiquemos
certifica	certificad
certifique	certifiquen

Words related to this verb

la certificación   certificate, certification
certificador, certificadora   certifier
la certidumbre   certainty

to cook, to bake

The Seven Simple Tenses		The Seven Compound Tenses	
Singular	Plural	Singular	Plural

1 presente de indicativo

		8 perfecto de indicativo	
cuezo	cocemos	he cocido	hemos cocido
cueces	cocéis	has cocido	habéis cocido
cuece	cuecen	ha cocido	han cocido

2 imperfecto de indicativo

		9 pluscuamperfecto de indicativo	
cocía	cocíamos	había cocido	habíamos cocido
cocías	cocíais	habías cocido	habíais cocido
cocía	cocían	había cocido	habían cocido

3 pretérito

		10 pretérito anterior	
cocí	cocimos	hube cocido	hubimos cocido
cociste	cocisteis	hubiste cocido	hubisteis cocido
coció	cocieron	hubo cocido	hubieron cocido

4 futuro

		11 futuro perfecto	
coceré	coceremos	habré cocido	habremos cocido
cocerás	coceréis	habrás cocido	habréis cocido
cocerá	cocerán	habrá cocido	habrán cocido

5 potencial simple

		12 potencial compuesto	
cocería	coceríamos	habría cocido	habríamos cocido
cocerías	coceríais	habrías cocido	habríais cocido
cocería	cocerían	habría cocido	habrían cocido

6 presente de subjuntivo

		13 perfecto de subjuntivo	
cueza	cozamos	haya cocido	hayamos cocido
cuezas	cozáis	hayas cocido	hayáis cocido
cueza	cuezan	haya cocido	hayan cocido

7 imperfecto de subjuntivo

		14 pluscuamperfecto de subjuntivo	
cociera	cociéramos	hubiera cocido	hubiéramos cocido
cocieras	cocierais	hubieras cocido	hubierais cocido
cociera	cocieran	hubiera cocido	hubieran cocido
OR		OR	
cociese	cociésemos	hubiese cocido	hubiésemos cocido
cocieses	cocieseis	hubieses cocido	hubieseis cocido
cociese	cociesen	hubiese cocido	hubiesen cocido

imperativo	
—	cozamos
cuece	coced
cueza	cuezan

Words related to this verb

la cocina   kitchen
el cocinero, la cocinera   cook, chef
el cocimiento   cooking
el cocido   plate of boiled meat and vegetables

to seize, to take, to grasp, to grab, to catch

The Seven Simple Tenses		The Seven Compound Tenses	
Singular	Plural	Singular	Plural
1 presente de indicativo		**8 perfecto de indicativo**	
cojo	cogemos	he cogido	hemos cogido
coges	cogéis	has cogido	habéis cogido
coge	cogen	ha cogido	han cogido
2 imperfecto de indicativo		**9 pluscuamperfecto de indicativo**	
cogía	cogíamos	había cogido	habíamos cogido
cogías	cogíais	habías cogido	habíais cogido
cogía	cogían	había cogido	habían cogido
3 pretérito		**10 pretérito anterior**	
cogí	cogimos	hube cogido	hubimos cogido
cogiste	cogisteis	hubiste cogido	hubisteis cogido
cogió	cogieron	hubo cogido	hubieron cogido
4 futuro		**11 futuro perfecto**	
cogeré	cogeremos	habré cogido	habremos cogido
cogerás	cogeréis	habrás cogido	habréis cogido
cogerá	cogerán	habrá cogido	habrán cogido
5 potencial simple		**12 potencial compuesto**	
cogería	cogeríamos	habría cogido	habríamos cogido
cogerías	cogeríais	habrías cogido	habríais cogido
cogería	cogerían	habría cogido	habrían cogido
6 presente de subjuntivo		**13 perfecto de subjuntivo**	
coja	cojamos	haya cogido	hayamos cogido
cojas	cojáis	hayas cogido	hayáis cogido
coja	cojan	haya cogido	hayan cogido
7 imperfecto de subjuntivo		**14 pluscuamperfecto de subjuntivo**	
cogiera	cogiéramos	hubiera cogido	hubiéramos cogido
cogieras	cogierais	hubieras cogido	hubierais cogido
cogiera	cogieran	hubiera cogido	hubieran cogido
OR		OR	
cogiese	cogiésemos	hubiese cogido	hubiésemos cogido
cogieses	cogieseis	hubieses cogido	hubieseis cogido
cogiese	cogiesen	hubiese cogido	hubiesen cogido

imperativo	
—	cojamos
coge	coged
coja	cojan

Sentences using this verb and words related to it

Quien siembra vientos recoge tempestades.   If you sow the wind, you will reap the whirlwind.

la cogida   gathering of fruits, a catch
el cogedor   collector, dust pan

The Seven Simple Tenses		The Seven Compound Tenses	
Singular	Plural	Singular	Plural

1   presente de indicativo

colijo	colegimos		
coliges	colegís		
colige	coligen		

8   perfecto de indicativo

he colegido	hemos colegido
has colegido	habéis colegido
ha colegido	han colegido

2   imperfecto de indicativo

colegía	colegíamos
colegías	colegíais
colegía	colegían

9   pluscuamperfecto de indicativo

había colegido	habíamos colegido
habías colegido	habíais colegido
había colegido	habían colegido

3   pretérito

colegí	colegimos
colegiste	colegisteis
coligió	coligieron

10   pretérito anterior

hube colegido	hubimos colegido
hubiste colegido	hubisteis colegido
hubo colegido	hubieron colegido

4   futuro

colegiré	colegiremos
colegirás	colegiréis
colegirá	colegirán

11   futuro perfecto

habré colegido	habremos colegido
habrás colegido	habréis colegido
habrá colegido	habrán colegido

5   potencial simple

colegiría	colegiríamos
colegirías	colegiríais
colegiría	colegirían

12   potencial compuesto

habría colegido	habríamos colegido
habrías colegido	habríais colegido
habría colegido	habrían colegido

6   presente de subjuntivo

colija	colijamos
colijas	colijáis
colija	colijan

13   perfecto de subjuntivo

haya colegido	hayamos colegido
hayas colegido	hayáis colegido
haya colegido	hayan colegido

7   imperfecto de subjuntivo

coligiera	coligiéramos
coligieras	coligierais
coligiera	coligieran
OR	
coligiese	coligiésemos
coligieses	coligieseis
coligiese	coligiesen

14   pluscuamperfecto de subjuntivo

hubiera colegido	hubiéramos colegido
hubieras colegido	hubierais colegido
hubiera colegido	hubieran colegido
OR	
hubiese colegido	hubiésemos colegido
hubieses colegido	hubieseis colegido
hubiese colegido	hubiesen colegido

imperativo

—	colijamos
colige	colegid
colija	colijan

Consult the sections on verbs used in idiomatic expressions, verbs with prepositions, and the list of over 1,000 verbs conjugated like model verbs in the back pages.

to hang (up)

The Seven Simple Tenses		The Seven Compound Tenses	
Singular	Plural	Singular	Plural
1 presente de indicativo		**8 perfecto de indicativo**	
cuelgo	colgamos	he colgado	hemos colgado
cuelgas	colgáis	has colgado	habéis colgado
cuelga	cuelgan	ha colgado	han colgado
2 imperfecto de indicativo		**9 pluscuamperfecto de indicativo**	
colgaba	colgábamos	había colgado	habíamos colgado
colgabas	colgabais	habías colgado	habíais colgado
colgaba	colgaban	había colgado	habían colgado
3 pretérito		**10 pretérito anterior**	
colgué	colgamos	hube colgado	hubimos colgado
colgaste	colgasteis	hubiste colgado	hubisteis colgado
colgó	colgaron	hubo colgado	hubieron colgado
4 futuro		**11 futuro perfecto**	
colgaré	colgaremos	habré colgado	habremos colgado
colgarás	colgaréis	habrás colgado	habréis colgado
colgará	colgarán	habrá colgado	habrán colgado
5 potencial simple		**12 potencial compuesto**	
colgaría	colgaríamos	habría colgado	habríamos colgado
colgarías	colgaríais	habrías colgado	habríais colgado
colgaría	colgarían	habría colgado	habrían colgado
6 presente de subjuntivo		**13 perfecto de subjuntivo**	
cuelgue	colguemos	haya colgado	hayamos colgado
cuelgues	colguéis	hayas colgado	hayáis colgado
cuelgue	cuelguen	haya colgado	hayan colgado
7 imperfecto de subjuntivo		**14 pluscuamperfecto de subjuntivo**	
colgara	colgáramos	hubiera colgado	hubiéramos colgado
colgaras	colgarais	hubieras colgado	hubierais colgado
colgara	colgaran	hubiera colgado	hubieran colgado
OR		OR	
colgase	colgásemos	hubiese colgado	hubiésemos colgado
colgases	colgaseis	hubieses colgado	hubieseis colgado
colgase	colgasen	hubiese colgado	hubiesen colgado

imperativo	
—	colguemos
cuelga	colgad
cuelgue	cuelguen

Words related to this verb

el colgadero   hanger, hook on which to hang things
dejar colgado (colgada)   to be left disappointed
la colgadura   drapery, tapestry

to put, to place

The Seven Simple Tenses		The Seven Compound Tenses	
Singular	Plural	Singular	Plural

1   presente de indicativo

coloco	colocamos	
colocas	colocáis	
coloca	colocan	

8   perfecto de indicativo

he colocado	hemos colocado
has colocado	habéis colocado
ha colocado	han colocado

2   imperfecto de indicativo

colocaba	colocábamos
colocabas	colocabais
colocaba	colocaban

9   pluscuamperfecto de indicativo

había colocado	habíamos colocado
habías colocado	habíais colocado
había colocado	habían colocado

3   pretérito

coloqué	colocamos
colocaste	colocasteis
colocó	colocaron

10   pretérito anterior

hube colocado	hubimos colocado
hubiste colocado	hubisteis colocado
hubo colocado	hubieron colocado

4   futuro

colocaré	colocaremos
colocarás	colocaréis
colocará	colocarán

11   futuro perfecto

habré colocado	habremos colocado
habrás colocado	habréis colocado
habrá colocado	habrán colocado

5   potencial simple

colocaría	colocaríamos
colocarías	colocaríais
colocaría	colocarían

12   potencial compuesto

habría colocado	habríamos colocado
habrías colocado	habríais colocado
habría colocado	habrían colocado

6   presente de subjuntivo

coloque	coloquemos
coloques	coloquéis
coloque	coloquen

13   perfecto de subjuntivo

haya colocado	hayamos colocado
hayas colocado	hayáis colocado
haya colocado	hayan colocado

7   imperfecto de subjuntivo

colocara	colocáramos
colocaras	colocarais
colocara	colocaran
OR	
colocase	colocásemos
colocases	colocaseis
colocase	colocasen

14   pluscuamperfecto de subjuntivo

hubiera colocado	hubiéramos colocado
hubieras colocado	hubierais colocado
hubiera colocado	hubieran colocado
OR	
hubiese colocado	hubiésemos colocado
hubieses colocado	hubieseis colocado
hubiese colocado	hubiesen colocado

imperativo

—	coloquemos
coloca	colocad
coloque	coloquen

Words related to this verb

la colocación   job, employment, position

comenzar

Part. pr. **comenzando**   Part. pas. **comenzado**

to begin, to start, to commence

The Seven Simple Tenses		The Seven Compound Tenses	
Singular	Plural	Singular	Plural
1 presente de indicativo		**8 perfecto de indicativo**	
comienzo	comenzamos	he comenzado	hemos comenzado
comienzas	comenzáis	has comenzado	habéis comenzado
comienza	comienzan	ha comenzado	han comenzado
2 imperfecto de indicativo		**9 pluscuamperfecto de indicativo**	
comenzaba	comenzábamos	había comenzado	habíamos comenzado
comenzabas	comenzabais	habías comenzado	habíais comenzado
comenzaba	comenzaban	había comenzado	habían comenzado
3 pretérito		**10 pretérito anterior**	
comencé	comenzamos	hube comenzado	hubimos comenzado
comenzaste	comenzasteis	hubiste comenzado	hubisteis comenzado
comenzó	comenzaron	hubo comenzado	hubieron comenzado
4 futuro		**11 futuro perfecto**	
comenzaré	comenzaremos	habré comenzado	habremos comenzado
comenzarás	comenzaréis	habrás comenzado	habréis comenzado
comenzará	comenzarán	habrá comenzado	habrán comenzado
5 potencial simple		**12 potencial compuesto**	
comenzaría	comenzaríamos	habría comenzado	habríamos comenzado
comenzarías	comenzaríais	habrías comenzado	habríais comenzado
comenzaría	comenzarían	habría comenzado	habrían comenzado
6 presente de subjuntivo		**13 perfecto de subjuntivo**	
comience	comencemos	haya comenzado	hayamos comenzado
comiences	comencéis	hayas comenzado	hayáis comenzado
comience	comiencen	haya comenzado	hayan comenzado
7 imperfecto de subjuntivo		**14 pluscuamperfecto de subjuntivo**	
comenzara	comenzáramos	hubiera comenzado	hubiéramos comenzado
comenzaras	comenzarais	hubieras comenzado	hubierais comenzado
comenzara	comenzaran	hubiera comenzado	hubieran comenzado
OR		OR	
comenzase	comenzásemos	hubiese comenzado	hubiésemos comenzado
comenzases	comenzaseis	hubieses comenzado	hubieseis comenzado
comenzase	comenzasen	hubiese comenzado	hubiesen comenzado

imperativo	
—	comencemos
comienza	comenzad
comience	comiencen

Words and expressions related to this verb

— **¿Qué tiempo hace?**
— **Comienza a llover.**

el comienzo   beginning
comenzante   beginner

82

to eat

The Seven Simple Tenses		The Seven Compound Tenses	
Singular	Plural	Singular	Plural

1 presente de indicativo

como	comemos
comes	coméis
come	comen

8 perfecto de indicativo

he comido	hemos comido
has comido	habéis comido
ha comido	han comido

2 imperfecto de indicativo

comía	comíamos
comías	comíais
comía	comían

9 pluscuamperfecto de indicativo

había comido	habíamos comido
habías comido	habíais comido
había comido	habían comido

3 pretérito

comí	comimos
comiste	comisteis
comió	comieron

10 pretérito anterior

hube comido	hubimos comido
hubiste comido	hubisteis comido
hubo comido	hubieron comido

4 futuro

comeré	comeremos
comerás	comeréis
comerá	comerán

11 futuro perfecto

habré comido	habremos comido
habrás comido	habréis comido
habrá comido	habrán comido

5 potencial simple

comería	comeríamos
comerías	comeríais
comería	comerían

12 potencial compuesto

habría comido	habríamos comido
habrías comido	habríais comido
habría comido	habrían comido

6 presente de subjuntivo

coma	comamos
comas	comáis
coma	coman

13 perfecto de subjuntivo

haya comido	hayamos comido
hayas comido	hayáis comido
haya comido	hayan comido

7 imperfecto de subjuntivo

comiera	comiéramos
comieras	comierais
comiera	comieran
OR	
comiese	comiésemos
comieses	comieseis
comiese	comiesen

14 pluscuamperfecto de subjuntivo

hubiera comido	hubiéramos comido
hubieras comido	hubierais comido
hubiera comido	hubieran comido
OR	
hubiese comido	hubiésemos comido
hubieses comido	hubieseis comido
hubiese comido	hubiesen comido

imperativo

—	comamos
come	comed
coma	coman

Words and expressions related to this verb

ganar de comer   to earn a living
la comida   meal
la comidilla   light meal

componer

to compose

The Seven Simple Tenses		The Seven Compound Tenses	
Singular	Plural	Singular	Plural

1 presente de indicativo

		8 perfecto de indicativo	
compongo	componemos	he compuesto	hemos compuesto
compones	componéis	has compuesto	habéis compuesto
compone	componen	ha compuesto	han compuesto

2 imperfecto de indicativo

		9 pluscuamperfecto de indicativo	
componía	componíamos	había compuesto	habíamos compuesto
componías	componíais	habías compuesto	habíais compuesto
componía	componían	había compuesto	habían compuesto

3 pretérito

		10 pretérito anterior	
compuse	compusimos	hube compuesto	hubimos compuesto
compusiste	compusisteis	hubiste compuesto	hubisteis compuesto
compuso	compusieron	hubo compuesto	hubieron compuesto

4 futuro

		11 futuro perfecto	
compondré	compondremos	habré compuesto	habremos compuesto
compondrás	compondréis	habrás compuesto	habréis compuesto
compondrá	compondrán	habrá compuesto	habrán compuesto

5 potencial simple

		12 potencial compuesto	
compondría	compondríamos	habría compuesto	habríamos compuesto
compondrías	compondríais	habrías compuesto	habríais compuesto
compondría	compondrían	habría compuesto	habrían compuesto

6 presente de subjuntivo

		13 perfecto de subjuntivo	
componga	compongamos	haya compuesto	hayamos compuesto
compongas	compongáis	hayas compuesto	hayáis compuesto
componga	compongan	haya compuesto	hayan compuesto

7 imperfecto de subjuntivo

		14 pluscuamperfecto de subjuntivo	
compusiera	compusiéramos	hubiera compuesto	hubiéramos compuesto
compusieras	compusierais	hubieras compuesto	hubierais compuesto
compusiera	compusieran	hubiera compuesto	hubieran compuesto
OR		OR	
compusiese	compusiésemos	hubiese compuesto	hubiésemos compuesto
compusieses	compusieseis	hubieses compuesto	hubieseis compuesto
compusiese	compusiesen	hubiese compuesto	hubiesen compuesto

imperativo	
—	compongamos
compón; no compongas	componed; no compongáis
componga	compongan

Words related to this verb

el compuesto compound, mixture
compuestamente neatly, orderly
deponer to depose
imponer to impose

la composición composition
el compositor, la compositora composer (music)
exponer to expose, to exhibit
indisponer to indispose

84

to buy, to purchase

The Seven Simple Tenses		The Seven Compound Tenses	
Singular	Plural	Singular	Plural
1 presente de indicativo		**8 perfecto de indicativo**	
compro	compramos	he comprado	hemos comprado
compras	compráis	has comprado	habéis comprado
compra	compran	ha comprado	han comprado
2 imperfecto de indicativo		**9 pluscuamperfecto de indicativo**	
compraba	comprábamos	había comprado	habíamos comprado
comprabas	comprabais	habías comprado	habíais comprado
compraba	compraban	había comprado	habían comprado
3 pretérito		**10 pretérito anterior**	
compré	compramos	hube comprado	hubimos comprado
compraste	comprasteis	hubiste comprado	hubisteis comprado
compró	compraron	hubo comprado	hubieron comprado
4 futuro		**11 futuro perfecto**	
compraré	compraremos	habré comprado	habremos comprado
comprarás	compraréis	habrás comprado	habréis comprado
comprará	comprarán	habrá comprado	habrán comprado
5 potencial simple		**12 potencial compuesto**	
compraría	compraríamos	habría comprado	habríamos comprado
comprarías	compraríais	habrías comprado	habríais comprado
compraría	comprarían	habría comprado	habrían comprado
6 presente de subjuntivo		**13 perfecto de subjuntivo**	
compre	compremos	haya comprado	hayamos comprado
compres	compréis	hayas comprado	hayáis comprado
compre	compren	haya comprado	hayan comprado
7 imperfecto de subjuntivo		**14 pluscuamperfecto de subjuntivo**	
comprara	compráramos	hubiera comprado	hubiéramos comprado
compraras	comprarais	hubieras comprado	hubierais comprado
comprara	compraran	hubiera comprado	hubieran comprado
OR		OR	
comprase	comprásemos	hubiese comprado	hubiésemos comprado
comprases	compraseis	hubieses comprado	hubieseis comprado
comprase	comprasen	hubiese comprado	hubiesen comprado

imperativo	
—	compremos
compra	comprad
compre	compren

Words and expressions related to this verb

comprador, compradora, comprante   buyer
la compra   purchase
comprable   purchasable
ir de compras   to go shopping

to understand

The Seven Simple Tenses		The Seven Compound Tenses	
Singular	Plural	Singular	Plural
1 presente de indicativo		**8 perfecto de indicativo**	
comprendo	comprendemos	he comprendido	hemos comprendido
comprendes	comprendéis	has comprendido	habéis comprendido
comprende	comprenden	ha comprendido	han comprendido
2 imperfecto de indicativo		**9 pluscuamperfecto de indicativo**	
comprendía	comprendíamos	había comprendido	habíamos comprendido
comprendías	comprendíais	habías comprendido	habíais comprendido
comprendía	comprendían	había comprendido	habían comprendido
3 pretérito		**10 pretérito anterior**	
comprendí	comprendimos	hube comprendido	hubimos comprendido
comprendiste	comprendisteis	hubiste comprendido	hubisteis comprendido
comprendió	comprendieron	hubo comprendido	hubieron comprendido
4 futuro		**11 futuro perfecto**	
comprenderé	comprenderemos	habré comprendido	habremos comprendido
comprenderás	comprenderéis	habrás comprendido	habréis comprendido
comprenderá	comprenderán	habrá comprendido	habrán comprendido
5 potencial simple		**12 potencial compuesto**	
comprendería	comprenderíamos	habría comprendido	habríamos comprendido
comprenderías	comprenderíais	habrías comprendido	habríais comprendido
comprendería	comprenderían	habría comprendido	habrían comprendido
6 presente de subjuntivo		**13 perfecto de subjuntivo**	
comprenda	comprendamos	haya comprendido	hayamos comprendido
comprendas	comprendáis	hayas comprendido	hayáis comprendido
comprenda	comprendan	haya comprendido	hayan comprendido
7 imperfecto de subjuntivo		**14 pluscuamperfecto de subjuntivo**	
comprendiera	comprendiéramos	hubiera comprendido	hubiéramos comprendido
comprendieras	comprendierais	hubieras comprendido	hubierais comprendido
comprendiera	comprendieran	hubiera comprendido	hubieran comprendido
OR		OR	
comprendiese	comprendiésemos	hubiese comprendido	hubiésemos comprendido
comprendieses	comprendieseis	hubieses comprendido	hubieseis comprendido
comprendiese	comprendiesen	hubiese comprendido	hubiesen comprendido

imperativo	
—	comprendamos
comprende	comprended
comprenda	comprendan

Words related to this verb

la comprensión comprehension, understanding
la comprensibilidad comprehensibility, intelligibility
comprensivo, comprensiva comprehensive
comprensible comprehensible, understandable

to lead, to conduct, to drive

The Seven Simple Tenses		The Seven Compound Tenses	
Singular	Plural	Singular	Plural

1   presente de indicativo

conduzco	conducimos
conduces	conducís
conduce	conducen

8   perfecto de indicativo

he conducido	hemos conducido
has conducido	habéis conducido
ha conducido	han conducido

2   imperfecto de indicativo

conducía	conducíamos
conducías	conducíais
conducía	conducían

9   pluscuamperfecto de indicativo

había conducido	habíamos conducido
habías conducido	habíais conducido
había conducido	habían conducido

3   pretérito

conduje	condujimos
condujiste	condujisteis
condujo	condujeron

10   pretérito anterior

hube conducido	hubimos conducido
hubiste conducido	hubisteis conducido
hubo conducido	hubieron conducido

4   futuro

conduciré	conduciremos
conducirás	conduciréis
conducirá	conducirán

11   futuro perfecto

habré conducido	habremos conducido
habrás conducido	habréis conducido
habrá conducido	habrán conducido

5   potencial simple

conduciría	conduciríamos
conducirías	conduciríais
conduciría	conducirían

12   potencial compuesto

habría conducido	habríamos conducido
habrías conducido	habríais conducido
habría conducido	habrían conducido

6   presente de subjuntivo

conduzca	conduzcamos
conduzcas	conduzcáis
conduzca	conduzcan

13   perfecto de subjuntivo

haya conducido	hayamos conducido
hayas conducido	hayáis conducido
haya conducido	hayan conducido

7   imperfecto de subjuntivo

condujera	condujéramos
condujeras	condujerais
condujera	condujeran
OR	
condujese	condujésemos
condujeses	condujeseis
condujese	condujesen

14   pluscuamperfecto de subjuntivo

hubiera conducido	hubiéramos conducido
hubieras conducido	hubierais conducido
hubiera conducido	hubieran conducido
OR	
hubiese conducido	hubiésemos conducido
hubieses conducido	hubieseis conducido
hubiese conducido	hubiesen conducido

imperativo

—	conduzcamos
conduce	conducid
conduzca	conduzcan

Words related to this verb

conductor, conductora   conductor, director
el conducto   conduit, duct
la conducta   conduct, behavior
conducente   conducive

The subject pronouns are found on the page facing page 1.

confesar

Part. pr. **confesando**   Part. pas. **confesado**

to confess

The Seven Simple Tenses		The Seven Compound Tenses	
Singular	Plural	Singular	Plural
1 presente de indicativo		**8 perfecto de indicativo**	
confieso	confesamos	he confesado	hemos confesado
confiesas	confesáis	has confesado	habéis confesado
confiesa	confiesan	ha confesado	han confesado
2 imperfecto de indicativo		**9 pluscuamperfecto de indicativo**	
confesaba	confesábamos	había confesado	habíamos confesado
confesabas	confesabais	habías confesado	habíais confesado
confesaba	confesaban	había confesado	habían confesado
3 pretérito		**10 pretérito anterior**	
confesé	confesamos	hube confesado	hubimos confesado
confesaste	confesasteis	hubiste confesado	hubisteis confesado
confesó	confesaron	hubo confesado	hubieron confesado
4 futuro		**11 futuro perfecto**	
confesaré	confesaremos	habré confesado	habremos confesado
confesarás	confesaréis	habrás confesado	habréis confesado
confesará	confesarán	habrá confesado	habrán confesado
5 potencial simple		**12 potencial compuesto**	
confesaría	confesaríamos	habría confesado	habríamos confesado
confesarías	confesaríais	habrías confesado	habríais confesado
confesaría	confesarían	habría confesado	habrían confesado
6 presente de subjuntivo		**13 perfecto de subjuntivo**	
confiese	confesemos	haya confesado	hayamos confesado
confieses	confeséis	hayas confesado	hayáis confesado
confiese	confiesen	haya confesado	hayan confesado
7 imperfecto de subjuntivo		**14 pluscuamperfecto de subjuntivo**	
confesara	confesáramos	hubiera confesado	hubiéramos confesado
confesaras	confesarais	hubieras confesado	hubierais confesado
confesara	confesaran	hubiera confesado	hubieran confesado
OR		OR	
confesase	confesásemos	hubiese confesado	hubiésemos confesado
confesases	confesaseis	hubieses confesado	hubieseis confesado
confesase	confesasen	hubiese confesado	hubiesen confesado

	imperativo
—	confesemos
confiesa	confesad
confiese	confiesen

Words related to this verb

la confesión   confession
el confesionario   confession box
el confesor   confessor

to know, to be acquainted with

The Seven Simple Tenses		The Seven Compound Tenses	
Singular	Plural	Singular	Plural
1 presente de indicativo		**8 perfecto de indicativo**	
conozco	conocemos	he conocido	hemos conocido
conoces	conocéis	has conocido	habéis conocido
conoce	conocen	ha conocido	han conocido
2 imperfecto de indicativo		**9 pluscuamperfecto de indicativo**	
conocía	conocíamos	había conocido	habíamos conocido
conocías	conocíais	habías conocido	habíais conocido
conocía	conocían	había conocido	habían conocido
3 pretérito		**10 pretérito anterior**	
conocí	conocimos	hube conocido	hubimos conocido
conociste	conocisteis	hubiste conocido	hubisteis conocido
conoció	conocieron	hubo conocido	hubieron conocido
4 futuro		**11 futuro perfecto**	
conoceré	conoceremos	habré conocido	habremos conocido
conocerás	conoceréis	habrás conocido	habréis conocido
conocerá	conocerán	habrá conocido	habrán conocido
5 potencial simple		**12 potencial compuesto**	
conocería	conoceríamos	habría conocido	habríamos conocido
conocerías	conoceríais	habrías conocido	habríais conocido
conocería	conocerían	habría conocido	habrían conocido
6 presente de subjuntivo		**13 perfecto de subjuntivo**	
conozca	conozcamos	haya conocido	hayamos conocido
conozcas	conozcáis	hayas conocido	hayáis conocido
conozca	conozcan	haya conocido	hayan conocido
7 imperfecto de subjuntivo		**14 pluscuamperfecto de subjuntivo**	
conociera	conociéramos	hubiera conocido	hubiéramos conocido
conocieras	conocierais	hubieras conocido	hubierais conocido
conociera	conocieran	hubiera conocido	hubieran conocido
OR		OR	
conociese	conociésemos	hubiese conocido	hubiésemos conocido
conocieses	conocieseis	hubieses conocido	hubieseis conocido
conociese	conociesen	hubiese conocido	hubiesen conocido

	imperativo	
	—	conozcamos
	conoce	conoced
	conozca	conozcan

Sentences using this verb and words related to it

— ¿**Conoce Ud. a esa mujer?**
— **Sí, la conozco.**

un conocido, una conocida   an acquaintance
el conocimiento   knowledge
poner en conocimiento de   to inform (about)

to attain, to get, to obtain

The Seven Simple Tenses		The Seven Compound Tenses	
Singular	Plural	Singular	Plural
1 presente de indicativo		**8 perfecto de indicativo**	
consigo	conseguimos	he conseguido	hemos conseguido
consigues	conseguís	has conseguido	habéis conseguido
consigue	consiguen	ha conseguido	han conseguido
2 imperfecto de indicativo		**9 pluscuamperfecto de indicativo**	
conseguía	conseguíamos	había conseguido	habíamos conseguido
conseguías	conseguíais	habías conseguido	habíais conseguido
conseguía	conseguían	había conseguido	habían conseguido
3 pretérito		**10 pretérito anterior**	
conseguí	conseguimos	hube conseguido	hubimos conseguido
conseguiste	conseguisteis	hubiste conseguido	hubisteis conseguido
consiguió	consiguieron	hubo conseguido	hubieron conseguido
4 futuro		**11 futuro perfecto**	
conseguiré	conseguiremos	habré conseguido	habremos conseguido
conseguirás	conseguiréis	habrás conseguido	habréis conseguido
conseguirá	conseguirán	habrá conseguido	habrán conseguido
5 potencial simple		**12 potencial compuesto**	
conseguiría	conseguiríamos	habría conseguido	habríamos conseguido
conseguirías	conseguiríais	habrías conseguido	habríais conseguido
conseguiría	conseguirían	habría conseguido	habrían conseguido
6 presente de subjuntivo		**13 perfecto de subjuntivo**	
consiga	consigamos	haya conseguido	hayamos conseguido
consigas	consigáis	hayas conseguido	hayáis conseguido
consiga	consigan	haya conseguido	hayan conseguido
7 imperfecto de subjuntivo		**14 pluscuamperfecto de subjuntivo**	
consiguiera	consiguiéramos	hubiera conseguido	hubiéramos conseguido
consiguieras	consiguierais	hubieras conseguido	hubierais conseguido
consiguiera	consiguieran	hubiera conseguido	hubieran conseguido
OR		OR	
consiguiese	consiguiésemos	hubiese conseguido	hubiésemos conseguido
consiguieses	consiguieseis	hubieses conseguido	hubieseis conseguido
consiguiese	consiguiesen	hubiese conseguido	hubiesen conseguido

imperativo	
—	consigamos
consigue	conseguid
consiga	consigan

Words related to this verb

el conseguimiento attainment
el consiguiente consequence
de consiguiente, por consiguiente consequently
consiguientemente consequently

to constitute, to make up

The Seven Simple Tenses		The Seven Compound Tenses	
Singular	Plural	Singular	Plural

1　presente de indicativo

		8　perfecto de indicativo	
constituyo	constituimos	he constituido	hemos constituido
constituyes	constituís	has constituido	habéis constituido
constituye	constituyen	ha constituido	han constituido

2　imperfecto de indicativo

		9　pluscuamperfecto de indicativo	
constituía	constituíamos	había constituido	habíamos constituido
constituías	constituíais	habías constituido	habíais constituido
constituía	constituían	había constituido	habían constituido

3　pretérito

		10　pretérito anterior	
constituí	constituimos	hube constituido	hubimos constituido
constituiste	constituisteis	hubiste constituido	hubisteis constituido
constituyó	constituyeron	hubo constituido	hubieron constituido

4　futuro

		11　futuro perfecto	
constituiré	constituiremos	habré constituido	habremos constituido
constituirás	constituiréis	habrás constituido	habréis constituido
constituirá	constituirán	habrá constituido	habrán constituido

5　potencial simple

		12　potencial compuesto	
constituiría	constituiríamos	habría constituido	habríamos constituido
constituirías	constituiríais	habrías constituido	habríais constituido
constituiría	constituirían	habría constituido	habrían constituido

6　presente de subjuntivo

		13　perfecto de subjuntivo	
constituya	constituyamos	haya constituido	hayamos constituido
constituyas	constituyáis	hayas constituido	hayáis constituido
constituya	constituyan	haya constituido	hayan constituido

7　imperfecto de subjuntivo

		14　pluscuamperfecto de subjuntivo	
constituyera	constituyéramos	hubiera constituido	hubiéramos constituido
constituyeras	constituyerais	hubieras constituido	hubierais constituido
constituyera	constituyeran	hubiera constituido	hubieran constituido
OR		OR	
constituyese	constituyésemos	hubiese constituido	hubiésemos constituido
constituyeses	constituyeseis	hubieses constituido	hubieseis constituido
constituyese	constituyesen	hubiese constituido	hubiesen constituido

	imperativo	
—		constituyamos
constituye		constituid
constituya		constituyan

Words related to this verb

constitutivo, constitutiva　constitutive, essential
la constitución　constitution
el constitucionalismo　constitutionalism
constituyente　constituent

The subject pronouns are found on the page facing page 1.

91

construir

Part. pr. **construyendo**   Part. pas. **construido**

to construct, to build

The Seven Simple Tenses		The Seven Compound Tenses	
Singular	Plural	Singular	Plural
1 presente de indicativo		**8 perfecto de indicativo**	
construyo	construimos	he construido	hemos construido
construyes	construís	has construido	habéis construido
construye	construyen	ha construido	han construido
2 imperfecto de indicativo		**9 pluscuamperfecto de indicativo**	
construía	construíamos	había construido	habíamos construido
construías	construíais	habías construido	habíais construido
construía	construían	había construido	habían construido
3 pretérito		**10 pretérito anterior**	
construí	construimos	hube construido	hubimos construido
construiste	construisteis	hubiste construido	hubisteis construido
construyó	construyeron	hubo construido	hubieron construido
4 futuro		**11 futuro perfecto**	
construiré	construiremos	habré construido	habremos construido
construirás	construiréis	habrás construido	habréis construido
construirá	construirán	habrá construido	habrán construido
5 potencial simple		**12 potencial compuesto**	
construiría	construiríamos	habría construido	habríamos construido
construirías	construiríais	habrías construido	habríais construido
construiría	construirían	habría construido	habrían construido
6 presente de subjuntivo		**13 perfecto de subjuntivo**	
construya	construyamos	haya construido	hayamos construido
construyas	construyáis	hayas construido	hayáis construido
construya	construyan	haya construido	hayan construido
7 imperfecto de subjuntivo		**14 pluscuamperfecto de subjuntivo**	
construyera	construyéramos	hubiera construido	hubiéramos construido
construyeras	construyerais	hubieras construido	hubierais construido
construyera	construyeran	hubiera construido	hubieran construido
OR		OR	
construyese	construyésemos	hubiese construido	hubiésemos construido
construyeses	construyeseis	hubieses construido	hubieseis construido
construyese	construyesen	hubiese construido	hubiesen construido

	imperativo	
—		construyamos
construye		construid
construya		construyan

Words related to this verb

la construcción   construction
constructor, constructora   builder

to count, to relate, to tell

The Seven Simple Tenses		The Seven Compound Tenses	
Singular	Plural	Singular	Plural

1 presente de indicativo

		8 perfecto de indicativo	
cuento	contamos	he contado	hemos contado
cuentas	contáis	has contado	habéis contado
cuenta	cuentan	ha contado	han contado

2 imperfecto de indicativo

		9 pluscuamperfecto de indicativo	
contaba	contábamos	había contado	habíamos contado
contabas	contabais	habías contado	habíais contado
contaba	contaban	había contado	habían contado

3 pretérito

		10 pretérito anterior	
conté	contamos	hube contado	hubimos contado
contaste	contasteis	hubiste contado	hubisteis contado
contó	contaron	hubo contado	hubieron contado

4 futuro

		11 futuro perfecto	
contaré	contaremos	habré contado	habremos contado
contarás	contaréis	habrás contado	habréis contado
contará	contarán	habrá contado	habrán contado

5 potencial simple

		12 potencial compuesto	
contaría	contaríamos	habría contado	habríamos contado
contarías	contaríais	habrías contado	habríais contado
contaría	contarían	habría contado	habrían contado

6 presente de subjuntivo

		13 perfecto de subjuntivo	
cuente	contemos	haya contado	hayamos contado
cuentes	contéis	hayas contado	hayáis contado
cuente	cuenten	haya contado	hayan contado

7 imperfecto de subjuntivo

		14 pluscuamperfecto de subjuntivo	
contara	contáramos	hubiera contado	hubiéramos contado
contaras	contarais	hubieras contado	hubierais contado
contara	contaran	hubiera contado	hubieran contado
OR		OR	
contase	contásemos	hubiese contado	hubiésemos contado
contases	contaseis	hubieses contado	hubieseis contado
contase	contasen	hubiese contado	hubiesen contado

	imperativo
—	contemos
cuenta	contad
cuente	cuenten

Words and expressions related to this verb

un cuento   story, tale
estar en el cuento   to be informed
contar con   to depend on, to count on, to rely on

contestar

Part. pr. **contestando**   Part. pas. **contestado**

to answer, to reply

The Seven Simple Tenses		The Seven Compound Tenses	
Singular	Plural	Singular	Plural

1   presente de indicativo

contesto	contestamos
contestas	contestáis
contesta	contestan

8   perfecto de indicativo

he contestado	hemos contestado
has contestado	habéis contestado
ha contestado	han contestado

2   imperfecto de indicativo

contestaba	contestábamos
contestabas	contestabais
contestaba	contestaban

9   pluscuamperfecto de indicativo

había contestado	habíamos contestado
habías contestado	habíais contestado
había contestado	habían contestado

3   pretérito

contesté	contestamos
contestaste	contestasteis
contestó	contestaron

10   pretérito anterior

hube contestado	hubimos contestado
hubiste contestado	hubisteis contestado
hubo contestado	hubieron contestado

4   futuro

contestaré	contestaremos
contestarás	contestaréis
contestará	contestarán

11   futuro perfecto

habré contestado	habremos contestado
habrás contestado	habréis contestado
habrá contestado	habrán contestado

5   potencial simple

contestaría	contestaríamos
contestarías	contestaríais
contestaría	contestarían

12   potencial compuesto

habría contestado	habríamos contestado
habrías contestado	habríais contestado
habría contestado	habrían contestado

6   presente de subjuntivo

conteste	contestemos
contestes	contestéis
conteste	contesten

13   perfecto de subjuntivo

haya contestado	hayamos contestado
hayas contestado	hayáis contestado
haya contestado	hayan contestado

7   imperfecto de subjuntivo

contestara	contestáramos
contestaras	contestarais
contestara	contestaran
OR	
contestase	contestásemos
contestases	contestaseis
contestase	contestasen

14   pluscuamperfecto de subjuntivo

hubiera contestado	hubiéramos contestado
hubieras contestado	hubierais contestado
hubiera contestado	hubieran contestado
OR	
hubiese contestado	hubiésemos contestado
hubieses contestado	hubieseis contestado
hubiese contestado	hubiesen contestado

imperativo

—	contestemos
contesta	contestad
conteste	contesten

Words related to this verb

la contestación   answer, reply
contestable   contestable

The Seven Simple Tenses		The Seven Compound Tenses	
Singular	Plural	Singular	Plural

1   presente de indicativo

		8 perfecto de indicativo	
continúo	continuamos	he continuado	hemos continuado
continúas	continuáis	has continuado	habéis continuado
continúa	continúan	ha continuado	han continuado

2   imperfecto de indicativo

		9 pluscuamperfecto de indicativo	
continuaba	continuábamos	había continuado	habíamos continuado
continuabas	continuabais	habías continuado	habíais continuado
continuaba	continuaban	había continuado	habían continuado

3   pretérito

		10 pretérito anterior	
continué	continuamos	hube continuado	hubimos continuado
continuaste	continuasteis	hubiste continuado	hubisteis continuado
continuó	continuaron	hubo continuado	hubieron continuado

4   futuro

		11 futuro perfecto	
continuaré	continuaremos	habré continuado	habremos continuado
continuarás	continuaréis	habrás continuado	habréis continuado
continuará	continuarán	habrá continuado	habrán continuado

5   potencial simple

		12 potencial compuesto	
continuaría	continuaríamos	habría continuado	habríamos continuado
continuarías	continuaríais	habrías continuado	habríais continuado
continuaría	continuarían	habría continuado	habrían continuado

6   presente de subjuntivo

		13 perfecto de subjuntivo	
continúe	continuemos	haya continuado	hayamos continuado
continúes	continuéis	hayas continuado	hayáis continuado
continúe	continúen	haya continuado	hayan continuado

7   imperfecto de subjuntivo

		14 pluscuamperfecto de subjuntivo	
continuara	continuáramos	hubiera continuado	hubiéramos continuado
continuaras	continuarais	hubieras continuado	hubierais continuado
continuara	continuaran	hubiera continuado	hubieran continuado
OR		OR	
continuase	continuásemos	hubiese continuado	hubiésemos continuado
continuases	continuaseis	hubieses continuado	hubieseis continuado
continuase	continuasen	hubiese continuado	hubiesen continuado

imperativo	
—	continuemos
continúa	continuad
continúe	continúen

Words related to this verb

la continuación	continuation
continuamente	continually
a continuación	to be continued

contradecir

Part. pr. contradiciendo   **Part. pas. contradicho**

to contradict

The Seven Simple Tenses		The Seven Compound Tenses	
Singular	Plural	Singular	Plural

1 presente de indicativo

contradigo	contradecimos
contradices	contradecís
contradice	contradicen

2 imperfecto de indicativo

contradecía	contradecíamos
contradecías	contredecíais
contradecía	contradecían

3 pretérito

contradije	contradijimos
contradijiste	contradijisteis
contradijo	contradijeron

4 futuro

contradiré	contradiremos
contradirás	contradiréis
contradirá	contradirán

5 potencial simple

contradiría	contradiríamos
contradirías	contradiríais
contradiría	contradirían

6 presente de subjuntivo

contradiga	contradigamos
contradigas	contradigáis
contradiga	contradigan

7 imperfecto de subjuntivo

contradijera	contradijéramos
contradijeras	contradijerais
contradijera	contradijeran
OR	
contradijese	contradijésemos
contradijeses	contradijeseis
contradijese	contradijesen

8 perfecto de indicativo

he contradicho	hemos contradicho
has contradicho	habéis contradicho
ha contradicho	han contradicho

9 pluscuamperfecto de indicativo

había contradicho	habíamos contradicho
habías contradicho	habíais contradicho
había contradicho	habían contradicho

10 pretérito anterior

hube contradicho	hubimos contradicho
hubiste contradicho	hubisteis contradicho
hubo contradicho	hubieron contradicho

11 futuro perfecto

habré contradicho	habremos contradicho
habrás contradicho	habréis contradicho
habrá contradicho	habrán contradicho

12 potencial compuesto

habría contradicho	habríamos contradicho
habrías contradicho	habríais contradicho
habría contradicho	habrían contradicho

13 perfecto de subjuntivo

haya contradicho	hayamos contradicho
hayas contradicho	hayáis contradicho
haya contradicho	hayan contradicho

14 pluscuamperfecto de subjuntivo

hubiera contradicho	hubiéramos contradicho
hubieras contradicho	hubierais contradicho
hubiera contradicho	hubieran contradicho
OR	
hubiese contradicho	hubiésemos contradicho
hubieses contradicho	hubieseis contradicho
hubiese contradicho	hubiesen contradicho

imperativo

—	contradigamos
contradí	contradecid
contradiga	contradigan

Words related to this verb

contradictorio, contradictoria contradictory
contradictor, contradictora contradictor
la contradicción contradiction
contradictoriamente contradictorily

The Seven Simple Tenses		The Seven Compound Tenses	
Singular	Plural	Singular	Plural

1 presente de indicativo		8 perfecto de indicativo	
contribuyo	contribuimos	he contribuido	hemos contribuido
contribuyes	contribuís	has contribuido	habéis contribuido
contribuye	contribuyen	ha contribuido	han contribuido

2 imperfecto de indicativo		9 pluscuamperfecto de indicativo	
contribuía	contribuíamos	había contribuido	habíamos contribuido
contribuías	contribuíais	habías contribuido	habíais contribuido
contribuía	contribuían	había contribuido	habían contribuido

3 pretérito		10 pretérito anterior	
contribuí	contribuimos	hube contribuido	hubimos contribuido
contribuiste	contribuisteis	hubiste contribuido	hubisteis contribuido
contribuyó	contribuyeron	hubo contribuido	hubieron contribuido

4 futuro		11 futuro perfecto	
contribuiré	contribuiremos	habré contribuido	habremos contribuido
contribuirás	contribuiréis	habrás contribuido	habréis contribuido
contribuirá	contribuirán	habrá contribuido	habrán contribuido

5 potencial simple		12 potencial compuesto	
contribuiría	contribuiríamos	habría contribuido	habríamos contribuido
contribuirías	contribuiríais	habrías contribuido	habríais contribuido
contribuiría	contribuirían	habría contribuido	habrían contribuido

6 presente de subjuntivo		13 perfecto de subjuntivo	
contribuya	contribuyamos	haya contribuido	hayamos contribuido
contribuyas	contribuyáis	hayas contribuido	hayáis contribuido
contribuya	contribuyan	haya contribuido	hayan contribuido

7 imperfecto de subjuntivo		14 pluscuamperfecto de subjuntivo	
contribuyera	contribuyéramos	hubiera contribuido	hubiéramos contribuido
contribuyeras	contribuyerais	hubieras contribuido	hubierais contribuido
contribuyera	contribuyeran	hubiera contribuido	hubieran contribuido
OR		OR	
contribuyese	contribuyésemos	hubiese contribuido	hubiésemos contribuido
contribuyeses	contribuyeseis	hubieses contribuido	hubieseis contribuido
contribuyese	contribuyesen	hubiese contribuido	hubiesen contribuido

imperativo	
—	contribuyamos
contribuye	contribuid
contribuya	contribuyan

Words related to this verb

contribuidor, contribuidora   contributor
la contribución   contribution
contributario, contribuyente   taxpayer

corregir

Part. pr. **corrigiendo**   Part. pas. **corregido**

to correct

The Seven Simple Tenses		The Seven Compound Tenses	
Singular	Plural	Singula	Plural
1 presente de indicativo		**8 perfecto de indicativo**	
corrijo	corregimos	he corregido	hemos corregido
corriges	corregís	has corregido	habéis corregido
corrige	corrigen	ha corregido	han corregido
2 imperfecto de indicativo		**9 pluscuamperfecto de indicativo**	
corregía	corregíamos	había corregido	habíamos corregido
corregías	corregíais	habías corregido	habíais corregido
corregía	corregían	había corregido	habían corregido
3 pretérito		**10 pretérito anterior**	
corregí	corregimos	hube corregido	hubimos corregido
corregiste	corregisteis	hubiste corregido	hubisteis corregido
corrigió	corrigieron	hubo corregido	hubieron corregido
4 futuro		**11 futuro perfecto**	
corregiré	corregiremos	habré corregido	habremos corregido
corregirás	corregiréis	habrás corregido	habréis corregido
corregirá	corregirán	habrá corregido	habrán corregido
5 potencial simple		**12 potencial compuesto**	
corregiría	corregiríamos	habría corregido	habríamos corregido
corregirías	corregiríais	habrías corregido	habríais corregido
corregiría	corregirían	habría corregido	habrían corregido
6 presente de subjuntivo		**13 perfecto de subjuntivo**	
corrija	corrijamos	haya corregido	hayamos corregido
corrijas	corrijáis	hayas corregido	hayáis corregido
corrija	corrijan	haya corregido	hayan corregido
7 imperfecto de subjuntivo		**14 pluscuamperfecto de subjuntivo**	
corrigiera	corrigiéramos	hubiera corregido	hubiéramos corregido
corrigieras	corrigierais	hubieras corregido	hubierais corregido
corrigiera	corrigieran	hubiera corregido	hubieran corregido
OR		OR	
corrigiese	corrigiésemos	hubiese corregido	hubiésemos corregido
corrigieses	corrigieseis	hubieses corregido	hubieseis corregido
corrigiese	corrigiesen	hubiese corregido	hubiesen corregido

	imperativo	
	—	corrijamos
	corrige	corregid
	corrija	corrijan

Words related to this verb

corregir pruebas   to read proofs
corregible corrigible
incorregible incorrigible
la corrección correction

correcto, correcta   correct
correctamente   correctly
correccional   correctional

to run, to race, to flow

The Seven Simple Tenses		The Seven Compound Tenses	
Singular	Plural	Singular	Plural

1   presente de indicativo

		8 perfecto de indicativo	
corro	corremos	he corrido	hemos corrido
corres	corréis	has corrido	habéis corrido
corre	corren	ha corrido	han corrido

2   imperfecto de indicativo

		9 pluscuamperfecto de indicativo	
corría	corríamos	había corrido	habíamos corrido
corrías	corríais	habías corrido	habíais corrido
corría	corrían	había corrido	habían corrido

3   pretérito

		10 pretérito anterior	
corrí	corrimos	hube corrido	hubimos corrido
corriste	corristeis	hubiste corrido	hubisteis corrido
corrió	corrieron	hubo corrido	hubieron corrido

4   futuro

		11 futuro perfecto	
correré	correremos	habré corrido	habremos corrido
correrás	correréis	habrás corrido	habréis corrido
correrá	correrán	habrá corrido	habrán corrido

5   potencial simple

		12 potencial compuesto	
correría	correríamos	habría corrido	habríamos corrido
correrías	correríais	habrías corrido	habríais corrido
correría	correrían	habría corrido	habrían corrido

6   presente de subjuntivo

		13 perfecto de subjuntivo	
corra	corramos	haya corrido	hayamos corrido
corras	corráis	hayas corrido	hayáis corrido
corra	corran	haya corrido	hayan corrido

7   imperfecto de subjuntivo

		14 pluscuamperfecto de subjuntivo	
corriera	corriéramos	hubiera corrido	hubiéramos corrido
corrieras	corrierais	hubieras corrido	hubierais corrido
corriera	corrieran	hubiera corrido	hubieran corrido
OR		OR	
corriese	corriésemos	hubiese corrido	hubiésemos corrido
corrieses	corrieseis	hubieses corrido	hubieseis corrido
corriese	corriesen	hubiese corrido	hubiesen corrido

	imperativo	
	—	corramos
	corre	corred
	corra	corran

Words and expressions related to this verb

el correo   mail, post
correo aéreo   airmail
echar una carta al correo   to mail (post) a letter
la corrida   race
de corrida   at full speed

to cost

The Seven Simple Tenses		The Seven Compound Tenses	
Singular	Plural	Singular	Plural
1 presente de indicativo		8 perfecto de indicativo	
cuesta	**cuestan**	**ha costado**	**han costado**
2 imperfecto de indicativo		9 pluscuamperfecto de indicativo	
costaba	**costaban**	**había costado**	**habían costado**
3 pretérito		10 pretérito anterior	
costó	**costaron**	**hubo costado**	**hubieron costado**
4 futuro		11 futuro perfecto	
costará	**costarán**	**habrá costado**	**habrán costado**
5 potencial simple		12 potencial compuesto	
costaría	**costarían**	**habría costado**	**habrían costado**
6 presente de subjuntivo		13 perfecto de subjuntivo	
que cueste	**que cuesten**	**que haya costado**	**que hayan costado**
7 imperfecto de subjuntivo		14 pluscuamperfecto de subjuntivo	
que costara	**que costaran**	**que hubiera costado**	**que hubieran costado**
OR		OR	
que costase	**que costasen**	**que hubiese costado**	**que hubiesen costado**

	imperativo	
	¡Que cueste!	**¡Que cuesten!**

Sentences using this verb and words and expressions related to it

— ¿**Cuánto cuesta este libro?**
— **Cuesta diez dólares.**

costoso, costosa costly, expensive
el costo price, cost

costar un ojo de la cara to be very expensive
(to cost an arm and a leg)
cueste lo que cueste at any cost

The Seven Simple Tenses		The Seven Compound Tenses	
Singular	Plural	Singular	Plural

1 presente de indicativo

		8 perfecto de indicativo	
crezco	crecemos	he crecido	hemos crecido
creces	crecéis ·	has crecido	habéis crecido
crece	crecen	ha crecido	han crecido

2 imperfecto de indicativo

		9 pluscuamperfecto de indicativo	
crecía	crecíamos	había crecido	habíamos crecido
crecías	crecíais	habías crecido	habíais crecido
crecía	crecían	había crecido	habían crecido

3 pretérito

		10 pretérito anterior	
crecí	crecimos	hube crecido	hubimos crecido
creciste	crecisteis	hubiste crecido	hubisteis crecido
creció	crecieron	hubo crecido	hubieron crecido

4 futuro

		11 futuro perfecto	
creceré	creceremos	habré crecido	habremos crecido
crecerás	creceréis	habrás crecido	habréis crecido
crecerá	crecerán	habrá crecido	habrán crecido

5 potencial simple

		12 potencial compuesto	
crecería	creceríamos	habría crecido	habríamos crecido
crecerías	creceríais	habrías crecido	habríais crecido
crecería	crecerían	habría crecido	habrían crecido

6 presente de subjuntivo

		13 perfecto de subjuntivo	
crezca	crezcamos	haya crecido	hayamos crecido
crezcas	crezcáis	hayas crecido	hayáis crecido
crezca	crezcan	haya crecido	hayan crecido

7 imperfecto de subjuntivo

		14 pluscuamperfecto de subjuntivo	
creciera	creciéramos	hubiera crecido	hubiéramos crecido
crecieras	crecierais	hubieras crecido	hubierais crecido
creciera	crecieran	hubiera crecido	hubieran crecido
OR		OR	
creciese	creciésemos	hubiese crecido	hubiésemos crecido
crecieses	crecieseis	hubieses crecido	hubieseis crecido
creciese	creciesen	hubiese crecido	hubiesen crecido

imperativo	
—	crezcamos
crece	creced
crezca	crezcan

Words and expressions related to this verb

crecer como la mala hierba   to grow like a weed
crecidamente   abundantly
el crescendo   crescendo (music)

to believe

The Seven Simple Tenses		The Seven Compound Tenses	
Singular	Plural	Singular	Plural
1 presente de indicativo		**8 perfecto de indicativo**	
creo	creemos	he creído	hemos creído
crees	creéis	has creído	habéis creído
cree	creen	ha creído	han creído
2 imperfecto de indicativo		**9 pluscuamperfecto de indicativo**	
creía	creíamos	había creído	habíamos creído
creías	creíais	habías creído	habíais creído
creía	creían	había creído	habían creído
3 pretérito		**10 pretérito anterior**	
creí	creímos	hube creído	hubimos creído
creíste	creísteis	hubiste creído	hubisteis creído
creyó	creyeron	hubo creído	hubieron creído
4 futuro		**11 futuro perfecto**	
creeré	creeremos	habré creído	habremos creído
creerás	creeréis	habrás creído	habréis creído
creerá	creerán	habrá creído	habrán creído
5 potencial simple		**12 potencial compuesto**	
creería	creeríamos	habría creído	habríamos creído
creerías	creeríais	habrías creído	habríais creído
creería	creerían	habría creído	habrían creído
6 presente de subjuntivo		**13 perfecto de subjuntivo**	
crea	creamos	haya creído	hayamos creído
creas	creáis	hayas creído	hayáis creído
crea	crean	haya creído	hayan creído
7 imperfecto de subjuntivo		**14 pluscuamperfecto de subjuntivo**	
creyera	creyéramos	hubiera creído	hubiéramos creído
creyeras	creyerais	hubieras creído	hubierais creído
creyera	creyeran	hubiera creído	hubieran creído
OR		OR	
creyese	creyésemos	hubiese creído	hubiésemos creído
creyeses	creyeseis	hubieses creído	hubieseis creído
creyese	creyesen	hubiese creído	hubiesen creído

imperativo	
—	creamos
cree; no creas	creed; no creáis
crea	crean

Words and expressions related to this verb

Ver y creer Seeing is believing.
¡Ya lo creo! Of course!
crédulo, crédula credulous
descreer to disbelieve

la credulidad credulity
el credo creed
dar crédito to believe

to breed, to raise, to bring up (rear)

The Seven Simple Tenses		The Seven Compound Tenses	
Singular	Plural	Singular	Plural

1 presente de indicativo

		8 perfecto de indicativo	
crío	criamos	he criado	hemos criado
crías	criáis	has criado	habéis criado
cría	crían	ha criado	han criado

2 imperfecto de indicativo

		9 pluscuamperfecto de indicativo	
criaba	criábamos	había criado	habíamos criado
criabas	criabais	habías criado	habíais criado
criaba	criaban	había criado	habían criado

3 pretérito

		10 pretérito anterior	
crié	criamos	hube criado	hubimos criado
criaste	criasteis	hubiste criado	hubisteis criado
crió	criaron	hubo criado	hubieron criado

4 futuro

		11 futuro perfecto	
criaré	criaremos	habré criado	habremos criado
criarás	criaréis	habrás criado	habréis criado
criará	criarán	habrá criado	habrán criado

5 potencial simple

		12 potencial compuesto	
criaría	criaríamos	habría criado	habríamos criado
criarías	criaríais	habrías criado	habríais criado
criaría	criarían	habría criado	habrían criado

6 presente de subjuntivo

		13 perfecto de subjuntivo	
críe	criemos	haya criado	hayamos criado
críes	criéis	hayas criado	hayáis criado
críe	críen	haya criado	hayan criado

7 imperfecto de subjuntivo

		14 pluscuamperfecto de subjuntivo	
criara	criáramos	hubiera criado	hubiéramos criado
criaras	criarais	hubieras criado	hubierais criado
criara	criaran	hubiera criado	hubieran criado
OR		OR	
criase	criásemos	hubiese criado	hubiésemos criado
criases	criaseis	hubieses criado	hubieseis criado
criase	criasen	hubiese criado	hubiesen criado

	imperativo	
	—	criemos
	cría	criad
	críe	críen

Words and expressions related to this verb

la criandera, la criadora   wet nurse
el criado, la criada   servant
la crianza   nursing, education
dar crianza   to educate, to bring up

The subject pronouns are found on the page facing page 1.

to cross

The Seven Simple Tenses		The Seven Compound Tenses	
Singular	Plural	Singular	Plural
1 presente de indicativo		**8 perfecto de indicativo**	
cruzo	cruzamos	he cruzado	hemos cruzado
cruzas	cruzáis	has cruzado	habéis cruzado
cruza	cruzan	ha cruzado	han cruzado
2 imperfecto de indicativo		**9 pluscuamperfecto de indicativo**	
cruzaba	cruzábamos	había cruzado	habíamos cruzado
cruzabas	cruzabais	habías cruzado	habíais cruzado
cruzaba	cruzaban	había cruzado	habían cruzado
3 pretérito		**10 pretérito anterior**	
crucé	cruzamos	hube cruzado	hubimos cruzado
cruzaste	cruzasteis	hubiste cruzado	hubisteis cruzado
cruzó	cruzaron	hubo cruzado	hubieron cruzado
4 futuro		**11 futuro perfecto**	
cruzaré	cruzaremos	habré cruzado	habremos cruzado
cruzarás	cruzaréis	habrás cruzado	habréis cruzado
cruzará	cruzarán	habrá cruzado	habrán cruzado
5 potencial simple		**12 potencial compuesto**	
cruzaría	cruzaríamos	habría cruzado	habríamos cruzado
cruzarías	cruzaríais	habrías cruzado	habríais cruzado
cruzaría	cruzarían	habría cruzado	habrían cruzado
6 presente de subjuntivo		**13 perfecto de subjuntivo**	
cruce	crucemos	haya cruzado	hayamos cruzado
cruces	crucéis	hayas cruzado	hayáis cruzado
cruce	crucen	haya cruzado	hayan cruzado
7 imperfecto de subjuntivo		**14 pluscuamperfecto de subjuntivo**	
cruzara	cruzáramos	hubiera cruzado	hubiéramos cruzado
cruzaras	cruzarais	hubieras cruzado	hubierais cruzado
cruzara	cruzaran	hubiera cruzado	hubieran cruzado
OR		OR	
cruzase	cruzásemos	hubiese cruzado	hubiésemos cruzado
cruzases	cruzaseis	hubieses cruzado	hubieseis cruzado
cruzase	cruzasen	hubiese cruzado	hubiesen cruzado

imperativo	
—	crucemos
cruza	cruzad
cruce	crucen

Sentences using this verb and words related to it

El que no se aventura no cruza el mar.   Nothing ventured, nothing gained.

el cruzamiento   crossing
la cruzada   crusade, crossroads
la cruz   cross
la cruz de Malta   Maltese cross

to cover

The Seven Simple Tenses		The Seven Compound Tenses	
Singular	Plural	Singular	Plural

1 presente de indicativo

cubro	cubrimos
cubres	cubrís
cubre	cubren

2 imperfecto de indicativo

cubría	cubríamos
cubrías	cubríais
cubría	cubrían

3 pretérito

cubrí	cubrimos
cubriste	cubristeis
cubrió	cubrieron

4 futuro

cubriré	cubriremos
cubrirás	cubriréis
cubrirá	cubrirán

5 potencial simple

cubriría	cubriríamos
cubrirías	cubriríais
cubriría	cubrirían

6 presente de subjuntivo

cubra	cubramos
cubras	cubráis
cubra	cubran

7 imperfecto de subjuntivo

cubriera	cubriéramos
cubrieras	cubrierais
cubriera	cubrieran
OR	
cubriese	cubriésemos
cubrieses	cubrieseis
cubriese	cubriesen

8 perfecto de indicativo

he cubierto	hemos cubierto
has cubierto	habéis cubierto
ha cubierto	han cubierto

9 pluscuamperfecto de indicativo

había cubierto	habíamos cubierto
habías cubierto	habíais cubierto
había cubierto	habían cubierto

10 pretérito anterior

hube cubierto	hubimos cubierto
hubiste cubierto	hubisteis cubierto
hubo cubierto	hubieron cubierto

11 futuro perfecto

habré cubierto	habremos cubierto
habrás cubierto	habréis cubierto
habrá cubierto	habrán cubierto

12 potencial compuesto

habría cubierto	habríamos cubierto
habrías cubierto	habríais cubierto
habría cubierto	habrían cubierto

13 perfecto de subjuntivo

haya cubierto	hayamos cubierto
hayas cubierto	hayáis cubierto
haya cubierto	hayan cubierto

14 pluscuamperfecto de subjuntivo

hubiera cubierto	hubiéramos cubierto
hubieras cubierto	hubierais cubierto
hubiera cubierto	hubieran cubierto
OR	
hubiese cubierto	hubiésemos cubierto
hubieses cubierto	hubieseis cubierto
hubiese cubierto	hubiesen cubierto

imperativo

—	cubramos
cubre	cubrid
cubra	cubran

Words and expressions related to this verb

la cubierta   cover, wrapping
la cubierta del motor   hood of an automobile
el cubrimiento   covering
cubrir la mesa   to lay the table
cubrir los gastos   to pay expenses
cubiertamente   under cover

The subject pronouns are found on the page facing page 1.

to fulfill, to keep (a promise), to reach one's birthday (use with **años**)

The Seven Simple Tenses		The Seven Compound Tenses	
Singular	Plural	Singular	Plural
1 presente de indicativo		**8 perfecto de indicativo**	
cumplo	cumplimos	he cumplido	hemos cumplido
cumples	cumplís	has cumplido	habéis cumplido
cumple	cumplen	ha cumplido	han cumplido
2 imperfecto de indicativo		**9 pluscuamperfecto de indicativo**	
cumplía	cumplíamos	había cumplido	habíamos cumplido
cumplías	cumplíais	habías cumplido	habíais cumplido
cumplía	cumplían	había cumplido	habían cumplido
3 pretérito		**10 pretérito anterior**	
cumplí	cumplimos	hube cumplido	hubimos cumplido
cumpliste	cumplisteis	hubiste cumplido	hubisteis cumplido
cumplió	cumplieron	hubo cumplido	hubieron cumplido
4 futuro		**11 futuro perfecto**	
cumpliré	cumpliremos	habré cumplido	habremos cumplido
cumplirás	cumpliréis	habrás cumplido	habréis cumplido
cumplirá	cumplirán	habrá cumplido	habrán cumplido
5 potencial simple		**12 potencial compuesto**	
cumpliría	cumpliríamos	habría cumplido	habríamos cumplido
cumplirías	cumpliríais	habrías cumplido	habríais cumplido
cumpliría	cumplirían	habría cumplido	habrían cumplido
6 presente de subjuntivo		**13 perfecto de subjuntivo**	
cumpla	cumplamos	haya cumplido	hayamos cumplido
cumplas	cumpláis	hayas cumplido	hayáis cumplido
cumpla	cumplan	haya cumplido	hayan cumplido
7 imperfecto de subjuntivo		**14 pluscuamperfecto de subjuntivo**	
cumpliera	cumpliéramos	hubiera cumplido	hubiéramos cumplido
cumplieras	cumplierais	hubieras cumplido	hubierais cumplido
cumpliera	cumplieran	hubiera cumplido	hubieran cumplido
OR		OR	
cumpliese	cumpliésemos	hubiese cumplido	hubiésemos cumplido
cumplieses	cumplieseis	hubieses cumplido	hubieseis cumplido
cumpliese	cumpliesen	hubiese cumplido	hubiesen cumplido

	imperativo
—	cumplamos
cumple	cumplid
cumpla	cumplan

Words related to this verb

el cumpleaños   birthday
cumplidamente   completely
el cumplimiento   completion

The Seven Simple Tenses		The Seven Compound Tenses	
Singular	Plural	Singular	Plural
1 presente de indicativo		**8 perfecto de indicativo**	
doy	damos	he dado	hemos dado
das	dais	has dado	habéis dado
da	dan	ha dado	han dado
2 imperfecto de indicativo		**9 pluscuamperfecto de indicativo**	
daba	dábamos	había dado	habíamos dado
dabas	dabais	habías dado	habíais dado
daba	daban	había dado	habían dado
3 pretérito		**10 pretérito anterior**	
di	dimos	hube dado	hubimos dado
diste	disteis	hubiste dado	hubisteis dado
dio	dieron	hubo dado	hubieron dado
4 futuro		**11 futuro perfecto**	
daré	daremos	habré dado	habremos dado
darás	daréis	habrás dado	habréis dado
dará	darán	habrá dado	habrán dado
5 potencial simple		**12 potencial compuesto**	
daría	daríamos	habría dado	habríamos dado
darías	daríais	habrías dado	habríais dado
daría	darían	habría dado	habrían dado
6 presente de subjuntivo		**13 perfecto de subjuntivo**	
dé	demos	haya dado	hayamos dado
des	deis	hayas dado	hayáis dado
dé	den	haya dado	hayan dado
7 imperfecto de subjuntivo		**14 pluscuamperfecto de subjuntivo**	
diera	diéramos	hubiera dado	hubiéramos dado
dieras	dierais	hubieras dado	hubierais dado
diera	dieran	hubiera dado	hubieran dado
OR		OR	
diese	diésemos	hubiese dado	hubiésemos dado
dieses	dieseis	hubieses dado	hubieseis dado
diese	diesen	hubiese dado	hubiesen dado

imperativo	
—	demos
da	dad
dé	den

Common idiomatic expressions using this verb

A Dios rogando y con el mazo dando.   Put your faith in God and keep your powder dry.
El tiempo da buen consejo.   Time will tell.
dar la mano (las manos) a alguien   to shake hands with someone
dar de comer   to feed

The subject pronouns are found on the page facing page 1.

deber

to owe, must, ought, to have to

The Seven Simple Tenses		The Seven Compound Tenses	
Singular	Plural	Singular	Plural
1 presente de indicativo		**8 perfecto de indicativo**	
debo	debemos	he debido	hemos debido
debes	debéis	has debido	habéis debido
debe	deben	ha debido	han debido
2 imperfecto de indicativo		**9 pluscuamperfecto de indicativo**	
debía	debíamos	había debido	habíamos debido
debías	debíais	habías debido	habíais debido
debía	debían	había debido	habían debido
3 pretérito		**10 pretérito anterior**	
debí	debimos	hube debido	hubimos debido
debiste	debisteis	hubiste debido	hubisteis debido
debió	debieron	hubo debido	hubieron debido
4 futuro		**11 futuro perfecto**	
deberé	deberemos	habré debido	habremos debido
deberás	deberéis	habrás debido	habréis debido
deberá	deberán	habrá debido	habrán debido
5 potencial simple		**12 potencial compuesto**	
debería	deberíamos	habría debido	habríamos debido
deberías	deberíais	habrías debido	habríais debido
debería	deberían	habría debido	habrían debido
6 presente de subjuntivo		**13 perfecto de subjuntivo**	
deba	debamos	haya debido	hayamos debido
debas	debáis	hayas debido	hayáis debido
deba	deban	haya debido	hayan debido
7 imperfecto de subjuntivo		**14 pluscuamperfecto de subjuntivo**	
debiera	debiéramos	hubiera debido	hubiéramos debido
debieras	debierais	hubieras debido	hubierais debido
debiera	debieran	hubiera debido	hubieran debido
OR		OR	
debiese	debiésemos	hubiese debido	hubiésemos debido
debieses	debieseis	hubieses debido	hubieseis debido
debiese	debiesen	hubiese debido	hubiesen debido

	imperativo	
	—	debamos
	debe	debed
	deba	deban

Sentences using this verb and words related to it

el deber   duty, obligation
debiente   debtor
la deuda   debt
estar en deuda con   to be indebted to
José debe de haber llegado.   Joseph must have arrived.

The Seven Simple Tenses		The Seven Compound Tenses	
Singular	Plural	Singular	Plural
1 presente de indicativo		**8 perfecto de indicativo**	
decido	decidimos	he decidido	hemos decidido
decides	decidís	has decidido	habéis decidido
decide	deciden	ha decidido	han decidido
2 imperfecto de indicativo		**9 pluscuamperfecto de indicativo**	
decidía	decidíamos	había decidido	habíamos decidido
decidías	decidíais	habías decidido	habíais decidido
decidía	decidían	había decidido	habían decidido
3 pretérito		**10 pretérito anterior**	
decidí	decidimos	hube decidido	hubimos decidido
decidiste	decidisteis	hubiste decidido	hubisteis decidido
decidió	decidieron	hubo decidido	hubieron decidido
4 futuro		**11 futuro perfecto**	
decidiré	decidiremos	habré decidido	habremos decidido
decidirás	decidiréis	habrás decidido	habréis decidido
decidirá	decidirán	habrá decidido	habrán decidido
5 potencial simple		**12 potencial compuesto**	
decidiría	decidiríamos	habría decidido	habríamos decidido
decidirías	decidiríais	habrías decidido	habríais decidido
decidiría	decidirían	habría decidido	habrían decidido
6 presente de subjuntivo		**13 perfecto de subjuntivo**	
decida	decidamos	haya decidido	hayamos decidido
decidas	decidáis	hayas decidido	hayáis decidido
decida	decidan	haya decidido	hayan decidido
7 imperfecto de subjuntivo		**14 pluscuamperfecto de subjuntivo**	
decidiera	decidiéramos	hubiera decidido	hubiéramos decidido
decidieras	decidierais	hubieras decidido	hubierais decidido
decidiera	decidieran	hubiera decidido	hubieran decidido
OR		OR	
decidiese	decidiésemos	hubiese decidido	hubiésemos decidido
decidieses	decidieseis	hubieses decidido	hubieseis decidido
decidiese	decidiesen	hubiese decidido	hubiesen decidido

imperativo	
—	decidamos
decide	decidid
decida	decidan

Words related to this verb

la decisión   decision
decididamente   decidedly
decisivamente   decisively
decisivo, decisiva   decisive

The subject pronouns are found on the page facing page 1.

to say, to tell

The Seven Simple Tenses		The Seven Compound Tenses	
Singular	Plural	Singular	Plural
1 presente de indicativo		**8 perfecto de indicativo**	
digo	decimos	he dicho	hemos dicho
dices	decís	has dicho	habéis dicho
dice	dicen	ha dicho	han dicho
2 imperfecto de indicativo		**9 pluscuamperfecto de indicativo**	
decía	decíamos	había dicho	habíamos dicho
decías	decíais	habías dicho	habíais dicho
decía	decían	había dicho	habían dicho
3 pretérito		**10 pretérito anterior**	
dije	dijimos	hube dicho	hubimos dicho
dijiste	dijisteis	hubiste dicho	hubisteis dicho
dijo	dijeron	hubo dicho	hubieron dicho
4 futuro		**11 futuro perfecto**	
diré	diremos	habré dicho	habremos dicho
dirás	diréis	habrás dicho	habréis dicho
dirá	dirán	habrá dicho	habrán dicho
5 potencial simple		**12 potencial compuesto**	
diría	diríamos	habría dicho	habríamos dicho
dirías	diríais	habrías dicho	habríais dicho
diría	dirían	habría dicho	habrían dicho
6 presente de subjuntivo		**13 perfecto de subjuntivo**	
diga	digamos	haya dicho	hayamos dicho
digas	digáis	hayas dicho	hayáis dicho
diga	digan	haya dicho	hayan dicho
7 imperfecto de subjuntivo		**14 pluscuamperfecto de subjuntivo**	
dijera	dijéramos	hubiera dicho	hubiéramos dicho
dijeras	dijerais	hubieras dicho	hubierais dicho
dijera	dijeran	hubiera dicho	hubieran dicho
OR		OR	
dijese	dijésemos	hubiese dicho	hubiésemos dicho
dijeses	dijeseis	hubieses dicho	hubieseis dicho
dijese	dijesen	hubiese dicho	hubiesen dicho

imperativo	
—	digamos
di	decid
diga	digan

Sentences using this verb and words related to it

Dicho y hecho.   No sooner said than done.
Díme con quien andas y te diré quien eres.   Tell me who your friends are and I will tell
you who you are.

querer decir   to mean
un decir   a familiar saying

to forbid, to defend, to prohibit

The Seven Simple Tenses		The Seven Compound Tenses	
Singular	Plural	Singular	Plural
1 presente de indicativo		**8 perfecto de indicativo**	
defiendo	defendemos	he defendido	hemos defendido
defiendes	defendéis	has defendido	habéis defendido
defiende	defienden	ha defendido	han defendido
2 imperfecto de indicativo		**9 pluscuamperfecto de indicativo**	
defendía	defendíamos	había defendido	habíamos defendido
defendías	defendíais	habías defendido	habíais defendido
defendía	defendían	había defendido	habían defendido
3 pretérito		**10 pretérito anterior**	
defendí	defendimos	hube defendido	hubimos defendido
defendiste	defendisteis	hubiste defendido	hubisteis defendido
defendió	defendieron	hubo defendido	hubieron defendido
4 futuro		**11 futuro perfecto**	
defenderé	defenderemos	habré defendido	habremos defendido
defenderás	defenderéis	habrás defendido	habréis defendido
defenderá	defenderán	habrá defendido	habrán defendido
5 potencial simple		**12 potencial compuesto**	
defendería	defenderíamos	habría defendido	habríamos defendido
defenderías	defenderíais	habrías defendido	habríais defendido
defendería	defenderían	habría defendido	habrían defendido
6 presente de subjuntivo		**13 perfecto de subjuntivo**	
defienda	defendamos	haya defendido	hayamos defendido
defiendas	defendáis	hayas defendido	hayáis defendido
defienda	defiendan	haya defendido	hayan defendido
7 imperfecto de subjuntivo		**14 pluscuamperfecto de subjuntivo**	
defendiera	defendiéramos	hubiera defendido	hubiéramos defendido
defendieras	defendierais	hubieras defendido	hubierais defendido
defendiera	defendieran	hubiera defendido	hubieran defendido
OR		OR	
defendiese	defendiésemos	hubiese defendido	hubiésemos defendido
defendieses	defendieseis	hubieses defendido	hubieseis defendido
defendiese	defendiesen	hubiese defendido	hubiesen defendido

imperativo	
—	defendamos
defiende	defended
defienda	defiendan

Words related to this verb

defendible   defensible
la defensa   defense
defensivo, defensiva   defensive
defensor, defensora   defender, supporter
el defensorio   defense, plea

to let, to permit, to allow, to leave

The Seven Simple Tenses		The Seven Compound Tenses	
Singular	Plural	Singular	Plural
1 presente de indicativo		**8 perfecto de indicativo**	
dejo	dejamos	he dejado	hemos dejado
dejas	dejáis	has dejado	habéis dejado
deja	dejan	ha dejado	han dejado
2 imperfecto de indicativo		**9 pluscuamperfecto de indicativo**	
dejaba	dejábamos	había dejado	habíamos dejado
dejabas	dejabais	habías dejado	habíais dejado
dejaba	dejaban	había dejado	habían dejado
3 pretérito		**10 pretérito anterior**	
dejé	dejamos	hube dejado	hubimos dejado
dejaste	dejasteis	hubiste dejado	hubisteis dejado
dejó	dejaron	hubo dejado	hubieron dejado
4 futuro		**11 futuro perfecto**	
dejaré	dejaremos	habré dejado	habremos dejado
dejarás	dejaréis	habrás dejado	habréis dejado
dejará	dejarán	habrá dejado	habrán dejado
5 potencial simple		**12 potencial compuesto**	
dejaría	dejaríamos	habría dejado	habríamos dejado
dejarías	dejaríais	habrías dejado	habríais dejado
dejaría	dejarían	habría dejado	habrían dejado
6 presente de subjuntivo		**13 perfecto de subjuntivo**	
deje	dejemos	haya dejado	hayamos dejado
dejes	dejéis	hayas dejado	hayáis dejado
deje	dejen	haya dejado	hayan dejado
7 imperfecto de subjuntivo		**14 pluscuamperfecto de subjuntivo**	
dejara	dejáramos	hubiera dejado	hubiéramos dejado
dejaras	dejarais	hubieras dejado	hubierais dejado
dejara	dejaran	hubiera dejado	hubieran dejado
OR		OR	
dejase	dejásemos	hubiese dejado	hubiésemos dejado
dejases	dejaseis	hubieses dejado	hubieseis dejado
dejase	dejasen	hubiese dejado	hubiesen dejado

imperativo	
—	dejemos
deja	dejad
deje	dejen

Words and expressions related to this verb

dejar caer   to drop (to let fall)
el dejo   abandonment
dejado, dejada   dejected

to be guilty, to offend

The Seven Simple Tenses | The Seven Compound Tenses

Singular	Plural	Singular	Plural
1 presente de indicativo		**8 perfecto de indicativo**	
delinco	delinquimos	he delinquido	hemos delinquido
delinques	delinquís	has delinquido	habéis delinquido
delinque	delinquen	ha delinquido	han delinquido
2 imperfecto de indicativo		**9 pluscuamperfecto de indicativo**	
delinquía	delinquíamos	había delinquido	habíamos delinquido
delinquías	delinquíais	habías delinquido	habíais delinquido
delinquía	delinquían	había delinquido	habían delinquido
3 pretérito		**10 pretérito anterior**	
delinquí	delinquimos	hube delinquido	hubimos delinquido
delinquiste	delinquisteis	hubiste delinquido	hubisteis delinquido
delinquió	delinquieron	hubo delinquido	hubieron delinquido
4 futuro		**11 futuro perfecto**	
delinquiré	delinquiremos	habré delinquido	habremos delinquido
delinquirás	delinquiréis	habrás delinquido	habréis delinquido
delinquirá	delinquirán	habrá delinquido	habrán delinquido
5 potencial simple		**12 potencial compuesto**	
delinquiría	delinquiríamos	habría delinquido	habríamos delinquido
delinquirías	delinquiríais	habrías delinquido	habríais delinquido
delinquiría	delinquirían	habría delinquido	habrían delinquido
6 presente de subjuntivo		**13 perfecto de subjuntivo**	
delinca	delincamos	haya delinquido	hayamos delinquido
delincas	delincáis	hayas delinquido	hayáis delinquido
delinca	delincan	haya delinquido	hayan delinquido
7 imperfecto de subjuntivo		**14 pluscuamperfecto de subjuntivo**	
delinquiera	delinquiéramos	hubiera delinquido	hubiéramos delinquido
delinquieras	delinquierais	hubieras delinquido	hubierais delinquido
delinquiera	delinquieran	hubiera delinquido	hubieran delinquido
OR		OR	
delinquiese	delinquiésemos	hubiese delinquido	hubiésemos delinquido
delinquieses	delinquieseis	hubieses delinquido	hubieseis delinquido
delinquiese	delinquiesen	hubiese delinquido	hubiesen delinquido

imperativo

—	delincamos
delinque	delinquid
delinca	delincan

Words related to this verb

el delinquimiento, la delincuencia   delinquency
delincuente   delinquent

The subject pronouns are found on the page facing page 1.   **113**

Part. pr. demostrando   **Part. pas. demostrado**

to demonstrate, to prove

The Seven Simple Tenses		The Seven Compound Tenses	
Singular	Plural	Singular	Plural
1 presente de indicativo		**8 perfecto de indicativo**	
demuestro	demostramos	he demostrado	hemos demostrado
demuestras	demostráis	has demostrado	habéis demostrado
demuestra	demuestran	ha demostrado	han demostrado
2 imperfecto de indicativo		**9 pluscuamperfecto de indicativo**	
demostraba	demostrábamos	había demostrado	habíamos demostrado
demostrabas	demostrabais	habías demostrado	habíais demostrado
demostraba	demostraban	había demostrado	habían demostrado
3 pretérito		**10 pretérito anterior**	
demostré	demostramos	hube demostrado	hubimos demostrado
demostraste	demostrasteis	hubiste demostrado	hubisteis demostrado
demostró	demostraron	hubo demostrado	hubieron demostrado
4 futuro		**11 futuro perfecto**	
demostraré	demostraremos	habré demostrado	habremos demostrado
demostrarás	demostraréis	habrás demostrado	habréis demostrado
demostrará	demostrarán	habrá demostrado	habrán demostrado
5 potencial simple		**12 potencial compuesto**	
demostraría	demostraríamos	habría demostrado	habríamos demostrado
demostrarías	demostraríais	habrías demostrado	habríais demostrado
demostraría	demostrarían	habría demostrado	habrían demostrado
6 presente de subjuntivo		**13 perfecto de subjuntivo**	
demuestre	demostremos	haya demostrado	hayamos demostrado
demuestres	demostréis	hayas demostrado	hayáis demostrado
demuestre	demuestren	haya demostrado	hayan demostrado
7 imperfecto de subjuntivo		**14 pluscuamperfecto de subjuntivo**	
demostrara	demostráramos	hubiera demostrado	hubiéramos demostrado
demostraras	demostrarais	hubieras demostrado	hubierais demostrado
demostrara	demostraran	hubiera demostrado	hubieran demostrado
OR		OR	
demostrase	demostrásemos	hubiese demostrado	hubiésemos demostrado
demostrases	demostraseis	hubieses demostrado	hubieseis demostrado
demostrase	demostrasen	hubiese demostrado	hubiesen demostrado

imperativo	
—	demostremos
demuestra	demostrad
demuestre	demuestren

Words related to this verb

demostrativo, demostrativa   demonstrative
la demostración   demonstration, proof
demostrador, demostradora   demonstrator

to breakfast, to have breakfast

The Seven Simple Tenses		The Seven Compound Tenses	
Singular	Plural	Singular	Plural

1 presente de indicativo

me desayuno	nos desayunamos		
te desayunas	os desayunáis		
se desayuna	se desayunan		

8 perfecto de indicativo

me he desayunado	nos hemos desayunado		
te has desayunado	os habéis desayunado		
se ha desayunado	se han desayunado		

2 imperfecto de indicativo

me desayunaba nos desayunábamos
te desayunabas os desayunabais
se desayunaba se desayunaban

9 pluscuamperfecto de indicativo

me había desayunado nos habíamos desayunado
te habías desayunado os habíais desayunado
se había desayunado se habían desayunado

3 pretérito

me desayuné nos desayunamos
te desayunaste os desayunasteis
se desayunó se desayunaron

10 pretérito anterior

me hube desayunado nos hubimos desayunado
te hubiste desayunado os hubisteis desayunado
se hubo desayunado se hubieron desayunado

4 futuro

me desayunaré nos desayunaremos
te desayunarás os desayunaréis
se desayunará se desayunarán

11 futuro perfecto

me habré desayunado nos habremos desayunado
te habrás desayunado os habréis desayunado
se habrá desayunado se habrán desayunado

5 potencial simple

me desayunaría nos desayunaríamos
te desayunarías os desayunaríais
se desayunaría se desayunarían

12 potencial compuesto

me habría desayunado nos habríamos desayunado
te habrías desayunado os habríais desayunado
se habría desayunado se habrían desayunado

6 presente de subjuntivo

me desayune nos desayunemos
te desayunes os desayunéis
se desayune se desayunen

13 perfecto de subjuntivo

me haya desayunado nos hayamos desayunado
te hayas desayunado os hayáis desayunado
se haya desayunado se hayan desayunado

7 imperfecto de subjuntivo

me desayunara nos desayunáramos
te desayunaras os desayunarais
se desayunara se desayunaran
OR
me desayunase nos desayunásemos
te desayunases os desayunaseis
se desayunase se desayunasen

14 pluscuamperfecto de subjuntivo

me hubiera desayunado nos hubiéramos desayunado
te hubieras desayunado os hubierais desayunado
se hubiera desayunado se hubieran desayunado
OR
me hubiese desayunado nos hubiésemos desayunado
te hubieses desayunado os hubieseis desayunado
se hubiese desayunado se hubiesen desayunado

imperativo

—	desayunémonos
desayúnate	desayunaos
desayúnese	desayúnense

Sentences using this verb and words related to it

— ¿Qué toma Ud. en el desayuno todas las mañanas?
— Tomo leche, café con crema, pan tostado y un huevo.

desayunar   to breakfast
el desayuno   breakfast

The subject pronouns are found on the page facing page 1.

115

descansar
Part. pr. **descansando**   Part. pas. **descansado**

to rest

The Seven Simple Tenses		The Seven Compound Tenses	
Singular	Plural	Singular	Plural
1 presente de indicativo		**8 perfecto de indicativo**	
descanso	descansamos	he descansado	hemos descansado
descansas	descansáis	has descansado	habéis descansado
descansa	descansan	ha descansado	han descansado
2 imperfecto de indicativo		**9 pluscuamperfecto de indicativo**	
descansaba	descansábamos	había descansado	habíamos descansado
descansabas	descansabais	habías descansado	habíais descansado
descansaba	descansaban	había descansado	habían descansado
3 pretérito		**10 pretérito anterior**	
descansé	descansamos	hube descansado	hubimos descansado
descansaste	descansasteis	hubiste descansado	hubisteis descansado
descansó	descansaron	hubo descansado	hubieron descansado
4 futuro		**11 futuro perfecto**	
descansaré	descansaremos	habré descansado	habremos descansado
descansarás	descansaréis	habrás descansado	habréis descansado
descansará	descansarán	habrá descansado	habrán descansado
5 potencial simple		**12 potencial compuesto**	
descansaría	descansaríamos	habría descansado	habríamos descansado
descansarías	descansaríais	habrías descansado	habríais descansado
descansaría	descansarían	habría descansado	habrían descansado
6 presente de subjuntivo		**13 perfecto de subjuntivo**	
descanse	descansemos	haya descansado	hayamos descansado
descanses	descanséis	hayas descansado	hayáis descansado
descanse	descansen	haya descansado	hayan descansado
7 imperfecto de subjuntivo		**14 pluscuamperfecto de subjuntivo**	
descansara	descansáramos	hubiera descansado	hubiéramos descansado
descansaras	descansarais	hubieras descansado	hubierais descansado
descansara	descansaran	hubiera descansado	hubieran descansado
OR		OR	
descansase	descansásemos	hubiese descansado	hubiésemos descansado
descansases	descansaseis	hubieses descansado	hubieseis descansado
descansase	descansasen	hubiese descansado	hubiesen descansado

imperativo	
—	descansemos
descansa	descansad
descanse	descansen

Words related to this verb

el descanso   rest, relief
el descansadero   resting place
la cansera   fatigue
cansar   to fatigue, to tire, to weary

to describe, to sketch, to delineate

The Seven Simple Tenses		The Seven Compound Tenses	
Singular	Plural	Singular	Plural
1 presente de indicativo		**8 perfecto de indicativo**	
describo	describimos	he descrito	hemos descrito
describes	describís	has descrito	habéis descrito
describe	describen	ha descrito	han descrito
2 imperfecto de indicativo		**9 pluscuamperfecto de indicativo**	
describía	describíamos	había descrito	habíamos descrito
describías	describíais	habías descrito	habíais descrito
describía	describían	había descrito	habían descrito
3 pretérito		**10 pretérito anterior**	
describí	describimos	hube descrito	hubimos descrito
describiste	describisteis	hubiste descrito	hubisteis descrito
describió	describieron	hubo descrito	hubieron descrito
4 futuro		**11 futuro perfecto**	
describiré	describiremos	habré descrito	habremos descrito
describirás	describiréis	habrás descrito	habréis descrito
describirá	describirán	habrá descrito	habrán descrito
5 potencial simple		**12 potencial compuesto**	
describiría	describiríamos	habría descrito	habríamos descrito
describirías	describiríais	habrías descrito	habríais descrito
describiría	describirían	habría descrito	habrían descrito
6 presente de subjuntivo		**13 perfecto de subjuntivo**	
describa	describamos	haya descrito	hayamos descrito
describas	describáis	hayas descrito	hayáis descrito
describa	describan	haya descrito	hayan descrito
7 imperfecto de subjuntivo		**14 pluscuamperfecto de subjuntivo**	
describiera	describiéramos	hubiera descrito	hubiéramos descrito
describieras	describierais	hubieras descrito	hubierais descrito
describiera	describieran	hubiera descrito	hubieran descrito
OR		OR	
describiese	describiésemos	hubiese descrito	hubiésemos descrito
describieses	describieseis	hubieses descrito	hubieseis descrito
describiese	describiesen	hubiese descrito	hubiesen descrito

imperativo	
—	describamos
describe	describid
describa	describan

Words related to this verb

la descripción description
descriptor, descriptora describer
descriptivo, descriptiva descriptive

descubrir

Part. pr. **descubriendo**   Part. pas. **descubierto**

to discover

The Seven Simple Tenses		The Seven Compound Tenses	
Singular	Plural	Singular	Plural
1 presente de indicativo		**8 perfecto de indicativo**	
descubro	descubrimos	he descubierto	hemos descubierto
descubres	descubrís	has descubierto	habéis descubierto
descubre	descubren	ha descubierto	han descubierto
2 imperfecto de indicativo		**9 pluscuamperfecto de indicativo**	
descubría	descubríamos	había descubierto	habíamos descubierto
descubrías	descubríais	habías descubierto	habíais descubierto
descubría	descubrían	había descubierto	habían descubierto
3 pretérito		**10 pretérito anterior**	
descubrí	descubrimos	hube descubierto	hubimos descubierto
descubriste	descubristeis	hubiste descubierto	hubisteis descubierto
descubrió	descubrieron	hubo descubierto	hubieron descubierto
4 futuro		**11 futuro perfecto**	
descubriré	descubriremos	habré descubierto	habremos descubierto
descubrirás	descubriréis	habrás descubierto	habréis descubierto
descubrirá	descubrirán	habrá descubierto	habrán descubierto
5 potencial simple		**12 potencial compuesto**	
descubriría	descubriríamos	habría descubierto	habríamos descubierto
descubrirías	descubriríais	habrías descubierto	habríais descubierto
descubriría	descubrirían	habría descubierto	habrían descubierto
6 presente de subjuntivo		**13 perfecto de subjuntivo**	
descubra	descubramos	haya descubierto	hayamos descubierto
descubras	descubráis	hayas descubierto	hayáis descubierto
descubra	descubran	haya descubierto	hayan descubierto
7 imperfecto de subjuntivo		**14 pluscuamperfecto de subjuntivo**	
descubriera	descubriéramos	hubiera descubierto	hubiéramos descubierto
descubrieras	descubrierais	hubieras descubierto	hubierais descubierto
descubriera	descubrieran	hubiera descubierto	hubieran descubierto
OR		OR	
descubriese	descubriésemos	hubiese descubierto	hubiésemos descubierto
descubrieses	descubrieseis	hubieses descubierto	hubieseis descubierto
descubriese	descubriesen	hubiese descubierto	hubiesen descubierto

	imperativo	
—	descubramos
descubre	descubrid
descubra	descubran

Words related to this verb

descubrirse   to take off one's hat
el descubrimiento   discovery
descubridor, descubridora   discoverer

to desire, to wish, to want

The Seven Simple Tenses		The Seven Compound Tenses	
Singular	Plural	Singular	Plural

1 presente de indicativo

deseo	deseamos
deseas	deseáis
desea	desean

8 perfecto de indicativo

he deseado	hemos deseado
has deseado	habéis deseado
ha deseado	han deseado

2 imperfecto de indicativo

deseaba	deseábamos
deseabas	deseabais
deseaba	deseaban

9 pluscuamperfecto de indicativo

había deseado	habíamos deseado
habías deseado	habíais deseado
había deseado	habían deseado

3 pretérito

deseé	deseamos
deseaste	deseasteis
deseó	desearon

10 pretérito anterior

hube deseado	hubimos deseado
hubiste deseado	hubisteis deseado
hubo deseado	hubieron deseado

4 futuro

desearé	desearemos
desearás	desearéis
deseará	desearán

11 futuro perfecto

habré deseado	habremos deseado
habrás deseado	habréis deseado
habrá deseado	habrán deseado

5 potencial simple

desearía	desearíamos
desearías	desearíais
desearía	desearían

12 potencial compuesto

habría deseado	habríamos deseado
habrías deseado	habríais deseado
habría deseado	habrían deseado

6 presente de subjuntivo

desee	deseemos
desees	deseéis
desee	deseen

13 perfecto de subjuntivo

haya deseado	hayamos deseado
hayas deseado	hayáis deseado
haya deseado	hayan deseado

7 imperfecto de subjuntivo

deseara	deseáramos
desearas	desearais
deseara	desearan
OR	
desease	deseásemos
deseases	deseaseis
desease	deseasen

14 pluscuamperfecto de subjuntivo

hubiera deseado	hubiéramos deseado
hubieras deseado	hubierais deseado
hubiera deseado	hubieran deseado
OR	
hubiese deseado	hubiésemos deseado
hubieses deseado	hubieseis deseado
hubiese deseado	hubiesen deseado

imperativo

—	deseemos
desea; no desees	desead; no deseéis
desee	deseen

Words and expressions related to this verb

el deseo   desire
deseoso, deseosa   desirous
tener deseo de + inf.   to be eager + inf.
deseable   desirable

la deseabilidad   desirability
deseablemente   desirably

despedir

Part. pr. despidiendo **Part. pas. despedido**

to dismiss

The Seven Simple Tenses		The Seven Compound Tenses	
Singular	Plural	Singular	Plural
1 presente de indicativo		**8 perfecto de indicativo**	
despido	despedimos	he despedido	hemos despedido
despides	despedís	has despedido	habéis despedido
despide	despiden	ha despedido	han despedido
2 imperfecto de indicativo		**9 pluscuamperfecto de indicativo**	
despedía	despedíamos	había despedido	habíamos despedido
despedías	despedíais	habías despedido	habíais despedido
despedía	despedían	había despedido	habían despedido
3 pretérito		**10 pretérito anterior**	
despedí	despedimos	hube despedido	hubimos despedido
despediste	despedisteis	hubiste despedido	hubisteis despedido
despidió	despidieron	hubo despedido	hubieron despedido
4 futuro		**11 futuro perfecto**	
despediré	despediremos	habré despedido	habremos despedido
despedirás	despediréis	habrás despedido	habréis despedido
despedirá	despedirán	habrá despedido	habrán despedido
5 potencial simple		**12 potencial compuesto**	
despediría	despediríamos	habría despedido	habríamos despedido
despedirías	despediríais	habrías despedido	habríais despedido
despediría	despedirían	habría despedido	habrían despedido
6 presente de subjuntivo		**13 perfecto de subjuntivo**	
despida	despidamos	haya despedido	hayamos despedido
despidas	despidáis	hayas despedido	hayáis despedido
despida	despidan	haya despedido	hayan despedido
7 imperfecto de subjuntivo		**14 pluscuamperfecto de subjuntivo**	
despidiera	despidiéramos	hubiera despedido	hubiéramos despedido
despidieras	despidierais	hubieras despedido	hubierais despedido
despidiera	despidieran	hubiera despedido	hubieran despedido
OR		OR	
despidiese	despidiésemos	hubiese despedido	hubiésemos despedido
despidieses	despidieseis	hubieses despedido	hubieseis despedido
despidiese	despidiesen	hubiese despedido	hubiesen despedido

imperativo	
—	despidamos
despide	despedid
despida	despidan

Words and expressions related to this verb

un despedimiento, una despedida   dismissal, discharge, farewell
despedirse   to take leave of, to say good-bye to
despedirse a la francesa   to take French leave

to take leave of, to say good-bye to

The Seven Simple Tenses		The Seven Compound Tenses	
Singular	Plural	Singular	Plural
1 presente de indicativo		**8 perfecto de indicativo**	
me despido	nos despedimos	me he despedido	nos hemos despedido
te despides	os despedís	te has despedido	os habéis despedido
se despide	se despiden	se ha despedido	se han despedido
2 imperfecto de indicativo		**9 pluscuamperfecto de indicativo**	
me despedía	nos despedíamos	me había despedido	nos habíamos despedido
te despedías	os despedíais	te habías despedido	os habíais despedido
se despedía	se despedían	se había despedido	se habían despedido
3 pretérito		**10 pretérito anterior**	
me despedí	nos despedimos	me hube despedido	nos hubimos despedido
te despediste	os despedisteis	te hubiste despedido	os hubisteis despedido
se despidió	se despidieron	se hubo despedido	se hubieron despedido
4 futuro		**11 futuro perfecto**	
me despediré	nos despediremos	me habré despedido	nos habremos despedido
te despedirás	os despediréis	te habrás despedido	os habréis despedido
se despedirá	se despedirán	se habrá despedido	se habrán despedido
5 potencial simple		**12 potencial compuesto**	
me despediría	nos despediríamos	me habría despedido	nos habríamos despedido
te despedirías	os despediríais	te habrías despedido	os habríais despedido
se despediría	se despedirían	se habría despedido	se habrían despedido
6 presente de subjuntivo		**13 perfecto de subjuntivo**	
me despida	nos despidamos	me haya despedido	nos hayamos despedido
te despidas	os despidáis	te hayas despedido	os hayáis despedido
se despida	se despidan	se haya despedido	se hayan despedido
7 imperfecto de subjuntivo		**14 pluscuamperfecto de subjuntivo**	
me despidiera	nos despidiéramos	me hubiera despedido	nos hubiéramos despedido
te despidieras	os despidierais	te hubieras despedido	os hubierais despedido
se despidiera	se despidieran	se hubiera despedido	se hubieran despedido
OR		OR	
me despidiese	nos despidiésemos	me hubiese despedido	nos hubiésemos despedido
te despidieses	os despidieseis	te hubieses despedido	os hubieseis despedido
se despidiese	se despidiesen	se hubiese despedido	se hubiesen despedido

imperativo	
—	despidámonos
despídete	despedíos
despídase	despídanse

Words related to this verb

despedirse a la francesa   to take French leave
despedir   to dismiss
un despedimiento, una despedida   dismissal, discharge, farewell

despertar

Part. pr. **despertando**   Part. pas. **despertado**

to enliven, to awaken (someone)

The Seven Simple Tenses		The Seven Compound Tenses	
Singular	Plural	Singular	Plural
1 presente de indicativo		**8 perfecto de indicativo**	
despierto	despertamos	he despertado	hemos despertado
despiertas	despertáis	has despertado	habéis despertado
despierta	despiertan	ha despertado	han despertado
2 imperfecto de indicativo		**9 pluscuamperfecto de indicativo**	
despertaba	despertábamos	había despertado	habíamos despertado
despertabas	despertabais	habías despertado	habíais despertado
despertaba	despertaban	había despertado	habían despertado
3 pretérito		**10 pretérito anterior**	
desperté	despertamos	hube despertado	hubimos despertado
despertaste	despertasteis	hubiste despertado	hubisteis despertado
despertó	despertaron	hubo despertado	hubieron despertado
4 futuro		**11 futuro perfecto**	
despertaré	despertaremos	habré despertado	habremos despertado
despertarás	despertaréis	habrás despertado	habréis despertado
despertará	despertarán	habrá despertado	habrán despertado
5 potencial simple		**12 potencial compuesto**	
despertaría	despertaríamos	habría despertado	habríamos despertado
despertarías	despertaríais	habrías despertado	habríais despertado
despertaría	despertarían	habría despertado	habrían despertado
6 presente de subjuntivo		**13 perfecto de subjuntivo**	
despierte	despertemos	haya despertado	hayamos despertado
despiertes	despertéis	hayas despertado	hayáis despertado
despierte	despierten	haya despertado	hayan despertado
7 imperfecto de subjuntivo		**14 pluscuamperfecto de subjuntivo**	
despertara	despertáramos	hubiera despertado	hubiéramos despertado
despertaras	despertarais	hubieras despertado	hubierais despertado
despertara	despertaran	hubiera despertado	hubieran despertado
OR		OR	
despertase	despertásemos	hubiese despertado	hubiésemos despertado
despertases	despertaseis	hubieses despertado	hubieseis despertado
despertase	despertasen	hubiese despertado	hubiesen despertado

imperativo	
—	despertemos
despierta	despertad
despierte	despierten

Words related to this verb

despertarse   to wake up oneself
un despertador   alarm clock
el despertamiento   awakening

to wake up oneself

The Seven Simple Tenses		The Seven Compound Tenses	
Singular	Plural	Singular	Plural

1   presente de indicativo

me despierto · nos despertamos
te despiertas · os despertáis
se despierta · se despiertan

8   perfecto de indicativo

me he despertado · nos hemos despertado
te has despertado · os habéis despertado
se ha despertado · se han despertado

2   imperfecto de indicativo

me despertaba · nos despertábamos
te despertabas · os despertabais
se despertaba · se despertaban

9   pluscuamperfecto de indicativo

me había despertado · nos habíamos despertado
te habías despertado · os habíais despertado
se había despertado · se habían despertado

3   pretérito

me desperté · nos despertamos
te despertaste · os despertasteis
se despertó · se despertaron

10   pretérito anterior

me hube despertado · nos hubimos despertado
te hubiste despertado · os hubisteis despertado
se hubo despertado · se hubieron despertado

4   futuro

me despertaré · nos despertaremos
te despertarás · os despertaréis
se despertará · se despertarán

11   futuro perfecto

me habré despertado · nos habremos despertado
te habrás despertado · os habréis despertado
se habrá despertado · se habrán despertado

5   potencial simple

me despertaría · nos despertaríamos
te despertarías · os despertaríais
se despertaría · se despertarían

12   potencial compuesto

me habría despertado · nos habríamos despertado
te habrías despertado · os habríais despertado
se habría despertado · se habrían despertado

6   presente de subjuntivo

me despierte · nos despertemos
te despiertes · os despertéis
se despierte · se despierten

13   perfecto de subjuntivo

me haya despertado · nos hayamos despertado
te hayas despertado · os hayáis despertado
se haya despertado · se hayan despertado

7   imperfecto de subjuntivo

me despertara · nos despertáramos
te despertaras · os despertarais
se despertara · se despertaran
OR
me despertase · nos despertásemos
te despertases · os despertaseis
se despertase · se despertasen

14   pluscuamperfecto de subjuntivo

me hubiera despertado · nos hubiéramos despertado
te hubieras despertado · os hubierais despertado
se hubiera despertado · se hubieran despertado
OR
me hubiese despertado · nos hubiésemos despertado
te hubieses despertado · os hubieseis despertado
se hubiese despertado · se hubiesen despertado

imperativo

—   despertémonos
despiértate   despertaos
despiértese   despiértense

Words related to this verb

despertar   to awaken (someone), to enliven
un despertador   alarm clock
el despertamiento   awakening

destruir

Part. pr. **destruyendo**   Part. pas. **destruido**

to destroy

The Seven Simple Tenses		The Seven Compound Tenses	
Singular	Plural	Singular	Plural

1   presente de indicativo

destruyo	destruimos
destruyes	destruís
destruye	destruyen

8   perfecto de indicativo

he destruido	hemos destruido
has destruido	habéis destruido
ha destruido	han destruido

2   imperfecto de indicativo

destruía	destruíamos
destruías	destruíais
destruía	destruían

9   pluscuamperfecto de indicativo

había destruido	habíamos destruido
habías destruido	habíais destruido
había destruido	habían destruido

3   pretérito

destruí	destruimos
destruiste	destruisteis
destruyó	destruyeron

10   pretérito anterior

hube destruido	hubimos destruido
hubiste destruido	hubisteis destruido
hubo destruido	hubieron destruido

4   futuro

destruiré	destruiremos
destruirás	destruiréis
destruirá	destruirán

11   futuro perfecto

habré destruido	habremos destruido
habrás destruido	habréis destruido
habrá destruido	habrán destruido

5   potencial simple

destruiría	destruiríamos
destruirías	destruiríais
destruiría	destruirían

12   potencial compuesto

habría destruido	habríamos destruido
habrías destruido	habríais destruido
habría destruido	habrían destruido

6   presente de subjuntivo

destruya	destruyamos
destruyas	destruyáis
destruya	destruyan

13   perfecto de subjuntivo

haya destruido	hayamos destruido
hayas destruido	hayáis destruido
haya destruido	hayan destruido

7   imperfecto de subjuntivo

destruyera	destruyéramos
destruyeras	destruyerais
destruyera	destruyeran
OR	
destruyese	destruyésemos
destruyeses	destruyeseis
destruyese	destruyesen

14   pluscuamperfecto de subjuntivo

hubiera destruido	hubiéramos destruido
hubieras destruido	hubierais destruido
hubiera destruido	hubieran destruido
OR	
hubiese destruido	hubiésemos destruido
hubieses destruido	hubieseis destruido
hubiese destruido	hubiesen destruido

imperativo

—	destruyamos
destruye; no destruyas	destruid; no destruyáis
destruya	destruyan

Words related to this verb

destructor, destructora destructor, destroyer
la destrucción destruction
destruible destructible

destructivo, destructiva destructive
destruidor, destruidora destroyer

to undress oneself, to get undressed

The Seven Simple Tenses		The Seven Compound Tenses	
Singular	Plural	Singular	Plural
1 presente de indicativo		**8 perfecto de indicativo**	
me desvisto	nos desvestimos	me he desvestido	nos hemos desvestido
te desvistes	os desvestís	te has desvestido	os habéis desvestido
se desviste	se desvisten	se ha desvestido	se han desvestido
2 imperfecto de indicativo		**9 pluscuamperfecto de indicativo**	
me desvestía	nos desvestíamos	me había desvestido	nos habíamos desvestido
te desvestías	os desvestíais	te habías desvestido	os habíais desvestido
se desvestía	se desvestían	se había desvestido	se habían desvestido
3 pretérito		**10 pretérito anterior**	
me desvestí	nos desvestimos	me hube desvestido	nos hubimos desvestido
te desvestiste	os desvestisteis	te hubiste desvestido	os hubisteis desvestido
se desvistió	se desvistieron	se hubo desvestido	se hubieron desvestido
4 futuro		**11 futuro perfecto**	
me desvestiré	nos desvestiremos	me habré desvestido	nos habremos desvestido
te desvestirás	os desvestiréis	te habrás desvestido	os habréis desvestido
se desvestirá	se desvestirán	se habrá desvestido	se habrán desvestido
5 potencial simple		**12 potencial compuesto**	
me desvestiría	nos desvestiríamos	me habría desvestido	nos habríamos desvestido
te desvestirías	os desvestiríais	te habrías desvestido	os habríais desvestido
se desvestiría	se desvestirían	se habría desvestido	se habrían desvestido
6 presente de subjuntivo		**13 perfecto de subjuntivo**	
me desvista	nos desvistamos	me haya desvestido	nos hayamos desvestido
te desvistas	os desvistáis	te hayas desvestido	os hayáis desvestido
se desvista	se desvistan	se haya desvestido	se hayan desvestido
7 imperfecto de subjuntivo		**14 pluscuamperfecto de subjuntivo**	
me desvistiera	nos desvistiéramos	me hubiera desvestido	nos hubiéramos desvestido
te desvistieras	os desvistierais	te hubieras desvestido	os hubierais desvestido
se desvistiera	se desvistieran	se hubiera desvestido	se hubieran desvestido
OR		OR	
me desvistiese	nos desvistiésemos	me hubiese desvestido	nos hubiésemos desvestido
te desvistieses	os desvistieseis	te hubieses desvestido	os hubieseis desvestido
se desvistiese	se desvistiesen	se hubiese desvestido	se hubiesen desvestido

	imperativo
—	desvistámonos
desvístete	desvestíos
desvístase	desvístanse

Words related to this verb

vestir   to clothe, to dress
vestirse   to clothe oneself, to dress oneself
el vestido   clothing, clothes, dress
vestidos usados   secondhand clothing

The subject pronouns are found on the page facing page 1.   **125**

to stop (oneself)

The Seven Simple Tenses		The Seven Compound Tenses	
Singular	Plural	Singular	Plural

1 presente de indicativo

me detengo	nos detenemos
te detienes	os detenéis
se detiene	se detienen

8 perfecto de indicativo

me he detenido	nos hemos detenido
te has detenido	os habéis detenido
se ha detenido	se han detenido

2 imperfecto de indicativo

me detenía	nos deteníamos
te detenías	os deteníais
se detenía	se detenían

9 pluscuamperfecto de indicativo

me había detenido	nos habíamos detenido
te habías detenido	os habíais detenido
se había detenido	se habían detenido

3 pretérito

me detuve	nos detuvimos
te detuviste	os detuvisteis
se detuvo	se detuvieron

10 pretérito anterior

me hube detenido	nos hubimos detenido
te hubiste detenido	os hubisteis detenido
se hubo detenido	se hubieron detenido

4 futuro

me detendré	nos detendremos
te detendrás	os detendréis
se detendrá	se detendrán

11 futuro perfecto

me habré detenido	nos habremos detenido
te habrás detenido	os habréis detenido
se habrá detenido	se habrán detenido

5 potencial simple

me detendría	nos detendríamos
te detendrías	os detendríais
se detendría	se detendrían

12 potencial compuesto

me habría detenido	nos habríamos detenido
te habrías detenido	os habríais detenido
se habría detenido	se habrían detenido

6 presente de subjuntivo

me detenga	nos detengamos
te detengas	os detengáis
se detenga	se detengan

13 perfecto de subjuntivo

me haya detenido	nos hayamos detenido
te hayas detenido	os hayáis detenido
se haya detenido	se hayan detenido

7 imperfecto de subjuntivo

me detuviera	nos detuviéramos
te detuvieras	os detuvierais
se detuviera	se detuvieran
OR	
me detuviese	nos detuviésemos
te detuvieses	os detuvieseis
se detuviese	se detuviesen

14 pluscuamperfecto de subjuntivo

me hubiera detenido	nos hubiéramos detenido
te hubieras detenido	os hubierais detenido
se hubiera detenido	se hubieran detenido
OR	
me hubiese detenido	nos hubiésemos detenido
te hubieses detenido	os hubieseis detenido
se hubiese detenido	se hubiesen detenido

imperativo

—	detengámonos
detente	deteneos
deténgase	deténganse

Words related to this verb

detener   to stop (someone or something), to detain
detenedor, detenedora   detainer

to return (an object), to refund, to give back

The Seven Simple Tenses		The Seven Compound Tenses	
Singular	Plural	Singular	Plural

1 presente de indicativo		8 perfecto de indicativo	
devuelvo	devolvemos	he devuelto	hemos devuelto
devuelves	devolvéis	has devueleto	habéis devuelto
devuelve	devuelven	ha devuelto	han devuelto

2 imperfecto de indicativo		9 pluscuamperfecto de indicativo	
devolvía	devolvíamos	había devuelto	habíamos devuelto
devolvías	devolvíais	habías devueleto	habíais devuelto
devolvía	devolvían	había devuelto	habían devuelto

3 pretérito		10 pretérito anterior	
devolví	devolvimos	hube devuelto	hubimos devuelto
devolviste	devolvisteis	hubiste devuelto	hubisteis devuelto
devolvió	devolvieron	hubo devuelto	hubieron devuelto

4 futuro		11 futuro perfecto	
devolveré	devolveremos	habré devuelto	habremos devuelto
devolverás	devolveréis	habrás devuelto	habréis devuelto
devolverá	devolverán	habrá devuelto	habrán devuelto

5 potencial simple		12 potencial compuesto	
devolvería	devolveríamos	habría devuelto	habríamos devuelto
devolverías	devolveríais	habrías devuelto	habríais devuelto
devolvería	devolverían	habría devuelto	habrían devuelto

6 presente de subjuntivo		13 perfecto de subjuntivo	
devuelva	devolvamos	haya devuelto	hayamos devuelto
devuelvas	devolváis	hayas devuelto	hayáis devuelto
devuelva	devuelvan	haya devuelto	hayan devuelto

7 imperfecto de subjuntivo		14 pluscuamperfecto de subjuntivo	
devolviera	devolviéramos	hubiera devuelto	hubiéramos devuelto
devolvieras	devolvierais	hubieras devuelto	hubierais devuelto
devolviera	devolvieran	hubiera devuelto	hubieran devuelto
OR		OR	
devolviese	devolviésemos	hubiese devuelto	hubiésemos devuelto
devolvieses	devolvieseis	hubieses devuelto	hubieseis devuelto
devolviese	devolviesen	hubiese devuelto	hubiesen devuelto

imperativo	
—	devolvamos
devuelve	devolved
devuelva	devuelvan

Sentences using this verb and words related to it

— ¿**Ha devuelto Ud. los libros a la biblioteca?**
— **Sí, señora, los devolví ayer.**

devolutivo, devolutiva   returnable
volver   to return, to go back

to direct

The Seven Simple Tenses		The Seven Compound Tenses	
Singular	Plural	Singular	Plural
1 presente de indicativo		**8 perfecto de indicativo**	
dirijo	dirigimos	he dirigido	hemos dirigido
diriges	dirigís	has dirigido	habéis dirigido
dirige	dirigen	ha dirigido	han dirigido
2 imperfecto de indicativo		**9 pluscuamperfecto de indicativo**	
dirigía	dirigíamos	había dirigido	habíamos dirigido
dirigías	dirigíais	habías dirigido	habíais dirigido
dirigía	dirigían	había dirigido	habían dirigido
3 pretérito		**10 pretérito anterior**	
dirigí	dirigimos	hube dirigido	hubimos dirigido
dirigiste	dirigisteis	hubiste dirigido	hubisteis dirigido
dirigió	dirigieron	hubo dirigido	hubieron dirigido
4 futuro		**11 futuro perfecto**	
dirigiré	dirigiremos	habré dirigido	habremos dirigido
dirigirás	dirigiréis	habrás dirigido	habréis dirigido
dirigirá	dirigirán	habrá dirigido	habrán dirigido
5 potencial simple		**12 potencial compuesto**	
dirigiría	dirigiríamos	habría dirigido	habríamos dirigido
dirigirías	dirigiríais	habrías dirigido	habríais dirigido
dirigiría	dirigirían	habría dirigido	habrían dirigido
6 presente de subjuntivo		**13 perfecto de subjuntivo**	
dirija	dirijamos	haya dirigido	hayamos dirigido
dirijas	dirijáis	hayas dirigido	hayáis dirigido
dirija	dirijan	haya dirigido	hayan dirigido
7 imperfecto de subjuntivo		**14 pluscuamperfecto de subjuntivo**	
dirigiera	dirigiéramos	hubiera dirigido	hubiéramos dirigido
dirigieras	dirigierais	hubieras dirigido	hubierais dirigido
dirigiera	dirigieran	hubiera dirigido	hubieran dirigido
OR		OR	
dirigiese	dirigiésemos	hubiese dirigido	hubiésemos dirigido
dirigieses	dirigieseis	hubieses dirigido	hubieseis dirigido
dirigiese	dirigiesen	hubiese dirigido	hubiesen dirigido

	imperativo
—	dirijamos
dirige	dirigid
dirija	dirijan

Words and expressions related to this verb

el director, la directora   director
director de orquesta   orchestra conductor
el dirigente, la dirigente   leader
dirigir la palabra   to address, to speak to

to excuse, to dispense, to distribute, to exempt

The Seven Simple Tenses		The Seven Compound Tenses	
Singular	Plural	Singular	Plural

1 presente de indicativo		8 perfecto de indicativo	
dispenso	dispensamos	he dispensado	hemos dispensado
dispensas	dispensáis	has dispensado	habéis dispensado
dispensa	dispensan	ha dispensado	han dispensado

2 imperfecto de indicativo		9 pluscuamperfecto de indicativo	
dispensaba	dispensábamos	había dispensado	habíamos dispensado
dispensabas	dispensabais	habías dispensado	habíais dispensado
dispensaba	dispensaban	había dispensado	habían dispensado

3 pretérito		10 pretérito anterior	
dispensé	dispensamos	hube dispensado	hubimos dispensado
dispensaste	dispensasteis	hubiste dispensado	hubisteis dispensado
dispensó	dispensaron	hubo dispensado	hubieron dispensado

4 futuro		11 futuro perfecto	
dispensaré	dispensaremos	habré dispensado	habremos dispensado
dispensarás	dispensaréis	habrás dispensado	habréis dispensado
dispensará	dispensarán	habrá dispensado	habrán dispensado

5 potencial simple		12 potencial compuesto	
dispensaría	dispensaríamos	habría dispensado	habríamos dispensado
dispensarías	dispensaríais	habrías dispensado	habríais dispensado
dispensaría	dispensarían	habría dispensado	habrían dispensado

6 presente de subjuntivo		13 perfecto de subjuntivo	
dispense	dispensemos	haya dispensado	hayamos dispensado
dispenses	dispenséis	hayas dispensado	hayáis dispensado
dispense	dispensen	haya dispensado	hayan dispensado

7 imperfecto de subjuntivo		14 pluscuamperfecto de subjuntivo	
dispensara	dispensáramos	hubiera dispensado	hubiéramos dispensado
dispensaras	dispensarais	hubieras dispensado	hubierais dispensado
dispensara	dispensaran	hubiera dispensado	hubieran dispensado
OR		OR	
dispensase	dispensásemos	hubiese dispensado	hubiésemos dispensado
dispensases	dispensaseis	hubieses dispensado	hubieseis dispensado
dispensase	dispensasen	hubiese dispensado	hubiesen dispensado

imperativo	
—	dispensemos
dispensa	dispensad
dispense	dispensen

Words and expressions related to this verb

¡Dispénseme!   Excuse me!
la dispensación   dispensation

distinguir

Part. pr. distinguiendo   **Part. pas. distinguido**

to distinguish

The Seven Simple Tenses		The Seven Compound Tenses	
Singular	Plural	Singular	Plural

1 presente de indicativo

distingo	distinguimos
distingues	distinguís
distingue	distinguen

8 perfecto de indicativo

he distinguido	hemos distinguido
has distinguido	habéis distinguido
ha distinguido	han distinguido

2 imperfecto de indicativo

distinguía	distinguíamos
distinguías	distinguíais
distinguía	distinguían

9 pluscuamperfecto de indicativo

había distinguido	habíamos distinguido
habías distinguido	habíais distinguido
había distinguido	habían distinguido

3 pretérito

distinguí	distinguimos
distinguiste	distinguisteis
distinguió	distinguieron

10 pretérito anterior

hube distinguido	hubimos distinguido
hubiste distinguido	hubisteis distinguido
hubo distinguido	hubieron distinguido

4 futuro

distinguiré	distinguiremos
distinguirás	distinguiréis
distinguirá	distinguirán

11 futuro perfecto

habré distinguido	habremos distinguido
habrás distinguido	habréis distinguido
habrá distinguido	habrán distinguido

5 potencial simple

distinguiría	distinguiríamos
distinguirías	distinguiríais
distinguiría	distinguirían

12 potencial compuesto

habría distinguido	habríamos distinguido
habrías distinguido	habríais distinguido
habría distinguido	habrían distinguido

6 presente de subjuntivo

distinga	distingamos
distingas	distingáis
distinga	distingan

13 perfecto de subjuntivo

haya distinguido	hayamos distinguido
hayas distinguido	hayáis distinguido
haya distinguido	hayan distinguido

7 imperfecto de subjuntivo

distinguiera	distinguiéramos
distinguieras	distinguierais
distinguiera	distinguieran
OR	
distinguiese	distinguiésemos
distinguieses	distinguieseis
distinguiese	distinguiesen

14 pluscuamperfecto de subjuntivo

hubiera distinguido	hubiéramos distinguido
hubieras distinguido	hubierais distinguido
hubiera distinguido	hubieran distinguido
OR	
hubiese distinguido	hubiésemos distinguido
hubieses distinguido	hubieseis distinguido
hubiese distinguido	hubiesen distinguido

imperativo

—	distingamos
distingue	distinguid
distinga	distingan

Words related to this verb

distinguirse to distinguish oneself
distintivo, distintiva distinctive
el distingo restriction
la distinción distinction

to have a good time, to enjoy oneself

The Seven Simple Tenses		The Seven Compound Tenses	
Singular	Plural	Singular	Plural
1 presente de indicativo		**8 perfecto de indicativo**	
me divierto	nos divertimos	me he divertido	nos hemos divertido
te diviertes	os divertís	te has divertido	os habéis divertido
se divierte	se divierten	se ha divertido	se han divertido
2 imperfecto de indicativo		**9 pluscuamperfecto de indicativo**	
me divertía	nos divertíamos	me había divertido	nos habíamos divertido
te divertías	os divertíais	te habías divertido	os habíais divertido
se divertía	se divertían	se había divertido	se habían divertido
3 pretérito		**10 pretérito anterior**	
me divertí	nos divertimos	me hube divertido	nos hubimos divertido
te divertiste	os divertisteis	te hubiste divertido	os hubisteis divertido
se divirtió	se divirtieron	se hubo divertido	se hubieron divertido
4 futuro		**11 futuro perfecto**	
me divertiré	nos divertiremos	me habré divertido	nos habremos divertido
te divertirás	os divertiréis	te habrás divertido	os habréis divertido
se divertirá	se divertirán	se habrá divertido	se habrán divertido
5 potencial simple		**12 potencial compuesto**	
me divertiría	nos divertiríamos	me habría divertido	nos habríamos divertido
te divertirías	os divertiríais	te habrías divertido	os habríais divertido
se divertiría	se divertirían	se habría divertido	se habrían divertido
6 presente de subjuntivo		**13 perfecto de subjuntivo**	
me divierta	nos divirtamos	me haya divertido	nos hayamos divertido
te diviertas	os divirtáis	te hayas divertido	os hayáis divertido
se divierta	se diviertan	se haya divertido	se hayan divertido
7 imperfecto de subjuntivo		**14 pluscuamperfecto de subjuntivo**	
me divirtiera	nos divirtiéramos	me hubiera divertido	nos hubiéramos divertido
te divirtieras	os divirtierais	te hubieras divertido	os hubierais divertido
se divirtiera	se divirtieran	se hubiera divertido	se hubieran divertido
OR		OR	
me divirtiese	nos divirtiésemos	me hubiese divertido	nos hubiésemos divertido
te divirtieses	os divirtieseis	te hubieses divertido	os hubieseis divertido
se divirtiese	se divirtiesen	se hubiese divertido	se hubiesen divertido

	imperativo	
—		divirtámonos
diviértete; no te diviertas		divertíos; no os divirtáis
diviértase		diviértanse

Words related to this verb

el divertimiento amusement, diversion
diverso, diversa diverse, different
la diversión entertainment
divertir to entertain

dormir

Part. pr. **durmiendo**   Part. pas. **dormido**

to sleep

The Seven Simple Tenses		The Seven Compound Tenses	
Singular	Plural	Singular	Plural

1   presente de indicativo

		8 perfecto de indicativo	
duermo	dormimos	he dormido	hemos dormido
duermes	dormís	has dormido	habéis dormido
duerme	duermen	ha dormido	han dormido

2   imperfecto de indicativo

		9 pluscuamperfecto de indicativo	
dormía	dormíamos	había dormido	habíamos dormido
dormías	dormíais	habías dormido	habíais dormido
dormía	dormían	había dormido	habían dormido

3   pretérito

		10 pretérito anterior	
dormí	dormimos	hube dormido	hubimos dormido
dormiste	dormisteis	hubiste dormido	hubisteis dormido
durmió	durmieron	hubo dormido	hubieron dormido

4   futuro

		11 futuro perfecto	
dormiré	dormiremos	habré dormido	habremos dormido
dormirás	dormiréis	habrás dormido	habréis dormido
dormirá	dormirán	habrá dormido	habrán dormido

5   potencial simple

		12 potencial compuesto	
dormiría	dormiríamos	habría dormido	habríamos dormido
dormirías	dormiríais	habrías dormido	habríais dormido
dormiría	dormirían	habría dormido	habrían dormido

6   presente de subjuntivo

		13 perfecto de subjuntivo	
duerma	durmamos	haya dormido	hayamos dormido
duermas	durmáis	hayas dormido	hayáis dormido
duerma	duerman	haya dormido	hayan dormido

7   imperfecto de subjuntivo

		14 pluscuamperfecto de subjuntivo	
durmiera	durmiéramos	hubiera dormido	hubiéramos dormido
durmieras	durmierais	hubieras dormido	hubierais dormido
durmiera	durmieran	hubiera dormido	hubieran dormido
OR		OR	
durmiese	durmiésemos	hubiese dormido	hubiésemos dormido
durmieses	durmieseis	hubieses dormido	hubieseis dormido
durmiese	durmiesen	hubiese dormido	hubiesen dormido

imperativo	
—	durmamos
duerme	dormid
duerma	duerman

Words and expressions related to this verb

dormirse   to fall asleep
dormir a pierna suelta   to sleep soundly
dormitar   to doze
el dormitorio   bedroom, dormitory

to fall asleep

The Seven Simple Tenses		The Seven Compound Tenses

Singular	Plural	Singular	Plural

1   presente de indicativo

me duermo	nos dormimos
te duermes	os dormís
se duerme	se duermen

8   perfecto de indicativo

me he dormido	nos hemos dormido
te has dormido	os habéis dormido
se ha dormido	se han dormido

2   imperfecto de indicativo

me dormía	nos dormíamos
te dormías	os dormíais
se dormía	se dormían

9   pluscuamperfecto de indicativo

me había dormido	nos habíamos dormido
te habías dormido	os habíais dormido
se había dormido	se habían dormido

3   pretérito

me dormí	nos dormimos
te dormiste	os dormisteis
se durmió	se durmieron

10   pretérito anterior

me hube dormido	nos hubimos dormido
te hubiste dormido	os hubisteis dormido
se hubo dormido	se hubieron dormido

4   futuro

me dormiré	nos dormiremos
te dormirás	os dormiréis
se dormirá	se dormirán

11   futuro perfecto

me habré dormido	nos habremos dormido
te habrás dormido	os habréis dormido
se habrá dormido	se habrán dormido

5   potencial simple

me dormiría	nos dormiríamos
te dormirías	os dormiríais
se dormiría	se dormirían

12   potencial compuesto

me habría dormido	nos habríamos dormido
te habrías dormido	os habríais dormido
se habría dormido	se habrían dormido

6   presente de subjuntivo

me duerma	nos durmamos
te duermas	os durmáis
se duerma	se duerman

13   perfecto de subjuntivo

me haya dormido	nos hayamos dormido
te hayas dormido	os hayáis dormido
se haya dormido	se hayan dormido

7   imperfecto de subjuntivo

me durmiera	nos durmiéramos
te durmieras	os durmierais
se durmiera	se durmieran
OR	
me durmiese	nos durmiésemos
te durmieses	os durmieseis
se durmiese	se durmiesen

14   pluscuamperfecto de subjuntivo

me hubiera dormido	nos hubiéramos dormido
te hubieras dormido	os hubierais dormido
se hubiera dormido	se hubieran dormido
OR	
me hubiese dormido	nos hubiésemos dormido
te hubieses dormido	os hubieseis dormido
se hubiese dormido	se hubiesen dormido

imperativo

—	**durmámonos**
duérmete	**dormíos**
duérmase	**duérmanse**

Words and expressions related to this verb

dormir   to sleep
dormir a pierna suelta   to sleep soundly
dormitar   to doze
el dormitorio   bedroom, dormitory

dudar

to doubt

The Seven Simple Tenses		The Seven Compound Tenses	
Singular	Plural	Singular	Plural
1 presente de indicativo		**8 perfecto de indicativo**	
dudo	dudamos	he dudado	hemos dudado
dudas	dudáis	has dudado	habéis dudado
duda	dudan	ha dudado	han dudado
2 imperfecto de indicativo		**9 pluscuamperfecto de indicativo**	
dudaba	dudábamos	había dudado	habíamos dudado
dudabas	dudabais	habías dudado	habíais dudado
dudaba	dudaban	había dudado	habían dudado
3 pretérito		**10 pretérito anterior**	
dudé	dudamos	hube dudado	hubimos dudado
dudaste	dudasteis	hubiste dudado	hubisteis dudado
dudó	dudaron	hubo dudado	hubieron dudado
4 futuro		**11 futuro perfecto**	
dudaré	dudaremos	habré dudado	habremos dudado
dudarás	dudaréis	habrás dudado	habréis dudado
dudará	dudarán	habrá dudado	habrán dudado
5 potencial simple		**12 potencial compuesto**	
dudaría	dudaríamos	habría dudado	habríamos dudado
dudarías	dudaríais	habrías dudado	habríais dudado
dudaría	dudarían	habría dudado	habrían dudado
6 presente de subjuntivo		**13 perfecto de subjuntivo**	
dude	dudemos	haya dudado	hayamos dudado
dudes	dudéis	hayas dudado	hayáis dudado
dude	duden	haya dudado	hayan dudado
7 imperfecto de subjuntivo		**14 pluscuamperfecto de subjuntivo**	
dudara	dudáramos	hubiera dudado	hubiéramos dudado
dudaras	dudarais	hubieras dudado	hubierais dudado
dudara	dudaran	hubiera dudado	hubieran dudado
OR		OR	
dudase	dudásemos	hubiese dudado	hubiésemos dudado
dudases	dudaseis	hubieses dudado	hubieseis dudado
dudase	dudasen	hubiese dudado	hubiesen dudado

imperativo	
—	dudemos
duda	dudad
dude	duden

Words related to this verb

la duda   doubt
sin duda   undoubtedly, without a doubt
dudoso, dudosa   doubtful
dudosamente   doubtfully

to cast, to fling, to hurl, to pitch, to throw

The Seven Simple Tenses		The Seven Compound Tenses	
Singular	Plural	Singular	Plural
1 presente de indicativo		**8 perfecto de indicativo**	
echo	echamos	he echado	hemos echado
echas	echáis	has echado	habéis echado
echa	echan	ha echado	han echado
2 imperfecto de indicativo		**9 pluscuamperfecto de indicativo**	
echaba	echábamos	había echado	habíamos echado
echabas	echabais	habías echado	habíais echado
echaba	echaban	había echado	habían echado
3 pretérito		**10 pretérito anterior**	
eché	echamos	hube echado	hubimos echado
echaste	echasteis	hubiste echado	hubisteis echado
echó	echaron	hubo echado	hubieron echado
4 futuro		**11 futuro perfecto**	
echaré	echaremos	habré echado	habremos echado
echarás	echaréis	habrás echado	habréis echado
echará	echarán	habrá echado	habrán echado
5 potencial simple		**12 potencial compuesto**	
echaría	echaríamos	habría echado	habríamos echado
echarías	echaríais	habrías echado	habríais echado
echaría	echarían	habría echado	habrían echado
6 presente de subjuntivo		**13 perfecto de subjuntivo**	
eche	echemos	haya echado	hayamos echado
eches	echéis	hayas echado	hayáis echado
eche	echen	haya echado	hayan echado
7 imperfecto de subjuntivo		**14 pluscuamperfecto de subjuntivo**	
echara	echáramos	hubiera echado	hubiéramos echado
echaras	echarais	hubieras echado	hubierais echado
echara	echaran	hubiera echado	hubieran echado
OR		OR	
echase	echásemos	hubiese echado	hubiésemos echado
echases	echaseis	hubieses echado	hubieseis echado
echase	echasen	hubiese echado	hubiesen echado

imperativo	
—	echemos
echa	echad
eche	echen

Words and expressions related to this verb

echar mano a   to grab
echar una carta al correo   to mail (post) a letter
una echada, un echamiento   cast, throw, casting, throwing

The subject pronouns are found on the page facing page 1.

135

ejercer

Part. pr. **ejerciendo**   Part. pas. **ejercido**

to exert, to exercise

The Seven Simple Tenses		The Seven Compound Tenses	
Singular	Plural	Singular	Plural
1 presente de indicativo		**8 perfecto de indicativo**	
ejerzo	ejercemos	he ejercido	hemos ejercido
ejerces	ejercéis	has ejercido	habéis ejercido
ejerce	ejercen	ha ejercido	han ejercido
2 imperfecto de indicativo		**9 pluscuamperfecto de indicativo**	
ejercía	ejercíamos	había ejercido	habíamos ejercido
ejercías	ejercíais	habías ejercido	habíais ejercido
ejercía	ejercían	había ejercido	habían ejercido
3 pretérito		**10 pretérito anterior**	
ejercí	ejercimos	hube ejercido	hubimos ejercido
ejerciste	ejercisteis	hubiste ejercido	hubisteis ejercido
ejerció	ejercieron	hubo ejercido	hubieron ejercido
4 futuro		**11 futuro perfecto**	
ejerceré	ejerceremos	habré ejercido	habremos ejercido
ejercerás	ejerceréis	habrás ejercido	habréis ejercido
ejercerá	ejercerán	habrá ejercido	habrán ejercido
5 potencial simple		**12 potencial compuesto**	
ejercería	ejerceríamos	habría ejercido	habríamos ejercido
ejercerías	ejerceríais	habrías ejercido	habríais ejercido
ejercería	ejercerían	habría ejercido	habrían ejercido
6 presente de subjuntivo		**13 perfecto de subjuntivo**	
ejerza	ejerzamos	haya ejercido	hayamos ejercido
ejerzas	ejerzáis	hayas ejercido	hayáis ejercido
ejerza	ejerzan	haya ejercido	hayan ejercido
7 imperfecto de subjuntivo		**14 pluscuamperfecto de subjuntivo**	
ejerciera	ejerciéramos	hubiera ejercido	hubiéramos ejercido
ejercieras	ejercierais	hubieras ejercido	hubierais ejercido
ejerciera	ejercieran	hubiera ejercido	hubieran ejercido
OR		OR	
ejerciese	ejerciésemos	hubiese ejercido	hubiésemos ejercido
ejercieses	ejercieseis	hubieses ejercido	hubieseis ejercido
ejerciese	ejerciesen	hubiese ejercido	hubiesen ejercido

	imperativo
—	ejerzamos
ejerce	ejerced
ejerza	ejerzan

Words and expressions related to this verb

el ejercicio   exercise
hacer ejercicio   to drill, to exercise
el ejército   army
ejercitar   to drill, to exercise, to train

136

to elect, to select, to choose

The Seven Simple Tenses		The Seven Compound Tenses	
Singular	Plural	Singular	Plural
1 presente de indicativo		**8 perfecto de indicativo**	
elijo	elegimos	he elegido	hemos elegido
eliges	elegís	has elegido	habéis elegido
elige	eligen	ha elegido	han elegido
2 imperfecto de indicativo		**9 pluscuamperfecto de indicativo**	
elegía	elegíamos	había elegido	habíamos elegido
elegías	elegíais	habías elegido	habíais elegido
elegía	elegían	había elegido	habían elegido
3 pretérito		**10 pretérito anterior**	
elegí	elegimos	hube elegido	hubimos elegido
elegiste	elegisteis	hubiste elegido	hubisteis elegido
eligió	eligieron	hubo elegido	hubieron elegido
4 futuro		**11 futuro perfecto**	
elegiré	elegiremos	habré elegido	habremos elegido
elegirás	elegiréis	habrás elegido	habréis elegido
elegirá	elegirán	habrá elegido	habrán elegido
5 potencial simple		**12 potencial compuesto**	
elegiría	elegiríamos	habría elegido	habríamos elegido
elegirías	elegiríais	habrías elegido	habríais elegido
elegiría	elegirían	habría elegido	habrían elegido
6 presente de subjuntivo		**13 perfecto de subjuntivo**	
elija	elijamos	haya elegido	hayamos elegido
elijas	elijáis	hayas elegido	hayáis elegido
elija	elijan	haya elegido	hayan elegido
7 imperfecto de subjuntivo		**14 pluscuamperfecto de subjuntivo**	
eligiera	eligiéramos	hubiera elegido	hubiéramos elegido
eligieras	eligierais	hubieras elegido	hubierais elegido
eligiera	eligieran	hubiera elegido	hubieran elegido
OR		OR	
eligiese	eligiésemos	hubiese elegido	hubiésemos elegido
eligieses	eligieseis	hubieses elegido	hubieseis elegido
eligiese	eligiesen	hubiese elegido	hubiesen elegido

imperativo	
—	elijamos
elige	elegid
elija	elijan

Words related to this verb

elegible eligible
la elegibilidad eligibility

to begin, to start

The Seven Simple Tenses		The Seven Compound Tenses	
Singular	Plural	Singular	Plural

1 presente de indicativo		8 perfecto de indicativo	
empiezo	empezamos	he empezado	hemos empezado
empiezas	empezáis	has empezado	habéis empezado
empieza	empiezan	ha empezado	han empezado

2 imperfecto de indicativo		9 pluscuamperfecto de indicativo	
empezaba	empezábamos	había empezado	habíamos empezado
empezabas	empezabais	habías empezado	habíais empezado
empezaba	empezaban	había empezado	habían empezado

3 pretérito		10 pretérito anterior	
empecé	empezamos	hube empezado	hubimos empezado
empezaste	empezasteis	hubiste empezado	hubisteis empezado
empezó	empezaron	hubo empezado	hubieron empezado

4 futuro		11 futuro perfecto	
empezaré	empezaremos	habré empezado	habremos empezado
empezarás	empezaréis	habrás empezado	habréis empezado
empezará	empezarán	habrá empezado	habrán empezado

5 potencial simple		12 potencial compuesto	
empezaría	empezaríamos	habría empezado	habríamos empezado
empezarías	empezaríais	habrías empezado	habríais empezado
empezaría	empezarían	habría empezado	habrían empezado

6 presente de subjuntivo		13 perfecto de subjuntivo	
empiece	empecemos	haya empezado	hayamos empezado
empieces	empecéis	hayas empezado	hayáis empezado
empiece	empiecen	haya empezado	hayan empezado

7 imperfecto de subjuntivo		14 pluscuamperfecto de subjuntivo	
empezara	empezáramos	hubiera empezado	hubiéramos empezado
empezaras	empezarais	hubieras empezado	hubierais empezado
empezara	empezaran	hubiera empezado	hubieran empezado
OR		OR	
empezase	empezásemos	hubiese empezado	hubiésemos empezado
empezases	empezaseis	hubieses empezado	hubieseis empezado
empezase	empezasen	hubiese empezado	hubiesen empezado

	imperativo	
—	empecemos
empieza	empezad
empiece	empiecen

Common idiomatic expressions using this verb

empezar por + inf. to begin by + pres. part.
empezar a + inf. to begin + inf.; **Ricardo empieza a escribir en inglés.**

to employ, to use

The Seven Simple Tenses		The Seven Compound Tenses	
Singular	Plural	Singular	Plural
1 presente de indicativo		**8 perfecto de indicativo**	
empleo	empleamos	he empleado	hemos empleado
empleas	empleáis	has empleado	habéis empleado
emplea	emplean	ha empleado	han empleado
2 imperfecto de indicativo		**9 pluscuamperfecto de indicativo**	
empleaba	empleábamos	había empleado	habíamos empleado
empleabas	empleabais	habías empleado	habíais empleado
empleaba	empleaban	había empleado	habían empleado
3 pretérito		**10 pretérito anterior**	
empleé	empleamos	hube empleado	hubimos empleado
empleaste	empleasteis	hubiste empleado	hubisteis empleado
empleó	emplearon	hubo empleado	hubieron empleado
4 futuro		**11 futuro perfecto**	
emplearé	emplearemos	habré empleado	habremos empleado
emplearás	emplearéis	habrás empleado	habréis empleado
empleará	emplearán	habrá empleado	habrán empleado
5 potencial simple		**12 potencial compuesto**	
emplearía	emplearíamos	habría empleado	habríamos empleado
emplearías	emplearíais	habrías empleado	habríais empleado
emplearía	emplearían	habría empleado	habrían empleado
6 presente de subjuntivo		**13 perfecto de subjuntivo**	
emplee	empleemos	haya empleado	hayamos empleado
emplees	empleéis	hayas empleado	hayáis empleado
emplee	empleen	haya empleado	hayan empleado
7 imperfecto de subjuntivo		**14 pluscuamperfecto de subjuntivo**	
empleara	empleáramos	hubiera empleado	hubiéramos empleado
emplearas	emplearais	hubieras empleado	hubierais empleado
empleara	emplearan	hubiera empleado	hubieran empleado
OR		OR	
emplease	empleásemos	hubiese empleado	hubiésemos empleado
empleases	empleaseis	hubieses empleado	hubieseis empleado
emplease	empleasen	hubiese empleado	hubiesen empleado

imperativo	
—	empleemos
emplea	emplead
emplee	empleen

Words related to this verb

un empleado, una empleada   employee
el empleo   job, employment, occupation, use

encontrar

Part. pr. **encontrando**   Part. pas. **encontrado**

to meet, to encounter, to find

The Seven Simple Tenses		The Seven Compound Tenses	
Singular	Plural	Singular	Plural
1 presente de indicativo		**8 perfecto de indicativo**	
encuentro	encontramos	he encontrado	hemos encontrado
encuentras	encontráis	has encontrado	habéis encontrado
encuentra	encuentran	ha encontrado	han encontrado
2 imperfecto de indicativo		**9 pluscuamperfecto de indicativo**	
encontraba	encontrábamos	había encontrado	habíamos encontrado
encontrabas	encontrabais	habías encontrado	habíais encontrado
encontraba	encontraban	había encontrado	habían encontrado
3 pretérito		**10 pretérito anterior**	
encontré	encontramos	hube encontrado	hubimos encontrado
encontraste	encontrasteis	hubiste encontrado	hubisteis encontrado
encontró	encontraron	hubo encontrado	hubieron encontrado
4 futuro		**11 futuro perfecto**	
encontraré	encontraremos	habré encontrado	habremos encontrado
encontrarás	encontraréis	habrás encontrado	habréis encontrado
encontrará	encontrarán	habrá encontrado	habrán encontrado
5 potencial simple		**12 potencial compuesto**	
encontraría	encontraríamos	habría encontrado	habríamos encontrado
encontrarías	encontraríais	habrías encontrado	habríais encontrado
encontraría	encontrarían	habría encontrado	habrían encontrado
6 presente de subjuntivo		**13 perfecto de subjuntivo**	
encuentre	encontremos	haya encontrado	hayamos encontrado
encuentres	encontréis	hayas encontrado	hayáis encontrado
encuentre	encuentren	haya encontrado	hayan encontrado
7 imperfecto de subjuntivo		**14 pluscuamperfecto de subjuntivo**	
encontrara	encontráramos	hubiera encontrado	hubiéramos encontrado
encontraras	encontrarais	hubieras encontrado	hubierais encontrado
encontrara	encontraran	hubiera encontrado	hubieran encontrado
OR		OR	
encontrase	encontrásemos	hubiese encontrado	hubiésemos encontrado
encontrases	encontraseis	hubieses encontrado	hubieseis encontrado
encontrase	encontrasen	hubiese encontrado	hubiesen encontrado

imperativo	
—	encontremos
encuentra	encontrad
encuentre	encuentren

Words and expressions related to this verb

un encuentro   encounter, meeting
salir al encuentro de   to go to meet
encontrarse con alguien   to meet someone, to run across someone

140

to find, to meet, to come across or upon

The Seven Simple Tenses		The Seven Compound Tenses	
Singular	Plural	Singular	Plural

1 presente de indicativo		8 perfecto de indicativo	
me encuentro	nos encontramos	me he encontrado	nos hemos encontrado
te encuentras	os encontráis	te has encontrado	os habéis encontrado
se encuentra	se encuentran	se ha encontrado	se han encontrado

2 imperfecto de indicativo		9 pluscuamperfecto de indicativo	
me encontraba	nos encontrábamos	me había encontrado	nos habíamos encontrado
te encontrabas	os encontrabais	te habías encontrado	os habíais encontrado
se encontraba	se encontraban	se había encontrado	se habían encontrado

3 pretérito		10 pretérito anterior	
me encontré	nos encontramos	me hube encontrado	nos hubimos encontrado
te encontraste	os encontrasteis	te hubiste encontrado	os hubisteis encontrado
se encontró	se encontraron	se hubo encontrado	se hubieron encontrado

4 futuro		11 futuro perfecto	
me encontraré	nos encontraremos	me habré encontrado	nos habremos encontrado
te encontrarás	os encontraréis	te habrás encontrado	os habréis encontrado
se encontrará	se encontrarán	se habrá encontrado	se habrán encontrado

5 potencial simple		12 potencial compuesto	
me encontraría	nos encontraríamos	me habría encontrado	nos habríamos encontrado
te encontrarías	os encontraríais	te habrías encontrado	os habríais encontrado
se encontraría	se encontrarían	se habría encontrado	se habrían encontrado

6 presente de subjuntivo		13 perfecto de subjuntivo	
me encuentre	nos encontremos	me haya encontrado	nos hayamos encontrado
te encuentres	os encontréis	te hayas encontrado	os hayáis encontrado
se encuentre	se encuentren	se haya encontrado	se hayan encontrado

7 imperfecto de subjuntivo		14 pluscuamperfecto de subjuntivo	
me encontrara	nos encontráramos	me hubiera encontrado	nos hubiéramos encontrado
te encontraras	os encontrarais	te hubieras encontrado	os hubierais encontrado
se encontrara	se encontraran	se hubiera encontrado	se hubieran encontrado
OR		OR	
me encontrase	nos encontrásemos	me hubiese encontrado	nos hubiésemos encontrado
te encontrases	os encontraseis	te hubieses encontrado	os hubieseis encontrado
se encontrase	se encontrasen	se hubiese encontrado	se hubiesen encontrado

imperativo	
—	encontrémonos
encuéntrate	encontraos
encuéntrese	encuéntrense

Words and expressions related to this verb

encontrar   to meet, to encounter, to find
un encuentro   encounter, meeting
salir al encuentro de   to go to meet
encontrarse con alguien   to meet someone, to run across someone

The subject pronouns are found on the page facing page 1.

enfadarse

to become angry

The Seven Simple Tenses		The Seven Compound Tenses	
Singular	Plural	Singular	Plural

1   presente de indicativo

		8 perfecto de indicativo	
me enfado	nos enfadamos	me he enfadado	nos hemos enfadado
te enfadas	os enfadáis	te has enfadado	os habéis enfadado
se enfada	se enfadan	se ha enfadado	se han enfadado

2   imperfecto de indicativo

		9 pluscuamperfecto de indicativo	
me enfadaba	nos enfadábamos	me había enfadado	nos habíamos enfadado
te enfadabas	os enfadabais	te habías enfadado	os habíais enfadado
se enfadaba	se enfadaban	se había enfadado	se habían enfadado

3   pretérito

		10 pretérito anterior	
me enfadé	nos enfadamos	me hube enfadado	nos hubimos enfadado
te enfadaste	os enfadasteis	te hubiste enfadado	os hubisteis enfadado
se enfadó	se enfadaron	se hubo enfadado	se hubieron enfadado

4   futuro

		11 futuro perfecto	
me enfadaré	nos enfadaremos	me habré enfadado	nos habremos enfadado
te enfadarás	os enfadaréis	te habrás enfadado	os habréis enfadado
se enfadará	se enfadarán	se habrá enfadado	se habrán enfadado

5   potencial simple

		12 potencial compuesto	
me enfadaría	nos enfadaríamos	me habría enfadado	nos habríamos enfadado
te enfadarías	os enfadaríais	te habrías enfadado	os habríais enfadado
se enfadaría	se enfadarían	se habría enfadado	se habrían enfadado

6   presente de subjuntivo

		13 perfecto de subjuntivo	
me enfade	nos enfademos	me haya enfadado	nos hayamos enfadado
te enfades	os enfadéis	te hayas enfadado	os hayáis enfadado
se enfade	se enfaden	se haya enfadado	se hayan enfadado

7   imperfecto de subjuntivo

		14 pluscuamperfecto de subjuntivo	
me enfadara	nos enfadáramos	me hubiera enfadado	nos hubiéramos enfadado
te enfadaras	os enfadarais	te hubieras enfadado	os hubierais enfadado
se enfadara	se enfadaran	se hubiera enfadado	se hubieran enfadado
OR		OR	
me enfadase	nos enfadásemos	me hubiese enfadado	nos hubiésemos enfadado
te enfadases	os enfadaseis	te hubieses enfadado	os hubieseis enfadado
se enfadase	se enfadasen	se hubiese enfadado	se hubiesen enfadado

imperativo	
—	enfadémonos
enfádate	enfadaos
enfádese	enfádense

Words related to this verb

enfadoso, enfadosa   annoying
el enfado   anger, vexation
enfadadizo, enfadadiza   irritable
enfadosamente   annoyingly
enfadar   to anger

to become angry, to get angry, to get cross

The Seven Simple Tenses		The Seven Compound Tenses	
Singular	Plural	Singular	Plural

1   presente de indicativo

		8 perfecto de indicativo	
me enojo	nos enojamos	me he enojado	nos hemos enojado
te enojas	os enojáis	te has enojado	os habéis enojado
se enoja	se enojan	se ha enojado	se han enojado

2   imperfecto de indicativo

		9 pluscuamperfecto de indicativo	
me enojaba	nos enojábamos	me había enojado	nos habíamos enojado
te enojabas	os enojabais	te habías enojado	os habíais enojado
se enojaba	se enojaban	se había enojado	se habían enojado

3   pretérito

		10 pretérito anterior	
me enojé	nos enojamos	me hube enojado	nos hubimos enojado
te enojaste	os enojasteis	te hubiste enojado	os hubisteis enojado
se enojó	se enojaron	se hubo enojado	se hubieron enojado

4   futuro

		11 futuro perfecto	
me enojaré	nos enojaremos	me habré enojado	nos habremos enojado
te enojarás	os enojaréis	te habrás enojado	os habréis enojado
se enojará	se enojarán	se habrá enojado	se habrán enojado

5   potencial simple

		12 potencial compuesto	
me enojaría	nos enojaríamos	me habría enojado	nos habríamos enojado
te enojarías	os enojaríais	te habrías enojado	os habríais enojado
se enojaría	se enojarían	se habría enojado	se habrían enojado

6   presente de subjuntivo

		13 perfecto de subjuntivo	
me enoje	nos enojemos	me haya enojado	nos hayamos enojado
te enojes	os enojéis	te hayas enojado	os hayáis enojado
se enoje	se enojen	se haya enojado	se hayan enojado

7   imperfecto de subjuntivo

		14 pluscuamperfecto de subjuntivo	
me enojara	nos enojáramos	me hubiera enojado	nos hubiéramos enojado
te enojaras	os enojarais	te hubieras enojado	os hubierais enojado
se enojara	se enojaran	se hubiera enojado	se hubieran enojado
OR		OR	
me enojase	nos enojásemos	me hubiese enojado	nos hubiésemos enojado
te enojases	os enojaseis	te hubieses enojado	os hubieseis enojado
se enojase	se enojasen	se hubiese enojado	se hubiesen enojado

imperativo	
—	enojémonos
enójate	enojaos
enójese	enójense

Words related to this verb

enojar   to annoy, to irritate, to make angry, to vex
el enojo   anger, annoyance
enojoso, enojosa   irritating, troublesome
enojosamente   angrily
enojado, enojada   angry

The subject pronouns are found on the page facing page 1.

to teach, to show, to point out

The Seven Simple Tenses		The Seven Compound Tenses	
Singular	Plural	Singular	Plural
1 presente de indicativo		**8 perfecto de indicativo**	
enseño	enseñamos	he enseñado	hemos enseñado
enseñas	enseñáis	has enseñado	habéis enseñado
enseña	enseñan	ha enseñado	han enseñado
2 imperfecto de indicativo		**9 pluscuamperfecto de indicativo**	
enseñaba	enseñábamos	había enseñado	habíamos enseñado
enseñabas	enseñabais	habías enseñado	habíais enseñado
enseñaba	enseñaban	había enseñado	habían enseñado
3 pretérito		**10 pretérito anterior**	
enseñé	enseñamos	hube enseñado	hubimos enseñado
enseñaste	enseñasteis	hubiste enseñado	hubisteis enseñado
enseñó	enseñaron	hubo enseñado	hubieron enseñado
4 futuro		**11 futuro perfecto**	
enseñaré	enseñaremos	habré enseñado	habremos enseñado
enseñarás	enseñaréis	habrás enseñado	habréis enseñado
enseñará	enseñarán	habrá enseñado	habrán enseñado
5 potencial simple		**12 potencial compuesto**	
enseñaría	enseñaríamos	habría enseñado	habríamos enseñado
enseñarías	enseñaríais	habrías enseñado	habríais enseñado
enseñaría	enseñarían	habría enseñado	habrían enseñado
6 presente de subjuntivo		**13 perfecto de subjuntivo**	
enseñe	enseñemos	haya enseñado	hayamos enseñado
enseñes	enseñéis	hayas enseñado	hayáis enseñado
enseñe	enseñen	haya enseñado	hayan enseñado
7 imperfecto de subjuntivo		**14 pluscuamperfecto de subjuntivo**	
enseñara	enseñáramos	hubiera enseñado	hubiéramos enseñado
enseñaras	enseñarais	hubieras enseñado	hubierais enseñado
enseñara	enseñaran	hubiera enseñado	hubieran enseñado
OR		OR	
enseñase	enseñásemos	hubiese enseñado	hubiésemos enseñado
enseñases	enseñaseis	hubieses enseñado	hubieseis enseñado
enseñase	enseñasen	hubiese enseñado	hubiesen enseñado

imperativo	
—	enseñemos
enseña	enseñad
enseñe	enseñen

Words related to this verb

enseñarse   to teach oneself
el enseño   teaching
el enseñamiento, la enseñanza   teaching, education
   la enseñanza primaria   primary education
   la enseñanza secundaria   secondary (high school) education
   la enseñanza superior   higher education
el enseñador, la enseñadora   instructor

to understand

The Seven Simple Tenses		The Seven Compound Tenses	
Singular	Plural	Singular	Plural
1 presente de indicativo		**8 perfecto de indicativo**	
entiendo	entendemos	he entendido	hemos entendido
entiendes	entendéis	has entendido	habéis entendido
entiende	entienden	ha entendido	han entendido
2 imperfecto de indicativo		**9 pluscuamperfecto de indicativo**	
entendía	entendíamos	había entendido	habíamos entendido
entendías	entendíais	habías entendido	habíais entendido
entendía	entendían	había entendido	habían entendido
3 pretérito		**10 pretérito anterior**	
entendí	entendimos	hube entendido	hubimos entendido
entendiste	entendisteis	hubiste entendido	hubisteis entendido
entendió	entendieron	hubo entendido	hubieron entendido
4 futuro		**11 futuro perfecto**	
entenderé	entenderemos	habré entendido	habremos entendido
entenderás	entenderéis	habrás entendido	habréis entendido
entenderá	entenderán	habrá entendido	habrán entendido
5 potencial simple		**12 potencial compuesto**	
entendería	entenderíamos	habría entendido	habríamos entendido
entenderías	entenderíais	habrías entendido	habríais entendido
entendería	entenderían	habría entendido	habrían entendido
6 presente de subjuntivo		**13 perfecto de subjuntivo**	
entienda	entendamos	haya entendido	hayamos entendido
entiendas	entendáis	hayas entendido	hayáis entendido
entienda	entiendan	haya entendido	hayan entendido
7 imperfecto de subjuntivo		**14 pluscuamperfecto de subjuntivo**	
entendiera	entendiéramos	hubiera entendido	hubiéramos entendido
entendieras	entendierais	hubieras entendido	hubierais entendido
entendiera	entendieran	hubiera entendido	hubieran entendido
OR		OR	
entendiese	entendiésemos	hubiese entendido	hubiésemos entendido
entendieses	entendieseis	hubieses entendido	hubieseis entendido
entendiese	entendiesen	hubiese entendido	hubiesen entendido

imperativo	
—	entendamos
entiende	entended
entienda	entiendan

Words and expressions related to this verb

dar a entender   to insinuate, to hint
el entender   understanding
según mi entender   according to my understanding
el entendimiento   comprehension, understanding

The subject pronouns are found on the page facing page 1.   **145**

entrar

to enter, to go (in), to come (in)

The Seven Simple Tenses		The Seven Compound Tenses	
Singular	Plural	Singular	Plural
1 presente de indicativo		**8 perfecto de indicativo**	
entro	entramos	he entrado	hemos entrado
entras	entráis	has entrado	habéis entrado
entra	entran	ha entrado	han entrado
2 imperfecto de indicativo		**9 pluscuamperfecto de indicativo**	
entraba	entrábamos	había entrado	habíamos entrado
entrabas	entrabais	habías entrado	habíais entrado
entraba	entraban	había entrado	habían entrado
3 pretérito		**10 pretérito anterior**	
entré	entramos	hube entrado	hubimos entrado
entraste	entrasteis	hubiste entrado	hubisteis entrado
entró	entraron	hubo entrado	hubieron entrado
4 futuro		**11 futuro perfecto**	
entraré	entraremos	habré entrado	habremos entrado
entrarás	entraréis	habrás entrado	habréis entrado
entrará	entrarán	habrá entrado	habrán entrado
5 potencial simple		**12 potencial compuesto**	
entraría	entraríamos	habría entrado	habríamos entrado
entrarías	entraríais	habrías entrado	habríais entrado
entraría	entrarían	habría entrado	habrían entrado
6 presente de subjuntivo		**13 perfecto de subjuntivo**	
entre	entremos	haya entrado	hayamos entrado
entres	entréis	hayas entrado	hayáis entrado
entre	entren	haya entrado	hayan entrado
7 imperfecto de subjuntivo		**14 pluscuamperfecto de subjuntivo**	
entrara	entráramos	hubiera entrado	hubiéramos entrado
entraras	entrarais	hubieras entrado	hubierais entrado
entrara	entraran	hubiera entrado	hubieran entrado
OR		OR	
entrase	entrásemos	hubiese entrado	hubiésemos entrado
entrases	entraseis	hubieses entrado	hubieseis entrado
entrase	entrasen	hubiese entrado	hubiesen entrado

imperativo	
—	entremos
entra	entrad
entre	entren

Words and expressions related to this verb

la entrada entrance
entrada general general admission (theater, movies)
entrado (entrada) en años advanced in years

146

to enunciate, to state

The Seven Simple Tenses		The Seven Compound Tenses	
Singular	Plural	Singular	Plural
1 presente de indicativo		**8 perfecto de indicativo**	
enuncio	enunciamos	he enunciado	hemos enunciado
enuncias	enunciáis	has enunciado	habéis enunciado
enuncia	enuncian	ha enunciado	han enunciado
2 imperfecto de indicativo		**9 pluscuamperfecto de indicativo**	
enunciaba	enunciábamos	había enunciado	habíamos enunciado
enunciabas	enunciabais	habías enunciado	habíais enunciado
enunciaba	enunciaban	había enunciado	habían enunciado
3 pretérito		**10 pretérito anterior**	
enuncié	enunciamos	hube enunciado	hubimos enunciado
enunciaste	enunciasteis	hubiste enunciado	hubisteis enunciado
enunció	enunciaron	hubo enunciado	hubieron enunciado
4 futuro		**11 futuro perfecto**	
enunciaré	enunciaremos	habré enunciado	habremos enunciado
enunciarás	enunciaréis	habrás enunciado	habréis enunciado
enunciará	enunciarán	habrá enunciado	habrán enunciado
5 potencial simple		**12 potencial compuesto**	
enunciaría	enunciaríamos	habría enunciado	habríamos enunciado
enunciarías	enunciaríais	habrías enunciado	habríais enunciado
enunciaría	enunciarían	habría enunciado	habrían enunciado
6 presente de subjuntivo		**13 perfecto de subjuntivo**	
enuncie	enunciemos	haya enunciado	hayamos enunciado
enuncies	enunciéis	hayas enunciado	hayáis enunciado
enuncie	enuncien	haya enunciado	hayan enunciado
7 imperfecto de subjuntivo		**14 pluscuamperfecto de subjuntivo**	
enunciara	enunciáramos	hubiera enunciado	hubiéramos enunciado
enunciaras	enunciarais	hubieras enunciado	hubierais enunciado
enunciara	enunciaran	hubiera enunciado	hubieran enunciado
OR		OR	
enunciase	enunciásemos	hubiese enunciado	hubiésemos enunciado
enunciases	enunciaseis	hubieses enunciado	hubieseis enunciado
enunciase	enunciasen	hubiese enunciado	hubiesen enunciado

	imperativo
—	enunciemos
enuncia	enunciad
enuncie	enuncien

Words related to this verb

la enunciación   enunciation, statement, declaration
enunciativo, enunciativa   enunciative

to send

The Seven Simple Tenses		The Seven Compound Tenses	
Singular	Plural	Singular	Plural
1 presente de indicativo		**8 perfecto de indicativo**	
envío	enviamos	he enviado	hemos enviado
envías	enviáis	has enviado	habéis enviado
envía	envían	ha enviado	han enviado
2 imperfecto de indicativo		**9 pluscuamperfecto de indicativo**	
enviaba	enviábamos	había enviado	habíamos enviado
enviabas	enviabais	habías enviado	habíais enviado
enviaba	enviaban	había enviado	habían enviado
3 pretérito		**10 pretérito anterior**	
envié	enviamos	hube enviado	hubimos enviado
enviaste	enviasteis	hubiste enviado	hubisteis enviado
envió	enviaron	hubo enviado	hubieron enviado
4 futuro		**11 futuro perfecto**	
enviaré	enviaremos	habré enviado	habremos enviado
enviarás	enviaréis	habrás enviado	habréis enviado
enviará	enviarán	habrá enviado	habrán enviado
5 potencial simple		**12 potencial compuesto**	
enviaría	enviaríamos	habría enviado	habríamos enviado
enviarías	enviaríais	habrías enviado	habríais enviado
enviaría	enviarían	habría enviado	habrían enviado
6 presente de subjuntivo		**13 perfecto de subjuntivo**	
envíe	enviemos	haya enviado	hayamos enviado
envíes	enviéis	hayas enviado	hayáis enviado
envíe	envíen	haya enviado	hayan enviado
7 imperfecto de subjuntivo		**14 pluscuamperfecto de subjuntivo**	
enviara	enviáramos	hubiera enviado	hubiéramos enviado
enviaras	enviarais	hubieras enviado	hubierais enviado
enviara	enviaran	hubiera enviado	hubieran enviado
OR		OR	
enviase	enviásemos	hubiese enviado	hubiésemos enviado
enviases	enviaseis	hubieses enviado	hubieseis enviado
enviase	enviasen	hubiese enviado	hubiesen enviado

imperativo	
—	enviemos
envía	enviad
envíe	envíen

Words and expressions related to this verb

enviar a alguien a pasear   to send someone to take a walk
enviador, enviadora   sender
la enviada   shipment

to be mistaken

The Seven Simple Tenses		The Seven Compound Tenses	
Singular	Plural	Singular	Plural

1   presente de indicativo
me equivoco	nos equivocamos		
te equivocas	os equivocáis		
se equivoca	se equivocan		

8   perfecto de indicativo
me he equivocado	nos hemos equivocado
te has equivocado	os habéis equivocado
se ha equivocado	se han equivocado

2   imperfecto de indicativo
me equivocaba	nos equivocábamos
te equivocabas	os equivocabais
se equivocaba	se equivocaban

9   pluscuamperfecto de indicativo
me había equivocado	nos habíamos equivocado
te habías equivocado	os habíais equivocado
se había equivocado	se habían equivocado

3   pretérito
me equivoqué	nos equivocamos
te equivocaste	os equivocasteis
se equivocó	se equivocaron

10   pretérito anterior
me hube equivocado	nos hubimos equivocado
te hubiste equivocado	os hubisteis equivocado
se hubo equivocado	se hubieron equivocado

4   futuro
me equivocaré	nos equivocaremos
te equivocarás	os equivocaréis
se equivocará	se equivocarán

11   futuro perfecto
me habré equivocado	nos habremos equivocado
te habrás equivocado	os habréis equivocado
se habrá equivocado	se habrán equivocado

5   potencial simple
me equivocaría	nos equivocaríamos
te equivocarías	os equivocaríais
se equivocaría	se equivocarían

12   potencial compuesto
me habría equivocado	nos habríamos equivocado
te habrías equivocado	os habríais equivocado
se habría equivocado	se habrían equivocado

6   presente de subjuntivo
me equivoque	nos equivoquemos
te equivoques	os equivoquéis
se equivoque	se equivoquen

13   perfecto de subjuntivo
me haya equivocado	nos hayamos equivocado
te hayas equivocado	os hayáis equivocado
se haya equivocado	se hayan equivocado

7   imperfecto de subjuntivo
me equivocara	nos equivocáramos
te equivocaras	os equivocarais
se equivocara	se equivocaran
OR	
me equivocase	nos equivocásemos
te equivocases	os equivocaseis
se equivocase	se equivocasen

14   pluscuamperfecto de subjuntivo
me hubiera equivocado	nos hubiéramos equivocado
te hubieras equivocado	os hubierais equivocado
se hubiera equivocado	se hubieran equivocado
OR	
me hubiese equivocado	nos hubiésemos equivocado
te hubieses equivocado	os hubieseis equivocado
se hubiese equivocado	se hubiesen equivocado

imperativo

—	equivoquémonos
equivócate; no te equivoques	**equivocaos; no os equivoquéis**
equivóquese	**equivóquense**

Words related to this verb

equivoquista   quibbler
equivocado, equivocada   mistaken
una equivocación   error, mistake, equivocation

to err, to wander, to roam, to miss

The Seven Simple Tenses		The Seven Compound Tenses	
Singular	Plural	Singular	Plural

1 presente de indicativo

		8 perfecto de indicativo	
yerro	erramos	he errado	hemos errado
yerras	erráis	has errado	habéis errado
yerra	yerran	ha errado	han errado

2 imperfecto de indicativo

		9 pluscuamperfecto de indicativo	
erraba	errábamos	había errado	habíamos errado
errabas	errabais	habías errado	habíais errado
erraba	erraban	había errado	habían errado

3 pretérito

		10 pretérito anterior	
erré	erramos	hube errado	hubimos errado
erraste	errasteis	hubiste errado	hubisteis errado
erró	erraron	hubo errado	hubieron errado

4 futuro

		11 futuro perfecto	
erraré	erraremos	habré errado	habremos errado
errarás	erraréis	habrás errado	habréis errado
errará	errarán	habrá errado	habrán errado

5 potencial simple

		12 potencial compuesto	
erraría	erraríamos	habría errado	habríamos errado
errarías	erraríais	habrías errado	habríais errado
erraría	errarían	habría errado	habrían errado

6 presente de subjuntivo

		13 perfecto de subjuntivo	
yerre	erremos	haya errado	hayamos errado
yerres	erréis	hayas errado	hayáis errado
yerre	yerren	haya errado	hayan errado

7 imperfecto de subjuntivo

		14 pluscuamperfecto de subjuntivo	
errara	erráramos	hubiera errado	hubiéramos errado
erraras	errarais	hubieras errado	hubierais errado
errara	erraran	hubiera errado	hubieran errado
OR		OR	
errase	errásemos	hubiese errado	hubiésemos errado
errases	erraseis	hubieses errado	hubieseis errado
errase	errasen	hubiese errado	hubiesen errado

imperativo	
—	erremos
yerra	errad
yerre	yerren

Words related to this verb

una errata   erratum, typographical error
errante   errant, wandering
un error   error, mistake

to choose, to select

The Seven Simple Tenses		The Seven Compound Tenses	
Singular	Plural	Singular	Plural

1   presente de indicativo

escojo	escogemos
escoges	escogéis
escoge	escogen

8   perfecto de indicativo

he escogido	hemos escogido
has escogido	habéis escogido
ha escogido	han escogido

2   imperfecto de indicativo

escogía	escogíamos
escogías	escogíais
escogía	escogían

9   pluscuamperfecto de indicativo

había escogido	habíamos escogido
habías escogido	habíais escogido
había escogido	habían escogido

3   pretérito

escogí	escogimos
escogiste	escogisteis
escogió	escogieron

10   pretérito anterior

hube escogido	hubimos escogido
hubiste escogido	hubisteis escogido
hubo escogido	hubieron escogido

4   futuro

escogeré	escogeremos
escogerás	escogeréis
escogerá	escogerán

11   futuro perfecto

habré escogido	habremos escogido
habrás escogido	habréis escogido
habrá escogido	habrán escogido

5   potencial simple

escogería	escogeríamos
escogerías	escogeríais
escogería	escogerían

12   potencial compuesto

habría escogido	habríamos escogido
habrías escogido	habríais escogido
habría escogido	habrían escogido

6   presente de subjuntivo

escoja	escojamos
escojas	escojáis
escoja	escojan

13   perfecto de subjuntivo

haya escogido	hayamos escogido
hayas escogido	hayáis escogido
haya escogido	hayan escogido

7   imperfecto de subjuntivo

escogiera	escogiéramos
escogieras	escogierais
escogiera	escogieran
OR	
escogiese	escogiésemos
escogieses	escogieseis
escogiese	escogiesen

14   pluscuamperfecto de subjuntivo

hubiera escogido	hubiéramos escogido
hubieras escogido	hubierais escogido
hubiera escogido	hubieran escogido
OR	
hubiese escogido	hubiésemos escogido
hubieses escogido	hubieseis escogido
hubiese escogido	hubiesen escogido

imperativo

—	escojamos
escoge	escoged
escoja	escojan

Words related to this verb

un escogimiento   choice, selection
escogedor, escogedora   chooser
escogido, escogida   chosen

escribir

to write

The Seven Simple Tenses		The Seven Compound Tenses	
Singular	Plural	Singular	Plural
1 presente de indicativo		**8 perfecto de indicativo**	
escribo	escribimos	he escrito	hemos escrito
escribes	escribís	has escrito	habéis escrito
escribe	escriben	ha escrito	han escrito
2 imperfecto de indicativo		**9 pluscuamperfecto de indicativo**	
escribía	escribíamos	había escrito	habíamos escrito
escribías	escribíais	habías escrito	habíais escrito
escribía	escribían	había escrito	habían escrito
3 pretérito		**10 pretérito anterior**	
escribí	escribimos	hube escrito	hubimos escrito
escribiste	escribisteis	hubiste escrito	hubisteis escrito
escribió	escribieron	hubo escrito	hubieron escrito
4 futuro		**11 futuro perfecto**	
escribiré	escribiremos	habré escrito	habremos escrito
escribirás	escribiréis	habrás escrito	habréis escrito
escribirá	escribirán	habrá escrito	habrán escrito
5 potencial simple		**12 potencial compuesto**	
escribiría	escribiríamos	habría escrito	habríamos escrito
escribirías	escribiríais	habrías escrito	habríais escrito
escribiría	escribirían	habría escrito	habrían escrito
6 presente de subjuntivo		**13 perfecto de subjuntivo**	
escriba	escribamos	haya escrito	hayamos escrito
escribas	escribáis	hayas escrito	hayáis escrito
escriba	escriban	haya escrito	hayan escrito
7 imperfecto de subjuntivo		**14 pluscuamperfecto de subjuntivo**	
escribiera	escribiéramos	hubiera escrito	hubiéramos escrito
escribieras	escribierais	hubieras escrito	hubierais escrito
escribiera	escribieran	hubiera escrito	hubieran escrito
OR		OR	
escribiese	escribiésemos	hubiese escrito	hubiésemos escrito
escribieses	escribieseis	hubieses escrito	hubieseis escrito
escribiese	escribiesen	hubiese escrito	hubiesen escrito

	imperativo	
—	escribamos
escribe	escribid
escriba	escriban

Words and expressions related to this verb

una máquina de escribir   typewriter
escribir a máquina   to typewrite
un escritorio   writing desk
escritor, escritora   writer, author
por escrito   in writing

The Seven Simple Tenses | The Seven Compound Tenses

Singular	Plural	Singular	Plural
1 presente de indicativo		**8 perfecto de indicativo**	
escucho	escuchamos	he escuchado	hemos escuchado
escuchas	escucháis	has escuchado	habéis escuchado
escucha	escuchan	ha escuchado	han escuchado
2 imperfecto de indicativo		**9 pluscuamperfecto de indicativo**	
escuchaba	escuchábamos	había escuchado	habíamos escuchado
escuchabas	escuchabais	habías escuchado	habíais escuchado
escuchaba	escuchaban	había escuchado	habían escuchado
3 pretérito		**10 pretérito anterior**	
escuché	escuchamos	hube escuchado	hubimos escuchado
escuchaste	escuchasteis	hubiste escuchado	hubisteis escuchado
escuchó	escucharon	hubo escuchado	hubieron escuchado
4 futuro		**11 futuro perfecto**	
escucharé	escucharemos	habré escuchado	habremos escuchado
escucharás	escucharéis	habrás escuchado	habréis escuchado
escuchará	escucharán	habrá escuchado	habrán escuchado
5 potencial simple		**12 potencial compuesto**	
escucharía	escucharíamos	habría escuchado	habríamos escuchado
escucharías	escucharíais	habrías escuchado	habríais escuchado
escucharía	escucharían	habría escuchado	habrían escuchado
6 presente de subjuntivo		**13 perfecto de subjuntivo**	
escuche	escuchemos	haya escuchado	hayamos escuchado
escuches	escuchéis	hayas escuchado	hayáis escuchado
escuche	escuchen	haya escuchado	hayan escuchado
7 imperfecto de subjuntivo		**14 pluscuamperfecto de subjuntivo**	
escuchara	escucháramos	hubiera escuchado	hubiéramos escuchado
escucharas	escucharais	hubieras escuchado	hubierais escuchado
escuchara	escucharan	hubiera escuchado	hubieran escuchado
OR		OR	
escuchase	escuchásemos	hubiese escuchado	hubiésemos escuchado
escuchases	escuchaseis	hubieses escuchado	hubieseis escuchado
escuchase	escuchasen	hubiese escuchado	hubiesen escuchado

	imperativo
—	escuchemos
escucha	escuchad
escuche	escuchen

Words related to this verb

escuchar + noun   to listen to + noun
  Escucho un disco.   I'm listening to a record.
escuchador, escuchadora, escuchante   listener

Part. pr. **esparciendo**   Part. pas. **esparcido**

to scatter, to spread

The Seven Simple Tenses		The Seven Compound Tenses	
Singular	Plural	Singular	Plural
1 presente de indicativo		**8 perfecto de indicativo**	
esparzo	esparcimos	he esparcido	hemos esparcido
esparces	esparcís	has esparcido	habéis esparcido
esparce	esparcen	ha esparcido	han esparcido
2 imperfecto de indicativo		**9 pluscuamperfecto de indicativo**	
esparcía	esparcíamos	había esparcido	habíamos esparcido
esparcías	esparcíais	habías esparcido	habíais esparcido
esparcía	esparcían	había esparcido	habían esparcido
3 pretérito		**10 pretérito anterior**	
esparcí	esparcimos	hube esparcido	hubimos esparcido
esparciste	esparcisteis	hubiste esparcido	hubisteis esparcido
esparció	esparcieron	hubo esparcido	hubieron esparcido
4 futuro		**11 futuro perfecto**	
esparciré	esparciremos	habré esparcido	habremos esparcido
esparcirás	esparciréis	habrás esparcido	habréis esparcido
esparcirá	esparcirán	habrá esparcido	habrán esparcido
5 potencial simple		**12 potencial compuesto**	
esparciría	esparciríamos	habría esparcido	habríamos esparcido
esparcirías	esparciríais	habrías esparcido	habríais esparcido
esparciría	esparcirían	habría esparcido	habrían esparcido
6 presente de subjuntivo		**13 perfecto de subjuntivo**	
esparza	esparzamos	haya esparcido	hayamos esparcido
esparzas	esparzáis	hayas esparcido	hayáis esparcido
esparza	esparzan	haya esparcido	hayan esparcido
7 imperfecto de subjuntivo		**14 pluscuamperfecto de subjuntivo**	
esparciera	esparciéramos	hubiera esparcido	hubiéramos esparcido
esparcieras	esparcierais	hubieras esparcido	hubierais esparcido
esparciera	esparcieran	hubiera esparcido	hubieran esparcido
OR		OR	
esparciese	esparciésemos	hubiese esparcido	hubiésemos esparcido
esparcieses	esparcieseis	hubieses esparcido	hubieseis esparcido
esparciese	esparciesen	hubiese esparcido	hubiesen esparcido

	imperativo
—	esparzamos
esparce	esparcid
esparza	esparzan

Consult the sections on verbs used in idiomatic expressions, verbs with prepositions, and the list of over 1,000 verbs conjugated like model verbs in the back pages.

to expect, to hope, to wait (for)

The Seven Simple Tenses		The Seven Compound Tenses	
Singular	Plural	Singular	Plural
1 presente de indicativo		**8 perfecto de indicativo**	
espero	esperamos	he esperado	hemos esperado
esperas	esperáis	has esperado	habéis esperado
espera	esperan	ha esperado	han esperado
2 imperfecto de indicativo		**9 pluscuamperfecto de indicativo**	
esperaba	esperábamos	había esperado	habíamos esperado
esperabas	esperabais	habías esperado	habíais esperado
esperaba	esperaban	había esperado	habían esperado
3 pretérito		**10 pretérito anterior**	
esperé	esperamos	hube esperado	hubimos esperado
esperaste	esperasteis	hubiste esperado	hubisteis esperado
esperó	esperaron	hubo esperado	hubieron esperado
4 futuro		**11 futuro perfecto**	
esperaré	esperaremos	habré esperado	habremos esperado
esperarás	esperaréis	habrás esperado	habréis esperado
esperará	esperarán	habrá esperado	habrán esperado
5 potencial simple		**12 potencial compuesto**	
esperaría	esperaríamos	habría esperado	habríamos esperado
esperarías	esperaríais	habrías esperado	habríais esperado
esperaría	esperarían	habría esperado	habrían esperado
6 presente de subjuntivo		**13 perfecto de subjuntivo**	
espere	esperemos	haya esperado	hayamos esperado
esperes	esperéis	hayas esperado	hayáis esperado
espere	esperen	haya esperado	hayan esperado
7 imperfecto de subjuntivo		**14 pluscuamperfecto de subjuntivo**	
esperara	esperáramos	hubiera esperado	hubiéramos esperado
esperaras	esperarais	hubieras esperado	hubierais esperado
esperara	esperaran	hubiera esperado	hubieran esperado
OR		OR	
esperase	esperásemos	hubiese esperado	hubiésemos esperado
esperases	esperaseis	hubieses esperado	hubieseis esperado
esperase	esperasen	hubiese esperado	hubiesen esperado

	imperativo	
	—	esperemos
	espera	esperad
	espere	esperen

Sentences using this verb and words related to it

Mientras hay alma hay esperanza.   Where there is life there is hope.
la esperanza   hope
No hay esperanza.   There is no hope.
dar esperanzas   to give encouragement

to be

The Seven Simple Tenses | The Seven Compound Tenses

Singular	Plural	Singular	Plural
1 presente de indicativo		**8 perfecto de indicativo**	
estoy	estamos	he estado	hemos estado
estás	estáis	has estado	habéis estado
está	están	ha estado	han estado
2 imperfecto de indicativo		**9 pluscuamperfecto de indicativo**	
estaba	estábamos	había estado	habíamos estado
estabas	estabais	habías estado	habíais estado
estaba	estaban	había estado	habían estado
3 pretérito		**10 pretérito anterior**	
estuve	estuvimos	hube estado	hubimos estado
estuviste	estuvisteis	hubiste estado	hubisteis estado
estuvo	estuvieron	hubo estado	hubieron estado
4 futuro		**11 futuro perfecto**	
estaré	estaremos	habré estado	habremos estado
estarás	estaréis	habrás estado	habréis estado
estará	estarán	habrá estado	habrán estado
5 potencial simple		**12 potencial compuesto**	
estaría	estaríamos	habría estado	habríamos estado
estarías	estaríais	habrías estado	habríais estado
estaría	estarían	habría estado	habrían estado
6 presente de subjuntivo		**13 perfecto de subjuntivo**	
esté	estemos	haya estado	hayamos estado
estés	estéis	hayas estado	hayáis estado
esté	estén	haya estado	hayan estado
7 imperfecto de subjuntivo		**14 pluscuamperfecto de subjuntivo**	
estuviera	estuviéramos	hubiera estado	hubiéramos estado
estuvieras	estuvierais	hubieras estado	hubierais estado
estuviera	estuvieran	hubiera estado	hubieran estado
OR		OR	
estuviese	estuviésemos	hubiese estado	hubiésemos estado
estuvieses	estuvieseis	hubieses estado	hubieseis estado
estuviese	estuviesen	hubiese estado	hubiesen estado

imperativo

—	estemos
está	estad
esté	estén

Common idiomatic expressions using this verb

—¿**Cómo está Ud.?**
—**Estoy muy bien, gracias. ¿Y usted?**
—**Estoy enfermo hoy.**

estar para + inf.   to be about + inf.
   Estoy para salir.   I am about to go out.
estar por   to be in favor of

The Seven Simple Tenses | The Seven Compound Tenses

Singular	Plural	Singular	Plural
1 presente de indicativo		**8 perfecto de indicativo**	
estudio	estudiamos	he estudiado	hemos estudiado
estudias	estudiáis	has estudiado	habéis estudiado
estudia	estudian	ha estudiado	han estudiado
2 imperfecto de indicativo		**9 pluscuamperfecto de indicativo**	
estudiaba	estudiábamos	había estudiado	habíamos estudiado
estudiabas	estudiabais	habías estudiado	habíais estudiado
estudiaba	estudiaban	había estudiado	habían estudiado
3 pretérito		**10 pretérito anterior**	
estudié	estudiamos	hube estudiado	hubimos estudiado
estudiaste	estudiasteis	hubiste estudiado	hubisteis estudiado
estudió	estudiaron	hubo estudiado	hubieron estudiado
4 futuro		**11 futuro perfecto**	
estudiaré	estudiaremos	habré estudiado	habremos estudiado
estudiarás	estudiaréis	habrás estudiado	habréis estudiado
estudiará	estudiarán	habrá estudiado	habrán estudiado
5 potencial simple		**12 potencial compuesto**	
estudiaría	estudiaríamos	habría estudiado	habríamos estudiado
estudiarías	estudiaríais	habrías estudiado	habríais estudiado
estudiaría	estudiarían	habría estudiado	habrían estudiado
6 presente de subjuntivo		**13 perfecto de subjuntivo**	
estudie	estudiemos	haya estudiado	hayamos estudiado
estudies	estudiéis	hayas estudiado	hayáis estudiado
estudie	estudien	haya estudiado	hayan estudiado
7 imperfecto de subjuntivo		**14 pluscuamperfecto de subjuntivo**	
estudiara	estudiáramos	hubiera estudiado	hubiéramos estudiado
estudiaras	estudiarais	hubieras estudiado	hubierais estudiado
estudiara	estudiaran	hubiera estudiado	hubieran estudiado
OR		OR	
estudiase	estudiásemos	hubiese estudiado	hubiésemos estudiado
estudiases	estudiaseis	hubieses estudiado	hubieseis estudiado
estudiase	estudiasen	hubiese estudiado	hubiesen estudiado

imperativo

—	estudiemos
estudia	estudiad
estudie	estudien

Words related to this verb

un, una estudiante   student
el estudio   study, studio, study room
estudioso, estudiosa   studious

to demand, to urge, to require

The Seven Simple Tenses		The Seven Compound Tenses	
Singular	Plural	Singular	Plural
1 presente de indicativo		**8 perfecto de indicativo**	
exijo	exigimos	he exigido	hemos exigido
exiges	exigís	has exigido	habéis exigido
exige	exigen	ha exigido	han exigido
2 imperfecto de indicativo		**9 pluscuamperfecto de indicativo**	
exigía	exigíamos	había exigido	habíamos exigido
exigías	exigíais	habías exigido	habíais exigido
exigía	exigían	había exigido	habían exigido
3 pretérito		**10 pretérito anterior**	
exigí	exigimos	hube exigido	hubimos exigido
exigiste	exigisteis	hubiste exigido	hubisteis exigido
exigió	exigieron	hubo exigido	hubieron exigido
4 futuro		**11 futuro perfecto**	
exigiré	exigiremos	habré exigido	habremos exigido
exigirás	exigiréis	habrás exigido	habréis exigido
exigirá	exigirán	habrá exigido	habrán exigido
5 potencial simple		**12 potencial compuesto**	
exigiría	exigiríamos	habría exigido	habríamos exigido
exigirías	exigiríais	habrías exigido	habríais exigido
exigiría	exigirían	habría exigido	habrían exigido
6 presente de subjuntivo		**13 perfecto de subjuntivo**	
exija	exijamos	haya exigido	hayamos exigido
exijas	exijáis	hayas exigido	hayáis exigido
exija	exijan	haya exigido	hayan exigido
7 imperfecto de subjuntivo		**14 pluscuamperfecto de subjuntivo**	
exigiera	exigiéramos	hubiera exigido	hubiéramos exigido
exigieras	exigierais	hubieras exigido	hubierais exigido
exigiera	exigieran	hubiera exigido	hubieran exigido
OR		OR	
exigiese	exigiésemos	hubiese exigido	hubiésemos exigido
exigieses	exigieseis	hubieses exigido	hubieseis exigido
exigiese	exigiesen	hubiese exigido	hubiesen exigido

imperativo	
—	exijamos
exige	exigid
exija	exijan

Words related to this verb

exigente   exacting, demanding
la exigencia   exigency, requirement

The Seven Simple Tenses		The Seven Compound Tenses	
Singular	Plural	Singular	Plural

1 presente de indicativo		8 perfecto de indicativo	
explico	explicamos	he explicado	hemos explicado
explicas	explicáis	has explicado	habéis explicado
explica	explican	ha explicado	han explicado

2 imperfecto de indicativo		9 pluscuamperfecto de indicativo	
explicaba	explicábamos	había explicado	habíamos explicado
explicabas	explicabais	habías explicado	habíais explicado
explicaba	explicaban	había explicado	habían explicado

3 pretérito		10 pretérito anterior	
expliqué	explicamos	hube explicado	hubimos explicado
explicaste	explicasteis	hubiste explicado	hubisteis explicado
explicó	explicaron	hubo explicado	hubieron explicado

4 futuro		11 futuro perfecto	
explicaré	explicaremos	habré explicado	habremos explicado
explicarás	explicaréis	habrás explicado	habréis explicado
explicará	explicarán	habrá explicado	habrán explicado

5 potencial simple		12 potencial compuesto	
explicaría	explicaríamos	habría explicado	habríamos explicado
explicarías	explicaríais	habrías explicado	habríais explicado
explicaría	explicarían	habría explicado	habrían explicado

6 presente de subjuntivo		13 perfecto de subjuntivo	
explique	expliquemos	haya explicado	hayamos explicado
expliques	expliquéis	hayas explicado	hayáis explicado
explique	expliquen	haya explicado	hayan explicado

7 imperfecto de subjuntivo		14 pluscuamperfecto de subjuntivo	
explicara	explicáramos	hubiera explicado	hubiéramos explicado
explicaras	explicarais	hubieras explicado	hubierais explicado
explicara	explicaran	hubiera explicado	hubieran explicado
OR		OR	
explicase	explicásemos	hubiese explicado	hubiésemos explicado
explicases	explicaseis	hubieses explicado	hubieseis explicado
explicase	explicasen	hubiese explicado	hubiesen explicado

imperativo	
—	expliquemos
explica	explicad
explique	expliquen

Words related to this verb

una explicación   explanation
explícito, explícita   explicit
explícitamente   explicitly

to express

The Seven Simple Tenses		The Seven Compound Tenses	
Singular	Plural	Singular	Plural
1 presente de indicativo		**8 perfecto de indicativo**	
expreso	expresamos	he expresado	hemos expresado
expresas	expresáis	has expresado	habéis expresado
expresa	expresan	ha expresado	han expresado
2 imperfecto de indicativo		**9 pluscuamperfecto de indicativo**	
expresaba	expresábamos	había expresado	habíamos expresado
expresabas	expresabais	habías expresado	habíais expresado
expresaba	expresaban	había expresado	habían expresado
3 pretérito		**10 pretérito anterior**	
expresé	expresamos	hube expresado	hubimos expresado
expresaste	expresasteis	hubiste expresado	hubisteis expresado
expresó	expresaron	hubo expresado	hubieron expresado
4 futuro		**11 futuro perfecto**	
expresaré	expresaremos	habré expresado	habremos expresado
expresarás	expresaréis	habrás expresado	habréis expresado
expresará	expresarán	habrá expresado	habrán expresado
5 potencial simple		**12 potencial compuesto**	
expresaría	expresaríamos	habría expresado	habríamos expresado
expresarías	expresaríais	habrías expresado	habríais expresado
expresaría	expresarían	habría expresado	habrían expresado
6 presente de subjuntivo		**13 perfecto de subjuntivo**	
exprese	expresemos	haya expresado	hayamos expresado
expreses	expreséis	hayas expresado	hayáis expresado
exprese	expresen	haya expresado	hayan expresado
7 imperfecto de subjuntivo		**14 pluscuamperfecto de subjuntivo**	
expresara	expresáramos	hubiera expresado	hubiéramos expresado
expresaras	expresarais	hubieras expresado	hubierais expresado
expresara	expresaran	hubiera expresado	hubieran expresado
OR		OR	
expresase	expresásemos	hubiese expresado	hubiésemos expresado
expresases	expresaseis	hubieses expresado	hubieseis expresado
expresase	expresasen	hubiese expresado	hubiesen expresado

imperativo	
—	expresemos
expresa	expresad
exprese	expresen

Words related to this verb

expresarse   to express oneself
una expresión   expression, phrase
expresamente   expressly
expresivamente   expressively

to be lacking, to be wanting, to lack, to miss, to need

The Seven Simple Tenses		The Seven Compound Tenses	
Singular	Plural	Singular	Plural

1 presente de indicativo		8 perfecto de indicativo	
falto	faltamos	he faltado	hemos faltado
faltas	faltáis	has faltado	habéis faltado
falta	faltan	ha faltado	han faltado

2 imperfecto de indicativo		9 pluscuamperfecto de indicativo	
faltaba	faltábamos	había faltado	habíamos faltado
faltabas	faltabais	habías faltado	habíais faltado
faltaba	faltaban	había faltado	habían faltado

3 pretérito		10 pretérito anterior	
falté	faltamos	hube faltado	hubimos faltado
faltaste	faltasteis	hubiste faltado	hubisteis faltado
faltó	faltaron	hubo faltado	hubieron faltado

4 futuro		11 futuro perfecto	
faltaré	faltaremos	habré faltado	habremos faltado
faltarás	faltaréis	habrás faltado	habréis faltado
faltará	faltarán	habrá faltado	habrán faltado

5 potencial simple		12 potencial compuesto	
faltaría	faltaríamos	habría faltado	habríamos faltado
faltarías	faltaríais	habrías faltado	habríais faltado
faltaría	faltarían	habría faltado	habrían faltado

6 presente de subjuntivo		13 perfecto de subjuntivo	
falte	faltemos	haya faltado	hayamos faltado
faltes	faltéis	hayas faltado	hayáis faltado
falte	falten	haya faltado	hayan faltado

7 imperfecto de subjuntivo		14 pluscuamperfecto de subjuntivo	
faltara	faltáramos	hubiera faltado	hubiéramos faltado
faltaras	faltarais	hubieras faltado	hubierais faltado
faltara	faltaran	hubiera faltado	hubieran faltado
OR		OR	
faltase	faltásemos	hubiese faltado	hubiésemos faltado
faltases	faltaseis	hubieses faltado	hubieseis faltado
faltase	faltasen	hubiese faltado	hubiesen faltado

imperativo	
—	faltemos
falta	faltad
falte	falten

Common idiomatic expressions using this verb

a falta de   for lack of
sin falta   without fail, without fault
la falta   lack, want
faltante   lacking, wanting

The subject pronouns are found on the page facing page 1.   **161**

to congratulate, to felicitate

The Seven Simple Tenses		The Seven Compound Tenses	
Singular	Plural	Singular	Plural
1 presente de indicativo		**8 perfecto de indicativo**	
felicito	felicitamos	he felicitado	hemos felicitado
felicitas	felicitáis	has felicitado	habéis felicitado
felicita	felicitan	ha felicitado	han felicitado
2 imperfecto de indicativo		**9 pluscuamperfecto de indicativo**	
felicitaba	felicitábamos	había felicitado	habíamos felicitado
felicitabas	felicitabais	habías felicitado	habíais felicitado
felicitaba	felicitaban	había felicitado	habían felicitado
3 pretérito		**10 pretérito anterior**	
felicité	felicitamos	hube felicitado	hubimos felicitado
felicitaste	felicitasteis	hubiste felicitado	hubisteis felicitado
felicitó	felicitaron	hubo felicitado	hubieron felicitado
4 futuro		**11 futuro perfecto**	
felicitaré	felicitaremos	habré felicitado	habremos felicitado
felicitarás	felicitaréis	habrás felicitado	habréis felicitado
felicitará	felicitarán	habrá felicitado	habrán felicitado
5 potencial simple		**12 potencial compuesto**	
felicitaría	felicitaríamos	habría felicitado	habríamos felicitado
felicitarías	felicitaríais	habrías felicitado	habríais felicitado
felicitaría	felicitarían	habría felicitado	habrían felicitado
6 presente de subjuntivo		**13 perfecto de subjuntivo**	
felicite	felicitemos	haya felicitado	hayamos felicitado
felicites	felicitéis	hayas felicitado	hayáis felicitado
felicite	feliciten	haya felicitado	hayan felicitado
7 imperfecto de subjuntivo		**14 pluscuamperfecto de subjuntivo**	
felicitara	felicitáramos	hubiera felicitado	hubiéramos felicitado
felicitaras	felicitarais	hubieras felicitado	hubierais felicitado
felicitara	felicitaran	hubiera felicitado	hubieran felicitado
OR		OR	
felicitase	felicitásemos	hubiese felicitado	hubiésemos felicitado
felicitases	felicitaseis	hubieses felicitado	hubieseis felicitado
felicitase	felicitasen	hubiese felicitado	hubiesen felicitado

imperativo	
—	felicitemos
felicita	felicitad
felicite	feliciten

Words related to this verb

la felicitación, las felicitaciones   congratulations
la felicidad   happiness, good fortune

to confide, to intrust

The Seven Simple Tenses		The Seven Compound Tenses	
Singular	Plural	Singular	Plural
1 presente de indicativo		**8 perfecto de indicativo**	
fío	fiamos	he fiado	hemos fiado
fías	fiáis	has fiado	habéis fiado
fía	fían	ha fiado	han fiado
2 imperfecto de indicativo		**9 pluscuamperfecto de indicativo**	
fiaba	fiábamos	había fiado	habíamos fiado
fiabas	fiabais	habías fiado	habíais fiado
fiaba	fiaban	había fiado	habían fiado
3 pretérito		**10 pretérito anterior**	
fié	fiamos	hube fiado	hubimos fiado
fiaste	fiasteis	hubiste fiado	hubisteis fiado
fió	fiaron	hubo fiado	hubieron fiado
4 futuro		**11 futuro perfecto**	
fiaré	fiaremos	habré fiado	habremos fiado
fiarás	fiaréis	habrás fiado	habréis fiado
fiará	fiarán	habrá fiado	habrán fiado
5 potencial simple		**12 potencial compuesto**	
fiaría	fiaríamos	habría fiado	habríamos fiado
fiarías	fiaríais	habrías fiado	habríais fiado
fiaría	fiarían	habría fiado	habrían fiado
6 presente de subjuntivo		**13 perfecto de subjuntivo**	
fíe	fiemos	haya fiado	hayamos fiado
fíes	fiéis	hayas fiado	hayáis fiado
fíe	fíen	haya fiado	hayan fiado
7 imperfecto de subjuntivo		**14 pluscuamperfecto de subjuntivo**	
fiara	fiáramos	hubiera fiado	hubiéramos fiado
fiaras	fiarais	hubieras fiado	hubierais fiado
fiara	fiaran	hubiera fiado	hubieran fiado
OR		OR	
fiase	fiásemos	hubiese fiado	hubiésemos fiado
fiases	fiaseis	hubieses fiado	hubieseis fiado
fiase	fiasen	hubiese fiado	hubiesen fiado

imperativo	
—	fiemos
fía; no fíes	fiad; no fiéis
fíe	fíen

Words and expressions related to this verb

fiarse de   to have confidence in
la fianza   security, surety, guarantee
al fiado   on credit, on trust
fiable   trustworthy

fiar en   to trust in
el fíat   consent, fiat

fijar

Part. pr. fijando **Part. pas. fijado (fijo, when used as an *adj.*)**

to clinch, to fasten, to fix

The Seven Simple Tenses		The Seven Compound Tenses	
Singular	Plural	Singular	Plural
1 presente de indicativo		**8 perfecto de indicativo**	
fijo	fijamos	he fijado	hemos fijado
fijas	fijáis	has fijado	habéis fijado
fija	fijan	ha fijado	han fijado
2 imperfecto de indicativo		**9 pluscuamperfecto de indicativo**	
fijaba	fijábamos	había fijado	habíamos fijado
fijabas	fijabais	habías fijado	habíais fijado
fijaba	fijaban	había fijado	habían fijado
3 pretérito		**10 pretérito anterior**	
fijé	fijamos	hube fijado	hubimos fijado
fijaste	fijasteis	hubiste fijado	hubisteis fijado
fijó	fijaron	hubo fijado	hubieron fijado
4 futuro		**11 futuro perfecto**	
fijaré	fijaremos	habré fijado	habremos fijado
fijarás	fijaréis	habrás fijado	habréis fijado
fijará	fijarán	habrá fijado	habrán fijado
5 potencial simple		**12 potencial compuesto**	
fijaría	fijaríamos	habría fijado	habríamos fijado
fijarías	fijaríais	habrías fijado	habríais fijado
fijaría	fijarían	habría fijado	habrían fijado
6 presente de subjuntivo		**13 perfecto de subjuntivo**	
fije	fijemos	haya fijado	hayamos fijado
fijes	fijéis	hayas fijado	hayáis fijado
fije	fijen	haya fijado	hayan fijado
7 imperfecto de subjuntivo		**14 pluscuamperfecto de subjuntivo**	
fijara	fijáramos	hubiera fijado	hubiéramos fijado
fijaras	fijarais	hubieras fijado	hubierais fijado
fijara	fijaran	hubiera fijado	hubieran fijado
OR		OR	
fijase	fijásemos	hubiese fijado	hubiésemos fijado
fijases	fijaseis	hubieses fijado	hubieseis fijado
fijase	fijasen	hubiese fijado	hubiesen fijado

imperativo	
—	fijemos
fija	fijad
fije	fijen

Words related to this verb

hora fija set time, set hour, time agreed on
fijamente fixedly, assuredly
una fija door hinge
fijarse en to take notice of, to pay attention to, to settle in

to take notice, to pay attention, to settle

The Seven Simple Tenses		The Seven Compound Tenses	
Singular	Plural	Singular	Plural

1   presente de indicativo

me fijo	nos fijamos		
te fijas	os fijáis		
se fija	se fijan		

8   perfecto de indicativo

me he fijado	nos hemos fijado
te has fijado	os habéis fijado
se ha fijado	se han fijado

2   imperfecto de indicativo

me fijaba	nos fijábamos
te fijabas	os fijabais
se fijaba	se fijaban

9   pluscuamperfecto de indicativo

me había fijado	nos habíamos fijado
te habías fijado	os habíais fijado
se había fijado	se habían fijado

3   pretérito

me fijé	nos fijamos
te fijaste	os fijasteis
se fijó	se fijaron

10   pretérito anterior

me hube fijado	nos hubimos fijado
te hubiste fijado	os hubisteis fijado
se hubo fijado	se hubieron fijado

4   futuro

me fijaré	nos fijaremos
te fijarás	os fijaréis
se fijará	se fijarán

11   futuro perfecto

me habré fijado	nos habremos fijado
te habrás fijado	os habréis fijado
se habrá fijado	se habrán fijado

5   potencial simple

me fijaría	nos fijaríamos
te fijarías	os fijaríais
se fijaría	se fijarían

12   potencial compuesto

me habría fijado	nos habríamos fijado
te habrías fijado	os habríais fijado
se habría fijado	se habrían fijado

6   presente de subjuntivo

me fije	nos fijemos
te fijes	os fijéis
se fije	se fijen

13   perfecto de subjuntivo

me haya fijado	nos hayamos fijado
te hayas fijado	os hayáis fijado
se haya fijado	se hayan fijado

7   imperfecto de subjuntivo

me fijara	nos fijáramos
te fijaras	os fijarais
se fijara	se fijaran
OR	
me fijase	nos fijásemos
te fijases	os fijaseis
se fijase	se fijasen

14   pluscuamperfecto de subjuntivo

me hubiera fijado	nos hubiéramos fijado
te hubieras fijado	os hubierais fijado
se hubiera fijado	se hubieran fijado
OR	
me hubiese fijado	nos hubiésemos fijado
te hubieses fijado	os hubieseis fijado
se hubiese fijado	se hubiesen fijado

imperativo

—	fijémonos
fíjate	fijaos
fíjese	fíjense

Words related to this verb

fijar   to clinch, to fasten, to fix
fijarse en   to take notice of, to pay attention to, to settle in
hora fija   set time, set hour, time agreed on
fijamente   fixedly, assuredly
una fija   door hinge

The subject pronouns are found on the page facing page 1.   **165**

freír

to fry

The Seven Simple Tenses		The Seven Compound Tenses	
Singular	Plural	Singular	Plural
1 presente de indicativo		**8 perfecto de indicativo**	
frío	freímos	he frito	hemos frito
fríes	freís	has frito	habéis frito
fríe	fríen	ha frito	han frito
2 imperfecto de indicativo		**9 pluscuamperfecto de indicativo**	
freía	freíamos	había frito	habíamos frito
freías	freíais	habías frito	habíais frito
freía	freían	había frito	habían frito
3 pretérito		**10 pretérito anterior**	
freí	freímos	hube frito	hubimos frito
freíste	freísteis	hubiste frito	hubisteis frito
frió	frieron	hubo frito	hubieron frito
4 futuro		**11 futuro perfecto**	
freiré	freiremos	habré frito	habremos frito
freirás	freiréis	habrás frito	habréis frito
freirá	freirán	habrá frito	habrán frito
5 potencial simple		**12 potencial compuesto**	
freiría	freiríamos	habría frito	habríamos frito
freirías	freiríais	habrías frito	habríais frito
freiría	freirían	habría frito	habrían frito
6 presente de subjuntivo		**13 perfecto de subjuntivo**	
fría	friamos	haya frito	hayamos frito
frías	friáis	hayas frito	hayáis frito
fría	frían	haya frito	hayan frito
7 imperfecto de subjuntivo		**14 pluscuamperfecto de subjuntivo**	
friera	friéramos	hubiera frito	hubiéramos frito
frieras	frierais	hubieras frito	hubierais frito
friera	frieran	hubiera frito	hubieran frito
OR		OR	
friese	friésemos	hubiese frito	hubiésemos frito
frieses	frieseis	hubieses frito	hubieseis frito
friese	friesen	hubiese frito	hubiesen frito

	imperativo
—	friamos
fríe	freíd
fría	frían

Words and expressions related to this verb

patatas fritas   fried potatoes
patatas fritas a la inglesa   potato chips

to earn, to gain, to win

The Seven Simple Tenses		The Seven Compound Tenses	
Singular	Plural	Singular	Plural
1 presente de indicativo		**8 perfecto de indicativo**	
gano	ganamos	he ganado	hemos ganado
ganas	ganáis	has ganado	habéis ganado
gana	ganan	ha ganado	han ganado
2 imperfecto de indicativo		**9 pluscuamperfecto de indicativo**	
ganaba	ganábamos	había ganado	habíamos ganado
ganabas	ganabais	habías ganado	habíais ganado
ganaba	ganaban	había ganado	habían ganado
3 pretérito		**10 pretérito anterior**	
gané	ganamos	hube ganado	hubimos ganado
ganaste	ganasteis	hubiste ganado	hubisteis ganado
ganó	ganaron	hubo ganado	hubieron ganado
4 futuro		**11 futuro perfecto**	
ganaré	ganaremos	habré ganado	habremos ganado
ganarás	ganaréis	habrás ganado	habréis ganado
ganará	ganarán	habrá ganado	habrán ganado
5 potencial simple		**12 potencial compuesto**	
ganaría	ganaríamos	habría ganado	habríamos ganado
ganarías	ganaríais	habrías ganado	habríais ganado
ganaría	ganarían	habría ganado	habrían ganado
6 presente de subjuntivo		**13 perfecto de subjuntivo**	
gane	ganemos	haya ganado	hayamos ganado
ganes	ganéis	hayas ganado	hayáis ganado
gane	ganen	haya ganado	hayan ganado
7 imperfecto de subjuntivo		**14 pluscuamperfecto de subjuntivo**	
ganara	ganáramos	hubiera ganado	hubiéramos ganado
ganaras	ganarais	hubieras ganado	hubierais ganado
ganara	ganaran	hubiera ganado	hubieran ganado
OR		OR	
ganase	ganásemos	hubiese ganado	hubiésemos ganado
ganases	ganaseis	hubieses ganado	hubieseis ganado
ganase	ganasen	hubiese ganado	hubiesen ganado

imperativo	
—	ganemos
gana	ganad
gane	ganen

Words and expressions related to this verb

ganar el pan, ganar la vida   to earn a living
la ganancia   profit, gain
ganador, ganadora   winner

to grieve, to groan, to moan

The Seven Simple Tenses		The Seven Compound Tenses	
Singular	Plural	Singular	Plural
1 presente de indicativo		**8 perfecto de indicativo**	
gimo	gemimos	he gemido	hemos gemido
gimes	gemís	has gemido	habéis gemido
gime	gimen	ha gemido	han gemido
2 imperfecto de indicativo		**9 pluscuamperfecto de indicativo**	
gemía	gemíamos	había gemido	habíamos gemido
gemías	gemíais	habías gemido	habíais gemido
gemía	gemían	había gemido	habían gemido
3 pretérito		**10 pretérito anterior**	
gemí	gemimos	hube gemido	hubimos gemido
gemiste	gemisteis	hubiste gemido	hubisteis gemido
gimió	gimieron	hubo gemido	hubieron gemido
4 futuro		**11 futuro perfecto**	
gemiré	gemiremos	habré gemido	habremos gemido
gemirás	gemiréis	habrás gemido	habréis gemido
gemirá	gemirán	habrá gemido	habrán gemido
5 potencial simple		**12 potencial compuesto**	
gemiría	gemiríamos	habría gemido	habríamos gemido
gemirías	gemiríais	habrías gemido	habríais gemido
gemiría	gemirían	habría gemido	habrían gemido
6 presente de subjuntivo		**13 perfecto de subjuntivo**	
gima	gimamos	haya gemido	hayamos gemido
gimas	gimáis	hayas gemido	hayáis gemido
gima	giman	haya gemido	hayan gemido
7 imperfecto de subjuntivo		**14 pluscuamperfecto de subjuntivo**	
gimiera	gimiéramos	hubiera gemido	hubiéramos gemido
gimieras	gimierais	hubieras gemido	hubierais gemido
gimiera	gimieran	hubiera gemido	hubieran gemido
OR		OR	
gimiese	gimiésemos	hubiese gemido	hubiésemos gemido
gimieses	gimieseis	hubieses gemido	hubieseis gemido
gimiese	gimiesen	hubiese gemido	hubiesen gemido

imperativo	
—	gimamos
gime	gemid
gima	giman

Words related to this verb

gemidor, gemidora   lamenter, griever
el gemido   lamentation

The Seven Simple Tenses		The Seven Compound Tenses	
Singular	Plural	Singular	Plural

1 presente de indicativo

gozo	gozamos
gozas	gozáis
goza	gozan

8 perfecto de indicativo

he gozado	hemos gozado
has gozado	habéis gozado
ha gozado	han gozado

2 imperfecto de indicativo

gozaba	gozábamos
gozabas	gozabais
gozaba	gozaban

9 pluscuamperfecto de indicativo

había gozado	habíamos gozado
habías gozado	habíais gozado
había gozado	habían gozado

3 pretérito

gocé	gozamos
gozaste	gozasteis
gozó	gozaron

10 pretérito anterior

hube gozado	hubimos gozado
hubiste gozado	hubisteis gozado
hubo gozado	hubieron gozado

4 futuro

gozaré	gozaremos
gozarás	gozaréis
gozará	gozarán

11 futuro perfecto

habré gozado	habremos gozado
habrás gozado	habréis gozado
habrá gozado	habrán gozado

5 potencial simple

gozaría	gozaríamos
gozarías	gozaríais
gozaría	gozarían

12 potencial compuesto

habría gozado	habríamos gozado
habrías gozado	habríais gozado
habría gozado	habrían gozado

6 presente de subjuntivo

goce	gocemos
goces	gocéis
goce	gocen

13 perfecto de subjuntivo

haya gozado	hayamos gozado
hayas gozado	hayáis gozado
haya gozado	hayan gozado

7 imperfecto de subjuntivo

gozara	gozáramos
gozaras	gozarais
gozara	gozaran
OR	
gozase	gozásemos
gozases	gozaseis
gozase	gozasen

14 pluscuamperfecto de subjuntivo

hubiera gozado	hubiéramos gozado
hubieras gozado	hubierais gozado
hubiera gozado	hubieran gozado
OR	
hubiese gozado	hubiésemos gozado
hubieses gozado	hubieseis gozado
hubiese gozado	hubiesen gozado

imperativo

—	gocemos
goza	gozad
goce	gocen

Words and expressions related to this verb

el goce   enjoyment
gozador, gozadora, gozante   enjoyer
el gozo   joy, pleasure
saltar de gozo   to jump with joy
gozosamente   joyfully

The subject pronouns are found on the page facing page 1.

gritar

Part. pr. **gritando**   Part. pas. **gritado**

to shout, to scream, to shriek, to cry out

The Seven Simple Tenses		The Seven Compound Tenses	
Singular	Plural	Singular	Plural
1 presente de indicativo		**8 perfecto de indicativo**	
grito	gritamos	he gritado	hemos gritado
gritas	gritáis	has gritado	habéis gritado
grita	gritan	ha gritado	han gritado
2 imperfecto de indicativo		**9 pluscuamperfecto de indicativo**	
gritaba	gritábamos	había gritado	habíamos gritado
gritabas	gritabais	habías gritado	habíais gritado
gritaba	gritaban	había gritado	habían gritado
3 pretérito		**10 pretérito anterior**	
grité	gritamos	hube gritado	hubimos gritado
gritaste	gritasteis	hubiste gritado	hubisteis gritado
gritó	gritaron	hubo gritado	hubieron gritado
4 futuro		**11 futuro perfecto**	
gritaré	gritaremos	habré gritado	habremos gritado
gritarás	gritaréis	habrás gritado	habréis gritado
gritará	gritarán	habrá gritado	habrán gritado
5 potencial simple		**12 potencial compuesto**	
gritaría	gritaríamos	habría gritado	habríamos gritado
gritarías	gritaríais	habrías gritado	habríais gritado
gritaría	gritarían	habría gritado	habrían gritado
6 presente de subjuntivo		**13 perfecto de subjuntivo**	
grite	gritemos	haya gritado	hayamos gritado
grites	gritéis	hayas gritado	hayáis gritado
grite	griten	haya gritado	hayan gritado
7 imperfecto de subjuntivo		**14 pluscuamperfecto de subjuntivo**	
gritara	gritáramos	hubiera gritado	hubiéramos gritado
gritaras	gritarais	hubieras gritado	hubierais gritado
gritara	gritaran	hubiera gritado	hubieran gritado
OR		OR	
gritase	gritásemos	hubiese gritado	hubiésemos gritado
gritases	gritaseis	hubieses gritado	hubieseis gritado
gritase	gritasen	hubiese gritado	hubiesen gritado

imperativo	
—	gritemos
grita	gritad
grite	griten

Words and expressions related to this verb

el grito   cry, scream, shout
a gritos   at the top of one's voice, loudly
la grita, la gritería   outcry, shouting

to grumble, to grunt, to growl, to creak

The Seven Simple Tenses		The Seven Compound Tenses	
Singular	Plural	Singular	Plural
1 presente de indicativo		**8 perfecto de indicativo**	
gruño	gruñimos	he gruñido	hemos gruñido
gruñes	gruñís	has gruñido	habéis gruñido
gruñe	gruñen	ha gruñido	han gruñido
2 imperfecto de indicativo		**9 pluscuamperfecto de indicativo**	
gruñía	gruñíamos	había gruñido	habíamos gruñido
gruñías	gruñíais	habías gruñido	habíais gruñido
gruñía	gruñían	había gruñido	habían gruñido
3 pretérito		**10 pretérito anterior**	
gruñí	gruñimos	hube gruñido	hubimos gruñido
gruñiste	gruñisteis	hubiste gruñido	hubisteis gruñido
gruñó	gruñeron	hubo gruñido	hubieron gruñido
4 futuro		**11 futuro perfecto**	
gruñiré	gruñiremos	habré gruñido	habremos gruñido
gruñirás	gruñiréis	habrás gruñido	habréis gruñido
gruñirá	gruñirán	habrá gruñido	habrán gruñido
5 potencial simple		**12 potencial compuesto**	
gruñiría	gruñiríamos	habría gruñido	habríamos gruñido
gruñirías	gruñiríais	habrías gruñido	habríais gruñido
gruñiría	gruñirían	habría gruñido	habrían gruñido
6 presente de subjuntivo		**13 perfecto de subjuntivo**	
gruña	gruñamos	haya gruñido	hayamos gruñido
gruñas	gruñáis	hayas gruñido	hayáis gruñido
gruña	gruñan	haya gruñido	hayan gruñido
7 imperfecto de subjuntivo		**14 pluscuamperfecto de subjuntivo**	
gruñera	gruñéramos	hubiera gruñido	hubiéramos gruñido
gruñeras	gruñerais	hubieras gruñido	hubierais gruñido
gruñera	gruñeran	hubiera gruñido	hubieran gruñido
OR		OR	
gruñese	gruñésemos	hubiese gruñido	hubiésemos gruñido
gruñeses	gruñeseis	hubieses gruñido	hubieseis gruñido
gruñese	gruñesen	hubiese gruñido	hubiesen gruñido

	imperativo
—	gruñamos
gruñe	gruñid
gruña	gruñan

Words related to this verb

gruñón, gruñona   cranky
el gruñido, el gruñimiento   grunting, grunt, growling, growl
gruñidor, gruñidora   growler, grumbler

to lead, to guide

The Seven Simple Tenses		The Seven Compound Tenses	
Singular	Plural	Singular	Plural

1 presente de indicativo

		8 perfecto de indicativo	
guío	guiamos	he guiado	hemos guiado
guías	guiáis	has guiado	habéis guiado
guía	guían	ha guiado	han guiado

2 imperfecto de indicativo

		9 pluscuamperfecto de indicativo	
guiaba	guiábamos	había guiado	habíamos guiado
guiabas	guiabais	habías guiado	habíais guiado
guiaba	guiaban	había guiado	habían guiado

3 pretérito

		10 pretérito anterior	
guié	guiamos	hube guiado	hubimos guiado
guiaste	guiasteis	hubiste guiado	hubisteis guiado
guió	guiaron	hubo guiado	hubieron guiado

4 futuro

		11 futuro perfecto	
guiaré	guiaremos	habré guiado	habremos guiado
guiarás	guiaréis	habrás guiado	habréis guiado
guiará	guiarán	habrá guiado	habrán guiado

5 potencial simple

		12 potencial compuesto	
guiaría	guiaríamos	habría guiado	habríamos guiado
guiarías	guiaríais	habrías guiado	habríais guiado
guiaría	guiarían	habría guiado	habrían guiado

6 presente de subjuntivo

		13 perfecto de subjuntivo	
guíe	guiemos	haya guiado	hayamos guiado
guíes	guiéis	hayas guiado	hayáis guiado
guíe	guíen	haya guiado	hayan guiado

7 imperfecto de subjuntivo

		14 pluscuamperfecto de subjuntivo	
guiara	guiáramos	hubiera guiado	hubiéramos guiado
guiaras	guiarais	hubieras guiado	hubierais guiado
guiara	guiaran	hubiera guiado	hubieran guiado
OR		OR	
guiase	guiásemos	hubiese guiado	hubiésemos guiado
guiases	guiaseis	hubieses guiado	hubieseis guiado
guiase	guiasen	hubiese guiado	hubiesen guiado

imperativo	
—	guiemos
guía	guiad
guíe	guíen

Words and expressions related to this verb

el guía   guide, leader
la guía   guidebook
guiarse por   to be guided by, to be governed by

to be pleasing (to), to like

The Seven Simple Tenses		The Seven Compound Tenses	
Singular	Plural	Singular	Plural
1 presente de indicativo		8 perfecto de indicativo	
gusta	**gustan**	**ha gustado**	**han gustado**
2 imperfecto de indicativo		9 pluscuamperfecto de indicativo	
gustaba	**gustaban**	**había gustado**	**habían gustado**
3 pretérito		10 pretérito anterior	
gustó	**gustaron**	**hubo gustado**	**hubieron gustado**
4 futuro		11 futuro perfecto	
gustará	**gustarán**	**habrá gustado**	**habrán gustado**
5 potencial simple		12 potencial compuesto	
gustaría	**gustarían**	**habría gustado**	**habrían gustado**
6 presente de subjuntivo		13 perfecto de subjuntivo	
que guste	**que gusten**	**que haya gustado**	**que hayan gustado**
7 imperfecto de subjuntivo		14 pluscuamperfecto de subjuntivo	
que gustara	**que gustaran**	**que hubiera gustado**	**que hubieran gustado**
OR		OR	
que gustase	**que gustasen**	**que hubiese gustado**	**que hubiesen gustado**

imperativo
que guste   **que gusten**

Sentences using this verb and words related to it

Me gusta el café.   I like coffee.
  Me gustan la leche y el café.   I like milk and coffee.
  A María le gustan los dulces.   Mary likes candy.
  A José y a Elena les gustan los deportes.   Joseph and Helen like sports.
el gusto   taste, pleasure, liking
gustoso, gustosa   tasty, pleasing

This verb is commonly used in the third person singular or plural, as in the above examples.

The subject pronouns are found on the page facing page 1.   **173**

to have (as an auxiliary, helping verb to form the compound tenses)

The Seven Simple Tenses		The Seven Compound Tenses	
Singular	Plural	Singular	Plural
1 presente de indicativo		**8 perfecto de indicativo**	
he	hemos	he habido	hemos habido
has	habéis	has habido	habéis habido
ha	han	ha habido	han habido
2 imperfecto de indicativo		**9 pluscuamperfecto de indicativo**	
había	habíamos	había habido	habíamos habido
habías	habíais	habías habido	habíais habido
había	habían	había habido	habían habido
3 pretérito		**10 pretérito anterior**	
hube	hubimos	hube habido	hubimos habido
hubiste	hubisteis	hubiste habido	hubisteis habido
hubo	hubieron	hubo habido	hubieron habido
4 futuro		**11 futuro perfecto**	
habré	habremos	habré habido	habremos habido
habrás	habréis	habrás habido	habréis habido
habrá	habrán	habrá habido	habrán habido
5 potencial simple		**12 potencial compuesto**	
habría	habríamos	habría habido	habríamos habido
habrías	habríais	habrías habido	habríais habido
habría	habrían	habría habido	habrían habido
6 presente de subjuntivo		**13 perfecto de subjuntivo**	
haya	hayamos	haya habido	hayamos habido
hayas	hayáis	hayas habido	hayáis habido
haya	hayan	haya habido	hayan habido
7 imperfecto de subjuntivo		**14 pluscuamperfecto de subjuntivo**	
hubiera	hubiéramos	hubiera habido	hubiéramos habido
hubieras	hubierais	hubieras habido	hubierais habido
hubiera	hubieran	hubiera habido	hubieran habido
OR		OR	
hubiese	hubiésemos	hubiese habido	hubiésemos habido
hubieses	hubieseis	hubieses habido	hubieseis habido
hubiese	hubiesen	hubiese habido	hubiesen habido

imperativo	
—	hayamos
he	habed
haya	hayan

Consult the sections on verbs used in idiomatic expressions, verbs with prepositions, and the list of over 1,000 verbs conjugated like model verbs in the back pages.

to inhabit, to dwell, to live, to reside

The Seven Simple Tenses		The Seven Compound Tenses	
Singular	Plural	Singular	Plural
1 presente de indicativo		**8 perfecto de indicativo**	
habito	habitamos	he habitado	hemos habitado
habitas	habitáis	has habitado	habéis habitado
habita	habitan	ha habitado	han habitado
2 imperfecto de indicativo		**9 pluscuamperfecto de indicativo**	
habitaba	habitábamos	había habitado	habíamos habitado
habitabas	habitabais	habías habitado	habíais habitado
habitaba	habitaban	había habitado	habían habitado
3 pretérito		**10 pretérito anterior**	
habité	habitamos	hube habitado	hubimos habitado
habitaste	habitasteis	hubiste habitado	hubisteis habitado
habitó	habitaron	hubo habitado	hubieron habitado
4 futuro		**11 futuro perfecto**	
habitaré	habitaremos	habré habitado	habremos habitado
habitarás	habitaréis	habrás habitado	habréis habitado
habitará	habitarán	habrá habitado	habrán habitado
5 potencial simple		**12 potencial compuesto**	
habitaría	habitaríamos	habría habitado	habríamos habitado
habitarías	habitaríais	habrías habitado	habríais habitado
habitaría	habitarían	habría habitado	habrían habitado
6 presente de subjuntivo		**13 perfecto de subjuntivo**	
habite	habitemos	haya habitado	hayamos habitado
habites	habitéis	hayas habitado	hayáis habitado
habite	habiten	haya habitado	hayan habitado
7 imperfecto de subjuntivo		**14 pluscuamperfecto de subjuntivo**	
habitara	habitáramos	hubiera habitado	hubiéramos habitado
habitaras	habitarais	hubieras habitado	hubierais habitado
habitara	habitaran	hubiera habitado	hubieran habitado
OR		OR	
habitase	habitásemos	hubiese habitado	hubiésemos habitado
habitases	habitaseis	hubieses habitado	hubieseis habitado
habitase	habitasen	hubiese habitado	hubiesen habitado

imperativo	
—	habitemos
habita	habitad
habite	habiten

Words related to this verb

la habitación   habitation, residence, dwelling, abode
habitador, habitadora   inhabitant
la habitabilidad   habitability
el, la habitante   inhabitant

The subject pronouns are found on the page facing page 1.   **175**

Part. pr. **hablando**   **Part. pas.** **hablado**

to talk, to speak

The Seven Simple Tenses		The Seven Compound Tenses	
Singular	Plural	Singular	Plural

1   presente de indicativo

hablo	hablamos		
hablas	habláis		
habla	hablan		

8   perfecto de indicativo

he hablado	hemos hablado
has hablado	habéis hablado
ha hablado	han hablado

2   imperfecto de indicativo

hablaba	hablábamos
hablabas	hablabais
hablaba	hablaban

9   pluscuamperfecto de indicativo

había hablado	habíamos hablado
habías hablado	habíais hablado
había hablado	habían hablado

3   pretérito

hablé	hablamos
hablaste	hablasteis
habló	hablaron

10   pretérito anterior

hube hablado	hubimos hablado
hubiste hablado	hubisteis hablado
hubo hablado	hubieron hablado

4   futuro

hablaré	hablaremos
hablarás	hablaréis
hablará	hablarán

11   futuro perfecto

habré hablado	habremos hablado
habrás hablado	habréis hablado
habrá hablado	habrán hablado

5   potencial simple

hablaría	hablaríamos
hablarías	hablaríais
hablaría	hablarían

12   potencial compuesto

habría hablado	habríamos hablado
habrías hablado	habríais hablado
habría hablado	habrían hablado

6   presente de subjuntivo

hable	hablemos
hables	habléis
hable	hablen

13   perfecto de subjuntivo

haya hablado	hayamos hablado
hayas hablado	hayáis hablado
haya hablado	hayan hablado

7   imperfecto de subjuntivo

hablara	habláramos
hablaras	hablarais
hablara	hablaran
OR	
hablase	hablásemos
hablases	hablaseis
hablase	hablasen

14   pluscuamperfecto de subjuntivo

hubiera hablado	hubiéramos hablado
hubieras hablado	hubierais hablado
hubiera hablado	hubieran hablado
OR	
hubiese hablado	hubiésemos hablado
hubieses hablado	hubieseis hablado
hubiese hablado	hubiesen hablado

imperativo

—	hablemos
habla	hablad
hable	hablen

Words and expressions related to this verb

hablador, habladora   talkative, chatterbox
hablar a gritos   to shout
hablar entre dientes   to mumble

to do, to make

The Seven Simple Tenses		The Seven Compound Tenses	
Singular	Plural	Singular	Plural

1 presente de indicativo		8 perfecto de indicativo	
hago	hacemos	he hecho	hemos hecho
haces	hacéis	has hecho	habéis hecho
hace	hacen	ha hecho	han hecho

2 imperfecto de indicativo		9 pluscuamperfecto de indicativo	
hacía	hacíamos	había hecho	habíamos hecho
hacías	hacíais	habías hecho	habíais hecho
hacía	hacían	había hecho	habían hecho

3 pretérito		10 pretérito anterior	
hice	hicimos	hube hecho	hubimos hecho
hiciste	hicisteis	hubiste hecho	hubisteis hecho
hizo	hicieron	hubo hecho	hubieron hecho

4 futuro		11 futuro perfecto	
haré	haremos	habré hecho	habremos hecho
harás	haréis	habrás hecho	habréis hecho
hará	harán	habrá hecho	habrán hecho

5 potencial simple		12 potencial compuesto	
haría	haríamos	habría hecho	habríamos hecho
harías	haríais	habrías hecho	habríais hecho
haría	harían	habría hecho	habrían hecho

6 presente de subjuntivo		13 perfecto de subjuntivo	
haga	hagamos	haya hecho	hayamos hecho
hagas	hagáis	hayas hecho	hayáis hecho
haga	hagan	haya hecho	hayan hecho

7 imperfecto de subjuntivo		14 pluscuamperfecto de subjuntivo	
hiciera	hiciéramos	hubiera hecho	hubiéramos hecho
hicieras	hicierais	hubieras hecho	hubierais hecho
hiciera	hicieran	hubiera hecho	hubieran hecho
OR		OR	
hiciese	hiciésemos	hubiese hecho	hubiésemos hecho
hicieses	hicieseis	hubieses hecho	hubieseis hecho
hiciese	hiciesen	hubiese hecho	hubiesen hecho

imperativo	
—	hagamos
haz	haced
haga	hagan

Common idiomatic expressions using this verb

Dicho y hecho.   No sooner said than done.
El ejercicio hace maestro al novicio.   Practice makes perfect.
Si a Roma fueres, haz como vieres.   When in Rome do as the Romans do. [Note that it is
   not uncommon to use the future subjunctive in proverbs, as in *fueres* (**ir** or **ser**) and
   vieres (**ver**); see p. xxxvii.]

The subject pronouns are found on the page facing page 1.

to find, to come across

The Seven Simple Tenses		The Seven Compound Tenses	
Singular	Plural	Singular	Plural
1 presente de indicativo		**8 perfecto de indicativo**	
hallo	hallamos	he hallado	hemos hallado
hallas	halláis	has hallado	habéis hallado
halla	hallan	ha hallado	han hallado
2 imperfecto de indicativo		**9 pluscuamperfecto de indicativo**	
hallaba	hallábamos	había hallado	habíamos hallado
hallabas	hallabais	habías hallado	habíais hallado
hallaba	hallaban	había hallado	habían hallado
3 pretérito		**10 pretérito anterior**	
hallé	hallamos	hube hallado	hubimos hallado
hallaste	hallasteis	hubiste hallado	hubisteis hallado
halló	hallaron	hubo hallado	hubieron hallado
4 futuro		**11 futuro perfecto**	
hallaré	hallaremos	habré hallado	habremos hallado
hallarás	hallaréis	habrás hallado	habréis hallado
hallará	hallarán	habrá hallado	habrán hallado
5 potencial simple		**12 potencial compuesto**	
hallaría	hallaríamos	habría hallado	habríamos hallado
hallarías	hallaríais	habrías hallado	habríais hallado
hallaría	hallarían	habría hallado	habrían hallado
6 presente de subjuntivo		**13 perfecto de subjuntivo**	
halle	hallemos	haya hallado	hayamos hallado
halles	halléis	hayas hallado	hayáis hallado
halle	hallen	haya hallado	hayan hallado
7 imperfecto de subjuntivo		**14 pluscuamperfecto de subjuntivo**	
hallara	halláramos	hubiera hallado	hubiéramos hallado
hallaras	hallarais	hubieras hallado	hubierais hallado
hallara	hallaran	hubiera hallado	hubieran hallado
OR		OR	
hallase	hallásemos	hubiese hallado	hubiésemos hallado
hallases	hallaseis	hubieses hallado	hubieseis hallado
hallase	hallasen	hubiese hallado	hubiesen hallado

imperativo	
—	hallemos
halla	hallad
halle	hallen

Words and expressions related to this verb

hallar bien con   to be well pleased with
un hallazgo   a find, something found
hallador, halladora   discoverer, finder

to harm, to hurt, to wound

The Seven Simple Tenses		The Seven Compound Tenses	
Singular	Plural	Singular	Plural
1 presente de indicativo		**8 perfecto de indicativo**	
hiero	herimos	he herido	hemos herido
hieres	herís	has herido	habéis herido
hiere	hieren	ha herido	han herido
2 imperfecto de indicativo		**9 pluscuamperfecto de indicativo**	
hería	heríamos	había herido	habíamos herido
herías	heríais	habías herido	habíais herido
hería	herían	había herido	habían herido
3 pretérito		**10 pretérito anterior**	
herí	herimos	hube herido	hubimos herido
heriste	heristeis	hubiste herido	hubisteis herido
hirió	hirieron	hubo herido	hubieron herido
4 futuro		**11 futuro perfecto**	
heriré	heriremos	habré herido	habremos herido
herirás	heriréis	habrás herido	habréis herido
herirá	herirán	habrá herido	habrán herido
5 potencial simple		**12 potencial compuesto**	
heriría	heriríamos	habría herido	habríamos herido
herirías	heriríais	habrías herido	habríais herido
heriría	herirían	habría herido	habrían herido
6 presente de subjuntivo		**13 perfecto de subjuntivo**	
hiera	hiramos	haya herido	hayamos herido
hieras	hiráis	hayas herido	hayáis herido
hiera	hieran	haya herido	hayan herido
7 imperfecto de subjuntivo		**14 pluscuamperfecto de subjuntivo**	
hiriera	hiriéramos	hubiera herido	hubiéramos herido
hirieras	hirierais	hubieras herido	hubierais herido
hiriera	hirieran	hubiera herido	hubieran herido
OR		OR	
hiriese	hiriésemos	hubiese herido	hubiésemos herido
hirieses	hirieseis	hubieses herido	hubieseis herido
hiriese	hiriesen	hubiese herido	hubiesen herido

imperativo	
—	hiramos
hiere	herid
hiera	hieran

Words related to this verb

la herida   wound
mal herido, mal herida   seriously wounded

to escape, to flee, to run away, to slip away

The Seven Simple Tenses		The Seven Compound Tenses	
Singular	Plural	Singular	Plural
1 presente de indicativo		**8 perfecto de indicativo**	
huyo	huimos	he huido	hemos huido
huyes	huís	has huido	habéis huido
huye	huyen	ha huido	han huido
2 imperfecto de indicativo		**9 pluscuamperfecto de indicativo**	
huía	huíamos	había huido	habíamos huido
huías	huíais	habías huido	habíais huido
huía	huían	había huido	habían huido
3 pretérito		**10 pretérito anterior**	
huí	huimos	hube huido	hubimos huido
huiste	huisteis	hubiste huido	hubisteis huido
huyó	huyeron	hubo huido	hubieron huido
4 futuro		**11 futuro perfecto**	
huiré	huiremos	habré huido	habremos huido
huirás	huiréis	habrás huido	habréis huido
huirá	huirán	habrá huido	habrán huido
5 potencial simple		**12 potencial compuesto**	
huiría	huiríamos	habría huido	habríamos huido
huirías	huiríais	habrías huido	habríais huido
huiría	huirían	habría huido	habrían huido
6 presente de subjuntivo		**13 perfecto de subjuntivo**	
huya	huyamos	haya huido	hayamos huido
huyas	huyáis	hayas huido	hayáis huido
huya	huyan	haya huido	hayan huido
7 imperfecto de subjuntivo		**14 pluscuamperfecto de subjuntivo**	
huyera	huyéramos	hubiera huido	hubiéramos huido
huyeras	huyerais	hubieras huido	hubierais huido
huyera	huyeran	hubiera huido	hubieran huido
OR		OR	
huyese	huyésemos	hubiese huido	hubiésemos huido
huyeses	huyeseis	hubieses huido	hubieseis huido
huyese	huyesen	hubiese huido	hubiesen huido

imperativo	
—	huyamos
huye	huid
huya	huyan

Words and expressions related to this verb

huir de   to keep away from
la huída   escape, flight
huidizo, huidiza   fugitive

to matter, to be important

The Seven Simple Tenses		The Seven Compound Tenses	
Singular	Plural	Singular	Plural
1 presente de indicativo		8 perfecto de indicativo	
importa	**importan**	**ha importado**	**han importado**
2 imperfecto de indicativo		9 pluscuamperfecto de indicativo	
importaba	**importaban**	**había importado**	**habían importado**
3 pretérito		10 pretérito anterior	
importó	**importaron**	**hubo importado**	**hubieron importado**
4 futuro		11 futuro perfecto	
importará	**importarán**	**habrá importado**	**habrán importado**
5 potencial simple		12 potencial compuesto	
importaría	**importarían**	**habría importado**	**habrían importado**
6 presente de subjuntivo		13 perfecto de subjuntivo	
que importe	**que importen**	**haya importado**	**hayan importado**
7 imperfecto de subjuntivo		14 pluscuamperfecto de subjuntivo	
que importara	**que importaran**	**que hubiera importado**	**que hubieran importado**
OR		OR	
que importase	**que importasen**	**que hubiese importado**	**que hubiesen importado**

imperativo
que importe   **que importen**

Words and expressions related to this verb

No importa.   It does not matter.
Eso no importa.   That does not matter.
No me importaría.   It wouldn't matter to me.
la importancia   importance
importante   important

incluir   Part. pr. **incluyendo**   Part. pas. **incluido (incluso,** when used as an *adj.*)

to include, to enclose

The Seven Simple Tenses		The Seven Compound Tenses	
Singular	Plural	Singular	Plural
1 presente de indicativo		**8 perfecto de indicativo**	
incluyo	incluimos	he incluido	hemos incluido
incluyes	incluís	has incluido	habéis incluido
incluye	incluyen	ha incluido	han incluido
2 imperfecto de indicativo		**9 pluscuamperfecto de indicativo**	
incluía	incluíamos	había incluido	habíamos incluido
incluías	incluíais	habías incluido	habíais incluido
incluía	incluían	había incluido	habían incluido
3 pretérito		**10 pretérito anterior**	
incluí	incluimos	hube incluido	hubimos incluido
incluiste	incluisteis	hubiste incluido	hubisteis incluido
incluyó	incluyeron	hubo incluido	hubieron incluido
4 futuro		**11 futuro perfecto**	
incluiré	incluiremos	habré incluido	habremos incluido
incluirás	incluiréis	habrás incluido	habréis incluido
incluirá	incluirán	habrá incluido	habrán incluido
5 potencial simple		**12 potencial compuesto**	
incluiría	incluiríamos	habría incluido	habríamos incluido
incluirías	incluiríais	habrías incluido	habríais incluido
incluiría	incluirían	habría incluido	habrían incluido
6 presente de subjuntivo		**13 perfecto de subjuntivo**	
incluya	incluyamos	haya incluido	hayamos incluido
incluyas	incluyáis	hayas incluido	hayáis incluido
incluya	incluyan	haya incluido	hayan incluido
7 imperfecto de subjuntivo		**14 pluscuamperfecto de subjuntivo**	
incluyera	incluyéramos	hubiera incluido	hubiéramos incluido
incluyeras	incluyerais	hubieras incluido	hubierais incluido
incluyera	incluyeran	hubiera incluido	hubieran incluido
OR		OR	
incluyese	incluyésemos	hubiese incluido	hubiésemos incluido
incluyeses	incluyeseis	hubieses incluido	hubieseis incluido
incluyese	incluyesen	hubiese incluido	hubiesen incluido

imperativo	
—	incluyamos
incluye	incluid
incluya	incluyan

Words related to this verb

inclusivo, inclusiva   inclusive, including
la inclusión   inclusion
una inclusa   foundling home

to indicate, to point out

The Seven Simple Tenses		The Seven Compound Tenses	
Singular	Plural	Singular	Plural

1 presente de indicativo		8 perfecto de indicativo	
indico	indicamos	he indicado	hemos indicado
indicas	indicáis	has indicado	habéis indicado
indica	indican	ha indicado	han indicado

2 imperfecto de indicativo		9 pluscuamperfecto de indicativo	
indicaba	indicábamos	había indicado	habíamos indicado
indicabas	indicabais	habías indicado	habíais indicado
indicaba	indicaban	había indicado	habían indicado

3 pretérito		10 pretérito anterior	
indiqué	indicamos	hube indicado	hubimos indicado
indicaste	indicasteis	hubiste indicado	hubisteis indicado
indicó	indicaron	hubo indicado	hubieron indicado

4 futuro		11 futuro perfecto	
indicaré	indicaremos	habré indicado	habremos indicado
indicarás	indicaréis	habrás indicado	habréis indicado
indicará	indicarán	habrá indicado	habrán indicado

5 potencial simple		12 potencial compuesto	
indicaría	indicaríamos	habría indicado	habríamos indicado
indicarías	indicaríais	habrías indicado	habríais indicado
indicaría	indicarían	habría indicado	habrían indicado

6 presente de subjuntivo		13 perfecto de subjuntivo	
indique	indiquemos	haya indicado	hayamos indicado
indiques	indiquéis	hayas indicado	hayáis indicado
indique	indiquen	haya indicado	hayan indicado

7 imperfecto de subjuntivo		14 pluscuamperfecto de subjuntivo	
indicara	indicáramos	hubiera indicado	hubiéramos indicado
indicaras	indicarais	hubieras indicado	hubierais indicado
indicara	indicaran	hubiera indicado	hubieran indicado
OR		OR	
indicase	indicásemos	hubiese indicado	hubiésemos indicado
indicases	indicaseis	hubieses indicado	hubieseis indicado
indicase	indicasen	hubiese indicado	hubiesen indicado

imperativo	
—	indiquemos
indica	indicad
indique	indiquen

Words related to this verb

indicativo, indicativa   indicative
la indicación   indication
el indicador   indicator; **el indicador de incendios**   fire alarm

inducir

to induce, to influence, to persuade

The Seven Simple Tenses		The Seven Compound Tenses	
Singular	Plural	Singular	Plural
1 presente de indicativo		**8 perfecto de indicativo**	
induzco	inducimos	he inducido	hemos inducido
induces	inducís	has inducido	habéis inducido
induce	inducen	ha inducido	han inducido
2 imperfecto de indicativo		**9 pluscuamperfecto de indicativo**	
inducía	inducíamos	había inducido	habíamos inducido
inducías	inducíais	habías inducido	habíais inducido
inducía	inducían	había inducido	habían inducido
3 pretérito		**10 pretérito anterior**	
induje	indujimos	hube inducido	hubimos inducido
indujiste	indujisteis	hubiste inducido	hubisteis inducido
indujo	indujeron	hubo inducido	hubieron inducido
4 futuro		**11 futuro perfecto**	
induciré	induciremos	habré inducido	habremos inducido
inducirás	induciréis	habrás inducido	habréis inducido
inducirá	inducirán	habrá inducido	habrán inducido
5 potencial simple		**12 potencial compuesto**	
induciría	induciríamos	habría inducido	habríamos inducido
inducirías	induciríais	habrías inducido	habríais inducido
induciría	inducirían	habría inducido	habrían inducido
6 presente de subjuntivo		**13 perfecto de subjuntivo**	
induzca	induzcamos	haya inducido	hayamos inducido
induzcas	induzcáis	hayas inducido	hayáis inducido
induzca	induzcan	haya inducido	hayan inducido
7 imperfecto de subjuntivo		**14 pluscuamperfecto de subjuntivo**	
indujera	indujéramos	hubiera inducido	hubiéramos inducido
indujeras	indujerais	hubieras inducido	hubierais inducido
indujera	indujeran	hubiera inducido	hubieran inducido
OR		OR	
indujese	indujésemos	hubiese inducido	hubiésemos inducido
indujeses	indujeseis	hubieses inducido	hubieseis inducido
indujese	indujesen	hubiese inducido	hubiesen inducido

imperativo	
—	induzcamos
induce	inducid
induzca	induzcan

Words related to this verb

inducidor, inducidora   inducer
el inducimiento   inducement
la inducción   inducement, induction

The Seven Simple Tenses		The Seven Compound Tenses	
Singular	Plural	Singular	Plural

1   presente de indicativo

		8 perfecto de indicativo	
influyo	influimos	he influido	hemos influido
influyes	influís	has influido	habéis influido
influye	influyen	ha influido	han influido

2   imperfecto de indicativo

		9 pluscuamperfecto de indicativo	
influía	influíamos	había influido	habíamos influido
influías	influíais	habías influido	habíais influido
influía	influían	había influido	habían influido

3   pretérito

		10 pretérito anterior	
influí	influimos	hube influido	hubimos influido
influiste	influisteis	hubiste influido	hubisteis influido
influyó	influyeron	hubo influido	hubieron influido

4   futuro

		11 futuro perfecto	
influiré	influiremos	habré influido	habremos influido
influirás	influiréis	habrás influido	habréis influido
influirá	influirán	habrá influido	habrán influido

5   potencial simple

		12 potencial compuesto	
influiría	influiríamos	habría influido	habríamos influido
influirías	influiríais	habrías influido	habríais influido
influiría	influirían	habría influido	habrían influido

6   presente de subjuntivo

		13 perfecto de subjuntivo	
influya	influyamos	haya influido	hayamos influido
influyas	influyáis	hayas influido	hayáis influido
influya	influyan	haya influido	hayan influido

7   imperfecto de subjuntivo

		14 pluscuamperfecto de subjuntivo	
influyera	influyéramos	hubiera influido	hubiéramos influido
influyeras	influyerais	hubieras influido	hubierais influido
influyera	influyeran	hubiera influido	hubieran influido
OR		OR	
influyese	influyésemos	hubiese influido	hubiésemos influido
influyeses	influyeseis	hubieses influido	hubieseis influido
influyese	influyesen	hubiese influido	hubiesen influido

imperativo	
—	influyamos
influye	influid
influya	influyan

Words related to this verb

la influencia   influence
influente   influential, influencing
influir en   to affect, to have an influence on, upon

insistir

to insist, to persist

The Seven Simple Tenses		The Seven Compound Tenses	
Singular	Plural	Singular	Plural
1 presente de indicativo		**8 perfecto de indicativo**	
insisto	insistimos	he insistido	hemos insistido
insistes	insistís	has insistido	habéis insistido
insiste	insisten	ha insistido	han insistido
2 imperfecto de indicativo		**9 pluscuamperfecto de indicativo**	
insistía	insistíamos	había insistido	habíamos insistido
insistías	insistíais	habías insistido	habíais insistido
insistía	insistían	había insistido	habían insistido
3 pretérito		**10 pretérito anterior**	
insistí	insistimos	hube insistido	hubimos insistido
insististe	insististeis	hubiste insistido	hubisteis insistido
insistió	insistieron	hubo insistido	hubieron insistido
4 futuro		**11 futuro perfecto**	
insistiré	insistiremos	habré insistido	habremos insistido
insistirás	insistiréis	habrás insistido	habréis insistido
insistirá	insistirán	habrá insistido	habrán insistido
5 potencial simple		**12 potencial compuesto**	
insistiría	insistiríamos	habría insistido	habríamos insistido
insistirías	insistiríais	habrías insistido	habríais insistido
insistiría	insistirían	habría insistido	habrían insistido
6 presente de subjuntivo		**13 perfecto de subjuntivo**	
insista	insistamos	haya insistido	hayamos insistido
insistas	insistáis	hayas insistido	hayáis insistido
insista	insistan	haya insistido	hayan insistido
7 imperfecto de subjuntivo		**14 pluscuamperfecto de subjuntivo**	
insistiera	insistiéramos	hubiera insistido	hubiéramos insistido
insistieras	insistierais	hubieras insistido	hubierais insistido
insistiera	insistieran	hubiera insistido	hubieran insistido
OR		OR	
insistiese	insistiésemos	hubiese insistido	hubiésemos insistido
insistieses	insistieseis	hubieses insistido	hubieseis insistido
insistiese	insistiesen	hubiese insistido	hubiesen insistido

imperativo	
—	insistamos
insiste	insistid
insista	insistan

Words related to this verb

insistir en   to insist on, to persist in
la insistencia   insistence, persistence

The Seven Simple Tenses		The Seven Compound Tenses	
Singular	Plural	Singular	Plural

1 presente de indicativo

		8 perfecto de indicativo	
introduzco	introducimos	he introducido	hemos introducido
introduces	introducís	has introducido	habéis introducido
introduce	introducen	ha introducido	han introducido

2 imperfecto de indicativo

		9 pluscuamperfecto de indicativo	
introducía	introducíamos	había introducido	habíamos introducido
introducías	introducíais	habías introducido	habíais introducido
introducía	introducían	había introducido	habían introducido

3 pretérito

		10 pretérito anterior	
introduje	introdujimos	hube introducido	hubimos introducido
introdujiste	introdujisteis	hubiste introducido	hubisteis introducido
introdujo	introdujeron	hubo introducido	hubieron introducido

4 futuro

		11 futuro perfecto	
introduciré	introduciremos	habré introducido	habremos introducido
introducirás	introduciréis	habrás introducido	habréis introducido
introducirá	introducirán	habrá introducido	habrán introducido

5 potencial simple

		12 potencial compuesto	
introduciría	introduciríamos	habría introducido	habríamos introducido
introducirías	introduciríais	habrías introducido	habríais introducido
introduciría	introducirían	habría introducido	habrían introducido

6 presente de subjuntivo

		13 perfecto de subjuntivo	
introduzca	introduzcamos	haya introducido	hayamos introducido
introduzcas	introduzcáis	hayas introducido	hayáis introducido
introduzca	introduzcan	haya introducido	hayan introducido

7 imperfecto de subjuntivo

		14 pluscuamperfecto de subjuntivo	
introdujera	introdujéramos	hubiera introducido	hubiéramos introducido
introdujeras	introdujerais	hubieras introducido	hubierais introducido
introdujera	introdujeran	hubiera introducido	hubieran introducido
OR		OR	
introdujese	introdujésemos	hubiese introducido	hubiésemos introducido
introdujeses	introdujeseis	hubieses introducido	hubieseis introducido
introdujese	introdujesen	hubiese introducido	hubiesen introducido

imperativo	
—	introduzcamos
introduce	introducid
introduzca	introduzcan

Words related to this verb

la introducción   introduction
introductor, introductora   introducer

to go

The Seven Simple Tenses		The Seven Compound Tenses	
Singular	Plural	Singular	Plural
1 presente de indicativo		**8 perfecto de indicativo**	
voy	vamos	he ido	hemos ido
vas	vais	has ido	habéis ido
va	van	ha ido	han ido
2 imperfecto de indicativo		**9 pluscuamperfecto de indicativo**	
iba	íbamos	había ido	habíamos ido
ibas	ibais	habías ido	habíais ido
iba	iban	había ido	habían ido
3 pretérito		**10 pretérito anterior**	
fui	fuimos	hube ido	hubimos ido
fuiste	fuisteis	hubiste ido	hubisteis ido
fue	fueron	hubo ido	hubieron ido
4 futuro		**11 futuro perfecto**	
iré	iremos	habré ido	habremos ido
irás	iréis	habrás ido	habréis ido
irá	irán	habrá ido	habrán ido
5 potencial simple		**12 potencial compuesto**	
iría	iríamos	habría ido	habríamos ido
irías	iríais	habrías ido	habríais ido
iría	irían	habría ido	habrían ido
6 presente de subjuntivo		**13 perfecto de subjuntivo**	
vaya	vayamos	haya ido	hayamos ido
vayas	vayáis	hayas ido	hayáis ido
vaya	vayan	haya ido	hayan ido
7 imperfecto de subjuntivo		**14 pluscuamperfecto de subjuntivo**	
fuera	fuéramos	hubiera ido	hubiéramos ido
fueras	fuerais	hubieras ido	hubierais ido
fuera	fueran	hubiera ido	hubieran ido
OR		OR	
fuese	fuésemos	hubiese ido	hubiésemos ido
fueses	fueseis	hubieses ido	hubieseis ido
fuese	fuesen	hubiese ido	hubiesen ido

imperativo	
—	vamos (no vayamos)
ve; no vayas	id; no vayáis
vaya	vayan

Common idiomatic expressions using this verb

ir de compras   to go shopping
ir de brazo   to walk arm in arm
¿Cómo le va?   How goes it? How are you?

ir a caballo   to ride horseback
un billete de ida y vuelta   return ticket
¡Qué va!   Nonsense!

Cuando el gato va a sus devociones, bailan los ratones.   When the cat is away, the mice will play.

For additional common idiomatic expressions, see **irse**, which is related to **ir**.

to go away

The Seven Simple Tenses		The Seven Compound Tenses	
Singular	Plural	Singular	Plural
1 presente de indicativo		**8 perfecto de indicativo**	
me voy	nos vamos	me he ido	nos hemos ido
te vas	os vais	te has ido	os habéis ido
se va	se van	se ha ido	se han ido
2 imperfecto de indicativo		**9 pluscuamperfecto de indicativo**	
me iba	nos íbamos	me había ido	nos habíamos ido
te ibas	os ibais	te habías ido	os habíais ido
se iba	se iban	se había ido	se habían ido
3 pretérito		**10 pretérito anterior**	
me fui	nos fuimos	me hube ido	nos hubimos ido
te fuiste	os fuisteis	te hubiste ido	os hubisteis ido
se fue	se fueron	se hubo ido	se hubieron ido
4 futuro		**11 futuro perfecto**	
me iré	nos iremos	me habré ido	nos habremos ido
te irás	os iréis	te habrás ido	os habréis ido
se irá	se irán	se habrá ido	se habrán ido
5 potencial simple		**12 potencial compuesto**	
me iría	nos iríamos	me habría ido	nos habríamos ido
te irías	os iríais	te habrías ido	os habríais ido
se iría	se irían	se habría ido	se habrían ido
6 presente de subjuntivo		**13 perfecto de subjuntivo**	
me vaya	nos vayamos	me haya ido	nos hayamos ido
te vayas	os vayáis	te hayas ido	os hayáis ido
se vaya	se vayan	se haya ido	se hayan ido
7 imperfecto de subjuntivo		**14 pluscuamperfecto de subjuntivo**	
me fuera	nos fuéramos	me hubiera ido	nos hubiéramos ido
te fueras	os fuerais	te hubieras ido	os hubierais ido
se fuera	se fueran	se hubiera ido	se hubieran ido
OR		OR	
me fuese	nos fuésemos	me hubiese ido	nos hubiésemos ido
te fueses	os fueseis	te hubieses ido	os hubieseis ido
se fuese	se fuesen	se hubiese ido	se hubiesen ido

	imperativo	
—	vámonos
vete	idos
váyase	váyanse

Common idiomatic expressions using this verb

Vámonos!   Let's go! Let's leave!
Si a Roma fueres, haz como vieres.   When in Rome do as the Romans do. [Note that it is not uncommon to use the future subjunctive in proverbs, as in *fueres* (**ir** or **ser**) and *vieres* (**ver**); see p. xxxvii.]

For additional common idiomatic expressions, see **ir**, which is related to **irse**.

The subject pronouns are found on the page facing page 1.

to play (a game, sport)

The Seven Simple Tenses		The Seven Compound Tenses	
Singular	Plural	Singular	Plural
1 presente de indicativo		**8 perfecto de indicativo**	
juego	jugamos	he jugado	hemos jugado
juegas	jugáis	has jugado	habéis jugado
juega	juegan	ha jugado	han jugado
2 imperfecto de indicativo		**9 pluscuamperfecto de indicativo**	
jugaba	jugábamos	había jugado	habíamos jugado
jugabas	jugabais	habías jugado	habíais jugado
jugaba	jugaban	había jugado	habían jugado
3 pretérito		**10 pretérito anterior**	
jugué	jugamos	hube jugado	hubimos jugado
jugaste	jugasteis	hubiste jugado	hubisteis jugado
jugó	jugaron	hubo jugado	hubieron jugado
4 futuro		**11 futuro perfecto**	
jugaré	jugaremos	habré jugado	habremos jugado
jugarás	jugaréis	habrás jugado	habréis jugado
jugará	jugarán	habrá jugado	habrán jugado
5 potencial simple		**12 potencial compuesto**	
jugaría	jugaríamos	habría jugado	habríamos jugado
jugarías	jugaríais	habrías jugado	habríais jugado
jugaría	jugarían	habría jugado	habrían jugado
6 presente de subjuntivo		**13 perfecto de subjuntivo**	
juegue	juguemos	haya jugado	hayamos jugado
juegues	juguéis	hayas jugado	hayáis jugado
juegue	jueguen	haya jugado	hayan jugado
7 imperfecto de subjuntivo		**14 pluscuamperfecto de subjuntivo**	
jugara	jugáramos	hubiera jugado	hubiéramos jugado
jugaras	jugarais	hubieras jugado	hubierais jugado
jugara	jugaran	hubiera jugado	hubieran jugado
OR		OR	
jugase	jugásemos	hubiese jugado	hubiésemos jugado
jugases	jugaseis	hubieses jugado	hubieseis jugado
jugase	jugasen	hubiese jugado	hubiesen jugado

imperativo	
—	juguemos
juega	jugad
juegue	jueguen

Words and expressions related to this verb

un juguete   toy, plaything
jugador, jugadora   player
un juego   game

jugar a los naipes   to play cards
jugar al tenis   to play tennis
jugar al béisbol   to play baseball

to throw, to hurl, to fling, to launch

The Seven Simple Tenses		The Seven Compound Tenses	
Singular	Plural	Singular	Plural

1   presente de indicativo

lanzo	lanzamos
lanzas	lanzáis
lanza	lanzan

8   perfecto de indicativo

he lanzado	hemos lanzado
has lanzado	habéis lanzado
ha lanzado	han lanzado

2   imperfecto de indicativo

lanzaba	lanzábamos
lanzabas	lanzabais
lanzaba	lanzaban

9   pluscuamperfecto de indicativo

había lanzado	habíamos lanzado
habías lanzado	habíais lanzado
había lanzado	habían lanzado

3   pretérito

lancé	lanzamos
lanzaste	lanzasteis
lanzó	lanzaron

10   pretérito anterior

hube lanzado	hubimos lanzado
hubiste lanzado	hubisteis lanzado
hubo lanzado	hubieron lanzado

4   futuro

lanzaré	lanzaremos
lanzarás	lanzaréis
lanzará	lanzarán

11   futuro perfecto

habré lanzado	habremos lanzado
habrás lanzado	habréis lanzado
habrá lanzado	habrán lanzado

5   potencial simple

lanzaría	lanzaríamos
lanzarías	lanzaríais
lanzaría	lanzarían

12   potencial compuesto

habría lanzado	habríamos lanzado
habrías lanzado	habríais lanzado
habría lanzado	habrían lanzado

6   presente de subjuntivo

lance	lancemos
lances	lancéis
lance	lancen

13   perfecto de subjuntivo

haya lanzado	hayamos lanzado
hayas lanzado	hayáis lanzado
haya lanzado	hayan lanzado

7   imperfecto de subjuntivo

lanzara	lanzáramos
lanzaras	lanzarais
lanzara	lanzaran
OR	
lanzase	lanzásemos
lanzases	lanzaseis
lanzase	lanzasen

14   pluscuamperfecto de subjuntivo

hubiera lanzado	hubiéramos lanzado
hubieras lanzado	hubierais lanzado
hubiera lanzado	hubieran lanzado
OR	
hubiese lanzado	hubiésemos lanzado
hubieses lanzado	hubieseis lanzado
hubiese lanzado	hubiesen lanzado

imperativo

–	lancemos
lanza	lanzad
lance	lancen

Words related to this verb

la lanza   lance, spear
el lanzamiento   casting, throwing, launching

lavar

to wash

The Seven Simple Tenses		The Seven Compound Tenses	
Singular	Plural	Singular	Plural

1 presente de indicativo

lavo	lavamos
lavas	laváis
lava	lavan

8 perfecto de indicativo

he lavado	hemos lavado
has lavado	habéis lavado
ha lavado	han lavado

2 imperfecto de indicativo

lavaba	lavábamos
lavabas	lavabais
lavaba	lavaban

9 pluscuamperfecto de indicativo

había lavado	habíamos lavado
habías lavado	habíais lavado
había lavado	habían lavado

3 pretérito

lavé	lavamos
lavaste	lavasteis
lavó	lavaron

10 pretérito anterior

hube lavado	hubimos lavado
hubiste lavado	hubisteis lavado
hubo lavado	hubieron lavado

4 futuro

lavaré	lavaremos
lavarás	lavaréis
lavará	lavarán

11 futuro perfecto

habré lavado	habremos lavado
habrás lavado	habréis lavado
habrá lavado	habrán lavado

5 potencial simple

lavaría	lavaríamos
lavarías	lavaríais
lavaría	lavarían

12 potencial compuesto

habría lavado	habríamos lavado
habrías lavado	habríais lavado
habría lavado	habrían lavado

6 presente de subjuntivo

lave	lavemos
laves	lavéis
lave	laven

13 perfecto de subjuntivo

haya lavado	hayamos lavado
hayas lavado	hayáis lavado
haya lavado	hayan lavado

7 imperfecto de subjuntivo

lavara	laváramos
lavaras	lavarais
lavara	lavaran
OR	
lavase	lavásemos
lavases	lavaseis
lavase	lavasen

14 pluscuamperfecto de subjuntivo

hubiera lavado	hubiéramos lavado
hubieras lavado	hubierais lavado
hubiera lavado	hubieran lavado
OR	
hubiese lavado	hubiésemos lavado
hubieses lavado	hubieseis lavado
hubiese lavado	hubiesen lavado

imperativo

—	lavemos
lava	lavad
lave	laven

Words related to this verb

el lavatorio, el lavabo   lavatory, washroom, washstand
lavandero, lavandera   launderer
la lavandería   laundry

to wash oneself

The Seven Simple Tenses		The Seven Compound Tenses	
Singular	Plural	Singular	Plural

1   presente de indicativo

me lavo	nos lavamos	
te lavas	os laváis	
se lava	se lavan	

8   perfecto de indicativo

me he lavado	nos hemos lavado
te has lavado	os habéis lavado
se ha lavado	se han lavado

2   imperfecto de indicativo

me lavaba	nos lavábamos
te lavabas	os lavabais
se lavaba	se lavaban

9   pluscuamperfecto de indicativo

me había lavado	nos habíamos lavado
te habías lavado	os habíais lavado
se había lavado	se habían lavado

3   pretérito

me lavé	nos lavamos
te lavaste	os lavasteis
se lavó	se lavaron

10   pretérito anterior

me hube lavado	nos hubimos lavado
te hubiste lavado	os hubisteis lavado
se hubo lavado	se hubieron lavado

4   futuro

me lavaré	nos lavaremos
te lavarás	os lavaréis
se lavará	se lavarán

11   futuro perfecto

me habré lavado	nos habremos lavado
te habrás lavado	os habréis lavado
se habrá lavado	se habrán lavado

5   potencial simple

me lavaría	nos lavaríamos
te lavarías	os lavaríais
se lavaría	se lavarían

12   potencial compuesto

me habría lavado	nos habríamos lavado
te habrías lavado	os habríais lavado
se habría lavado	se habrían lavado

6   presente de subjuntivo

me lave	nos lavemos
te laves	os lavéis
se lave	se laven

13   perfecto de subjuntivo

me haya lavado	nos hayamos lavado
te hayas lavado	os hayáis lavado
se haya lavado	se hayan lavado

7   imperfecto de subjuntivo

me lavara	nos laváramos
te lavaras	os lavarais
se lavara	se lavaran
OR	
me lavase	nos lavásemos
te lavases	os lavaseis
se lavase	se lavasen

14   pluscuamperfecto de subjuntivo

me hubiera lavado	nos hubiéramos lavado
te hubieras lavado	os hubierais lavado
se hubiera lavado	se hubieran lavado
OR	
me hubiese lavado	nos hubiésemos lavado
te hubieses lavado	os hubieseis lavado
se hubiese lavado	se hubiesen lavado

imperativo

—	lavémonos
lávate; no te laves	lavaos; no os lavéis
lávese	lávense

Words related to this verb

el lavatorio, el lavabo   lavatory, washroom, washstand
lavandero, lavandera   launderer
la lavandería   laundry

For other words and expressions related to this verb, see **lavar.**

The subject pronouns are found on the page facing page 1.

to read

The Seven Simple Tenses		The Seven Compound Tenses	
Singular	Plural	Singular	Plural
1 presente de indicativo		**8 perfecto de indicativo**	
leo	leemos	he leído	hemos leído
lees	leéis	has leído	habéis leído
lee	leen	ha leído	han leído
2 imperfecto de indicativo		**9 pluscuamperfecto de indicativo**	
leía	leíamos	había leído	habíamos leído
leías	leíais	habías leído	habíais leído
leía	leían	había leído	habían leído
3 pretérito		**10 pretérito anterior**	
leí	leímos	hube leído	hubimos leído
leíste	leísteis	hubiste leído	hubisteis leído
leyó	leyeron	hubo leído	hubieron leído
4 futuro		**11 futuro perfecto**	
leeré	leeremos	habré leído	habremos leído
leerás	leeréis	habrás leído	habréis leído
leerá	leerán	habrá leído	habrán leído
5 potencial simple		**12 potencial compuesto**	
leería	leeríamos	habría leído	habríamos leído
leerías	leeríais	habrías leído	habríais leído
leería	leerían	habría leído	habrían leído
6 presente de subjuntivo		**13 perfecto de subjuntivo**	
lea	leamos	haya leído	hayamos leído
leas	leáis	hayas leído	hayáis leído
lea	lean	haya leído	hayan leído
7 imperfecto de subjuntivo		**14 pluscuamperfecto de subjuntivo**	
leyera	leyéramos	hubiera leído	hubiéramos leído
leyeras	leyerais	hubieras leído	hubierais leído
leyera	leyeran	hubiera leído	hubieran leído
OR		OR	
leyese	leyésemos	hubiese leído	hubiésemos leído
leyeses	leyeseis	hubieses leído	hubieseis leído
leyese	leyesen	hubiese leído	hubiesen leído

imperativo	
—	leamos
lee	leed
lea	lean

Words related to this verb

la lectura   reading
   Me gusta la lectura.   I like reading.
la lección   lesson
lector, lectora   reader

to lift, to raise

The Seven Simple Tenses		The Seven Compound Tenses	
Singular	Plural	Singular	Plural

1   presente de indicativo

levanto	levantamos		
levantas	levantáis		
levanta	levantan		

8   perfecto de indicativo

he levantado	hemos levantado
has levantado	habéis levantado
ha levantado	han levantado

2   imperfecto de indicativo

levantaba	levantábamos
levantabas	levantabais
levantaba	levantaban

9   pluscuamperfecto de indicativo

había levantado	habíamos levantado
habías levantado	habíais levantado
había levantado	habían levantado

3   pretérito

levanté	levantamos
levantaste	levantasteis
levantó	levantaron

10   pretérito anterior

hube levantado	hubimos levantado
hubiste levantado	hubisteis levantado
hubo levantado	hubieron levantado

4   futuro

levantaré	levantaremos
levantarás	levantaréis
levantará	levantarán

11   futuro perfecto

habré levantado	habremos levantado
habrás levantado	habréis levantado
habrá levantado	habrán levantado

5   potencial simple

levantaría	levantaríamos
levantarías	levantaríais
levantaría	levantarían

12   potencial compuesto

habría levantado	habríamos levantado
habrías levantado	habríais levantado
habría levantado	habrían levantado

6   presente de subjuntivo

levante	levantemos
levantes	levantéis
levante	levanten

13   perfecto de subjuntivo

haya levantado	hayamos levantado
hayas levantado	hayáis levantado
haya levantado	hayan levantado

7   imperfecto de subjuntivo

levantara	levantáramos
levantaras	levantarais
levantara	levantaran
OR	
levantase	levantásemos
levantases	levantaseis
levantase	levantasen

14   pluscuamperfecto de subjuntivo

hubiera levantado	hubiéramos levantado
hubieras levantado	hubierais levantado
hubiera levantado	hubieran levantado
OR	
hubiese levantado	hubiésemos levantado
hubieses levantado	hubieseis levantado
hubiese levantado	hubiesen levantado

imperativo

—	levantemos
levanta	levantad
levante	levanten

Words and expressions related to this verb

levantar la mesa   to clear the table
levantar con algo   to get away with something
el levante   Levant, East
el levantamiento   elevation, raising

levantarse

Part. pr. **levantándose**   Part. pas. **levantado**

to get up, to rise

The Seven Simple Tenses		The Seven Compound Tenses	
Singular	Plural	Singular	Plural
1 presente de indicativo		**8 perfecto de indicativo**	
me levanto	nos levantamos	me he levantado	nos hemos levantado
te levantas	os levantáis	te has levantado	os habéis levantado
se levanta	se levantan	se ha levantado	se han levantado
2 imperfecto de indicativo		**9 pluscuamperfecto de indicativo**	
me levantaba	nos levantábamos	me había levantado	nos habíamos levantado
te levantabas	os levantabais	te habías levantado	os habíais levantado
se levantaba	se levantaban	se había levantado	se habían levantado
3 pretérito		**10 pretérito anterior**	
me levanté	nos levantamos	me hube levantado	nos hubimos levantado
te levantaste	os levantasteis	te hubiste levantado	os hubisteis levantado
se levantó	se levantaron	se hubo levantado	se hubieron levantado
4 futuro		**11 futuro perfecto**	
me levantaré	nos levantaremos	me habré levantado	nos habremos levantado
te levantarás	os levantaréis	te habrás levantado	os habréis levantado
se levantará	se levantarán	se habrá levantado	se habrán levantado
5 potencial simple		**12 potencial compuesto**	
me levantaría	nos levantaríamos	me habría levantado	nos habríamos levantado
te levantarías	os levantaríais	te habrías levantado	os habríais levantado
se levantaría	se levantarían	se habría levantado	se habrían levantado
6 presente de subjuntivo		**13 perfecto de subjuntivo**	
me levante	nos levantemos	me haya levantado	nos hayamos levantado
te levantes	os levantéis	te hayas levantado	os hayáis levantado
se levante	se levanten	se haya levantado	se hayan levantado
7 imperfecto de subjuntivo		**14 pluscuamperfecto de subjuntivo**	
me levantara	nos levantáramos	me hubiera levantado	nos hubiéramos levantado
te levantaras	os levantarais	te hubieras levantado	os hubierais levantado
se levantara	se levantaran	se hubiera levantado	se hubieran levantado
OR		OR	
me levantase	nos levantásemos	me hubiese levantado	nos hubiésemos levantado
te levantases	os levantaseis	te hubieses levantado	os hubieseis levantado
se levantase	se levantasen	se hubiese levantado	se hubiesen levantado

	imperativo
—	levantémonos
levántate	levantaos
levántese	levántense

Words related to this verb

levantar la mesa   to clear the table
levantar con algo   to get away with something
el levante   Levant, East
el levantamiento   elevation, raising

to call, to name

The Seven Simple Tenses | The Seven Compound Tenses

Singular	Plural	Singular	Plural

1 presente de indicativo

llamo	llamamos
llamas	llamáis
llama	llaman

8 perfecto de indicativo

he llamado	hemos llamado
has llamado	habéis llamado
ha llamado	han llamado

2 imperfecto de indicativo

llamaba	llamábamos
llamabas	llamabais
llamaba	llamaban

9 pluscuamperfecto de indicativo

había llamado	habíamos llamado
habías llamado	habíais llamado
había llamado	habían llamado

3 pretérito

llamé	llamamos
llamaste	llamasteis
llamó	llamaron

10 pretérito anterior

hube llamado	hubimos llamado
hubiste llamado	hubisteis llamado
hubo llamado	hubieron llamado

4 futuro

llamaré	llamaremos
llamarás	llamaréis
llamará	llamarán

11 futuro perfecto

habré llamado	habremos llamado
habrás llamado	habréis llamado
habrá llamado	habrán llamado

5 potencial simple

llamaría	llamaríamos
llamarías	llamaríais
llamaría	llamarían

12 potencial compuesto

habría llamado	habríamos llamado
habrías llamado	habríais llamado
habría llamado	habrían llamado

6 presente de subjuntivo

llame	llamemos
llames	llaméis
llame	llamen

13 perfecto de subjuntivo

haya llamado	hayamos llamado
hayas llamado	hayáis llamado
haya llamado	hayan llamado

7 imperfecto de subjuntivo

llamara	llamáramos
llamaras	llamarais
llamara	llamaran
OR	
llamase	llamásemos
llamases	llamaseis
llamase	llamasen

14 pluscuamperfecto de subjuntivo

hubiera llamado	hubiéramos llamado
hubieras llamado	hubierais llamado
hubiera llamado	hubieran llamado
OR	
hubiese llamado	hubiésemos llamado
hubieses llamado	hubieseis llamado
hubiese llamado	hubiesen llamado

imperativo

—	llamemos
llama	llamad
llame	llamen

Words and expressions related to this verb

llamar al doctor   to call the doctor
llamar por teléfono   to telephone
llamar la atención sobre   to call attention to

to be called, to be named

The Seven Simple Tenses | The Seven Compound Tenses

Singular	Plural	Singular	Plural

1   presente de indicativo

me llamo	nos llamamos
te llamas	os llamáis
se llama	se llaman

8   perfecto de indicativo

me he llamado	nos hemos llamado
te has llamado	os habéis llamado
se ha llamado	se han llamado

2   imperfecto de indicativo

me llamaba	nos llamábamos
te llamabas	os llamabais
se llamaba	se llamaban

9   pluscuamperfecto de indicativo

me había llamado	nos habíamos llamado
te habías llamado	os habíais llamado
se había llamado	se habían llamado

3   pretérito

me llamé	nos llamamos
te llamaste	os llamasteis
se llamó	se llamaron

10   pretérito anterior

me hube llamado	nos hubimos llamado
te hubiste llamado	os hubisteis llamado
se hubo llamado	se hubieron llamado

4   futuro

me llamaré	nos llamaremos
te llamarás	os llamaréis
se llamará	se llamarán

11   futuro perfecto

me habré llamado	nos habremos llamado
te habrás llamado	os habréis llamado
se habrá llamado	se habrán llamado

5   potencial simple

me llamaría	nos llamaríamos
te llamarías	os llamaríais
se llamaría	se llamarían

12   potencial compuesto

me habría llamado	nos habríamos llamado
te habrías llamado	os habríais llamado
se habría llamado	se habrían llamado

6   presente de subjuntivo

me llame	nos llamemos
te llames	os llaméis
se llame	se llamen

13   perfecto de subjuntivo

me haya llamado	nos hayamos llamado
te hayas llamado	os hayáis llamado
se haya llamado	se hayan llamado

7   imperfecto de subjuntivo

me llamara	nos llamáramos
te llamaras	os llamarais
se llamara	se llamaran
OR	
me llamase	nos llamásemos
te llamases	os llamaseis
se llamase	se llamasen

14   pluscuamperfecto de subjuntivo

me hubiera llamado	nos hubiéramos llamado
te hubieras llamado	os hubierais llamado
se hubiera llamado	se hubieran llamado
OR	
me hubiese llamado	nos hubiésemos llamado
te hubieses llamado	os hubieseis llamado
se hubiese llamado	se hubiesen llamado

imperativo

—	llamémonos
llámate	llamaos
llámese	llámense

Common idiomatic expressions using this verb

—¿**Cómo se llama usted?**   What is your name? (How do you call yourself?)
—**Me llamo Juan Morales.**   My name is Juan Morales.
—¿**Y cómo se llaman sus hermanos?**   And what are your brother's and sister's names?
—**Se llaman Teresa y Pedro.**   Their names are Teresa and Peter.

to arrive

The Seven Simple Tenses		The Seven Compound Tenses	
Singular	Plural	Singular	Plural
1 presente de indicativo		**8 perfecto de indicativo**	
llego	llegamos	he llegado	hemos llegado
llegas	llegáis	has llegado	habéis llegado
llega	llegan	ha llegado	han llegado
2 imperfecto de indicativo		**9 pluscuamperfecto de indicativo**	
llegaba	llegábamos	había llegado	habíamos llegado
llegabas	llegabais	habías llegado	habíais llegado
llegaba	llegaban	había llegado	habían llegado
3 pretérito		**10 pretérito anterior**	
llegué	llegamos	hube llegado	hubimos llegado
llegaste	llegasteis	hubiste llegado	hubisteis llegado
llegó	llegaron	hubo llegado	hubieron llegado
4 futuro		**11 futuro perfecto**	
llegaré	llegaremos	habré llegado	habremos llegado
llegarás	llegaréis	habrás llegado	habréis llegado
llegará	llegarán	habrá llegado	habrán llegado
5 potencial simple		**12 potencial compuesto**	
llegaría	llegaríamos	habría llegado	habríamos llegado
llegarías	llegaríais	habrías llegado	habríais llegado
llegaría	llegarían	habría llegado	habrían llegado
6 presente de subjuntivo		**13 perfecto de subjuntivo**	
llegue	lleguemos	haya llegado	hayamos llegado
llegues	lleguéis	hayas llegado	hayáis llegado
llegue	lleguen	haya llegado	hayan llegado
7 imperfecto de subjuntivo		**14 pluscuamperfecto de subjuntivo**	
llegara	llegáramos	hubiera llegado	hubiéramos llegado
llegaras	llegarais	hubieras llegado	hubierais llegado
llegara	llegaran	hubiera llegado	hubieran llegado
OR		OR	
llegase	llegásemos	hubiese llegado	hubiésemos llegado
llegases	llegaseis	hubieses llegado	hubieseis llegado
llegase	llegasen	hubiese llegado	hubiesen llegado

imperativo	
—	lleguemos
llega	llegad
llegue	lleguen

Words and expressions related to this verb

llegar a ser   to become
   Luis y Luisa quieren llegar a ser médicos.   Louis and Louise want to become doctors.
llegar a saber   to find out
la llegada   arrival

llenar

to fill

The Seven Simple Tenses		The Seven Compound Tenses	
Singular	Plural	Singular	Plural

1   presente de indicativo

lleno	llenamos	
llenas	llenáis	
llena	llenan	

8   perfecto de indicativo

he llenado	hemos llenado
has llenado	habéis llenado
ha llenado	han llenado

2   imperfecto de indicativo

llenaba	llenábamos
llenabas	llenabais
llenaba	llenaban

9   pluscuamperfecto de indicativo

había llenado	habíamos llenado
habías llenado	habíais llenado
había llenado	habían llenado

3   pretérito

llené	llenamos
llenaste	llenasteis
llenó	llenaron

10   pretérito anterior

hube llenado	hubimos llenado
hubiste llenado	hubisteis llenado
hubo llenado	hubieron llenado

4   futuro

llenaré	llenaremos
llenarás	llenaréis
llenará	llenarán

11   futuro perfecto

habré llenado	habremos llenado
habrás llenado	habréis llenado
habrá llenado	habrán llenado

5   potencial simple

llenaría	llenaríamos
llenarías	llenaríais
llenaría	llenarían

12   potencial compuesto

habría llenado	habríamos llenado
habrías llenado	habríais llenado
habría llenado	habrían llenado

6   presente de subjuntivo

llene	llenemos
llenes	llenéis
llene	llenen

13   perfecto de subjuntivo

haya llenado	hayamos llenado
hayas llenado	hayáis llenado
haya llenado	hayan llenado

7   imperfecto de subjuntivo

llenara	llenáramos
llenaras	llenarais
llenara	llenaran
OR	
llenase	llenásemos
llenases	llenaseis
llenase	llenasen

14   pluscuamperfecto de subjuntivo

hubiera llenado	hubiéramos llenado
hubieras llenado	hubierais llenado
hubiera llenado	hubieran llenado
OR	
hubiese llenado	hubiésemos llenado
hubieses llenado	hubieseis llenado
hubiese llenado	hubiesen llenado

imperativo

—	llenemos
llena	llenad
llene	llenen

Words related to this verb

lleno, llena   full, filled
la llenura   abundance, fullness
llenamente   fully

to carry (away), to take (away), to wear

The Seven Simple Tenses		The Seven Compound Tenses	
Singular	Plural	Singular	Plural

1   presente de indicativo

llevo	llevamos
llevas	lleváis
lleva	llevan

8   perfecto de indicativo

he llevado	hemos llevado
has llevado	habéis llevado
ha llevado	han llevado

2   imperfecto de indicativo

llevaba	llevábamos
llevabas	llevabais
llevaba	llevaban

9   pluscuamperfecto de indicativo

había llevado	habíamos llevado
habías llevado	habíais llevado
había llevado	habían llevado

3   pretérito

llevé	llevamos
llevaste	llevasteis
llevó	llevaron

10   pretérito anterior

hube llevado	hubimos llevado
hubiste llevado	hubisteis llevado
hubo llevado	hubieron llevado

4   futuro

llevaré	llevaremos
llevarás	llevaréis
llevará	llevarán

11   futuro perfecto

habré llevado	habremos llevado
habrás llevado	habréis llevado
habrá llevado	habrán llevado

5   potencial simple

llevaría	llevaríamos
llevarías	llevaríais
llevaría	llevarían

12   potencial compuesto

habría llevado	habríamos llevado
habrías llevado	habríais llevado
habría llevado	habrían llevado

6   presente de subjuntivo

lleve	llevemos
lleves	llevéis
lleve	lleven

13   perfecto de subjuntivo

haya llevado	hayamos llevado
hayas llevado	hayáis llevado
haya llevado	hayan llevado

7   imperfecto de subjuntivo

llevara	lleváramos
llevaras	llevarais
llevara	llevaran
OR	
llevase	llevásemos
llevases	llevaseis
llevase	llevasen

14   pluscuamperfecto de subjuntivo

hubiera llevado	hubiéramos llevado
hubieras llevado	hubierais llevado
hubiera llevado	hubieran llevado
OR	
hubiese llevado	hubiésemos llevado
hubieses llevado	hubieseis llevado
hubiese llevado	hubiesen llevado

imperativo

—	llevemos
lleva	llevad
lleve	lleven

Words and expressions related to this verb

llevar a cabo   to carry through
llevar una caída   to have a fall
llevador, llevadora   carrier

llorar

to weep, to cry, to whine

The Seven Simple Tenses		The Seven Compound Tenses	
Singular	Plural	Singular	Plural
1 presente de indicativo		**8 perfecto de indicativo**	
lloro	lloramos	he llorado	hemos llorado
lloras	lloráis	has llorado	habéis llorado
llora	lloran	ha llorado	han llorado
2 imperfecto de indicativo		**9 pluscuamperfecto de indicativo**	
lloraba	llorábamos	había llorado	habíamos llorado
llorabas	llorabais	habías llorado	habíais llorado
lloraba	lloraban	había llorado	habían llorado
3 pretérito		**10 pretérito anterior**	
lloré	lloramos	hube llorado	hubimos llorado
lloraste	llorasteis	hubiste llorado	hubisteis llorado
lloró	lloraron	hubo llorado	hubieron llorado
4 futuro		**11 futuro perfecto**	
lloraré	lloraremos	habré llorado	habremos llorado
llorarás	lloraréis	habrás llorado	habréis llorado
llorará	llorarán	habrá llorado	habrán llorado
5 potencial simple		**12 potencial compuesto**	
lloraría	lloraríamos	habría llorado	habríamos llorado
llorarías	lloraríais	habrías llorado	habríais llorado
lloraría	llorarían	habría llorado	habrían llorado
6 presente de subjuntivo		**13 perfecto de subjuntivo**	
llore	lloremos	haya llorado	hayamos llorado
llores	lloréis	hayas llorado	hayáis llorado
llore	lloren	haya llorado	hayan llorado
7 imperfecto de subjuntivo		**14 pluscuamperfecto de subjuntivo**	
llorara	lloráramos	hubiera llorado	hubiéramos llorado
lloraras	llorarais	hubieras llorado	hubierais llorado
llorara	lloraran	hubiera llorado	hubieran llorado
OR		OR	
llorase	llorásemos	hubiese llorado	hubiésemos llorado
llorases	lloraseis	hubieses llorado	hubieseis llorado
llorase	llorasen	hubiese llorado	hubiesen llorado

imperativo	
—	lloremos
llora	llorad
llore	lloren

Words related to this verb

lloroso, llorosa   tearful, sorrowful
el lloro   weeping, crying
llorador, lloradora   weeper
lloriquear   to cry constantly

The Seven Simple Tenses	The Seven Compound Tenses
Singular	Singular
1 presente de indicativo **llueve** OR **está lloviendo**	8 perfecto de indicativo **ha llovido**
2 imperfecto de indicativo **llovía** OR **estaba lloviendo**	9 pluscuamperfecto de indicativo **había llovido**
3 pretérito **llovió**	10 pretérito anterior **hubo llovido**
4 futuro **lloverá**	11 futuro perfecto **habrá llovido**
5 potencial simple **llovería**	12 potencial compuesto **habría llovido**
6 presente de subjuntivo **llueva**	13 perfecto de subjuntivo **haya llovido**
7 imperfecto de subjuntivo **lloviera** OR **lloviese**	14 pluscuamperfecto de subjuntivo **hubiera llovido** OR **hubiese llovido**

imperativo
¡que llueva!

Words and expressions related to this verb

la lluvia   rain
lluvioso, lluviosa   rainy
llover a cántaros   to rain in torrents
llueva o no   rain or shine

The subject pronouns are found on the page facing page 1.

marchar

to walk, to march, to function (machine), to run (machine)

The Seven Simple Tenses		The Seven Compound Tenses	
Singular	Plural	Singular	Plural

1   presente de indicativo

		8 perfecto de indicativo	
marcho	marchamos	he marchado	hemos marchado
marchas	marcháis	has marchado	habéis marchado
marcha	marchan	ha marchado	han marchado

2   imperfecto de indicativo

		9 pluscuamperfecto de indicativo	
marchaba	marchábamos	había marchado	habíamos marchado
marchabas	marchabais	habías marchado	habíais marchado
marchaba	marchaban	había marchado	habían marchado

3   pretérito

		10 pretérito anterior	
marché	marchamos	hube marchado	hubimos marchado
marchaste	marchasteis	hubiste marchado	hubisteis marchado
marchó	marcharon	hubo marchado	hubieron marchado

4   futuro

		11 futuro perfecto	
marcharé	marcharemos	habré marchado	habremos marchado
marcharás	marcharéis	habrás marchado	habréis marchado
marchará	marcharán	habrá marchado	habrán marchado

5   potencial simple

		12 potencial compuesto	
marcharía	marcharíamos	habría marchado	habríamos marchado
marcharías	marcharíais	habrías marchado	habríais marchado
marcharía	marcharían	habría marchado	habrían marchado

6   presente de subjuntivo

		13 perfecto de subjuntivo	
marche	marchemos	haya marchado	hayamos marchado
marches	marchéis	hayas marchado	hayáis marchado
marche	marchen	haya marchado	hayan marchado

7   imperfecto de subjuntivo

		14 pluscuamperfecto de subjuntivo	
marchara	marcháramos	hubiera marchado	hubiéramos marchado
marcharas	marcharais	hubieras marchado	hubierais marchado
marchara	marcharan	hubiera marchado	hubieran marchado
OR		OR	
marchase	marchásemos	hubiese marchado	hubiésemos marchado
marchases	marchaseis	hubieses marchado	hubieseis marchado
marchase	marchasen	hubiese marchado	hubiesen marchado

imperativo	
—	marchemos
marcha	marchad
marche	marchen

Words and expressions related to this verb

la marcha   march
a largas marchas   speedily, with speed
¡en marcha!   forward march!
poner en marcha   to put in motion, to start

The Seven Simple Tenses		The Seven Compound Tenses	
Singular	Plural	Singular	Plural

1 presente de indicativo

		8 perfecto de indicativo	
me marcho	nos marchamos	me he marchado	nos hemos marchado
te marchas	os marcháis	te has marchado	os habéis marchado
se marcha	se marchan	se ha marchado	se han marchado

2 imperfecto de indicativo

		9 pluscuamperfecto de indicativo	
me marchaba	nos marchábamos	me había marchado	nos habíamos marchado
te marchabas	os marchabais	te habías marchado	os habíais marchado
se marchaba	se marchaban	se había marchado	se habían marchado

3 pretérito

		10 pretérito anterior	
me marché	nos marchamos	me hube marchado	nos hubimos marchado
te marchaste	os marchasteis	te hubiste marchado	os hubisteis marchado
se marchó	se marcharon	se hubo marchado	se hubieron marchado

4 futuro

		11 futuro perfecto	
me marcharé	nos marcharemos	me habré marchado	nos habremos marchado
te marcharás	os marcharéis	te habrás marchado	os habréis marchado
se marchará	se marcharán	se habrá marchado	se habrán marchado

5 potencial simple

		12 potencial compuesto	
me marcharía	nos marcharíamos	me habría marchado	nos habríamos marchado
te marcharías	os marcharíais	te habrías marchado	os habríais marchado
se marcharía	se marcharían	se habría marchado	se habrían marchado

6 presente de subjuntivo

		13 perfecto de subjuntivo	
me marche	nos marchemos	me haya marchado	nos hayamos marchado
te marches	os marchéis	te hayas marchado	os hayáis marchado
se marche	se marchen	se haya marchado	se hayan marchado

7 imperfecto de subjuntivo

		14 pluscuamperfecto de subjuntivo	
me marchara	nos marcháramos	me hubiera marchado	nos hubiéramos marchado
te marcharas	os marcharais	te hubieras marchado	os hubierais marchado
se marchara	se marcharan	se hubiera marchado	se hubieran marchado
OR		OR	
me marchase	nos marchásemos	me hubiese marchado	nos hubiésemos marchado
te marchases	os marchaseis	te hubieses marchado	os hubieseis marchado
se marchase	se marchasen	se hubiese marchado	se hubiesen marchado

imperativo	
—	marchémonos
márchate	marchaos
márchese	márchense

For words and expressions related to this verb, see **marchar** which is related to it.

to kill

The Seven Simple Tenses		The Seven Compound Tenses	
Singular	Plural	Singular	Plural

1 presente de indicativo		8 perfecto de indicativo	
mato	matamos	he matado	hemos matado
matas	matáis	has matado	habéis matado
mata	matan	ha matado	han matado

2 imperfecto de indicativo		9 pluscuamperfecto de indicativo	
mataba	matábamos	había matado	habíamos matado
matabas	matabais	habías matado	habíais matado
mataba	mataban	había matado	habían matado

3 pretérito		10 pretérito anterior	
maté	matamos	hube matado	hubimos matado
mataste	matasteis	hubiste matado	hubisteis matado
mató	mataron	hubo matado	hubieron matado

4 futuro		11 futuro perfecto	
mataré	mataremos	habré matado	habremos matado
matarás	mataréis	habrás matado	habréis matado
matará	matarán	habrá matado	habrán matado

5 potencial simple		12 potencial compuesto	
mataría	mataríamos	habría matado	habríamos matado
matarías	mataríais	habrías matado	habríais matado
mataría	matarían	habría matado	habrían matado

6 presente de subjuntivo		13 perfecto de subjuntivo	
mate	matemos	haya matado	hayamos matado
mates	matéis	hayas matado	hayáis matado
mate	maten	haya matado	hayan matado

7 imperfecto de subjuntivo		14 pluscuamperfecto de subjuntivo	
matara	matáramos	hubiera matado	hubiéramos matado
mataras	matarais	hubieras matado	hubierais matado
matara	mataran	hubiera matado	hubieran matado
OR		OR	
matase	matásemos	hubiese matado	hubiésemos matado
matases	mataseis	hubieses matado	hubieseis matado
matase	matasen	hubiese matado	hubiesen matado

imperativo	
—	matemos
mata; no mates	matad; no matéis
mate	maten

Words and expressions related to this verb

el mate   checkmate (chess)
dar mate a   to checkmate (chess)
matador, matadora   killer; **el matador**   bullfighter (kills the bull)
matar el tiempo   to kill time
estar a matar con alguien   to be angry at someone

to lie, to tell a lie

The Seven Simple Tenses		The Seven Compound Tenses	
Singular	Plural	Singular	Plural
1 presente de indicativo		**8 perfecto de indicativo**	
miento	mentimos	he mentido	hemos mentido
mientes	mentís	has mentido	habéis mentido
miente	mienten	ha mentido	han mentido
2 imperfecto de indicativo		**9 pluscuamperfecto de indicativo**	
mentía	mentíamos	había mentido	habíamos mentido
mentías	mentíais	habías mentido	habíais mentido
mentía	mentían	había mentido	habían mentido
3 pretérito		**10 pretérito anterior**	
mentí	mentimos	hube mentido	hubimos mentido
mentiste	mentisteis	hubiste mentido	hubisteis mentido
mintió	mintieron	hubo mentido	hubieron mentido
4 futuro		**11 futuro perfecto**	
mentiré	mentiremos	habré mentido	habremos mentido
mentirás	mentiréis	habrás mentido	habréis mentido
mentirá	mentirán	habrá mentido	habrán mentido
5 potencial simple		**12 potencial compuesto**	
mentiría	mentiríamos	habría mentido	habríamos mentido
mentirías	mentiríais	habrías mentido	habríais mentido
mentiría	mentirían	habría mentido	habrían mentido
6 presente de subjuntivo		**13 perfecto de subjuntivo**	
mienta	mintamos	haya mentido	hayamos mentido
mientas	mintáis	hayas mentido	hayáis mentido
mienta	mientan	haya mentido	hayan mentido
7 imperfecto de subjuntivo		**14 pluscuamperfecto de subjuntivo**	
mintiera	mintiéramos	hubiera mentido	hubiéramos mentido
mintieras	mintierais	hubieras mentido	hubierais mentido
mintiera	mintieran	hubiera mentido	hubieran mentido
OR		OR	
mintiese	mintiésemos	hubiese mentido	hubiésemos mentido
mintieses	mintieseis	hubieses mentido	hubieseis mentido
mintiese	mintiesen	hubiese mentido	hubiesen mentido

imperativo	
—	mintamos
miente	mentid
mienta	mientan

Words related to this verb

una mentira   a lie
un mentirón   a great lie
una mentirilla   a fib

The subject pronouns are found on the page facing page 1.

to look, to look at, to watch

The Seven Simple Tenses		The Seven Compound Tenses	
Singular	Plural	Singular	Plural
1 presente de indicativo		**8 perfecto de indicativo**	
miro	miramos	he mirado	hemos mirado
miras	miráis	has mirado	habéis mirado
mira	miran	ha mirado	han mirado
2 imperfecto de indicativo		**9 pluscuamperfecto de indicativo**	
miraba	mirábamos	había mirado	habíamos mirado
mirabas	mirabais	habías mirado	habíais mirado
miraba	miraban	había mirado	habían mirado
3 pretérito		**10 pretérito anterior**	
miré	miramos	hube mirado	hubimos mirado
miraste	mirasteis	hubiste mirado	hubisteis mirado
miró	miraron	hubo mirado	hubieron mirado
4 futuro		**11 futuro perfecto**	
miraré	miraremos	habré mirado	habremos mirado
mirarás	miraréis	habrás mirado	habréis mirado
mirará	mirarán	habrá mirado	habrán mirado
5 potencial simple		**12 potencial compuesto**	
miraría	miraríamos	habría mirado	habríamos mirado
mirarías	miraríais	habrías mirado	habríais mirado
miraría	mirarían	habría mirado	habrían mirado
6 presente de subjuntivo		**13 perfecto de subjuntivo**	
mire	miremos	haya mirado	hayamos mirado
mires	miréis	hayas mirado	hayáis mirado
mire	miren	haya mirado	hayan mirado
7 imperfecto de subjuntivo		**14 pluscuamperfecto de subjuntivo**	
mirara	miráramos	hubiera mirado	hubiéramos mirado
miraras	mirarais	hubieras mirado	hubierais mirado
mirara	miraran	hubiera mirado	hubieran mirado
OR		OR	
mirase	mirásemos	hubiese mirado	hubiésemos mirado
mirases	miraseis	hubieses mirado	hubieseis mirado
mirase	mirasen	hubiese mirado	hubiesen mirado

	imperativo
—	miremos
mira	mirad
mire	miren

Words and expressions related to this verb

mirar la televisión   to watch television
¡Mira!   Look! Look out! See here! Listen!
mirar por   to look after
mirador, miradora   spectator

The Seven Simple Tenses		The Seven Compound Tenses	
Singular	Plural	Singular	Plural

1 presente de indicativo

		8 perfecto de indicativo	
muerdo	mordemos	he mordido	hemos mordido
muerdes	mordéis	has mordido	habéis mordido
muerde	muerden	ha mordido	han mordido

2 imperfecto de indicativo

		9 pluscuamperfecto de indicativo	
mordía	mordíamos	había mordido	habíamos mordido
mordías	mordíais	habías mordido	habíais mordido
mordía	mordían	había mordido	habían mordido

3 pretérito

		10 pretérito anterior	
mordí	mordimos	hube mordido	hubimos mordido
mordiste	mordisteis	hubiste mordido	hubisteis mordido
mordió	mordieron	hubo mordido	hubieron mordido

4 futuro

		11 futuro perfecto	
morderé	morderemos	habré mordido	habremos mordido
morderás	morderéis	habrás mordido	habréis mordido
morderá	morderán	habrá mordido	habrán mordido

5 potencial simple

		12 potencial compuesto	
mordería	morderíamos	habría mordido	habríamos mordido
morderías	morderíais	habrías mordido	habríais mordido
mordería	morderían	habría mordido	habrían mordido

6 presente de subjuntivo

		13 perfecto de subjuntivo	
muerda	mordamos	haya mordido	hayamos mordido
muerdas	mordáis	hayas mordido	hayáis mordido
muerda	muerdan	haya mordido	hayan mordido

7 imperfecto de subjuntivo

		14 pluscuamperfecto de subjuntivo	
mordiera	mordiéramos	hubiera mordido	hubiéramos mordido
mordieras	mordierais	hubieras mordido	hubierais mordido
mordiera	mordieran	hubiera mordido	hubieran mordido
OR		OR	
mordiese	mordiésemos	hubiese mordido	hubiésemos mordido
mordieses	mordieseis	hubieses mordido	hubieseis mordido
mordiese	mordiesen	hubiese mordido	hubiesen mordido

imperativo	
—	mordamos
muerde	morded
muerda	muerdan

Sentences using this verb and words related to it

Perro que ladra no muerde.   A barking dog does not bite.
una mordaza   muzzle
la mordacidad   mordancy
mordazmente   bitingly
una mordedura   a bite

to die

The Seven Simple Tenses		The Seven Compound Tenses	
Singular	Plural	Singular	Plural
1 presente de indicativo		**8 perfecto de indicativo**	
muero	morimos	he muerto	hemos muerto
mueres	morís	has muerto	habéis muerto
muere	mueren	ha muerto	han muerto
2 imperfecto de indicativo		**9 pluscuamperfecto de indicativo**	
moría	moríamos	había muerto	habíamos muerto
morías	moríais	habías muerto	habíais muerto
moría	morían	había muerto	habían muerto
3 pretérito		**10 pretérito anterior**	
morí	morimos	hube muerto	hubimos muerto
moriste	moristeis	hubiste muerto	hubisteis muerto
murió	murieron	hubo muerto	hubieron muerto
4 futuro		**11 futuro perfecto**	
moriré	moriremos	habré muerto	habremos muerto
morirás	moriréis	habrás muerto	habréis muerto
morirá	morirán	habrá muerto	habrán muerto
5 potencial simple		**12 potencial compuesto**	
moriría	moriríamos	habría muerto	habríamos muerto
morirías	moriríais	habrías muerto	habríais muerto
moriría	morirían	habría muerto	habrían muerto
6 presente de subjuntivo		**13 perfecto de subjuntivo**	
muera	muramos	haya muerto	hayamos muerto
mueras	muráis	hayas muerto	hayáis muerto
muera	mueran	haya muerto	hayan muerto
7 imperfecto de subjuntivo		**14 pluscuamperfecto de subjuntivo**	
muriera	muriéramos	hubiera muerto	hubiéramos muerto
murieras	murierais	hubieras muerto	hubierais muerto
muriera	murieran	hubiera muerto	hubieran muerto
OR		OR	
muriese	muriésemos	hubiese muerto	hubiésemos muerto
murieses	murieseis	hubieses muerto	hubieseis muerto
muriese	muriesen	hubiese muerto	hubiesen muerto

imperativo	
—	muramos
muere	morid
muera	mueran

Words related to this verb

la muerte   death
mortal   fatal, mortal
la mortalidad   mortality

to show, to point out

The Seven Simple Tenses		The Seven Compound Tenses	
Singular	Plural	Singular	Plural

1 presente de indicativo		**8 perfecto de indicativo**	
muestro	mostramos	he mostrado	hemos mostrado
muestras	mostráis	has mostrado	habéis mostrado
muestra	muestran	ha mostrado	han mostrado
2 imperfecto de indicativo		**9 pluscuamperfecto de indicativo**	
mostraba	mostrábamos	había mostrado	habíamos mostrado
mostrabas	mostrabais	habías mostrado	habíais mostrado
mostraba	mostraban	había mostrado	habían mostrado
3 pretérito		**10 pretérito anterior**	
mostré	mostramos	hube mostrado	hubimos mostrado
mostraste	mostrasteis	hubiste mostrado	hubisteis mostrado
mostró	mostraron	hubo mostrado	hubieron mostrado
4 futuro		**11 futuro perfecto**	
mostraré	mostraremos	habré mostrado	habremos mostrado
mostrarás	mostraréis	habrás mostrado	habréis mostrado
mostrará	mostrarán	habrá mostrado	habrán mostrado
5 potencial simple		**12 potencial compuesto**	
mostraría	mostraríamos	habría mostrado	habríamos mostrado
mostrarías	mostraríais	habrías mostrado	habríais mostrado
mostraría	mostrarían	habría mostrado	habrían mostrado
6 presente de subjuntivo		**13 perfecto de subjuntivo**	
muestre	mostremos	haya mostrado	hayamos mostrado
muestres	mostréis	hayas mostrado	hayáis mostrado
muestre	muestren	haya mostrado	hayan mostrado
7 imperfecto de subjuntivo		**14 pluscuamperfecto de subjuntivo**	
mostrara	mostráramos	hubiera mostrado	hubiéramos mostrado
mostraras	mostrarais	hubieras mostrado	hubierais mostrado
mostrara	mostraran	hubiera mostrado	hubieran mostrado
OR		OR	
mostrase	mostrásemos	hubiese mostrado	hubiésemos mostrado
mostrases	mostraseis	hubieses mostrado	hubieseis mostrado
mostrase	mostrasen	hubiese mostrado	hubiesen mostrado

	imperativo	
—		mostremos
muestra		mostrad
muestre		muestren

Words related to this verb

mostrador, mostradora   demonstrator, counter (in a store where merchandise is displayed
  under a glass case)
mostrarse   to show oneself, to appear

to be born

The Seven Simple Tenses		The Seven Compound Tenses	
Singular	Plural	Singular	Plural

1   presente de indicativo

		8 perfecto de indicativo	
nazco	nacemos	he nacido	hemos nacido
naces	nacéis	has nacido	habéis nacido
nace	nacen	ha nacido	han nacido

2   imperfecto de indicativo

		9 pluscuamperfecto de indicativo	
nacía	nacíamos	había nacido	habíamos nacido
nacías	nacíais	habías nacido	habíais nacido
nacía	nacían	había nacido	habían nacido

3   pretérito

		10 pretérito anterior	
nací	nacimos	hube nacido	hubimos nacido
naciste	nacisteis	hubiste nacido	hubisteis nacido
nació	nacieron	hubo nacido	hubieron nacido

4   futuro

		11 futuro perfecto	
naceré	naceremos	habré nacido	habremos nacido
nacerás	naceréis	habrás nacido	habréis nacido
nacerá	nacerán	habrá nacido	habrán nacido

5   potencial simple

		12 potencial compuesto	
nacería	naceríamos	habría nacido	habríamos nacido
nacerías	naceríais	habrías nacido	habríais nacido
nacería	nacerían	habría nacido	habrían nacido

6   presente de subjuntivo

		13 perfecto de subjuntivo	
nazca	nazcamos	haya nacido	hayamos nacido
nazcas	nazcáis	hayas nacido	hayáis nacido
nazca	nazcan	haya nacido	hayan nacido

7   imperfecto de subjuntivo

		14 pluscuamperfecto de subjuntivo	
naciera	naciéramos	hubiera nacido	hubiéramos nacido
nacieras	nacierais	hubieras nacido	hubierais nacido
naciera	nacieran	hubiera nacido	hubieran nacido
OR		OR	
naciese	naciésemos	hubiese nacido	hubiésemos nacido
nacieses	nacieseis	hubieses nacido	hubieseis nacido
naciese	naciesen	hubiese nacido	hubiesen nacido

imperativo	
—	nazcamos
nace	naced
nazca	nazcan

Words related to this verb

bien nacido (nacida)   well bred; **mal nacido (nacida)**   ill bred
el nacimiento   birth

to swim

The Seven Simple Tenses		The Seven Compound Tenses	
Singular	Plural	Singular	Plural

1 presente de indicativo
nado	nadamos
nadas	nadáis
nada	nadan

8 perfecto de indicativo
he nadado	hemos nadado
has nadado	habéis nadado
ha nadado	han nadado

2 imperfecto de indicativo
nadaba	nadábamos
nadabas	nadabais
nadaba	nadaban

9 pluscuamperfecto de indicativo
había nadado	habíamos nadado
habías nadado	habíais nadado
había nadado	habían nadado

3 pretérito
nadé	nadamos
nadaste	nadasteis
nadó	nadaron

10 pretérito anterior
hube nadado	hubimos nadado
hubiste nadado	hubisteis nadado
hubo nadado	hubieron nadado

4 futuro
nadaré	nadaremos
nadarás	nadaréis
nadará	nadarán

11 futuro perfecto
habré nadado	habremos nadado
habrás nadado	habréis nadado
habrá nadado	habrán nadado

5 potencial simple
nadaría	nadaríamos
nadarías	nadaríais
nadaría	nadarían

12 potencial compuesto
habría nadado	habríamos nadado
habrías nadado	habríais nadado
habría nadado	habrían nadado

6 presente de subjuntivo
nade	nademos
nades	nadéis
nade	naden

13 perfecto de subjuntivo
haya nadado	hayamos nadado
hayas nadado	hayáis nadado
haya nadado	hayan nadado

7 imperfecto de subjuntivo
nadara	nadáramos
nadaras	nadarais
nadara	nadaran
OR	
nadase	nadásemos
nadases	nadaseis
nadase	nadasen

14 pluscuamperfecto de subjuntivo
hubiera nadado	hubiéramos nadado
hubieras nadado	hubierais nadado
hubiera nadado	hubieran nadado
OR	
hubiese nadado	hubiésemos nadado
hubieses nadado	hubieseis nadado
hubiese nadado	hubiesen nadado

imperativo
—	nademos
nada	nadad
nade	naden

Words related to this verb

nadador, nadadora   swimmer
la natación   swimming

necesitar

to need

Part. pr. **necesitando**   Part. pas. **necesitado**

The Seven Simple Tenses		The Seven Compound Tenses	
Singular	Plural	Singular	Plural

1   presente de indicativo

necesito	necesitamos
necesitas	necesitáis
necesita	necesitan

8   perfecto de indicativo

he necesitado	hemos necesitado
has necesitado	habéis necesitado
ha necesitado	han necesitado

2   imperfecto de indicativo

necesitaba	necesitábamos
necesitabas	necesitabais
necesitaba	necesitaban

9   pluscuamperfecto de indicativo

había necesitado	habíamos necesitado
habías necesitado	habíais necesitado
había necesitado	habían necesitado

3   pretérito

necesité	necesitamos
necesitaste	necesitasteis
necesitó	necesitaron

10   pretérito anterior

hube necesitado	hubimos necesitado
hubiste necesitado	hubisteis necesitado
hubo necesitado	hubieron necesitado

4   futuro

necesitaré	necesitaremos
necesitarás	necesitaréis
necesitará	necesitarán

11   futuro perfecto

habré necesitado	habremos necesitado
habrás necesitado	habréis necesitado
habrá necesitado	habrán necesitado

5   potencial simple

necesitaría	necesitaríamos
necesitarías	necesitaríais
necesitaría	necesitarían

12   potencial compuesto

habría necesitado	habríamos necesitado
habrías necesitado	habríais necesitado
habría necesitado	habrían necesitado

6   presente de subjuntivo

necesite	necesitemos
necesites	necesitéis
necesite	necesiten

13   perfecto de subjuntivo

haya necesitado	hayamos necesitado
hayas necesitado	hayáis necesitado
haya necesitado	hayan necesitado

7   imperfecto de subjuntivo

necesitara	necesitáramos
necesitaras	necesitarais
necesitara	necesitaran
OR	
necesitase	necesitásemos
necesitases	necesitaseis
necesitase	necesitasen

14   pluscuamperfecto de subjuntivo

hubiera necesitado	hubiéramos necesitado
hubieras necesitado	hubierais necesitado
hubiera necesitado	hubieran necesitado
OR	
hubiese necesitado	hubiésemos necesitado
hubieses necesitado	hubieseis necesitado
hubiese necesitado	hubiesen necesitado

imperativo

—	necesitemos
necesita	necesitad
necesite	necesiten

Words and expressions related to this verb

la necesidad   necessity
por necesidad   from necessity
necesario, necesaria   necessary
necesariamente   necessarily

The Seven Simple Tenses		The Seven Compound Tenses	
Singular	Plural	Singular	Plural

1 presente de indicativo		8 perfecto de indicativo	
niego	negamos	he negado	hemos negado
niegas	negáis	has negado	habéis negado
niega	niegan	ha negado	han negado

2 imperfecto de indicativo		9 pluscuamperfecto de indicativo	
negaba	negábamos	había negado	habíamos negado
negabas	negabais	habías negado	habíais negado
negaba	negaban	había negado	habían negado

3 pretérito		10 pretérito anterior	
negué	negamos	hube negado	hubimos negado
negaste	negasteis	hubiste negado	hubisteis negado
negó	negaron	hubo negado	hubieron negado

4 futuro		11 futuro perfecto	
negaré	negaremos	habré negado	habremos negado
negarás	negaréis	habrás negado	habréis negado
negará	negarán	habrá negado	habrán negado

5 potencial simple		12 potencial compuesto	
negaría	negaríamos	habría negado	habríamos negado
negarías	negaríais	habrías negado	habríais negado
negaría	negarían	habría negado	habrían negado

6 presente de subjuntivo		13 perfecto de subjuntivo	
niegue	neguemos	haya negado	hayamos negado
niegues	neguéis	hayas negado	hayáis negado
niegue	nieguen	haya negado	hayan negado

7 imperfecto de subjuntivo		14 pluscuamperfecto de subjuntivo	
negara	negáramos	hubiera negado	hubiéramos negado
negaras	negarais	hubieras negado	hubierais negado
negara	negaran	hubiera negado	hubieran negado
OR		OR	
negase	negásemos	hubiese negado	hubiésemos negado
negases	negaseis	hubieses negado	hubieseis negado
negase	negasen	hubiese negado	hubiesen negado

imperativo	
—	neguemos
niega	negad
niegue	nieguen

Words related to this verb

negador, negadora   denier
negativo, negativa   negative
la negación   denial, negation
negable   deniable

to snow

The Seven Simple Tenses	The Seven Compound Tenses
Singular	Singular
1 presente de indicativo **nieva** OR **está nevando**	8 perfecto de indicativo **ha nevado**
2 imperfecto de indicativo **nevaba** OR **estaba nevando**	9 pluscuamperfecto de indicativo **había nevado**
3 pretérito **nevó**	10 pretérito anterior **hubo nevado**
4 futuro **nevará**	11 futuro perfecto **habrá nevado**
5 potencial simple **nevaría**	12 potencial compuesto **habría nevado**
6 presente de subjuntivo **nieve**	13 perfecto de subjuntivo **haya nevado**
7 imperfecto de subjuntivo **nevara** OR **nevase**	14 pluscuamperfecto de subjuntivo **hubiera nevado** OR **hubiese nevado**

imperativo
¡que nieve!

Words related to this verb

la nieve   snow
  Me gusta la nieve.   I like snow.
nevado, nevada   snowy
la nevada   snowfall

to obey

The Seven Simple Tenses		The Seven Compound Tenses	
Singular	Plural	Singular	Plural

1 presente de indicativo

obedezco	obedecemos
obedeces	obedecéis
obedece	obedecen

8 perfecto de indicativo

he obedecido	hemos obedecido
has obedecido	habéis obedecido
ha obedecido	han obedecido

2 imperfecto de indicativo

obedecía	obedecíamos
obedecías	obedecíais
obedecía	obedecían

9 pluscuamperfecto de indicativo

había obedecido	habíamos obedecido
habías obedecido	habíais obedecido
había obedecido	habían obedecido

3 pretérito

obedecí	obedecimos
obedeciste	obedecisteis
obedeció	obedecieron

10 pretérito anterior

hube obedecido	hubimos obedecido
hubiste obedecido	hubisteis obedecido
hubo obedecido	hubieron obedecido

4 futuro

obedeceré	obedeceremos
obedecerás	obedeceréis
obedecerá	obedecerán

11 futuro perfecto

habré obedecido	habremos obedecido
habrás obedecido	habréis obedecido
habrá obedecido	habrán obedecido

5 potencial simple

obedecería	obedeceríamos
obedecerías	obedeceríais
obedecería	obedecerían

12 potencial compuesto

habría obedecido	habríamos obedecido
habrías obedecido	habríais obedecido
habría obedecido	habrían obedecido

6 presente de subjuntivo

obedezca	obedezcamos
obedezcas	obedezcáis
obedezca	obedezcan

13 perfecto de subjuntivo

haya obedecido	hayamos obedecido
hayas obedecido	hayáis obedecido
haya obedecido	hayan obedecido

7 imperfecto de subjuntivo

obedeciera	obedeciéramos
obedecieras	obedecierais
obedeciera	obedecieran
OR	
obedeciese	obedeciésemos
obedecieses	obedecieseis
obedeciese	obedeciesen

14 pluscuamperfecto de subjuntivo

hubiera obedecido	hubiéramos obedecido
hubieras obedecido	hubierais obedecido
hubiera obedecido	hubieran obedecido
OR	
hubiese obedecido	hubiésemos obedecido
hubieses obedecido	hubieseis obedecido
hubiese obedecido	hubiesen obedecido

imperativo

—	obedezcamos
obedece	obedeced
obedezca	obedezcan

Words related to this verb

el obedecimiento, la obediencia   obedience
obediente   obedient
desobedecer   to disobey

The subject pronouns are found on the page facing page 1.   **217**

obtener

to obtain, to get

The Seven Simple Tenses		The Seven Compound Tenses	
Singular	Plural	Singular	Plural
1 presente de indicativo		**8 perfecto de indicativo**	
obtengo	obtenemos	he obtenido	hemos obtenido
obtienes	obtenéis	has obtenido	habéis obtenido
obtiene	obtienen	ha obtenido	han obtenido
2 imperfecto de indicativo		**9 pluscuamperfecto de indicativo**	
obtenía	obteníamos	había obtenido	habíamos obtenido
obtenías	obteníais	habías obtenido	habíais obtenido
obtenía	obtenían	había obtenido	habían obtenido
3 pretérito		**10 pretérito anterior**	
obtuve	obtuvimos	hube obtenido	hubimos obtenido
obtuviste	obtuvisteis	hubiste obtenido	hubisteis obtenido
obtuvo	obtuvieron	hubo obtenido	hubieron obtenido
4 futuro		**11 futuro perfecto**	
obtendré	obtendremos	habré obtenido	habremos obtenido
obtendrás	obtendréis	habrás obtenido	habréis obtenido
obtendrá	obtendrán	habrá obtenido	habrán obtenido
5 potencial simple		**12 potencial compuesto**	
obtendría	obtendríamos	habría obtenido	habríamos obtenido
obtendrías	obtendríais	habrías obtenido	habríais obtenido
obtendría	obtendrían	habría obtenido	habrían obtenido
6 presente de subjuntivo		**13 perfecto de subjuntivo**	
obtenga	obtengamos	haya obtenido	hayamos obtenido
obtengas	obtengáis	hayas obtenido	hayáis obtenido
obtenga	obtengan	haya obtenido	hayan obtenido
7 imperfecto de subjuntivo		**14 pluscuamperfecto de subjuntivo**	
obtuviera	obtuviéramos	hubiera obtenido	hubiéramos obtenido
obtuvieras	obtuvierais	hubieras obtenido	hubierais obtenido
obtuviera	obtuvieran	hubiera obtenido	hubieran obtenido
OR		OR	
obtuviese	obtuviésemos	hubiese obtenido	hubiésemos obtenido
obtuvieses	obtuvieseis	hubieses obtenido	hubieseis obtenido
obtuviese	obtuviesen	hubiese obtenido	hubiesen obtenido

	imperativo
—	obtengamos
obtén	obtened
obtenga	obtengan

Consult the sections on verbs used in idiomatic expressions, verbs with prepositions, and the list of over 1,000 verbs conjugated like model verbs in the back pages.

The Seven Simple Tenses | The Seven Compound Tenses

Singular	Plural	Singular	Plural
1 presente de indicativo		**8 perfecto de indicativo**	
ocupo	ocupamos	he ocupado	hemos ocupado
ocupas	ocupáis	has ocupado	habéis ocupado
ocupa	ocupan	ha ocupado	han ocupado
2 imperfecto de indicativo		**9 pluscuamperfecto de indicativo**	
ocupaba	ocupábamos	había ocupado	habíamos ocupado
ocupabas	ocupábais	habías ocupado	habíais ocupado
ocupaba	ocupaban	había ocupado	habían ocupado
3 pretérito		**10 pretérito anterior**	
ocupé	ocupamos	hube ocupado	hubimos ocupado
ocupaste	ocupasteis	hubiste ocupado	hubisteis ocupado
ocupó	ocuparon	hubo ocupado	hubieron ocupado
4 futuro		**11 futuro perfecto**	
ocuparé	ocuparemos	habré ocupado	habremos ocupado
ocuparás	ocuparéis	habrás ocupado	habréis ocupado
ocupará	ocuparán	habrá ocupado	habrán ocupado
5 potencial simple		**12 potencial compuesto**	
ocuparía	ocuparíamos	habría ocupado	habríamos ocupado
ocuparías	ocuparíais	habrías ocupado	habríais ocupado
ocuparía	ocuparían	habría ocupado	habrían ocupado
6 presente de subjuntivo		**13 perfecto de subjuntivo**	
ocupe	ocupemos	haya ocupado	hayamos ocupado
ocupes	ocupéis	hayas ocupado	hayáis ocupado
ocupe	ocupen	haya ocupado	hayan ocupado
7 imperfecto de subjuntivo		**14 pluscuamperfecto de subjuntivo**	
ocupara	ocupáramos	hubiera ocupado	hubiéramos ocupado
ocuparas	ocuparais	hubieras ocupado	hubierais ocupado
ocupara	ocuparan	hubiera ocupado	hubieran ocupado
OR		OR	
ocupase	ocupasemos	hubiese ocupado	hubiésemos ocupado
ocupases	ocupaseis	hubieses ocupado	hubieseis ocupado
ocupase	ocupasen	hubiese ocupado	hubiesen ocupado

imperativo

—	ocupemos
ocupa	ocupad
ocupe	ocupen

Words and expressions related to this verb

ocupado, ocupada　busy, occupied
la ocupación　occupation
ocuparse de (en)　to be busy with, in, to be engaged in

ocurrir

to occur, to happen

The Seven Simple Tenses		The Seven Compound Tenses	
Singular	Plural	Singular	Plural
1　presente de indicativo		8　perfecto de indicativo	
ocurre	**ocurren**	**ha ocurrido**	**han ocurrido**
2　imperfecto de indicativo		9　pluscuamperfecto de indicativo	
ocurría	**ocurrían**	**había ocurrido**	**habían ocurrido**
3　pretérito		10　pretérito anterior	
ocurrió	**ocurrieron**	**hubo ocurrido**	**hubieron ocurrido**
4　futuro		11　futuro perfecto	
ocurrirá	**ocurrirán**	**habrá ocurrido**	**habrán ocurrido**
5　potencial simple		12　potencial compuesto	
ocurriría	**ocurrirían**	**habría ocurrido**	**habrían ocurrido**
6　presente de subjuntivo		13　perfecto de subjuntivo	
ocurra	**ocurran**	**haya ocurrido**	**hayan ocurrido**
7　imperfecto de subjuntivo		14　pluscuamperfecto de subjuntivo	
ocurriera	**ocurrieran**	**hubiera ocurrido**	**hubieran ocurrido**
OR		OR	
ocurriese	**ocurriesen**	**hubiese ocurrido**	**hubiesen ocurrido**

	imperativo	
	¡Que ocurra!	**¡Que ocurran!**
	Let it occur!	Let them occur!

Words related to this verb

ocurrente　occurring; funny, witty, humorous
la ocurrencia　occurrence, happening, event; witticism

This verb is generally used in the third person singular and plural.

Consult the sections on verbs used in idiomatic expressions, verbs with prepositions, and tne list of over 1,000 verbs conjugated like model verbs in the back pages.

The Seven Simple Tenses | The Seven Compound Tenses

Singular	Plural	Singular	Plural
1 presente de indicativo		**8 perfecto de indicativo**	
ofrezco	ofrecemos	he ofrecido	hemos ofrecido
ofreces	ofrecéis	has ofrecido	habéis ofrecido
ofrece	ofrecen	ha ofrecido	han ofrecido
2 imperfecto de indicativo		**9 pluscuamperfecto de indicativo**	
ofrecía	ofrecíamos	había ofrecido	habíamos ofrecido
ofrecías	ofrecíais	habías ofrecido	habíais ofrecido
ofrecía	ofrecían	había ofrecido	habían ofrecido
3 pretérito		**10 pretérito anterior**	
ofrecí	ofrecimos	hube ofrecido	hubimos ofrecido
ofreciste	ofrecisteis	hubiste ofrecido	hubisteis ofrecido
ofreció	ofrecieron	hubo ofrecido	hubieron ofrecido
4 futuro		**11 futuro perfecto**	
ofreceré	ofreceremos	habré ofrecido	habremos ofrecido
ofrecerás	ofreceréis	habrás ofrecido	habréis ofrecido
ofrecerá	ofrecerán	habrá ofrecido	habrán ofrecido
5 potencial simple		**12 potencial compuesto**	
ofrecería	ofreceríamos	habría ofrecido	habríamos ofrecido
ofrecerías	ofreceríais	habrías ofrecido	habríais ofrecido
ofrecería	ofrecerían	habría ofrecido	habrían ofrecido
6 presente de subjuntivo		**13 perfecto de subjuntivo**	
ofrezca	ofrezcamos	haya ofrecido	hayamos ofrecido
ofrezcas	ofrezcáis	hayas ofrecido	hayáis ofrecido
ofrezca	ofrezcan	haya ofrecido	hayan ofrecido
7 imperfecto de subjuntivo		**14 pluscuamperfecto de subjuntivo**	
ofreciera	ofreciéramos	hubiera ofrecido	hubiéramos ofrecido
ofrecieras	ofrecierais	hubieras ofrecido	hubierais ofrecido
ofreciera	ofrecieran	hubiera ofrecido	hubieran ofrecido
OR		OR	
ofreciese	ofreciésemos	hubiese ofrecido	hubiésemos ofrecido
ofrecieses	ofrecieseis	hubieses ofrecido	hubieseis ofrecido
ofreciese	ofreciesen	hubiese ofrecido	hubiesen ofrecido

	imperativo
—	ofrezcamos
ofrece	ofreced
ofrezca	ofrezcan

Words related to this verb

ofreciente   offering
el ofrecimiento   offer, offering
la ofrenda   gift, oblation

to hear

The Seven Simple Tenses		The Seven Compound Tenses	
Singular	Plural	Singular	Plural
1 presente de indicativo		**8 perfecto de indicativo**	
oigo	oímos	he oído	hemos oído
oyes	oís	has oído	habéis oído
oye	oyen	ha oído	han oído
2 imperfecto de indicativo		**9 pluscuamperfecto de indicativo**	
oía	oíamos	había oído	habíamos oído
oías	oíais	habías oído	habíais oído
oía	oían	había oído	habían oído
3 pretérito		**10 pretérito anterior**	
oí	oímos	hube oído	hubimos oído
oíste	oísteis	hubiste oído	hubisteis oído
oyó	oyeron	hubo oído	hubieron oído
4 futuro		**11 futuro perfecto**	
oiré	oiremos	habré oído	habremos oído
oirás	oiréis	habrás oído	habréis oído
oirá	oirán	habrá oído	habrán oído
5 potencial simple		**12 potencial compuesto**	
oiría	oiríamos	habría oído	habríamos oído
oirías	oiríais	habrías oído	habríais oído
oiría	oirían	habría oído	habrían oído
6 presente de subjuntivo		**13 perfecto de subjuntivo**	
oiga	oigamos	haya oído	hayamos oído
oigas	oigáis	hayas oído	hayáis oído
oiga	oigan	haya oído	hayan oído
7 imperfecto de subjuntivo		**14 pluscuamperfecto de subjuntivo**	
oyera	oyéramos	hubiera oído	hubiéramos oído
oyeras	oyerais	hubieras oído	hubierais oído
oyera	oyeran	hubiera oído	hubieran oído
OR		OR	
oyese	oyésemos	hubiese oído	hubiésemos oído
oyeses	oyeseis	hubieses oído	hubieseis oído
oyese	oyesen	hubiese oído	hubiesen oído

imperativo	
—	oigamos
oye	oíd
oiga	oigan

Words and expressions related to this verb

la oída   hearing; **de oídas**   by hearsay
dar oídos   to lend an ear
oír decir   to hear tell, to hear say
oír hablar de   to hear of, to hear talk of

to smell, to scent

The Seven Simple Tenses		The Seven Compound Tenses	
Singular	Plural	Singular	Plural
1 presente de indicativo		**8 perfecto de indicativo**	
huelo	olemos	he olido	hemos olido
hueles	oléis	has olido	habéis olido
huele	huelen	ha olido	han olido
2 imperfecto de indicativo		**9 pluscuamperfecto de indicativo**	
olía	olíamos	había olido	habíamos olido
olías	olíais	habías olido	habíais olido
olía	olían	había olido	habían olido
3 pretérito		**10 pretérito anterior**	
olí	olimos	hube olido	hubimos olido
oliste	olisteis	hubiste olido	hubisteis olido
olió	olieron	hubo olido	hubieron olido
4 futuro		**11 futuro perfecto**	
oleré	oleremos	habré olido	habremos olido
olerás	oleréis	habrás olido	habréis olido
olerá	olerán	habrá olido	habrán olido
5 potencial simple		**12 potencial compuesto**	
olería	oleríamos	habría olido	habríamos olido
olerías	oleríais	habrías olido	habríais olido
olería	olerían	habría olido	habrían olido
6 presente de subjuntivo		**13 perfecto de subjuntivo**	
huela	olamos	haya olido	hayamos olido
huelas	oláis	hayas olido	hayáis olido
huela	huelan	haya olido	hayan olido
7 imperfecto de subjuntivo		**14 pluscuamperfecto de subjuntivo**	
oliera	oliéramos	hubiera olido	hubiéramos olido
olieras	olierais	hubieras olido	hubierais olido
oliera	olieran	hubiera olido	hubieran olido
OR		OR	
oliese	oliésemos	hubiese olido	hubiésemos olido
olieses	olieseis	hubieses olido	hubieseis olido
oliese	oliesen	hubiese olido	hubiesen olido

imperativo	
—	olamos
huele	oled
huela	huelan

Words related to this verb

el olfato, la olfacción   olfaction (the sense of smelling, act of smelling)
olfatear   to sniff

olvidar

to forget

The Seven Simple Tenses		The Seven Compound Tenses	
Singular	Plural	Singular	Plural
1 presente de indicativo		**8 perfecto de indicativo**	
olvido	olvidamos	he olvidado	hemos olvidado
olvidas	olvidáis	has olvidado	habéis olvidado
olvida	olvidan	ha olvidado	han olvidado
2 imperfecto de indicativo		**9 pluscuamperfecto de indicativo**	
olvidaba	olvidábamos	había olvidado	habíamos olvidado
olvidabas	olvidabais	habías olvidado	habíais olvidado
olvidaba	olvidaban	había olvidado	habían olvidado
3 pretérito		**10 pretérito anterior**	
olvidé	olvidamos	hube olvidado	hubimos olvidado
olvidaste	olvidasteis	hubiste olvidado	hubisteis olvidado
olvidó	olvidaron	hubo olvidado	hubieron olvidado
4 futuro		**11 futuro perfecto**	
olvidaré	olvidaremos	habré olvidado	habremos olvidado
olvidarás	olvidaréis	habrás olvidado	habréis olvidado
olvidará	olvidarán	habrá olvidado	habrán olvidado
5 potencial simple		**12 potencial compuesto**	
olvidaría	olvidaríamos	habría olvidado	habríamos olvidado
olvidarías	olvidaríais	habrías olvidado	habríais olvidado
olvidaría	olvidarían	habría olvidado	habrían olvidado
6 presente de subjuntivo		**13 perfecto de subjuntivo**	
olvide	olvidemos	haya olvidado	hayamos olvidado
olvides	olvidéis	hayas olvidado	hayáis olvidado
olvide	olviden	haya olvidado	hayan olvidado
7 imperfecto de subjuntivo		**14 pluscuamperfecto de subjuntivo**	
olvidara	olvidáramos	hubiera olvidado	hubiéramos olvidado
olvidaras	olvidarais	hubieras olvidado	hubierais olvidado
olvidara	olvidaran	hubiera olvidado	hubieran olvidado
OR		OR	
olvidase	olvidásemos	hubiese olvidado	hubiésemos olvidado
olvidases	olvidaseis	hubieses olvidado	hubieseis olvidado
olvidase	olvidasen	hubiese olvidado	hubiesen olvidado

	imperativo
—	olvidemos
olvida	olvidad
olvide	olviden

Words related to this verb

olvidado, olvidada   forgotten
olvidadizo, olvidadiza   forgetful
el olvido   forgetfulness, oblivion

to order, to command, to put in order, to arrange

The Seven Simple Tenses		The Seven Compound Tenses	
Singular	Plural	Singular	Plural
1 presente de indicativo		**8 perfecto de indicativo**	
ordeno	ordenamos	he ordenado	hemos ordenado
ordenas	ordenáis	has ordenado	habéis ordenado
ordena	ordenan	ha ordenado	han ordenado
2 imperfecto de indicativo		**9 pluscuamperfecto de indicativo**	
ordenaba	ordenábamos	había ordenado	habíamos ordenado
ordenabas	ordenabais	habías ordenado	habíais ordenado
ordenaba	ordenaban	había ordenado	habían ordenado
3 pretérito		**10 pretérito anterior**	
ordené	ordenamos	hube ordenado	hubimos ordenado
ordenaste	ordenasteis	hubiste ordenado	hubisteis ordenado
ordenó	ordenaron	hubo ordenado	hubieron ordenado
4 futuro		**11 futuro perfecto**	
ordenaré	ordenaremos	habré ordenado	habremos ordenado
ordenarás	ordenaréis	habrás ordenado	habréis ordenado
ordenará	ordenarán	habrá ordenado	habrán ordenado
5 potencial simple		**12 potencial compuesto**	
ordenaría	ordenaríamos	habría ordenado	habríamos ordenado
ordenarías	ordenaríais	habrías ordenado	habríais ordenado
ordenaría	ordenarían	habría ordenado	habrían ordenado
6 presente de subjuntivo		**13 perfecto de subjuntivo**	
ordene	ordenemos	haya ordenado	hayamos ordenado
ordenes	ordenéis	hayas ordenado	hayáis ordenado
ordene	ordenen	haya ordenado	hayan ordenado
7 imperfecto de subjuntivo		**14 pluscuamperfecto de subjuntivo**	
ordenara	ordenáramos	hubiera ordenado	hubiéramos ordenado
ordenaras	ordenarais	hubieras ordenado	hubierais ordenado
ordenara	ordenaran	hubiera ordenado	hubieran ordenado
OR		OR	
ordenase	ordenásemos	hubiese ordenado	hubiésemos ordenado
ordenases	ordenaseis	hubieses ordenado	hubieseis ordenado
ordenase	ordenasen	hubiese ordenado	hubiesen ordenado

imperativo	
—	ordenemos
ordena	ordenad
ordene	ordenen

Words related to this verb

el orden, los órdenes   order, orders
el orden del día   order of the day
ordenadamente   in order, orderly

organizar

Part. pr. **organizando**   Part. pas. **organizado**

to organize, to arrange, to set up

The Seven Simple Tenses		The Seven Compound Tenses	
Singular	Plural	Singular	Plural
1 presente de indicativo		**8 perfecto de indicativo**	
organizo	organizamos	he organizado	hemos organizado
organizas	organizáis	has organizado	habéis organizado
organiza	organizan	ha organizado	han organizado
2 imperfecto de indicativo		**9 pluscuamperfecto de indicativo**	
organizaba	organizábamos	había organizado	habíamos organizado
organizabas	organizabais	habías organizado	habíais organizado
organizaba	organizaban	había organizado	habían organizado
3 pretérito		**10 pretérito anterior**	
organicé	organizamos	hube organizado	hubimos organizado
organizaste	organizasteis	hubiste organizado	hubisteis organizado
organizó	organizaron	hubo organizado	hubieron organizado
4 futuro		**11 futuro perfecto**	
organizaré	organizaremos	habré organizado	habremos organizado
organizarás	organizaréis	habrás organizado	habréis organizado
organizará	organizarán	habrá organizado	habrán organizado
5 potencial simple		**12 potencial compuesto**	
organizaría	organizaríamos	habría organizado	habríamos organizado
organizarías	organizaríais	habrías organizado	habríais organizado
organizaría	organizarían	habría organizado	habrían organizado
6 presente de subjuntivo		**13 perfecto de subjuntivo**	
organice	organicemos	haya organizado	hayamos organizado
organices	organicéis	hayas organizado	hayáis organizado
organice	organicen	haya organizado	hayan organizado
7 imperfecto de subjuntivo		**14 pluscuamperfecto de subjuntivo**	
organizara	organizáramos	hubiera organizado	hubiéramos organizado
organizaras	organizarais	hubieras organizado	hubierais organizado
organizara	organizaran	hubiera organizado	hubieran organizado
OR		OR	
organizase	organizásemos	hubiese organizado	hubiésemos organizado
organizases	organizaseis	hubieses organizado	hubieseis organizado
organizase	organizasen	hubiese organizado	hubiesen organizado

imperativo	
—	organicemos
organiza	organizad
organice	organicen

Words related to this verb

organizado, organizada   organized
la organización   organization
organizable   organizable

to dare, to venture

The Seven Simple Tenses		The Seven Compound Tenses	
Singular	Plural	Singular	Plural
1 presente de indicativo		**8 perfecto de indicativo**	
oso	osamos	he osado	hemos osado
osas	osáis	has osado	habéis osado
osa	osan	ha osado	han osado
2 imperfecto de indicativo		**9 pluscuamperfecto de indicativo**	
osaba	osábamos	había osado	habíamos osado
osabas	osabais	habías osado	habíais osado
osaba	osaban	había osado	habían osado
3 pretérito		**10 pretérito anterior**	
osé	osamos	hube osado	hubimos osado
osaste	osasteis	hubiste osado	hubisteis osado
osó	osaron	hubo osado	hubieron osado
4 futuro		**11 futuro perfecto**	
osaré	osaremos	habré osado	habremos osado
osarás	osaréis	habrás osado	habréis osado
osará	osarán	habrá osado	habrán osado
5 potencial simple		**12 potencial compuesto**	
osaría	osaríamos	habría osado	habríamos osado
osarías	osaríais	habrías osado	habríais osado
osaría	osarían	habría osado	habrían osado
6 presente de subjuntivo		**13 perfecto de subjuntivo**	
ose	osemos	haya osado	hayamos osado
oses	oséis	hayas osado	hayáis osado
ose	osen	haya osado	hayan osado
7 imperfecto de subjuntivo		**14 pluscuamperfecto de subjuntivo**	
osara	osáramos	hubiera osado	hubiéramos osado
osaras	osarais	hubieras osado	hubierais osado
osara	osaran	hubiera osado	hubieran osado
OR		OR	
osase	osásemos	hubiese osado	hubiésemos osado
osases	osaseis	hubieses osado	hubieseis osado
osase	osasen	hubiese osado	hubiesen osado

imperativo	
—	osemos
osa	osad
ose	osen

Words related to this verb

osado, osada   audacious, bold, daring
osadamente   boldly, daringly
la osadía   audacity, boldness

to pay

The Seven Simple Tenses		The Seven Compound Tenses	
Singular	Plural	Singular	Plural

1   presente de indicativo

		8 perfecto de indicativo	
pago	pagamos	he pagado	hemos pagado
pagas	pagáis	has pagado	habéis pagado
paga	pagan	ha pagado	han pagado

2   imperfecto de indicativo

		9 pluscuamperfecto de indicativo	
pagaba	pagábamos	había pagado	habíamos pagado
pagabas	pagabais	habías pagado	habíais pagado
pagaba	pagaban	había pagado	habían pagado

3   pretérito

		10 pretérito anterior	
pagué	pagamos	hube pagado	hubimos pagado
pagaste	pagasteis	hubiste pagado	hubisteis pagado
pagó	pagaron	hubo pagado	hubieron pagado

4   futuro

		11 futuro perfecto	
pagaré	pagaremos	habré pagado	habremos pagado
pagarás	pagaréis	habrás pagado	habréis pagado
pagará	pagarán	habrá pagado	habrán pagado

5   potencial simple

		12 potencial compuesto	
pagaría	pagaríamos	habría pagado	habríamos pagado
pagarías	pagaríais	habrías pagado	habríais pagado
pagaría	pagarían	habría pagado	habrían pagado

6   presente de subjuntivo

		13 perfecto de subjuntivo	
pague	paguemos	haya pagado	hayamos pagado
pagues	paguéis	hayas pagado	hayáis pagado
pague	paguen	haya pagado	hayan pagado

7   imperfecto de subjuntivo

		14 pluscuamperfecto de subjuntivo	
pagara	pagáramos	hubiera pagado	hubiéramos pagado
pagaras	pagarais	hubieras pagado	hubierais pagado
pagara	pagaran	hubiera pagado	hubieran pagado
OR		OR	
pagase	pagásemos	hubiese pagado	hubiésemos pagado
pagases	pagaseis	hubieses pagado	hubieseis pagado
pagase	pagasen	hubiese pagado	hubiesen pagado

	imperativo
—	paguemos
paga	pagad
pague	paguen

Words related to this verb

la paga   payment
pagable   payable
pagador, pagadora   payer
el pagaré   promissory note

to stop (oneself)

The Seven Simple Tenses		The Seven Compound Tenses	
Singular	Plural	Singular	Plural

1   presente de indicativo

me paro	nos paramos
te paras	os paráis
se para	se paran

8   perfecto de indicativo

me he parado	nos hemos parado
te has parado	os habéis parado
se ha parado	se han parado

2   imperfecto de indicativo

me paraba	nos parábamos
te parabas	os parabais
se paraba	se paraban

9   pluscuamperfecto de indicativo

me había parado	nos habíamos parado
te habías parado	os habíais parado
se había parado	se habían parado

3   pretérito

me paré	nos paramos
te paraste	os parasteis
se paró	se pararon

10   pretérito anterior

me hube parado	nos hubimos parado
te hubiste parado	os hubisteis parado
se hubo parado	se hubieron parado

4   futuro

me pararé	nos pararemos
te pararás	os pararéis
se parará	se pararán

11   futuro perfecto

me habré parado	nos habremos parado
te habrás parado	os habréis parado
se habrá parado	se habrán parado

5   potencial simple

me pararía	nos pararíamos
te pararías	os pararíais
se pararía	se pararían

12   potencial compuesto

me habría parado	nos habríamos parado
te habrías parado	os habríais parado
se habría parado	se habrían parado

6   presente de subjuntivo

me pare	nos paremos
te pares	os paréis
se pare	se paren

13   perfecto de subjuntivo

me haya parado	nos hayamos parado
te hayas parado	os hayáis parado
se haya parado	se hayan parado

7   imperfecto de subjuntivo

me parara	nos paráramos
te pararas	os pararais
se parara	se pararan
OR	
me parase	nos parásemos
te parases	os paraseis
se parase	se parasen

14   pluscuamperfecto de subjuntivo

me hubiera parado	nos hubiéramos parado
te hubieras parado	os hubierais parado
se hubiera parado	se hubieran parado
OR	
me hubiese parado	nos hubiésemos parado
te hubieses parado	os hubieseis parado
se hubiese parado	se hubiesen parado

imperativo

—	parémonos
párate	paraos
párese	párense

Words related to this verb

la parada   stop
una paradeta, una paradilla   pause
una parada en seco   dead stop

to seem, to appear

The Seven Simple Tenses		The Seven Compound Tenses	
Singular	Plural	Singular	Plural
1 presente de indicativo		**8 perfecto de indicativo**	
parezco	parecemos	he parecido	hemos parecido
pareces	parecéis	has parecido	habéis parecido
parece	parecen	ha parecido	han parecido
2 imperfecto de indicativo		**9 pluscuamperfecto de indicativo**	
parecía	parecíamos	había parecido	habíamos parecido
parecías	parecíais	habías parecido	habíais parecido
parecía	parecían	había parecido	habían parecido
3 pretérito		**10 pretérito anterior**	
parecí	parecimos	hube parecido	hubimos parecido
pareciste	parecisteis	hubiste parecido	hubisteis parecido
pareció	parecieron	hubo parecido	hubieron parecido
4 futuro		**11 futuro perfecto**	
pareceré	pareceremos	habré parecido	habremos parecido
parecerás	pareceréis	habrás parecido	habréis parecido
parecerá	parecerán	habrá parecido	habrán parecido
5 potencial simple		**12 potencial compuesto**	
parecería	pareceríamos	habría parecido	habríamos parecido
parecerías	pareceríais	habrías parecido	habríais parecido
parecería	parecerían	habría parecido	habrían parecido
6 presente de subjuntivo		**13 perfecto de subjuntivo**	
parezca	parezcamos	haya parecido	hayamos parecido
parezcas	parezcáis	hayas parecido	hayáis parecido
parezca	parezcan	haya parecido	hayan parecido
7 imperfecto de subjuntivo		**14 pluscuamperfecto de subjuntivo**	
pareciera	pareciéramos	hubiera parecido	hubiéramos parecido
parecieras	parecierais	hubieras parecido	hubierais parecido
pareciera	parecieran	hubiera parecido	hubieran parecido
OR		OR	
pareciese	pareciésemos	hubiese parecido	hubiésemos parecido
parecieses	parecieseis	hubieses parecido	hubieseis parecido
pareciese	pareciesen	hubiese parecido	hubiesen parecido

	imperativo
—	**parezcamos**
parece; no parezcas	**pareced; no parezcáis**
parezca	**parezcan**

Words and expressions related to this verb

a lo que parece according to what it seems
al parecer seemingly, apparently
pareciente similar
parecerse a to resemble each other, to look alike
See also **parecerse.**

Me parece. . . It seems to me . . .
por el bien parecer for the sake of
 appearances

to resemble each other, to look alike

The Seven Simple Tenses		The Seven Compound Tenses	
Singular	Plural	Singular	Plural

1 presente de indicativo

me parezco	nos parecemos
te pareces	os parecéis
se parece	se parecen

8 perfecto de indicativo

me he parecido	nos hemos parecido
te has parecido	os habéis parecido
se ha parecido	se han parecido

2 imperfecto de indicativo

me parecía	nos parecíamos
te parecías	os parecíais
se parecía	se parecían

9 pluscuamperfecto de indicativo

me había parecido	nos habíamos parecido
te habías parecido	os habíais parecido
se había parecido	se habían parecido

3 pretérito

me parecí	nos parecimos
te pareciste	os parecisteis
se pareció	se parecieron

10 pretérito anterior

me hube parecido	nos hubimos parecido
te hubiste parecido	os hubisteis parecido
se hubo parecido	se hubieron parecido

4 futuro

me pareceré	nos pareceremos
te parecerás	os pareceréis
se parecerá	se parecerán

11 futuro perfecto

me habré parecido	nos habremos parecido
te habrás parecido	os habréis parecido
se habrá parecido	se habrán parecido

5 potencial simple

me parecería	nos pareceríamos
te parecerías	os pareceríais
se parecería	se parecerían

12 potencial compuesto

me habría parecido	nos habríamos parecido
te habrías parecido	os habríais parecido
se habría parecido	se habrían parecido

6 presente de subjuntivo

me parezca	nos parezcamos
te parezcas	os parezcáis
se parezca	se parezcan

13 perfecto de subjuntivo

me haya parecido	nos hayamos parecido
te hayas parecido	os hayáis parecido
se haya parecido	se hayan parecido

7 imperfecto de subjuntivo

me pareciera	nos pareciéramos
te parecieras	os parecierais
se pareciera	se parecieran
OR	
me pareciese	nos pareciésemos
te parecieses	os parecieseis
se pareciese	se pareciesen

14 pluscuamperfecto de subjuntivo

me hubiera parecido	nos hubiéramos parecido
te hubieras parecido	os hubierais parecido
se hubiera parecido	se hubieran parecido
OR	
me hubiese parecido	nos hubiésemos parecido
te hubieses parecido	os hubieseis parecido
se hubiese parecido	se hubiesen parecido

imperativo
(por lo general, no se emplea)

Words and expressions related to this verb

parecer   to seem, to appear
a lo que parece   according to what it seems
al parecer   seemingly, apparently
pareciente   similar

partir

to leave, to depart, to divide, to split

The Seven Simple Tenses		The Seven Compound Tenses	
Singular	Plural	Singular	Plural
1 presente de indicativo		**8 perfecto de indicativo**	
parto	partimos	he partido	hemos partido
partes	partís	has partido	habéis partido
parte	parten	ha partido	han partido
2 imperfecto de indicativo		**9 pluscuamperfecto de indicativo**	
partía	partíamos	había partido	habíamos partido
partías	partíais	habías partido	habíais partido
partía	partían	había partido	habían partido
3 pretérito		**10 pretérito anterior**	
partí	partimos	hube partido	hubimos partido
partiste	partisteis	hubiste partido	hubisteis partido
partió	partieron	hubo partido	hubieron partido
4 futuro		**11 futuro perfecto**	
partiré	partiremos	habré partido	habremos partido
partirás	partiréis	habrás partido	habréis partido
partirá	partirán	habrá partido	habrán partido
5 potencial simple		**12 potencial compuesto**	
partiría	partiríamos	habría partido	habríamos partido
partirías	partiríais	habrías partido	habríais partido
partiría	partirían	habría partido	habrían partido
6 presente de subjuntivo		**13 perfecto de subjuntivo**	
parta	partamos	haya partido	hayamos partido
partas	partáis	hayas partido	hayáis partido
parta	partan	haya partido	hayan partido
7 imperfecto de subjuntivo		**14 pluscuamperfecto de subjuntivo**	
partiera	partiéramos	hubiera partido	hubiéramos partido
partieras	partierais	hubieras partido	hubierais partido
partiera	partieran	hubiera partido	hubieran partido
OR		OR	
partiese	partiésemos	hubiese partido	hubiésemos partido
partieses	partieseis	hubieses partido	hubieseis partido
partiese	partiesen	hubiese partido	hubiesen partido

imperativo	
—	partamos
parte	partid
parta	partan

Words and expressions related to this verb

a partir de   beginning with, starting from
tomar partido   to take sides, to make up one's mind
la partida   departure

to pass (by), to happen, to spend (time)

The Seven Simple Tenses		The Seven Compound Tenses	
Singular	Plural	Singular	Plural
1 presente de indicativo		**8 perfecto de indicativo**	
paso	pasamos	he pasado	hemos pasado
pasas	pasáis	has pasado	habéis pasado
pasa	pasan	ha pasado	han pasado
2 imperfecto de indicativo		**9 pluscuamperfecto de indicativo**	
pasaba	pasábamos	había pasado	habíamos pasado
pasabas	pasabais	habías pasado	habíais pasado
pasaba	pasaban	había pasado	habían pasado
3 pretérito		**10 pretérito anterior**	
pasé	pasamos	hube pasado	hubimos pasado
pasaste	pasasteis	hubiste pasado	hubisteis pasado
pasó	pasaron	hubo pasado	hubieron pasado
4 futuro		**11 futuro perfecto**	
pasaré	pasaremos	habré pasado	habremos pasado
pasarás	pasaréis	habrás pasado	habréis pasado
pasará	pasarán	habrá pasado	habrán pasado
5 potencial simple		**12 potencial compuesto**	
pasaría	pasaríamos	habría pasado	habríamos pasado
pasarías	pasaríais	habrías pasado	habríais pasado
pasaría	pasarían	habría pasado	habrían pasado
6 presente de subjuntivo		**13 perfecto de subjuntivo**	
pase	pasemos	haya pasado	hayamos pasado
pases	paséis	hayas pasado	hayáis pasado
pase	pasen	haya pasado	hayan pasado
7 imperfecto de subjuntivo		**14 pluscuamperfecto de subjuntivo**	
pasara	pasáramos	hubiera pasado	hubiéramos pasado
pasaras	pasarais	hubieras pasado	hubierais pasado
pasara	pasaran	hubiera pasado	hubieran pasado
OR		OR	
pasase	pasásemos	hubiese pasado	hubiésemos pasado
pasases	pasaseis	hubieses pasado	hubieseis pasado
pasase	pasasen	hubiese pasado	hubiesen pasado

	imperativo
—	pasemos
pasa	pasad
pase	pasen

Words and expressions related to this verb

pasajero, pasajera   passenger, traveler
¡Que lo pase Ud. bien!   Gook luck, good-bye!
¿Qué pasa?   What's happening? What's going on?
el pasatiempo   amusement, pastime

to take a walk, to parade

The Seven Simple Tenses		The Seven Compound Tenses	
Singular	Plural	Singular	Plural

1 presente de indicativo

me paseo	nos paseamos		
te paseas	os paseáis		
se pasea	se pasean		

8 perfecto de indicativo

me he paseado	nos hemos paseado
te has paseado	os habéis paseado
se ha paseado	se han paseado

2 imperfecto de indicativo

me paseaba	nos paseábamos
te paseabas	os paseabais
se paseaba	se paseaban

9 pluscuamperfecto de indicativo

me había paseado	nos habíamos paseado
te habías paseado	os habíais paseado
se había paseado	se habían paseado

3 pretérito

me paseé	nos paseamos
te paseaste	os paseasteis
se paseó	se pasearon

10 pretérito anterior

me hube paseado	nos hubimos paseado
te hubiste paseado	os hubisteis paseado
se hubo paseado	se hubieron paseado

4 futuro

me pasearé	nos pasearemos
te pasearás	os pasearéis
se paseará	se pasearán

11 futuro perfecto

me habré paseado	nos habremos paseado
te habrás paseado	os habréis paseado
se habrá paseado	se habrán paseado

5 potencial simple

me pasearía	nos pasearíamos
te pasearías	os pasearíais
se pasearía	se pasearían

12 potencial compuesto

me habría paseado	nos habríamos paseado
te habrías paseado	os habríais paseado
se habría paseado	se habrían paseado

6 presente de subjuntivo

me pasee	nos paseemos
te pasees	os paseéis
se pasee	se paseen

13 perfecto de subjuntivo

me haya paseado	nos hayamos paseado
te hayas paseado	os hayáis paseado
se haya paseado	se hayan paseado

7 imperfecto de subjuntivo

me paseara	nos paseáramos
te pasearas	os pasearais
se paseara	se pasearan
OR	
me pasease	nos paseásemos
te paseases	os paseaseis
se pasease	se paseasen

14 pluscuamperfecto de subjuntivo

me hubiera paseado	nos hubiéramos paseado
te hubieras paseado	os hubierais paseado
se hubiera paseado	se hubieran paseado
OR	
me hubiese paseado	nos hubiésemos paseado
te hubieses paseado	os hubieseis paseado
se hubiese paseado	se hubiesen paseado

imperativo

—	paseémonos
paséate	paseaos
paséese	paséense

Words and expressions related to this verb

un pase   pass, permit
un, una paseante   stroller
un paseo   a walk
dar un paseo   to take a walk

to ask for, to request

The Seven Simple Tenses		The Seven Compound Tenses	
Singular	Plural	Singular	Plural
1 presente de indicativo		**8 perfecto de indicativo**	
pido	pedimos	he pedido	hemos pedido
pides	pedís	has pedido	habéis pedido
pide	piden	ha pedido	han pedido
2 imperfecto de indicativo		**9 pluscuamperfecto de indicativo**	
pedía	pedíamos	había pedido	habíamos pedido
pedías	pedíais	habías pedido	habíais pedido
pedía	pedían	había pedido	habían pedido
3 pretérito		**10 pretérito anterior**	
pedí	pedimos	hube pedido	hubimos pedido
pediste	pedisteis	hubiste pedido	hubisteis pedido
pidió	pidieron	hubo pedido	hubieron pedido
4 futuro		**11 futuro perfecto**	
pediré	pediremos	habré pedido	habremos pedido
pedirás	pediréis	habrás pedido	habréis pedido
pedirá	pedirán	habrá pedido	habrán pedido
5 potencial simple		**12 potencial compuesto**	
pediría	pediríamos	habría pedido	habríamos pedido
pedirías	pediríais	habrías pedido	habríais pedido
pediría	pedirían	habría pedido	habrían pedido
6 presente de subjuntivo		**13 perfecto de subjuntivo**	
pida	pidamos	haya pedido	hayamos pedido
pidas	pidáis	hayas pedido	hayáis pedido
pida	pidan	haya pedido	hayan pedido
7 imperfecto de subjuntivo		**14 pluscuamperfecto de subjuntivo**	
pidiera	pidiéramos	hubiera pedido	hubiéramos pedido
pidieras	pidierais	hubieras pedido	hubierais pedido
pidiera	pidieran	hubiera pedido	hubieran pedido
OR		OR	
pidiese	pidiésemos	hubiese pedido	hubiésemos pedido
pidieses	pidieseis	hubieses pedido	hubieseis pedido
pidiese	pidiesen	hubiese pedido	hubiesen pedido

imperativo	
—	pidamos
pide; no pidas	pedid; no pidáis
pida	pidan

Words and expressions related to this verb

un pedimento   petition
hacer un pedido   to place an order

See also **despedir.**

un pedido   request, order
colocar un pedido   to place an order
pedir prestado   to borrow

Consult the back pages for the section on verbs used in idiomatic expressions.

peinarse

to comb one's hair

The Seven Simple Tenses		The Seven Compound Tenses	
Singular	Plural	Singular	Plural
1 presente de indicativo		**8 perfecto de indicativo**	
me peino	nos peinamos	me he peinado	nos hemos peinado
te peinas	os peináis	te has peinado	os habéis peinado
se peina	se peinan	se ha peinado	se han peinado
2 imperfecto de indicativo		**9 pluscuamperfecto de indicativo**	
me peinaba	nos peinábamos	me había peinado	nos habíamos peinado
te peinabas	os peinabais	te habías peinado	os habíais peinado
se peinaba	se peinaban	se había peinado	se habían peinado
3 pretérito		**10 pretérito anterior**	
me peiné	nos peinamos	me hube peinado	nos hubimos peinado
te peinaste	os peinasteis	te hubiste peinado	os hubisteis peinado
se peinó	se peinaron	se hubo peinado	se hubieron peinado
4 futuro		**11 futuro perfecto**	
me peinaré	nos peinaremos	me habré peinado	nos habremos peinado
te peinarás	os peinaréis	te habrás peinado	os habréis peinado
se peinará	se peinarán	se habrá peinado	se habrán peinado
5 potencial simple		**12 potencial compuesto**	
me peinaría	nos peinaríamos	me habría peinado	nos habríamos peinado
te peinarías	os peinaríais	te habrías peinado	os habríais peinado
se peinaría	se peinarían	se habría peinado	se habrían peinado
6 presente de subjuntivo		**13 perfecto de subjuntivo**	
me peine	nos peinemos	me haya peinado	nos hayamos peinado
te peines	os peinéis	te hayas peinado	os hayáis peinado
se peine	se peinen	se haya peinado	se hayan peinado
7 imperfecto de subjuntivo		**14 pluscuamperfecto de subjuntivo**	
me peinara	nos peináramos	me hubiera peinado	nos hubiéramos peinado
te peinaras	os peinarais	te hubieras peinado	os hubierais peinado
se peinara	se peinaran	se hubiera peinado	se hubieran peinado
OR		OR	
me peinase	nos peinásemos	me hubiese peinado	nos hubiésemos peinado
te peinases	os peinaseis	te hubieses peinado	os hubieseis peinado
se peinase	se peinasen	se hubiese peinado	se hubiesen peinado

imperativo	
—	peinémonos
péinate	peinaos
péinese	péinense

Words related to this verb

un peine   a comb
una peineta   shell comb (used by women as an ornament in the hair)
un peinado   hairdo, hair style
un peinador   dressing gown

The Seven Simple Tenses		The Seven Compound Tenses	
Singular	Plural	Singular	Plural

1   presente de indicativo

pienso	pensamos
piensas	pensáis
piensa	piensan

8   perfecto de indicativo

he pensado	hemos pensado
has pensado	habéis pensado
ha pensado	han pensado

2   imperfecto de indicativo

pensaba	pensábamos
pensabas	pensabais
pensaba	pensaban

9   pluscuamperfecto de indicativo

había pensado	habíamos pensado
habías pensado	habíais pensado
había pensado	habían pensado

3   pretérito

pensé	pensamos
pensaste	pensasteis
pensó	pensaron

10   pretérito anterior

hube pensado	hubimos pensado
hubiste pensado	hubisteis pensado
hubo pensado	hubieron pensado

4   futuro

pensaré	pensaremos
pensarás	pensaréis
pensará	pensarán

11   futuro perfecto

habré pensado	habremos pensado
habrás pensado	habréis pensado
habrá pensado	habrán pensado

5   potencial simple

pensaría	pensaríamos
pensarías	pensaríais
pensaría	pensarían

12   potencial compuesto

habría pensado	habríamos pensado
habrías pensado	habríais pensado
habría pensado	habrían pensado

6   presente de subjuntivo

piense	pensemos
pienses	penséis
piense	piensen

13   perfecto de subjuntivo

haya pensado	hayamos pensado
hayas pensado	hayáis pensado
haya pensado	hayan pensado

7   imperfecto de subjuntivo

pensara	pensáramos
pensaras	pensarais
pensara	pensaran
OR	
pensase	pensásemos
pensases	pensaseis
pensase	pensasen

14   pluscuamperfecto de subjuntivo

hubiera pensado	hubiéramos pensado
hubieras pensado	hubierais pensado
hubiera pensado	hubieran pensado
OR	
hubiese pensado	hubiésemos pensado
hubieses pensado	hubieseis pensado
hubiese pensado	hubiesen pensado

imperativo

—	pensemos
piensa	pensad
piense	piensen

Words and expressions related to this verb

¿Qué piensa Ud. de eso?   What do you think of that?
¿En qué piensa Ud.?   What are you thinking of?
pensativo, pensativa   thoughtful, pensive
un pensador, una pensadora   thinker

to lose

The Seven Simple Tenses		The Seven Compound Tenses	
Singular	Plural	Singular	Plural

1 presente de indicativo

pierdo	perdemos	
pierdes	perdéis	
pierde	pierden	

8 perfecto de indicativo

he perdido	hemos perdido
has perdido	habéis perdido
ha perdido	han perdido

2 imperfecto de indicativo

perdía	perdíamos
perdías	perdíais
perdía	perdían

9 pluscuamperfecto de indicativo

había perdido	habíamos perdido
habías perdido	habíais perdido
había perdido	habían perdido

3 pretérito

perdí	perdimos
perdiste	perdisteis
perdió	perdieron

10 pretérito anterior

hube perdido	hubimos perdido
hubiste perdido	hubisteis perdido
hubo perdido	hubieron perdido

4 futuro

perderé	perderemos
perderás	perderéis
perderá	perderán

11 futuro perfecto

habré perdido	habremos perdido
habrás perdido	habréis perdido
habrá perdido	habrán perdido

5 potencial simple

perdería	perderíamos
perderías	perderíais
perdería	perderían

12 potencial compuesto

habría perdido	habríamos perdido
habrías perdido	habríais perdido
habría perdido	habrían perdido

6 presente de subjuntivo

pierda	perdamos
pierdas	perdáis
pierda	pierdan

13 perfecto de subjuntivo

haya perdido	hayamos perdido
hayas perdido	hayáis perdido
haya perdido	hayan perdido

7 imperfecto de subjuntivo

perdiera	perdiéramos
perdieras	perdierais
perdiera	perdieran
OR	
perdiese	perdiésemos
perdieses	perdieseis
perdiese	perdiesen

14 pluscuamperfecto de subjuntivo

hubiera perdido	hubiéramos perdido
hubieras perdido	hubierais perdido
hubiera perdido	hubieran perdido
OR	
hubiese perdido	hubiésemos perdido
hubieses perdido	hubieseis perdido
hubiese perdido	hubiesen perdido

imperativo

—	perdamos
pierde	perded
pierda	pierdan

Words and expressions related to this verb

un perdedor, una perdedora   loser
la pérdida   loss
¡Pierda Ud. cuidado!   Don't worry!

to permit, to admit, to allow, to grant

The Seven Simple Tenses		The Seven Compound Tenses	
Singular	Plural	Singular	Plural

1 presente de indicativo

permito	permitimos
permites	permitís
permite	permiten

8 perfecto de indicativo

he permitido	hemos permitido
has permitido	habéis permitido
ha permitido	han permitido

2 imperfecto de indicativo

permitía	permitíamos
permitías	permitíais
permitía	permitían

9 pluscuamperfecto de indicativo

había permitido	habíamos permitido
habías permitido	habíais permitido
había permitido	habían permitido

3 pretérito

permití	permitimos
permitiste	permitisteis
permitió	permitieron

10 pretérito anterior

hube permitido	hubimos permitido
hubiste permitido	hubisteis permitido
hubo permitido	hubieron permitido

4 futuro

permitiré	permitiremos
permitirás	permitiréis
permitirá	permitirán

11 futuro perfecto

habré permitido	habremos permitido
habrás permitido	habréis permitido
habrá permitido	habrán permitido

5 potencial simple

permitiría	permitiríamos
permitirías	permitiríais
permitiría	permitirían

12 potencial compuesto

habría permitido	habríamos permitido
habrías permitido	habríais permitido
habría permitido	habrían permitido

6 presente de subjuntivo

permita	permitamos
permitas	permitáis
permita	permitan

13 perfecto de subjuntivo

haya permitido	hayamos permitido
hayas permitido	hayáis permitido
haya permitido	hayan permitido

7 imperfecto de subjuntivo

permitiera	permitiéramos
permitieras	permitierais
permitiera	permitieran
OR	
permitiese	permitiésemos
permitieses	permitieseis
permitiese	permitiesen

14 pluscuamperfecto de subjuntivo

hubiera permitido	hubiéramos permitido
hubieras permitido	hubierais permitido
hubiera permitido	hubieran permitido
OR	
hubiese permitido	hubiésemos permitido
hubieses permitido	hubieseis permitido
hubiese permitido	hubiesen permitido

imperativo

—	permitamos
permite; no permitas	permitid; no permitáis
permita	permitan

Words and expressions related to this verb

el permiso permit, permission
¡Con permiso! Excuse me!
la permisión permission
emitir to emit

admitir to admit
permitirse + inf. to take the liberty + inf.
el permiso de conducir driver's license
transmitir to transmit

The subject pronouns are found on the page facing page 1.

to be able, can

The Seven Simple Tenses		The Seven Compound Tenses	
Singular	Plural	Singular	Plural

1 presente de indicativo

puedo	podemos		
puedes	podéis		
puede	pueden		

8 perfecto de indicativo

he podido		hemos podido	
has podido		habéis podido	
ha podido		han podido	

2 imperfecto de indicativo

podía	podíamos
podías	podíais
podía	podían

9 pluscuamperfecto de indicativo

había podido	habíamos podido
habías podido	habíais podido
había podido	habían podido

3 pretérito

pude	pudimos
pudiste	pudisteis
pudo	pudieron

10 pretérito anterior

hube podido	hubimos podido
hubiste podido	hubisteis podido
hubo podido	hubieron podido

4 futuro

podré	podremos
podrás	podréis
podrá	podrán

11 futuro perfecto

habré podido	habremos podido
habrás podido	habréis podido
habrá podido	habrán podido

5 potencial simple

podría	podríamos
podrías	podríais
podría	podrían

12 potencial compuesto

habría podido	habríamos podido
habrías podido	habríais podido
habría podido	habrían podido

6 presente de subjuntivo

pueda	podamos
puedas	podáis
pueda	puedan

13 perfecto de subjuntivo

haya podido	hayamos podido
hayas podido	hayáis podido
haya podido	hayan podido

7 imperfecto de subjuntivo

pudiera	pudiéramos
pudieras	pudierais
pudiera	pudieran
OR	
pudiese	pudiésemos
pudieses	pudieseis
pudiese	pudiesen

14 pluscuamperfecto de subjuntivo

hubiera podido	hubiéramos podido
hubieras podido	hubierais podido
hubiera podido	hubieran podido
OR	
hubiese podido	hubiésemos podido
hubieses podido	hubieseis podido
hubiese podido	hubiesen podido

imperativo

—	podamos
puede; no puedas	poded; no podáis
pueda	puedan

Words and expressions related to this verb

el poder   power
apoderar   to empower
apoderarse de   to take possession, to take over
poderoso, poderosa   powerful
No se puede.   It can't be done.

a poder de   by dint of (by the power or force of)
estar en el poder   to be in power
Querer es poder   Where there's a will there's a way.

Consult the back pages for verbs with prepositions and verbs used in idiomatic expressions.

to put, to place

The Seven Simple Tenses		The Seven Compound Tenses	
Singular	Plural	Singular	Plural
1 presente de indicativo		**8 perfecto de indicativo**	
pongo	ponemos	he puesto	hemos puesto
pones	ponéis	has puesto	habéis puesto
pone	ponen	ha puesto	han puesto
2 imperfecto de indicativo		**9 pluscuamperfecto de indicativo**	
ponía	poníamos	había puesto	habíamos puesto
ponías	poníais	habías puesto	habíais puesto
ponía	ponían	había puesto	habían puesto
3 pretérito		**10 pretérito anterior**	
puse	pusimos	hube puesto	hubimos puesto
pusiste	pusisteis	hubiste puesto	hubisteis puesto
puso	pusieron	hubo puesto	hubieron puesto
4 futuro		**11 futuro perfecto**	
pondré	pondremos	habré puesto	habremos puesto
pondrás	pondréis	habrás puesto	habréis puesto
pondrá	pondrán	habrá puesto	habrán puesto
5 potencial simple		**12 potencial compuesto**	
pondría	pondríamos	habría puesto	habríamos puesto
pondrías	pondríais	habrías puesto	habríais puesto
pondría	pondrían	habría puesto	habrían puesto
6 presente de subjuntivo		**13 perfecto de subjuntivo**	
ponga	pongamos	haya puesto	hayamos puesto
pongas	pongáis	hayas puesto	hayáis puesto
ponga	pongan	haya puesto	hayan puesto
7 imperfecto de subjuntivo		**14 pluscuamperfecto de subjuntivo**	
pusiera	pusiéramos	hubiera puesto	hubiéramos puesto
pusieras	pusierais	hubieras puesto	hubierais puesto
pusiera	pusieran	hubiera puesto	hubieran puesto
OR		OR	
pusiese	pusiésemos	hubiese puesto	hubiésemos puesto
pusieses	pusieseis	hubieses puesto	hubieseis puesto
pusiese	pusiesen	hubiese puesto	hubiesen puesto

imperativo	
—	pongamos
pon	poned
ponga	pongan

Common idiomatic expressions using this verb

poner fin a   to put a stop to
poner la mesa   to set the table
poner de acuerdo   to reach an agreement

la puesta de sol   sunset
buen puesto, buen puesta   well dressed

For additional words and expressions related to this verb, see **ponerse**.

to put on, to become, to set (of sun)

The Seven Simple Tenses		The Seven Compound Tenses	
Singular	Plural	Singular	Plural
1 presente de indicativo		**8 perfecto de indicativo**	
me pongo	nos ponemos	me he puesto	nos hemos puesto
te pones	os ponéis	te has puesto	os habéis puesto
se pone	se ponen	se ha puesto	se han puesto
2 imperfecto de indicativo		**9 pluscuamperfecto de indicativo**	
me ponía	nos poníamos	me había puesto	nos habíamos puesto
te ponías	os poníais	te habías puesto	os habíais puesto
se ponía	se ponían	se había puesto	se habían puesto
3 pretérito		**10 pretérito anterior**	
me puse	nos pusimos	me hube puesto	nos hubimos puesto
te pusiste	os pusisteis	te hubiste puesto	os hubisteis puesto
se puso	se pusieron	se hubo puesto	se hubieron puesto
4 futuro		**11 futuro perfecto**	
me pondré	nos pondremos	me habré puesto	nos habremos puesto
te pondrás	os pondréis	te habrás puesto	os habréis puesto
se pondrá	se pondrán	se habrá puesto	se habrán puesto
5 potencial simple		**12 potencial compuesto**	
me pondría	nos pondríamos	me habría puesto	nos habríamos puesto
te pondrías	os pondríais	te habrías puesto	os habríais puesto
se pondría	se pondrían	se habría puesto	se habrían puesto
6 presente de subjuntivo		**13 perfecto de subjuntivo**	
me ponga	nos pongamos	me haya puesto	nos hayamos puesto
te pongas	os pongáis	te hayas puesto	os hayáis puesto
se ponga	se pongan	se haya puesto	se hayan puesto
7 imperfecto de subjuntivo		**14 pluscuamperfecto de subjuntivo**	
me pusiera	nos pusiéramos	me hubiera puesto	nos hubiéramos puesto
te pusieras	os pusierais	te hubieras puesto	os hubierais puesto
se pusiera	se pusieran	se hubiera puesto	se hubieran puesto
OR		OR	
me pusiese	nos pusiésemos	me hubiese puesto	nos hubiésemos puesto
te pusieses	os pusieseis	te hubieses puesto	os hubieseis puesto
se pusiese	se pusiesen	se hubiese puesto	se hubiesen puesto

	imperativo
—	pongámonos
ponte	poneos
póngase	pónganse

Common idiomatic expressions using this verb

ponerse el abrigo   to put on one's overcoat
ponerse a + inf.   to begin, to start + inf.
María se puso pálida.   Mary become pale.

For additional words and expressions related to this verb, see **poner**.

to practice

The Seven Simple Tenses

Singular	Plural

1   presente de indicativo
practico   practicamos
practicas   practicáis
practica   practican

2   imperfecto de indicativo
practicaba   practicábamos
practicabas   practicabais
practicaba   practicaban

3   pretérito
practiqué   practicamos
practicaste   practicasteis
practicó   practicaron

4   futuro
practicaré   practicaremos
practicarás   practicaréis
practicará   practicarán

5   potencial simple
practicaría   practicaríamos
practicarías   practicaríais
practicaría   practicarían

6   presente de subjuntivo
practique   practiquemos
practiques   practiquéis
practique   practiquen

7   imperfecto de subjuntivo
practicara   practicáramos
practicaras   practicarais
practicara   practicaran
OR
practicase   practicásemos
practicases   practicaseis
practicase   practicasen

The Seven Compound Tenses

Singular	Plural

8   perfecto de indicativo
he practicado   hemos practicado
has practicado   habéis practicado
ha practicado   han practicado

9   pluscuamperfecto de indicativo
había practicado   habíamos practicado
habías practicado   habíais practicado
había practicado   habían practicado

10   pretérito anterior
hube practicado   hubimos practicado
hubiste practicado hubisteis practicado
hubo practicado   hubieron practicado

11   futuro perfecto
habré practicado   habremos practicado
habrás practicado   habréis practicado
habrá practicado   habrán practicado

12   potencial compuesto
habría practicado   habríamos practicado
habrías practicado habríais practicado
habría practicado   habrían practicado

13   perfecto de subjuntivo
haya practicado   hayamos practicado
hayas practicado   hayáis practicado
haya practicado   hayan practicado

14   pluscuamperfecto de subjuntivo
hubiera practicado hubiéramos practicado
hubieras practicado hubierais practicado
hubiera practicado hubieran practicado
OR
hubiese practicado hubiésemos practicado
hubieses practicado hubieseis practicado
hubiese practicado hubiesen practicado

imperativo
—   practiquemos
practica   practicad
practique   practiquen

Words related to this verb

práctico, práctica   practical
la práctica   practice, habit
en la práctica   in practice

to prefer

The Seven Simple Tenses

Singular	Plural
1 presente de indicativo	
prefiero	preferimos
prefieres	preferís
prefiere	prefieren
2 imperfecto de indicativo	
prefería	preferíamos
preferías	preferíais
prefería	preferían
3 pretérito	
preferí	preferimos
preferiste	preferisteis
prefirió	prefirieron
4 futuro	
preferiré	preferiremos
preferirás	preferiréis
preferirá	preferirán
5 potencial simple	
preferiría	preferiríamos
preferirías	preferiríais
preferiría	preferirían
6 presente de subjuntivo	
prefiera	prefiramos
prefieras	prefiráis
prefiera	prefieran
7 imperfecto de subjuntivo	
prefiriera	prefiriéramos
prefirieras	prefirierais
prefiriera	prefirieran
OR	
prefiriese	prefiriésemos
prefirieses	prefirieseis
prefiriese	prefiriesen

The Seven Compound Tenses

Singular	Plural
8 perfecto de indicativo	
he preferido	hemos preferido
has preferido	habéis preferido
ha preferido	han preferido
9 pluscuamperfecto de indicativo	
había preferido	habíamos preferido
habías preferido	habíais preferido
había preferido	habían preferido
10 pretérito anterior	
hube preferido	hubimos preferido
hubiste preferido	hubisteis preferido
hubo preferido	hubieron preferido
11 futuro perfecto	
habré preferido	habremos preferido
habrás preferido	habréis preferido
habrá preferido	habrán preferido
12 potencial compuesto	
habría preferido	habríamos preferido
habrías preferido	habríais preferido
habría preferido	habrían preferido
13 perfecto de subjuntivo	
haya preferido	hayamos preferido
hayas preferido	hayáis preferido
haya preferido	hayan preferido
14 pluscuamperfecto de subjuntivo	
hubiera preferido	hubiéramos preferido
hubieras preferido	hubierais preferido
hubiera preferido	hubieran preferido
OR	
hubiese preferido	hubiésemos preferido
hubieses preferido	hubieseis preferido
hubiese preferido	hubiesen preferido

imperativo	
—	prefiramos
prefiere	preferid
prefiera	prefieran

Words related to this verb

preferiblemente preferably
preferible preferable
la preferencia preference
preferido, preferida preferred

to ask, to inquire, to question

The Seven Simple Tenses		The Seven Compound Tenses	
Singular	Plural	Singular	Plural

1   presente de indicativo

pregunto	preguntamos
preguntas	preguntáis
pregunta	preguntan

8   perfecto de indicativo

he preguntado	hemos preguntado
has preguntado	habéis preguntado
ha preguntado	han preguntado

2   imperfecto de indicativo

preguntaba	preguntábamos
preguntabas	preguntabais
preguntaba	preguntaban

9   pluscuamperfecto de indicativo

había preguntado	habíamos preguntado
habías preguntado	habíais preguntado
había preguntado	habían preguntado

3   pretérito

pregunté	preguntamos
preguntaste	preguntasteis
preguntó	preguntaron

10   pretérito anterior

hube preguntado	hubimos preguntado
hubiste preguntado	hubisteis preguntado
hubo preguntado	hubieron preguntado

4   futuro

preguntaré	preguntaremos
preguntarás	preguntaréis
preguntará	preguntarán

11   futuro perfecto

habré preguntado	habremos preguntado
habrás preguntado	habréis preguntado
habrá preguntado	habrán preguntado

5   potencial simple

preguntaría	preguntaríamos
preguntarías	preguntaríais
preguntaría	preguntarían

12   potencial compuesto

habría preguntado	habríamos preguntado
habrías preguntado	habríais preguntado
habría preguntado	habrían preguntado

6   presente de subjuntivo

pregunte	preguntemos
preguntes	preguntéis
pregunte	pregunten

13   perfecto de subjuntivo

haya preguntado	hayamos preguntado
hayas preguntado	hayáis preguntado
haya preguntado	hayan preguntado

7   imperfecto de subjuntivo

preguntara	preguntáramos
preguntaras	preguntarais
preguntara	preguntaran
OR	
preguntase	preguntásemos
preguntases	preguntaseis
preguntase	preguntasen

14   pluscuamperfecto de subjuntivo

hubiera preguntado	hubiéramos preguntado
hubieras preguntado	hubierais preguntado
hubiera preguntado	hubieran preguntado
OR	
hubiese preguntado	hubiésemos preguntado
hubieses preguntado	hubieseis preguntado
hubiese preguntado	hubiesen preguntado

imperativo

—	preguntemos
pregunta	preguntad
pregunte	pregunten

Words and expressions related to this verb

una pregunta   question
hacer una pregunta   to ask a question

to prepare

The Seven Simple Tenses		The Seven Compound Tenses	
Singular	Plural	Singular	Plural

1 presente de indicativo		8 perfecto de indicativo	
preparo	preparamos	he preparado	hemos preparado
preparas	preparáis	has preparado	habéis preparado
prepara	preparan	ha preparado	han preparado

2 imperfecto de indicativo		9 pluscuamperfecto de indicativo	
preparaba	preparábamos	había preparado	habíamos preparado
preparabas	preparabais	habías preparado	habíais preparado
preparaba	preparaban	había preparado	habían preparado

3 pretérito		10 pretérito anterior	
preparé	preparamos	hube preparado	hubimos preparado
preparaste	preparasteis	hubiste preparado	hubisteis preparado
preparó	prepararon	hubo preparado	hubieron preparado

4 futuro		11 futuro perfecto	
prepararé	prepararemos	habré preparado	habremos preparado
prepararás	prepararéis	habrás preparado	habréis preparado
preparará	prepararán	habrá preparado	habrán preparado

5 potencial simple		12 potencial compuesto	
prepararía	prepararíamos	habría preparado	habríamos preparado
prepararías	prepararíais	habrías preparado	habríais preparado
prepararía	prepararían	habría preparado	habrían preparado

6 presente de subjuntivo		13 perfecto de subjuntivo	
prepare	preparemos	haya preparado	hayamos preparado
prepares	preparéis	hayas preparado	hayáis preparado
prepare	preparen	haya preparado	hayan preparado

7 imperfecto de subjuntivo		14 pluscuamperfecto de subjuntivo	
preparara	preparáramos	hubiera preparado	hubiéramos preparado
prepararas	prepararais	hubieras preparado	hubierais preparado
preparara	prepararan	hubiera preparado	hubieran preparado
OR		OR	
preparase	preparásemos	hubiese preparado	hubiésemos preparado
preparases	preparaseis	hubieses preparado	hubieseis preparado
preparase	preparasen	hubiese preparado	hubiesen preparado

imperativo	
—	preparemos
prepara	preparad
prepare	preparen

Words related to this verb

preparatorio, preparatoria　preparatory
el preparativo　preparation

The Seven Simple Tenses		The Seven Compound Tenses	
Singular	Plural	Singular	Plural

1   presente de indicativo

presto	prestamos	
prestas	prestáis	
presta	prestan	

8   perfecto de indicativo

he prestado	hemos prestado
has prestado	habéis prestado
ha prestado	han prestado

2   imperfecto de indicativo

prestaba	prestábamos
prestabas	prestabais
prestaba	prestaban

9   pluscuamperfecto de indicativo

había prestado	habíamos prestado
habías prestado	habíais prestado
había prestado	habían prestado

3   pretérito

presté	prestamos
prestaste	prestasteis
prestó	prestaron

10   pretérito anterior

hube prestado	hubimos prestado
hubiste prestado	hubisteis prestado
hubo prestado	hubieron prestado

4   futuro

prestaré	prestaremos
prestarás	prestaréis
prestará	prestarán

11   futuro perfecto

habré prestado	habremos prestado
habrás prestado	habréis prestado
habrá prestado	habrán prestado

5   potencial simple

prestaría	prestaríamos
prestarías	prestaríais
prestaría	prestarían

12   potencial compuesto

habría prestado	habríamos prestado
habrías prestado	habríais prestado
habría prestado	habrían prestado

6   presente de subjuntivo

preste	prestemos
prestes	prestéis
preste	presten

13   perfecto de subjuntivo

haya prestado	hayamos prestado
hayas prestado	hayáis prestado
haya prestado	hayan prestado

7   imperfecto de subjuntivo

prestara	prestáramos
prestaras	prestarais
prestara	prestaran
OR	
prestase	prestásemos
prestases	prestaseis
prestase	prestasen

14   pluscuamperfecto de subjuntivo

hubiera prestado	hubiéramos prestado
hubieras prestado	hubierais prestado
hubiera prestado	hubieran prestado
OR	
hubiese prestado	hubiésemos prestado
hubieses prestado	hubieseis prestado
hubiese prestado	hubiesen prestado

imperativo

—	prestemos
presta	prestad
preste	presten

Words and expressions related to this verb

pedir prestado   to borrow
tomar prestado   to borrow
prestador, prestadora   lender
un préstamo   loan

probar

Part. pr. **probando**   Part. pas. **probado**

to test, to prove, to try, to try on

The Seven Simple Tenses		The Seven Compound Tenses	
Singular	Plural	Singular	Plural

1 presente de indicativo		8 perfecto de indicativo	
pruebo	probamos	he probado	hemos probado
pruebas	probáis	has probado	habéis probado
prueba	prueban	ha probado	han probado

2 imperfecto de indicativo		9 pluscuamperfecto de indicativo	
probaba	probábamos	había probado	habíamos probado
probabas	probabais	habías probado	habíais probado
probaba	probaban	había probado	habían probado

3 pretérito		10 pretérito anterior	
probé	probamos	hube probado	hubimos probado
probaste	probasteis	hubiste probado	hubisteis probado
probó	probaron	hubo probado	hubieron probado

4 futuro		11 futuro perfecto	
probaré	probaremos	habré probado	habremos probado
probarás	probaréis	habrás probado	habréis probado
probará	probarán	habrá probado	habrán probado

5 potencial simple		12 potencial compuesto	
probaría	probaríamos	habría probado	habríamos probado
probarías	probaríais	habrías probado	habríais probado
probaría	probarían	habría probado	habrían probado

6 presente de subjuntivo		13 perfecto de subjuntivo	
pruebe	probemos	haya probado	hayamos probado
pruebes	probéis	hayas probado	hayáis probado
pruebe	prueben	haya probado	hayan probado

7 imperfecto de subjuntivo		14 pluscuamperfecto de subjuntivo	
probara	probáramos	hubiera probado	hubiéramos probado
probaras	probarais	hubieras probado	hubierais probado
probara	probaran	hubiera probado	hubieran probado
OR		OR	
probase	probásemos	hubiese probado	hubiésemos probado
probases	probaseis	hubieses probado	hubieseis probado
probase	probasen	hubiese probado	hubiesen probado

imperativo	
—	probemos
prueba	probad
pruebe	prueben

Words and expressions related to this verb

la prueba proof, evidence
poner a prueba to put to the test, to try out
probable probable
probablemente probably
la probación proof, probation
la probabilidad probability

to try on

The Seven Simple Tenses		The Seven Compound Tenses	
Singular	Plural	Singular	Plural
1 presente de indicativo		**8 perfecto de indicativo**	
me pruebo	nos probamos	me he probado	nos hemos probado
te pruebas	os probáis	te has probado	os habéis probado
se prueba	se prueban	se ha probado	se han probado
2 imperfecto de indicativo		**9 pluscuamperfecto de indicativo**	
me probaba	nos probábamos	me había probado	nos habíamos probado
te probabas	os probabais	te habías probado	os habíais probado
se probaba	se probaban	se había probado	se habían probado
3 pretérito		**10 pretérito anterior**	
me probé	nos probamos	me hube probado	nos hubimos probado
te probaste	os probasteis	te hubiste probado	os hubisteis probado
se probó	se probaron	se hubo probado	se hubieron probado
4 futuro		**11 futuro perfecto**	
me probaré	nos probaremos	me habré probado	nos habremos probado
te probarás	os probaréis	te habrás probado	os habréis probado
se probará	se probarán	se habrá probado	se habrán probado
5 potencial simple		**12 potencial compuesto**	
me probaría	nos probaríamos	me habría probado	nos habríamos probado
te probarías	os probaríais	te habrías probado	os habríais probado
se probaría	se probarían	se habría probado	se habrían probado
6 presente de subjuntivo		**13 perfecto de subjuntivo**	
me pruebe	nos probemos	me haya probado	nos hayamos probado
te pruebes	os probéis	te hayas probado	os hayáis probado
se pruebe	se prueben	se haya probado	se hayan probado
7 imperfecto de subjuntivo		**14 pluscuamperfecto de subjuntivo**	
me probara	nos probáramos	me hubiera probado	nos hubiéramos probado
te probaras	os probarais	te hubieras probado	os hubierais probado
se probara	se probaran	se hubiera probado	se hubieran probado
OR		OR	
me probase	nos probásemos	me hubiese probado	nos hubiésemos probado
te probases	os probaseis	te hubieses probado	os hubieseis probado
se probase	se probasen	se hubiese probado	se hubiesen probado

imperativo	
—	probémonos
pruébate	probaos
pruébese	pruébense

For words and expressions related to this verb, see **probar**.

to pronounce

The Seven Simple Tenses		The Seven Compound Tenses	
Singular	Plural	Singular	Plural

1 presente de indicativo

pronuncio	pronunciamos
pronuncias	pronunciáis
pronuncia	pronuncian

8 perfecto de indicativo

he pronunciado	hemos pronunciado
has pronunciado	habéis pronunciado
ha pronunciado	han pronunciado

2 imperfecto de indicativo

pronunciaba	pronunciábamos
pronunciabas	pronunciabais
pronunciaba	pronunciaban

9 pluscuamperfecto de indicativo

había pronunciado	habíamos pronunciado
habías pronunciado	habíais pronunciado
había pronunciado	habían pronunciado

3 pretérito

pronuncié	pronunciamos
pronunciaste	pronunciasteis
pronunció	pronunciaron

10 pretérito anterior

hube pronunciado	hubimos pronunciado
hubiste pronunciado	hubisteis pronunciado
hubo pronunciado	hubieron pronunciado

4 futuro

pronunciaré	pronunciaremos
pronunciarás	pronunciaréis
pronunciará	pronunciarán

11 futuro perfecto

habré pronunciado	habremos pronunciado
habrás pronunciado	habréis pronunciado
habrá pronunciado	habrán pronunciado

5 potencial simple

pronunciaría	pronunciaríamos
pronunciarías	pronunciaríais
pronunciaría	pronunciarían

12 potencial compuesto

habría pronunciado	habríamos pronunciado
habrías pronunciado	habríais pronunciado
habría pronunciado	habrían pronunciado

6 presente de subjuntivo

pronuncie	pronunciemos
pronuncies	pronunciéis
pronuncie	pronuncien

13 perfecto de subjuntivo

haya pronunciado	hayamos pronunciado
hayas pronunciado	hayáis pronunciado
haya pronunciado	hayan pronunciado

7 imperfecto de subjuntivo

pronunciara	pronunciáramos
pronunciaras	pronunciarais
pronunciara	pronunciaran
OR	
pronunciase	pronunciásemos
pronunciases	pronunciaseis
pronunciase	pronunciasen

14 pluscuamperfecto de subjuntivo

hubiera pronunciado	hubiéramos pronunciado
hubieras pronunciado	hubierais pronunciado
hubiera pronunciado	hubieran pronunciado
OR	
hubiese pronunciado	hubiésemos pronunciado
hubieses pronunciado	hubieseis pronunciado
hubiese pronunciado	hubiesen pronunciado

imperativo

—	pronunciemos
pronuncia	pronunciad
pronuncie	pronuncien

Words related to this verb

la pronunciación pronunciation
pronunciado, pronunciada pronounced

to protect

The Seven Simple Tenses		The Seven Compound Tenses	
Singular	Plural	Singular	Plural

1   presente de indicativo

		8 perfecto de indicativo	
protejo	protegemos	he protegido	hemos protegido
proteges	protegéis	has protegido	habéis protegido
protege	protegen	ha protegido	han protegido

2   imperfecto de indicativo

		9 pluscuamperfecto de indicativo	
protegía	protegíamos	había protegido	habíamos protegido
protegías	protegíais	habías protegido	habíais protegido
protegía	protegían	había protegido	habían protegido

3   pretérito

		10 pretérito anterior	
protegí	protegimos	hube protegido	hubimos protegido
protegiste	protegisteis	hubiste protegido	hubisteis protegido
protegió	protegieron	hubo protegido	hubieron protegido

4   futuro

		11 futuro perfecto	
protegeré	protegeremos	habré protegido	habremos protegido
protegerás	protegeréis	habrás protegido	habréis protegido
protegerá	protegerán	habrá protegido	habrán protegido

5   potencial simple

		12 potencial compuesto	
protegería	protegeríamos	habría protegido	habríamos protegido
protegerías	protegeríais	habrías protegido	habríais protegido
protegería	protegerían	habría protegido	habrían protegido

6   presente de subjuntivo

		13 perfecto de subjuntivo	
proteja	protejamos	haya protegido	hayamos protegido
protejas	protejáis	hayas protegido	hayáis protegido
proteja	protejan	haya protegido	hayan protegido

7   imperfecto de subjuntivo

		14 pluscuamperfecto de subjuntivo	
protegiera	protegiéramos	hubiera protegido	hubiéramos protegido
protegieras	protegierais	hubieras protegido	hubierais protegido
protegiera	protegieran	hubiera protegido	hubieran protegido
OR		OR	
protegiese	protegiésemos	hubiese protegido	hubiésemos protegido
protegieses	protegieseis	hubieses protegido	hubieseis protegido
protegiese	protegiesen	hubiese protegido	hubiesen protegido

imperativo	
—	protejamos
protege	proteged
proteja	protejan

Words related to this verb

la protección   protection
protegido, protegida   protected, favorite, protégé

quedarse

Part. pr. **quedándose**   Part. pas. **quedado**

to remain, to stay

The Seven Simple Tenses		The Seven Compound Tenses	
Singular	Plural	Singular	Plural
1 presente de indicativo		**8 perfecto de indicativo**	
me quedo	nos quedamos	me he quedado	nos hemos quedado
te quedas	os quedáis	te has quedado	os habéis quedado
se queda	se quedan	se ha quedado	se han quedado
2 imperfecto de indicativo		**9 pluscuamperfecto de indicativo**	
me quedaba	nos quedábamos	me había quedado	nos habíamos quedado
te quedabas	os quedabais	te habías quedado	os habíais quedado
se quedaba	se quedaban	se había quedado	se habían quedado
3 pretérito		**10 pretérito anterior**	
me quedé	nos quedamos	me hube quedado	nos hubimos quedado
te quedaste	os quedasteis	te hubiste quedado	os hubisteis quedado
se quedó	se quedaron	se hubo quedado	se hubieron quedado
4 futuro		**11 futuro perfecto**	
me quedaré	nos quedaremos	me habré quedado	nos habremos quedado
te quedarás	os quedaréis	te habrás quedado	os habréis quedado
se quedará	se quedarán	se habrá quedado	se habrán quedado
5 potencial simple		**12 potencial compuesto**	
me quedaría	nos quedaríamos	me habría quedado	nos habríamos quedado
te quedarías	os quedaríais	te habrías quedado	os habríais quedado
se quedaría	se quedarían	se habría quedado	se habrían quedado
6 presente de subjuntivo		**13 perfecto de subjuntivo**	
me quede	nos quedemos	me haya quedado	nos hayamos quedado
te quedes	os quedéis	te hayas quedado	os hayáis quedado
se quede	se queden	se haya quedado	se hayan quedado
7 imperfecto de subjuntivo		**14 pluscuamperfecto de subjuntivo**	
me quedara	nos quedáramos	me hubiera quedado	nos hubiéramos quedado
te quedaras	os quedarais	te hubieras quedado	os hubierais quedado
se quedara	se quedaran	se hubiera quedado	se hubieran quedado
OR		OR	
me quedase	nos quedásemos	me hubiese quedado	nos hubiésemos quedado
te quedases	os quedaseis	te hubieses quedado	os hubieseis quedado
se quedase	se quedasen	se hubiese quedado	se hubiesen quedado

imperativo	
—	quedémonos
quédate	quedaos
quédese	quédense

Words related to this verb

la quedada   residence, stay
quedar   to remain, to be left;   **¿Cuánto dinero queda?**   How much money is left?
Me quedan dos dólares.   I have two dollars left (remaining).

252

to want, to wish

The Seven Simple Tenses | The Seven Compound Tenses

Singular	Plural	Singular	Plural
1 presente de indicativo		**8 perfecto de indicativo**	
quiero	queremos	he querido	hemos querido
quieres	queréis	has querido	habéis querido
quiere	quieren	ha querido	han querido
2 imperfecto de indicativo		**9 pluscuamperfecto de indicativo**	
quería	queríamos	había querido	habíamos querido
querías	queríais	habías querido	habíais querido
quería	querían	había querido	habían querido
3 pretérito		**10 pretérito anterior**	
quise	quisimos	hube querido	hubimos querido
quisiste	quisisteis	hubiste querido	hubisteis querido
quiso	quisieron	hubo querido	hubieron querido
4 futuro		**11 futuro perfecto**	
querré	querremos	habré querido	habremos querido
querrás	querréis	habrás querido	habréis querido
querrá	querrán	habrá querido	habrán querido
5 potencial simple		**12 potencial compuesto**	
querría	querríamos	habría querido	habríamos querido
querrías	querríais	habrías querido	habríais querido
querría	querrían	habría querido	habrían querido
6 presente de subjuntivo		**13 perfecto de subjuntivo**	
quiera	queramos	haya querido	hayamos querido
quieras	queráis	hayas querido	hayáis querido
quiera	quieran	haya querido	hayan querido
7 imperfecto de subjuntivo		**14 pluscuamperfecto de subjuntivo**	
quisiera	quisiéramos	hubiera querido	hubiéramos querido
quisieras	quisierais	hubieras querido	hubierais querido
quisiera	quisieran	hubiera querido	hubieran querido
OR		OR	
quisiese	quisiésemos	hubiese querido	hubiésemos querido
quisieses	quisieseis	hubieses querido	hubieseis querido
quisiese	quisiesen	hubiese querido	hubiesen querido

	imperativo	
	–	queramos
	quiere	quered
	quiera	quieran

Words and expressions related to this verb

querer decir   to mean;   **¿Qué quiere Ud. decir?**   What do you mean?
   ¿Qué quiere decir esto?   What does this mean?
querido, querida   dear;   **querido amigo, querida amiga**   dear friend
querido mío, querida mía   my dear

The subject pronouns are found on the page facing page 1.   **253**

to take off (clothing), to remove oneself, to withdraw

The Seven Simple Tenses		The Seven Compound Tenses	
Singular	Plural	Singular	Plural
1 presente de indicativo		**8 perfecto de indicativo**	
me quito	nos quitamos	me he quitado	nos hemos quitado
te quitas	os quitáis	te has quitado	os habéis quitado
se quita	se quitan	se ha quitado	se han quitado
2 imperfecto de indicativo		**9 pluscuamperfecto de indicativo**	
me quitaba	nos quitábamos	me había quitado	nos habíamos quitado
te quitabas	os quitabais	te habías quitado	os habíais quitado
se quitaba	se quitaban	se había quitado	se habían quitado
3 pretérito		**10 pretérito anterior**	
me quité	nos quitamos	me hube quitado	nos hubimos quitado
te quitaste	os quitasteis	te hubiste quitado	os hubisteis quitado
se quitó	se quitaron	se hubo quitado	se hubieron quitado
4 futuro		**11 futuro perfecto**	
me quitaré	nos quitaremos	me habré quitado	nos habremos quitado
te quitarás	os quitaréis	te habrás quitado	os habréis quitado
se quitará	se quitarán	se habrá quitado	se habrán quitado
5 potencial simple		**12 potencial compuesto**	
me quitaría	nos quitaríamos	me habría quitado	nos habríamos quitado
te quitarías	os quitaríais	te habrías quitado	os habríais quitado
se quitaría	se quitarían	se habría quitado	se habrían quitado
6 presente de subjuntivo		**13 perfecto de subjuntivo**	
me quite	nos quitemos	me haya quitado	nos hayamos quitado
te quites	os quitéis	te hayas quitado	os hayáis quitado
se quite	se quiten	se haya quitado	se hayan quitado
7 imperfecto de subjuntivo		**14 pluscuamperfecto de subjuntivo**	
me quitara	nos quitáramos	me hubiera quitado	nos hubiéramos quitado
te quitaras	os quitarais	te hubieras quitado	os hubierais quitado
se quitara	se quitaran	se hubiera quitado	se hubieran quitado
OR		OR	
me quitase	nos quitásemos	me hubiese quitado	nos hubiésemos quitado
te quitases	os quitaseis	te hubieses quitado	os hubieseis quitado
se quitase	se quitasen	se hubiese quitado	se hubiesen quitado

	imperativo	
—		quitémonos
	quítate	quitaos
	quítese	quítense

Words and expressions related to this verb

la quita   release (from owing money), acquittance
¡Quita de ahí!   Get away from here!

to receive, to get

The Seven Simple Tenses		The Seven Compound Tenses	
Singular	Plural	Singular	Plural

1 presente de indicativo		8 perfecto de indicativo	
recibo	recibimos	he recibido	hemos recibido
recibes	recibís	has recibido	habéis recibido
recibe	reciben	ha recibido	han recibido

2 imperfecto de indicativo		9 pluscuamperfecto de indicativo	
recibía	recibíamos	había recibido	habíamos recibido
recibías	recibíais	habías recibido	habíais recibido
recibía	recibían	había recibido	habían recibido

3 pretérito		10 pretérito anterior	
recibí	recibimos	hube recibido	hubimos recibido
recibiste	recibisteis	hubiste recibido	hubisteis recibido
recibió	recibieron	hubo recibido	hubieron recibido

4 futuro		11 futuro perfecto	
recibiré	recibiremos	habré recibido	habremos recibido
recibirás	recibiréis	habrás recibido	habréis recibido
recibirá	recibirán	habrá recibido	habrán recibido

5 potencial simple		12 potencial compuesto	
recibiría	recibiríamos	habría recibido	habríamos recibido
recibirías	recibiríais	habrías recibido	habríais recibido
recibiría	recibirían	habría recibido	habrían recibido

6 presente de subjuntivo		13 perfecto de subjuntivo	
reciba	recibamos	haya recibido	hayamos recibido
recibas	recibáis	hayas recibido	hayáis recibido
reciba	reciban	haya recibido	hayan recibido

7 imperfecto de subjuntivo		14 pluscuamperfecto de subjuntivo	
recibiera	recibiéramos	hubiera recibido	hubiéramos recibido
recibieras	recibierais	hubieras recibido	hubierais recibido
recibiera	recibieran	hubiera recibido	hubieran recibido
OR		OR	
recibiese	recibiésemos	hubiese recibido	hubiésemos recibido
recibieses	recibieseis	hubieses recibido	hubieseis recibido
recibiese	recibiesen	hubiese recibido	hubiesen recibido

imperativo	
—	recibamos
recibe	recibid
reciba	reciban

Words and expressions related to this verb

un recibo   receipt
acusar recibo   to acknowledge receipt
la recepción   reception

The subject pronouns are found on the page facing page 1.

recordar

to remember, to recall

The Seven Simple Tenses		The Seven Compound Tenses	
Singular	Plural	Singular	Plural
1 presente de indicativo		**8 perfecto de indicativo**	
recuerdo	recordamos	he recordado	hemos recordado
recuerdas	recordáis	has recordado	habéis recordado
recuerda	recuerdan	ha recordado	han recordado
2 imperfecto de indicativo		**9 pluscuamperfecto de indicativo**	
recordaba	recordábamos	había recordado	habíamos recordado
recordabas	recordabais	habías recordado	habíais recordado
recordaba	recordaban	había recordado	habían recordado
3 pretérito		**10 pretérito anterior**	
recordé	recordamos	hube recordado	hubimos recordado
recordaste	recordasteis	hubiste recordado	hubisteis recordado
recordó	recordaron	hubo recordado	hubieron recordado
4 futuro		**11 futuro perfecto**	
recordaré	recordaremos	habré recordado	habremos recordado
recordarás	recordaréis	habrás recordado	habréis recordado
recordará	recordarán	habrá recordado	habrán recordado
5 potencial simple		**12 potencial compuesto**	
recordaría	recordaríamos	habría recordado	habríamos recordado
recordarías	recordaríais	habrías recordado	habríais recordado
recordaría	recordarían	habría recordado	habrían recordado
6 presente de subjuntivo		**13 perfecto de subjuntivo**	
recuerde	recordemos	haya recordado	hayamos recordado
recuerdes	recordéis	hayas recordado	hayáis recordado
recuerde	recuerden	haya recordado	hayan recordado
7 imperfecto de subjuntivo		**14 pluscuamperfecto de subjuntivo**	
recordara	recordáramos	hubiera recordado	hubiéramos recordado
recordaras	recordarais	hubieras recordado	hubierais recordado
recordara	recordaran	hubiera recordado	hubieran recordado
OR		OR	
recordase	recordásemos	hubiese recordado	hubiésemos recordado
recordases	recordaseis	hubieses recordado	hubieseis recordado
recordase	recordasen	hubiese recordado	hubiesen recordado

imperativo	
—	recordemos
recuerda	recordad
recuerde	recuerden

Words related to this verb

el recuerdo   memory, recollection
los recuerdos   regards, compliments
recordable   memorable

to refer, to relate

The Seven Simple Tenses		The Seven Compound Tenses	
Singular	Plural	Singular	Plural

1 presente de indicativo

refiero	referimos	
refieres	referís	
refiere	refieren	

8 perfecto de indicativo

he referido	hemos referido
has referido	habéis referido
ha referido	han referido

2 imperfecto de indicativo

refería	referíamos
referías	referíais
refería	referían

9 pluscuamperfecto de indicativo

había referido	habíamos referido
habías referido	habíais referido
había referido	habían referido

3 pretérito

referí	referimos
referiste	referisteis
refirió	refirieron

10 pretérito anterior

hube referido	hubimos referido
hubiste referido	hubisteis referido
hubo referido	hubieron referido

4 futuro

referiré	referiremos
referirás	referiréis
referirá	referirán

11 futuro perfecto

habré referido	habremos referido
habrás referido	habréis referido
habrá referido	habrán referido

5 potencial simple

referiría	referiríamos
referirías	referiríais
referiría	referirían

12 potencial compuesto

habría referido	habríamos referido
habrías referido	habríais referido
habría referido	habrían referido

6 presente de subjuntivo

refiera	refiramos
refieras	refiráis
refiera	refieran

13 perfecto de subjuntivo

haya referido	hayamos referido
hayas referido	hayáis referido
haya referido	hayan referido

7 imperfecto de subjuntivo

refiriera	refiriéramos
refirieras	refirierais
refiriera	refirieran
OR	
refiriese	refiriésemos
refirieses	refirieseis
refiriese	refiriesen

14 pluscuamperfecto de subjuntivo

hubiera referido	hubiéramos referido
hubieras referido	hubierais referido
hubiera referido	hubieran referido
OR	
hubiese referido	hubiésemos referido
hubieses referido	hubieseis referido
hubiese referido	hubiesen referido

imperativo

—	refiramos
refiere	referid
refiera	refieran

Words related to this verb

la referencia   reference, account (narration)
referente   concerning, referring, relating (to)

reír

to laugh

The Seven Simple Tenses		The Seven Compound Tenses	
Singular	Plural	Singular	Plural

1   presente de indicativo

		8 perfecto de indicativo	
río	reímos	he reído	hemos reído
ríes	reís	has reído	habéis reído
ríe	ríen	ha reído	han reído

2   imperfecto de indicativo

		9 pluscuamperfecto de indicativo	
reía	reíamos	había reído	habíamos reído
reías	reíais	habías reído	habíais reído
reía	reían	había reído	habían reído

3   pretérito

		10 pretérito anterior	
reí	reímos	hube reído	hubimos reído
reíste	reísteis	hubiste reído	hubisteis reído
rió	rieron	hubo reído	hubieron reído

4   futuro

		11 futuro perfecto	
reiré	reiremos	habré reído	habremos reído
reirás	reiréis	habrás reído	habréis reído
reirá	reirán	habrá reído	habrán reído

5   potencial simple

		12 potencial compuesto	
reiría	reiríamos	habría reído	habríamos reído
reirías	reiríais	habrías reído	habríais reído
reiría	reirían	habría reído	habrían reído

6   presente de subjuntivo

		13 perfecto de subjuntivo	
ría	riamos	haya reído	hayamos reído
rías	riáis	hayas reído	hayáis reído
ría	rían	haya reído	hayan reído

7   imperfecto de subjuntivo

		14 pluscuamperfecto de subjuntivo	
riera	riéramos	hubiera reído	hubiéramos reído
rieras	rierais	hubieras reído	hubierais reído
riera	rieran	hubiera reído	hubieran reído
OR		OR	
riese	riésemos	hubiese reído	hubiésemos reído
rieses	rieseis	hubieses reído	hubieseis reído
riese	riesen	hubiese reído	hubiesen reído

imperativo	
—	riamos
ríe	reíd
ría	rían

Common idiomatic expressions using this verb

reír a carcajadas   to laugh loudly
reír de   to laugh at, to make fun of
la risa   laugh, laughter

For additional words and expressions related to this verb, see **sonreír**.

to scold, to quarrel

The Seven Simple Tenses		The Seven Compound Tenses	
Singular	Plural	Singular	Plural

1   presente de indicativo

		8 perfecto de indicativo	
riño	reñimos	he reñido	hemos reñido
riñes	reñís	has reñido	habéis reñido
riñe	riñen	ha reñido	han reñido

2   imperfecto de indicativo

		9 pluscuamperfecto de indicativo	
reñía	reñíamos	había reñido	habíamos reñido
reñías	reñíais	habías reñido	habíais reñido
reñía	reñían	había reñido	habían reñido

3   pretérito

		10 pretérito anterior	
reñí	reñimos	hube reñido	hubimos reñido
reñiste	reñisteis	hubiste reñido	hubisteis reñido
riñó	riñeron	hubo reñido	hubieron reñido

4   futuro

		11 futuro perfecto	
reñiré	reñiremos	habré reñido	habremos reñido
reñirás	reñiréis	habrás reñido	habréis reñido
reñirá	reñirán	habrá reñido	habrán reñido

5   potencial simple

		12 potencial compuesto	
reñiría	reñiríamos	habría reñido	habríamos reñido
reñirías	reñiríais	habrías reñido	habríais reñido
reñiría	reñirían	habría reñido	habrían reñido

6   presente de subjuntivo

		13 perfecto de subjuntivo	
riña	riñamos	haya reñido	hayamos reñido
riñas	riñáis	hayas reñido	hayáis reñido
riña	riñan	haya reñido	hayan reñido

7   imperfecto de subjuntivo

		14 pluscuamperfecto de subjuntivo	
riñera	riñéramos	hubiera reñido	hubiéramos reñido
riñeras	riñerais	hubieras reñido	hubierais reñido
riñera	riñeran	hubiera reñido	hubieran reñido
OR		OR	
riñese	riñésemos	hubiese reñido	hubiésemos reñido
riñeses	riñeseis	hubieses reñido	hubieseis reñido
riñese	riñesen	hubiese reñido	hubiesen reñido

imperativo

—	riñamos
riñe	reñid
riña	riñan

Words related to this verb

reñidor, reñidora   quarreller
reñidamente   stubbornly

to repeat

The Seven Simple Tenses		The Seven Compound Tenses	
Singular	Plural	Singular	Plural
1 presente de indicativo		**8 perfecto de indicativo**	
repito	repetimos	he repetido	hemos repetido
repites	repetís	has repetido	habéis repetido
repite	repiten	ha repetido	han repetido
2 imperfecto de indicativo		**9 pluscuamperfecto de indicativo**	
repetía	repetíamos	había repetido	habíamos repetido
repetías	repetíais	habías repetido	habíais repetido
repetía	repetían	había repetido	habían repetido
3 pretérito		**10 pretérito anterior**	
repetí	repetimos	hube repetido	hubimos repetido
repetiste	repetisteis	hubiste repetido	hubisteis repetido
repitió	repitieron	hubo repetido	hubieron repetido
4 futuro		**11 futuro perfecto**	
repetiré	repetiremos	habré repetido	habremos repetido
repetirás	repetiréis	habrás repetido	habréis repetido
repetirá	repetirán	habrá repetido	habrán repetido
5 potencial simple		**12 potencial compuesto**	
repetiría	repetiríamos	habría repetido	habríamos repetido
repetirías	repetiríais	habrías repetido	habríais repetido
repetiría	repetirían	habría repetido	habrían repetido
6 presente de subjuntivo		**13 perfecto de subjuntivo**	
repita	repitamos	haya repetido	hayamos repetido
repitas	repitáis	hayas repetido	hayáis repetido
repita	repitan	haya repetido	hayan repetido
7 imperfecto de subjuntivo		**14 pluscuamperfecto de subjuntivo**	
repitiera	repitiéramos	hubiera repetido	hubiéramos repetido
repitieras	repitierais	hubieras repetido	hubierais repetido
repitiera	repitieran	hubiera repetido	hubieran repetido
OR		OR	
repitiese	repitiésemos	hubiese repetido	hubiésemos repetido
repitieses	repitieseis	hubieses repetido	hubieseis repetido
repitiese	repitiesen	hubiese repetido	hubiesen repetido

	imperativo
—	**repitamos**
repite	**repetid**
repita	**repitan**

Words related to this verb

la repetición   repetition
repetidamente   repeatedly

The Seven Simple Tenses		The Seven Compound Tenses	
Singular	Plural	Singular	Plural

1 presente de indicativo		8 perfecto de indicativo	
respondo	respondemos	he respondido	hemos respondido
respondes	respondéis	has respondido	habéis respondido
responde	responden	ha respondido	han respondido

2 imperfecto de indicativo		9 pluscuamperfecto de indicativo	
respondía	respondíamos	había respondido	habíamos respondido
respondías	respondíais	habías respondido	habíais respondido
respondía	respondían	había respondido	habían respondido

3 pretérito		10 pretérito anterior	
respondí	respondimos	hube respondido	hubimos respondido
respondiste	respondisteis	hubiste respondido	hubisteis respondido
respondió	respondieron	hubo respondido	hubieron respondido

4 futuro		11 futuro perfecto	
responderé	responderemos	habré respondido	habremos respondido
responderás	responderéis	habrás respondido	habréis respondido
responderá	responderán	habrá respondido	habrán respondido

5 potencial simple		12 potencial compuesto	
respondería	responderíamos	habría respondido	habríamos respondido
responderías	responderíais	habrías respondido	habríais respondido
respondería	responderían	habría respondido	habrían respondido

6 presente de subjuntivo		13 perfecto de subjuntivo	
responda	respondamos	haya respondido	hayamos respondido
respondas	respondáis	hayas respondido	hayáis respondido
responda	respondan	haya respondido	hayan respondido

7 imperfecto de subjuntivo		14 pluscuamperfecto de subjuntivo	
respondiera	respondiéramos	hubiera respondido	hubiéramos respondido
respondieras	respondierais	hubieras respondido	hubierais respondido
respondiera	respondieran	hubiera respondido	hubieran respondido
OR		OR	
respondiese	respondiésemos	hubiese respondido	hubiésemos respondido
respondieses	respondieseis	hubieses respondido	hubieseis respondido
respondiese	respondiesen	hubiese respondido	hubiesen respondido

imperativo	
—	respondamos
responde	responded
responda	respondan

Words related to this verb

una respuesta   answer, reply, response
respondiente   respondent

to revolve, to turn around, to turn over, to turn upside down

The Seven Simple Tenses		The Seven Compound Tenses	
Singular	Plural	Singular	Plural
1 presente de indicativo		**8 perfecto de indicativo**	
revuelvo	revolvemos	he revuelto	hemos revuelto
revuelves	revolvéis	has revuelto	habéis revuelto
revuelve	revuelven	ha revuelto	han revuelto
2 imperfecto de indicativo		**9 pluscuamperfecto de indicativo**	
revolvía	revolvíamos	había revuelto	habíamos revuelto
revolvías	revolvíais	habías revuelto	habíais revuelto
revolvía	revolvían	había revuelto	habían revuelto
3 pretérito		**10 pretérito anterior**	
revolví	revolvimos	hube revuelto	hubimos revuelto
revolviste	revolvisteis	hubiste revuelto	hubisteis revuelto
revolvió	revolvieron	hubo revuelto	hubieron revuelto
4 futuro		**11 futuro perfecto**	
revolveré	revolveremos	habré revuelto	habremos revuelto
revolverás	revolveréis	habrás revuelto	habréis revuelto
revolverá	revolverán	habrá revuelto	habrán revuelto
5 potencial simple		**12 potencial compuesto**	
revolvería	revolveríamos	habría revuelto	habríamos revuelto
revolverías	revolveríais	habrías revuelto	habríais revuelto
revolvería	revolverían	habría revuelto	habrían revuelto
6 presente de subjuntivo		**13 perfecto de subjuntivo**	
revuelva	revolvamos	haya revuelto	hayamos revuelto
revuelvas	revolváis	hayas revuelto	hayáis revuelto
revuelva	revuelvan	haya revuelto	hayan revuelto
7 imperfecto de subjuntivo		**14 pluscuamperfecto de subjuntivo**	
revolviera	revolviéramos	hubiera revuelto	hubiéramos revuelto
revolvieras	revolvierais	hubieras revuelto	hubierais revuelto
revolviera	revolvieran	hubiera revuelto	hubieran revuelto
OR		OR	
revolviese	revolviésemos	hubiese revuelto	hubiésemos revuelto
revolvieses	revolvieseis	hubieses revuelto	hubieseis revuelto
revolviese	revolviesen	hubiese revuelto	hubiesen revuelto

	imperativo	
—	revolvamos	
revuelve	revolved	
revuelva	revuelvan	

Words and expressions related to this verb

huevos revueltos   scrambled eggs
la revolución   revolution

to supplicate, to ask, to ask for, to request, to beg

The Seven Simple Tenses		The Seven Compound Tenses	
Singular	Plural	Singular	Plural

1   presente de indicativo

ruego	rogamos	
ruegas	rogáis	
ruega	ruegan	

8   perfecto de indicativo

he rogado	hemos rogado
has rogado	habéis rogado
ha rogado	han rogado

2   imperfecto de indicativo

rogaba	rogábamos
rogabas	rogabais
rogaba	rogaban

9   pluscuamperfecto de indicativo

había rogado	habíamos rogado
habías rogado	habíais rogado
había rogado	habían rogado

3   pretérito

rogué	rogamos
rogaste	rogasteis
rogó	rogaron

10   pretérito anterior

hube rogado	hubimos rogado
hubiste rogado	hubisteis rogado
hubo rogado	hubieron rogado

4   futuro

rogaré	rogaremos
rogarás	rogaréis
rogará	rogarán

11   futuro perfecto

habré rogado	habremos rogado
habrás rogado	habréis rogado
habrá rogado	habrán rogado

5   potencial simple

rogaría	rogaríamos
rogarías	rogaríais
rogaría	rogarían

12   potencial compuesto

habría rogado	habríamos rogado
habrías rogado	habríais rogado
habría rogado	habrían rogado

6   presente de subjuntivo

ruegue	roguemos
ruegues	roguéis
ruegue	rueguen

13   perfecto de subjuntivo

haya rogado	hayamos rogado
hayas rogado	hayáis rogado
haya rogado	hayan rogado

7   imperfecto de subjuntivo

rogara	rogáramos
rogaras	rogarais
rogara	rogaran
OR	
rogase	rogásemos
rogases	rogaseis
rogase	rogasen

14   pluscuamperfecto de subjuntivo

hubiera rogado	hubiéramos rogado
hubieras rogado	hubierais rogado
hubiera rogado	hubieran rogado
OR	
hubiese rogado	hubiésemos rogado
hubieses rogado	hubieseis rogado
hubiese rogado	hubiesen rogado

imperativo	
—	roguemos
ruega	rogad
ruegue	rueguen

Sentences using this verb and words related to it

A Dios rogando y con el mazo dando.   Put your faith in God and keep your powder dry.
rogador, rogadora   supplicant
rogativo, rogativa   supplicatory

to break, to shatter, to tear

The Seven Simple Tenses		The Seven Compound Tenses	
Singular	Plural	Singular	Plural
1 presente de indicativo		**8 perfecto de indicativo**	
rompo	rompemos	he roto	hemos roto
rompes	rompéis	has roto	habéis roto
rompe	rompen	ha roto	han roto
2 imperfecto de indicativo		**9 pluscuamperfecto de indicativo**	
rompía	rompíamos	había roto	habíamos roto
rompías	rompíais	habías roto	habíais roto
rompía	rompían	había roto	habían roto
3 pretérito		**10 pretérito anterior**	
rompí	rompimos	hube roto	hubimos roto
rompiste	rompisteis	hubiste roto	hubisteis roto
rompió	rompieron	hubo roto	hubieron roto
4 futuro		**11 futuro perfecto**	
romperé	romperemos	habré roto	habremos roto
romperás	romperéis	habrás roto	habréis roto
romperá	romperán	habrá roto	habrán roto
5 potencial simple		**12 potencial compuesto**	
rompería	romperíamos	habría roto	habríamos roto
romperías	romperíais	habrías roto	habríais roto
rompería	romperían	habría roto	habrían roto
6 presente de subjuntivo		**13 perfecto de subjuntivo**	
rompa	rompamos	haya roto	hayamos roto
rompas	rompáis	hayas roto	hayáis roto
rompa	rompan	haya roto	hayan roto
7 imperfecto de subjuntivo		**14 pluscuamperfecto de subjuntivo**	
rompiera	rompiéramos	hubiera roto	hubiéramos roto
rompieras	rompierais	hubieras roto	hubierais roto
rompiera	rompieran	hubiera roto	hubieran roto
OR		OR	
rompiese	rompiésemos	hubiese roto	hubiésemos roto
rompieses	rompieseis	hubieses roto	hubieseis roto
rompiese	rompiesen	hubiese roto	hubiesen roto

	imperativo	
—	rompamos
rompe	romped
rompa	rompan

Words and expressions related to this verb

un rompenueces   nutcracker
una rompedura   breakage
romper la cabeza   to rack one's brains

to know, to know how

The Seven Simple Tenses		The Seven Compound Tenses	
Singular	Plural	Singular	Plural

1 presente de indicativo		8 perfecto de indicativo	
sé	sabemos	he sabido	hemos sabido
sabes	sabéis	has sabido	habéis sabido
sabe	saben	ha sabido	han sabido

2 imperfecto de indicativo		9 pluscuamperfecto de indicativo	
sabía	sabíamos	había sabido	habíamos sabido
sabías	sabíais	habías sabido	habíais sabido
sabía	sabían	había sabido	habían sabido

3 pretérito		10 pretérito anterior	
supe	supimos	hube sabido	hubimos sabido
supiste	supisteis	hubiste sabido	hubisteis sabido
supo	supieron	hubo sabido	hubieron sabido

4 futuro		11 futuro perfecto	
sabré	sabremos	habré sabido	habremos sabido
sabrás	sabréis	habrás sabido	habréis sabido
sabrá	sabrán	habrá sabido	habrán sabido

5 potencial simple		12 potencial compuesto	
sabría	sabríamos	habría sabido	habríamos sabido
sabrías	sabríais	habrías sabido	habríais sabido
sabría	sabrían	habría sabido	habrían sabido

6 presente de subjuntivo		13 perfecto de subjuntivo	
sepa	sepamos	haya sabido	hayamos sabido
sepas	sepáis	hayas sabido	hayáis sabido
sepa	sepan	haya sabido	hayan sabido

7 imperfecto de subjuntivo		14 pluscuamperfecto de subjuntivo	
supiera	supiéramos	hubiera sabido	hubiéramos sabido
supieras	supierais	hubieras sabido	hubierais sabido
supiera	supieran	hubiera sabido	hubieran sabido
OR		OR	
supiese	supiésemos	hubiese sabido	hubiésemos sabido
supieses	supieseis	hubieses sabido	hubieseis sabido
supiese	supiesen	hubiese sabido	hubiesen sabido

imperativo	
—	sepamos
sabe	sabed
sepa	sepan

Words related to this verb

sabio, sabia   wise, learned
un sabidillo, una sabidilla   a know-it-all individual
la sabiduría   knowledge, learning, wisdom
¿Sabe Ud. nadar?   Do you know how to swim?
Sí, yo sé nadar.   Yes, I know how to swim.

The subject pronouns are found on the page facing page 1.

to take out, to get

The Seven Simple Tenses		The Seven Compound Tenses	
Singular	Plural	Singular	Plural
1 presente de indicativo		**8 perfecto de indicativo**	
saco	sacamos	he sacado	hemos sacado
sacas	sacáis	has sacado	habéis sacado
saca	sacan	ha sacado	han sacado
2 imperfecto de indicativo		**9 pluscuamperfecto de indicativo**	
sacaba	sacábamos	había sacado	habíamos sacado
sacabas	sacabais	habías sacado	habíais sacado
sacaba	sacaban	había sacado	habían sacado
3 pretérito		**10 pretérito anterior**	
saqué	sacamos	hube sacado	hubimos sacado
sacaste	sacasteis	hubiste sacado	hubisteis sacado
sacó	sacaron	hubo sacado	hubieron sacado
4 futuro		**11 futuro perfecto**	
sacaré	sacaremos	habré sacado	habremos sacado
sacarás	sacaréis	habrás sacado	habréis sacado
sacará	sacarán	habrá sacado	habrán sacado
5 potencial simple		**12 potencial compuesto**	
sacaría	sacaríamos	habría sacado	habríamos sacado
sacarías	sacaríais	habrías sacado	habríais sacado
sacaría	sacarían	habría sacado	habrían sacado
6 presente de subjuntivo		**13 perfecto de subjuntivo**	
saque	saquemos	haya sacado	hayamos sacado
saques	saquéis	hayas sacado	hayáis sacado
saque	saquen	haya sacado	hayan sacado
7 imperfecto de subjuntivo		**14 pluscuamperfecto de subjuntivo**	
sacara	sacáramos	hubiera sacado	hubiéramos sacado
sacaras	sacarais	hubieras sacado	hubierais sacado
sacara	sacaran	hubiera sacado	hubieran sacado
OR		OR	
sacase	sacásemos	hubiese sacado	hubiésemos sacado
sacases	sacaseis	hubieses sacado	hubieseis sacado
sacase	sacasen	hubiese sacado	hubiesen sacado

	imperativo
—	saquemos
saca	sacad
saque	saquen

Consult the sections on verbs used in idiomatic expressions, verbs with prepositions, and the list of over 1,000 verbs conjugated like model verbs in the back pages.

to go out, to leave

The Seven Simple Tenses		The Seven Compound Tenses	
Singular	Plural	Singular	Plural
1 presente de indicativo		**8 perfecto de indicativo**	
salgo	salimos	he salido	hemos salido
sales	salís	has salido	habéis salido
sale	salen	ha salido	han salido
2 imperfecto de indicativo		**9 pluscuamperfecto de indicativo**	
salía	salíamos	había salido	habíamos salido
salías	salíais	habías salido	habíais salido
salía	salían	había salido	habían salido
3 pretérito		**10 pretérito anterior**	
salí	salimos	hube salido	hubimos salido
saliste	salisteis	hubiste salido	hubisteis salido
salió	salieron	hubo salido	hubieron salido
4 futuro		**11 futuro perfecto**	
saldré	saldremos	habré salido	habremos salido
saldrás	saldréis	habrás salido	habréis salido
saldrá	saldrán	habrá salido	habrán salido
5 potencial simple		**12 potencial compuesto**	
saldría	saldríamos	habría salido	habríamos salido
saldrías	saldríais	habrías salido	habríais salido
saldría	saldrían	habría salido	habrían salido
6 presente de subjuntivo		**13 perfecto de subjuntivo**	
salga	salgamos	haya salido	hayamos salido
salgas	salgáis	hayas salido	hayáis salido
salga	salgan	haya salido	hayan salido
7 imperfecto de subjuntivo		**14 pluscuamperfecto de subjuntivo**	
saliera	saliéramos	hubiera salido	hubiéramos salido
salieras	salierais	hubieras salido	hubierais salido
saliera	salieran	hubiera salido	hubieran salido
OR		OR	
saliese	saliésemos	hubiese salido	hubiésemos salido
salieses	salieseis	hubieses salido	hubieseis salido
saliese	saliesen	hubiese salido	hubiesen salido

	imperativo
—	salgamos
sal	salid
salga	salgan

Common idiomatic expressions using this verb

la salida   exit
sin salida   no exit, dead-end street
salir de compras   to go shopping

to dry, to wipe dry

The Seven Simple Tenses		The Seven Compound Tenses	
Singular	Plural	Singular	Plural
1 presente de indicativo		**8 perfecto de indicativo**	
seco	secamos	he secado	hemos secado
secas	secáis	has secado	habéis secado
seca	secan	ha secado	han secado
2 imperfecto de indicativo		**9 pluscuamperfecto de indicativo**	
secaba	secábamos	había secado	habíamos secado
secabas	secabais	habías secado	habíais secado
secaba	secaban	había secado	habían secado
3 pretérito		**10 pretérito anterior**	
sequé	secamos	hube secado	hubimos secado
secaste	secasteis	hubiste secado	hubisteis secado
secó	secaron	hubo secado	hubieron secado
4 futuro		**11 futuro perfecto**	
secaré	secaremos	habré secado	habremos secado
secarás	secaréis	habrás secado	habréis secado
secará	secarán	habrá secado	habrán secado
5 potencial simple		**12 potencial compuesto**	
secaría	secaríamos	habría secado	habríamos secado
secarías	secaríais	habrías secado	habríais secado
secaría	secarían	habría secado	habrían secado
6 presente de subjuntivo		**13 perfecto de subjuntivo**	
seque	sequemos	haya secado	hayamos secado
seques	sequéis	hayas secado	hayáis secado
seque	sequen	haya secado	hayan secado
7 imperfecto de subjuntivo		**14 pluscuamperfecto de subjuntivo**	
secara	secáramos	hubiera secado	hubiéramos secado
secaras	secarais	hubieras secado	hubierais secado
secara	secaran	hubiera secado	hubieran secado
OR		OR	
secase	secásemos	hubiese secado	hubiésemos secado
secases	secaseis	hubieses secado	hubieseis secado
secase	secasen	hubiese secado	hubiesen secado

	imperativo	
—		sequemos
seca		secad
seque		sequen

Words related to this verb

seco, seca   dry, dried up
la seca   drought
secado al sol   sun dried

to follow, to pursue, to continue

The Seven Simple Tenses		The Seven Compound Tenses	
Singular	Plural	Singular	Plural
1 presente de indicativo		8 perfecto de indicativo	
sigo	seguimos	he seguido	hemos seguido
sigues	seguís	has seguido	habéis seguido
sigue	siguen	ha seguido	han seguido
2 imperfecto de indicativo		9 pluscuamperfecto de indicativo	
seguía	seguíamos	había seguido	habíamos seguido
seguías	seguíais	habías seguido	habíais seguido
seguía	seguían	había seguido	habían seguido
3 pretérito		10 pretérito anterior	
seguí	seguimos	hube seguido	hubimos seguido
seguiste	seguisteis	hubiste seguido	hubisteis seguido
siguió	siguieron	hubo seguido	hubieron seguido
4 futuro		11 futuro perfecto	
seguiré	seguiremos	habré seguido	habremos seguido
seguirás	seguiréis	habrás seguido	habréis seguido
seguirá	seguirán	habrá seguido	habrán seguido
5 potencial simple		12 potencial compuesto	
seguiría	seguiríamos	habría seguido	habríamos seguido
seguirías	seguiríais	habrías seguido	habríais seguido
seguiría	seguirían	habría seguido	habrían seguido
6 presente de subjuntivo		13 perfecto de subjuntivo	
siga	sigamos	haya seguido	hayamos seguido
sigas	sigáis	hayas seguido	hayáis seguido
siga	sigan	haya seguido	hayan seguido
7 imperfecto de subjuntivo		14 pluscuamperfecto de subjuntivo	
siguiera	siguiéramos	hubiera seguido	hubiéramos seguido
siguieras	siguierais	hubieras seguido	hubierais seguido
siguiera	siguieran	hubiera seguido	hubieran seguido
OR		OR	
siguiese	siguiésemos	hubiese seguido	hubiésemos seguido
siguieses	siguieseis	hubieses seguido	hubieseis seguido
siguiese	siguiesen	hubiese seguido	hubiesen seguido

	imperativo	
	—	sigamos
	sigue	seguid
	siga	sigan

Words and expressions related to this verb

según   according to
al día siguiente   on the following day
las frases siguientes   the following sentences

to sit down

The Seven Simple Tenses		The Seven Compound Tenses	
Singular	Plural	Singular	Plural

1 presente de indicativo

		8 perfecto de indicativo	
me siento	nos sentamos	me he sentado	nos hemos sentado
te sientas	os sentáis	te has sentado	os habéis sentado
se sienta	se sientan	se ha sentado	se han sentado

2 imperfecto de indicativo

		9 pluscuamperfecto de indicativo	
me sentaba	nos sentábamos	me había sentado	nos habíamos sentado
te sentabas	os sentabais	te habías sentado	os habíais sentado
se sentaba	se sentaban	se había sentado	se habían sentado

3 pretérito

		10 pretérito anterior	
me senté	nos sentamos	me hube sentado	nos hubimos sentado
te sentaste	os sentasteis	te hubiste sentado	os hubisteis sentado
se sentó	se sentaron	se hubo sentado	se hubieron sentado

4 futuro

		11 futuro perfecto	
me sentaré	nos sentaremos	me habré sentado	nos habremos sentado
te sentarás	os sentaréis	te habrás sentado	os habréis sentado
se sentará	se sentarán	se habrá sentado	se habrán sentado

5 potencial simple

		12 potencial compuesto	
me sentaría	nos sentaríamos	me habría sentado	nos habríamos sentado
te sentarías	os sentaríais	te habrías sentado	os habríais sentado
se sentaría	se sentarían	se habría sentado	se habrían sentado

6 presente de subjuntivo

		13 perfecto de subjuntivo	
me siente	nos sentemos	me haya sentado	nos hayamos sentado
te sientes	os sentéis	te hayas sentado	os hayáis sentado
se siente	se sienten	se haya sentado	se hayan sentado

7 imperfecto de subjuntivo

		14 pluscuamperfecto de subjuntivo	
me sentara	nos sentáramos	me hubiera sentado	nos hubiéramos sentado
te sentaras	os sentarais	te hubieras sentado	os hubierais sentado
se sentara	se sentaran	se hubiera sentado	se hubieran sentado
OR		OR	
me sentase	nos sentásemos	me hubiese sentado	nos hubiésemos sentado
te sentases	os sentaseis	te hubieses sentado	os hubieseis sentado
se sentase	se sentasen	se hubiese sentado	se hubiesen sentado

imperativo	
—	sentémonos
siéntate	sentaos
siéntese	siéntense

Common idiomatic expressions using this verb

un asiento   a seat
sentado, sentada   seated
¡Siéntese Ud.!   Sit down!
¡Vamos a sentarnos!   Let's sit down!

to feel sorry, to regret, to feel

The Seven Simple Tenses		The Seven Compound Tenses	
Singular	Plural	Singular	Plural

1 presente de indicativo		8 perfecto de indicativo	
siento	sentimos	he sentido	hemos sentido
sientes	sentís	has sentido	habéis sentido
siente	sienten	ha sentido	han sentido

2 imperfecto de indicativo		9 pluscuamperfecto de indicativo	
sentía	sentíamos	había sentido	habíamos sentido
sentías	sentíais	habías sentido	habíais sentido
sentía	sentían	había sentido	habían sentido

3 pretérito		10 pretérito anterior	
sentí	sentimos	hube sentido	hubimos sentido
sentiste	sentisteis	hubiste sentido	hubisteis sentido
sintió	sintieron	hubo sentido	hubieron sentido

4 futuro		11 futuro perfecto	
sentiré	sentiremos	habré sentido	habremos sentido
sentirás	sentiréis	habrás sentido	habréis sentido
sentirá	sentirán	habrá sentido	habrán sentido

5 potencial simple		12 potencial compuesto	
sentiría	sentiríamos	habría sentido	habríamos sentido
sentirías	sentiríais	habrías sentido	habríais sentido
sentiría	sentirían	habría sentido	habrían sentido

6 presente de subjuntivo		13 perfecto de subjuntivo	
sienta	sintamos	haya sentido	hayamos sentido
sientas	sintáis	hayas sentido	hayáis sentido
sienta	sientan	haya sentido	hayan sentido

7 imperfecto de subjuntivo		14 pluscuamperfecto de subjuntivo	
sintiera	sintiéramos	hubiera sentido	hubiéramos sentido
sintieras	sintierais	hubieras sentido	hubierais sentido
sintiera	sintieran	hubiera sentido	hubieran sentido
OR		OR	
sintiese	sintiésemos	hubiese sentido	hubiésemos sentido
sintieses	sintieseis	hubieses sentido	hubieseis sentido
sintiese	sintiesen	hubiese sentido	hubiesen sentido

	imperativo	
	—	sintamos
	siente	sentid
	sienta	sientan

Words and expressions related to this verb

Lo siento.   I regret it; I'm sorry.
el sentimiento   feeling, sentiment
sentimentalmente   sentimentally

For additional words and expressions related to this verb, see **sentirse**.

The subject pronouns are found on the page facing page 1.   **271**

to feel (well, ill)

The Seven Simple Tenses		The Seven Compound Tenses	
Singular	Plural	Singular	Plural
1 presente de indicativo		**8 perfecto de indicativo**	
me siento	nos sentimos	me he sentido	nos hemos sentido
te sientes	os sentís	te has sentido	os habéis sentido
se siente	se sienten	se ha sentido	se han sentido
2 imperfecto de indicativo		**9 pluscuamperfecto de indicativo**	
me sentía	nos sentíamos	me había sentido	nos habíamos sentido
te sentías	os sentíais	te habías sentido	os habíais sentido
se sentía	se sentían	se había sentido	se habían sentido
3 pretérito		**10 pretérito anterior**	
me sentí	nos sentimos	me hube sentido	nos hubimos sentido
te sentiste	os sentisteis	te hubiste sentido	os hubisteis sentido
se sintió	se sintieron	se hubo sentido	se hubieron sentido
4 futuro		**11 futuro perfecto**	
me sentiré	nos sentiremos	me habré sentido	nos habremos sentido
te sentirás	os sentiréis	te habrás sentido	os habréis sentido
se sentirá	se sentirán	se habrá sentido	se habrán sentido
5 potencial simple		**12 potencial compuesto**	
me sentiría	nos sentiríamos	me habría sentido	nos habríamos sentido
te sentirías	os sentiríais	te habrías sentido	os habríais sentido
se sentiría	se sentirían	se habría sentido	se habrían sentido
6 presente de subjuntivo		**13 perfecto de subjuntivo**	
me sienta	nos sintamos	me haya sentido	nos hayamos sentido
te sientas	os sintáis	te hayas sentido	os hayáis sentido
se sienta	se sientan	se haya sentido	se hayan sentido
7 imperfecto de subjuntivo		**14 pluscuamperfecto de subjuntivo**	
me sintiera	nos sintiéramos	me hubiera sentido	nos hubiéramos sentido
te sintieras	os sintierais	te hubieras sentido	os hubierais sentido
se sintiera	se sintieran	se hubiera sentido	se hubieran sentido
OR		OR	
me sintiese	nos sintiésemos	me hubiese sentido	nos hubiésemos sentido
te sintieses	os sintieseis	te hubieses sentido	os hubieseis sentido
se sintiese	se sintiesen	se hubiese sentido	se hubiesen sentido

	imperativo
—	sintámonos
siéntete	sentíos
siéntase	siéntanse

Words and expressions related to this verb

¿Cómo se siente Ud.? How do you feel? **Me siento mal.** I feel sick.
el sentido sense; **los sentidos** the senses

For additional words and expressions related to this verb, see **sentir.**

The Seven Simple Tenses		The Seven Compound Tenses	
Singular	Plural	Singular	Plural
1 presente de indicativo		**8 perfecto de indicativo**	
soy	somos	he sido	hemos sido
eres	sois	has sido	habéis sido
es	son	ha sido	han sido
2 imperfecto de indicativo		**9 pluscuamperfecto de indicativo**	
era	éramos	había sido	habíamos sido
eras	erais	habías sido	habíais sido
era	eran	había sido	habían sido
3 pretérito		**10 pretérito anterior**	
fui	fuimos	hube sido	hubimos sido
fuiste	fuisteis	hubiste sido	hubisteis sido
fue	fueron	hubo sido	hubieron sido
4 futuro		**11 futuro perfecto**	
seré	seremos	habré sido	habremos sido
serás	seréis	habrás sido	habréis sido
será	serán	habrá sido	habrán sido
5 potencial simple		**12 potencial compuesto**	
sería	seríamos	habría sido	habríamos sido
serías	seríais	habrías sido	habríais sido
sería	serían	habría sido	habrían sido
6 presente de subjuntivo		**13 perfecto de subjuntivo**	
sea	seamos	haya sido	hayamos sido
seas	seáis	hayas sido	hayáis sido
sea	sean	haya sido	hayan sido
7 imperfecto de subjuntivo		**14 pluscuamperfecto de subjuntivo**	
fuera	fuéramos	hubiera sido	hubiéramos sido
fueras	fuerais	hubieras sido	hubierais sido
fuera	fueran	hubiera sido	hubieran sido
OR		OR	
fuese	fuésemos	hubiese sido	hubiésemos sido
fueses	fueseis	hubieses sido	hubieseis sido
fuese	fuesen	hubiese sido	hubiesen sido

imperativo	
—	seamos
sé	sed
sea	sean

Common idiomatic expressions using this verb

Díme con quien andas y te diré quien eres.   Tell me who your friends are and I will tell
 you who you are.
es decir   that is, that is to say
¿Qué hora es?   What time is it?   **Es la una.**   It is one o'clock.   **Son las dos.**
 It is two o'clock.

The subject pronouns are found on the page facing page 1.   **273**

to serve

The Seven Simple Tenses		The Seven Compound Tenses	
Singular	Plural	Singular	Plural
1 presente de indicativo		**8 perfecto de indicativo**	
sirvo	servimos	he servido	hemos servido
sirves	servís	has servido	habéis servido
sirve	sirven	ha servido	han servido
2 imperfecto de indicativo		**9 pluscuamperfecto de indicativo**	
servía	servíamos	había servido	habíamos servido
servías	servíais	habías servido	habíais servido
servía	servían	había servido	habían servido
3 pretérito		**10 pretérito anterior**	
serví	servimos	hube servido	hubimos servido
serviste	servisteis	hubiste servido	hubisteis servido
sirvio	sirvieron	hubo servido	hubieron servido
4 futuro		**11 futuro perfecto**	
serviré	serviremos	habré servido	habremos servido
servirás	serviréis	habrás servido	habréis servido
servirá	servirán	habrá servido	habrán servido
5 potencial simple		**12 potencial compuesto**	
serviría	serviríamos	habría servido	habríamos servido
servirías	serviríais	habrías servido	habríais servido
serviría	servirían	habría servido	habrían servido
6 presente de subjuntivo		**13 perfecto de subjuntivo**	
sirva	sirvamos	haya servido	hayamos servido
sirvas	sirváis	hayas servido	hayáis servido
sirva	sirvan	haya servido	hayan servido
7 imperfecto de subjuntivo		**14 pluscuamperfecto de subjuntivo**	
sirviera	sirviéramos	hubiera servido	hubiéramos servido
sirvieras	sirvierais	hubieras servido	hubierais servido
sirviera	sirvieran	hubiera servido	hubieran servido
OR		OR	
sirviese	sirviésemos	hubiese servido	hubiésemos servido
sirvieses	sirvieseis	hubieses servido	hubieseis servido
sirviese	sirviesen	hubiese servido	hubiesen servido

imperativo	
—	sirvamos
sirve	servid
sirva	sirvan

Words related to this verb

servidor, servidora   servant, waiter, waitress
el servicio   service
una servilleta   table napkin

to have the custom of, to be in the habit of, to be accustomed to

The Seven Simple Tenses

Singular	Plural

1   presente de indicativo
suelo   **solemos**
sueles   **soléis**
suele   **suelen**

2   imperfecto de indicativo
solía   **solíamos**
solías   **solíais**
solía   **solían**

This verb is defective and it is, therefore, used primarily in the two tenses given above. When used, it is always followed by an infinitive: **Suelo levantarme a las seis de la mañana.** I am in the habit of getting up at six in the morning.

to smile

The Seven Simple Tenses		The Seven Compound Tenses	
Singular	Plural	Singular	Plural
1 presente de indicativo		**8 perfecto de indicativo**	
sonrío	sonreímos	he sonreído	hemos sonreído
sonríes	sonreís	has sonreído	habéis sonreído
sonríe	sonríen	ha sonreído	han sonreído
2 imperfecto de indicativo		**9 pluscuamperfecto de indicativo**	
sonreía	sonreíamos	había sonreído	habíamos sonreído
sonreías	sonreíais	habías sonreído	habíais sonreído
sonreía	sonreían	había sonreído	habían sonreído
3 pretérito		**10 pretérito anterior**	
sonreí	sonreímos	hube sonreído	hubimos sonreído
sonreíste	sonreísteis	hubiste sonreído	hubisteis sonreído
sonrió	sonrieron	hubo sonreído	hubieron sonreído
4 futuro		**11 futuro perfecto**	
sonreiré	sonreiremos	habré sonreído	habremos sonreído
sonreirás	sonreiréis	habrás sonreído	habréis sonreído
sonreirá	sonreirán	habrá sonreído	habrán sonreído
5 potencial simple		**12 potencial compuesto**	
sonreiría	sonreiríamos	habría sonreído	habríamos sonreído
sonreirías	sonreiríais	habrías sonreído	habríais sonreído
sonreiría	sonreirían	habría sonreído	habrían sonreído
6 presente de subjuntivo		**13 perfecto de subjuntivo**	
sonría	sonriamos	haya sonreído	hayamos sonreído
sonrías	sonriáis	hayas sonreído	hayáis sonreído
sonría	sonrían	haya sonreído	hayan sonreído
7 imperfecto de subjuntivo		**14 pluscuamperfecto de subjuntivo**	
sonriera	sonriéramos	hubiera sonreído	hubiéramos sonreído
sonrieras	sonrierais	hubieras sonreído	hubierais sonreído
sonriera	sonrieran	hubiera sonreído	hubieran sonreído
OR		OR	
sonriese	sonriésemos	hubiese sonreído	hubiésemos sonreído
sonrieses	sonrieseis	hubieses sonreído	hubieseis sonreído
sonriese	sonriesen	hubiese sonreído	hubiesen sonreído

imperativo	
—	sonriamos
sonríe	sonreíd
sonría	sonrían

Word related to this verb

la sonrisa   smile

For additional words and expressions related to this verb, see **reír**.

The Seven Simple Tenses		The Seven Compound Tenses	
Singular	Plural	Singular	Plural
1 presente de indicativo		**8 perfecto de indicativo**	
sueño	soñamos	he soñado	hemos soñado
sueñas	soñáis	has soñado	habéis soñado
sueña	sueñan	ha soñado	han soñado
2 imperfecto de indicativo		**9 pluscuamperfecto de indicativo**	
soñaba	soñábamos	había soñado	habíamos soñado
soñabas	soñabais	habías soñado	habíais soñado
soñaba	soñaban	había soñado	habían soñado
3 pretérito		**10 pretérito anterior**	
soñé	soñamos	hube soñado	hubimos soñado
soñaste	soñasteis	hubiste soñado	hubisteis soñado
soñó	soñaron	hubo soñado	hubieron soñado
4 futuro		**11 futuro perfecto**	
soñaré	soñaremos	habré soñado	habremos soñado
soñarás	soñaréis	habrás soñado	habréis soñado
soñará	soñarán	habrá soñado	habrán soñado
5 potencial simple		**12 potencial compuesto**	
soñaría	soñaríamos	habría soñado	habríamos soñado
soñarías	soñaríais	habrías soñado	habríais soñado
soñaría	soñarían	habría soñado	habrían soñado
6 presente de subjuntivo		**13 perfecto de subjuntivo**	
sueñe	soñemos	haya soñado	hayamos soñado
sueñes	soñéis	hayas soñado	hayáis soñado
sueñe	sueñen	haya soñado	hayan soñado
7 imperfecto de subjuntivo		**14 pluscuamperfecto de subjuntivo**	
soñara	soñáramos	hubiera soñado	hubiéramos soñado
soñaras	soñarais	hubieras soñado	hubierais soñado
soñara	soñaran	hubiera soñado	hubieran soñado
OR		OR	
soñase	soñásemos	hubiese soñado	hubiésemos soñado
soñases	soñaseis	hubieses soñado	hubieseis soñado
soñase	soñasen	hubiese soñado	hubiesen soñado

	imperativo
—	soñemos
sueña	soñad
sueñe	sueñen

Common idiomatic expressions using this verb

soñar con, soñar en   to dream of
soñar despierto   to daydream
soñador, soñadora   dreamer
el sueño   sleep, dream
sueño pesado   sound sleep
echar un sueño   to take a nap

The subject pronouns are found on the page facing page 1.

to telephone

The Seven Simple Tenses		The Seven Compound Tenses	
Singular	Plural	Singular	Plural

1 presente de indicativo

telefoneo	telefoneamos
telefoneas	telefoneáis
telefonea	telefonean

8 perfecto de indicativo

he telefoneado	hemos telefoneado
has telefoneado	habéis telefoneado
ha telefoneado	han telefoneado

2 imperfecto de indicativo

telefoneaba	telefoneábamos
telefoneabas	telefoneabais
telefoneaba	telefoneaban

9 pluscuamperfecto de indicativo

había telefoneado	habíamos telefoneado
habías telefoneado	habíais telefoneado
había telefoneado	habían telefoneado

3 pretérito

telefoneé	telefoneamos
telefoneaste	telefoneasteis
telefoneó	telefonearon

10 pretérito anterior

hube telefoneado	hubimos telefoneado
hubiste telefoneado	hubisteis telefoneado
hubo telefoneado	hubieron telefoneado

4 futuro

telefonearé	telefonearemos
telefonearás	telefonearéis
telefoneará	telefonearán

11 futuro perfecto

habré telefoneado	habremos telefoneado
habrás telefoneado	habréis telefoneado
habrá telefoneado	habrán telefoneado

5 potencial simple

telefonearía	telefonearíamos
telefonearías	telefonearíais
telefonearía	telefonearían

12 potencial compuesto

habría telefoneado	habríamos telefoneado
habrías telefoneado	habríais telefoneado
habría telefoneado	habrían telefoneado

6 presente de subjuntivo

telefonee	telefoneemos
telefonees	telefoneéis
telefonee	telefoneen

13 perfecto de subjuntivo

haya telefoneado	hayamos telefoneado
hayas telefoneado	hayáis telefoneado
haya telefoneado	hayan telefoneado

7 imperfecto de subjuntivo

telefoneara	telefoneáramos
telefonearas	telefonearais
telefoneara	telefonearan
OR	
telefonease	telefoneásemos
telefoneases	telefoneaseis
telefonease	telefoneasen

14 pluscuamperfecto de subjuntivo

hubiera telefoneado	hubiéramos telefoneado
hubieras telefoneado	hubierais telefoneado
hubiera telefoneado	hubieran telefoneado
OR	
hubiese telefoneado	hubiésemos telefoneado
hubieses telefoneado	hubieseis telefoneado
hubiese telefoneado	hubiesen telefoneado

imperativo

—	telefoneemos
telefonea	telefonead
telefonee	telefoneen

Words related to this verb

el teléfono   telephone
telefonista   telephone operator
telefónico, telefónica   telephonic

to telegraph, to cable

The Seven Simple Tenses		The Seven Compound Tenses	
Singular	Plural	Singular	Plural

1 presente de indicativo

		8 perfecto de indicativo	
telegrafío	telegrafiamos	he telegrafiado	hemos telegrafiado
telegrafías	telegrafiáis	has telegrafiado	habéis telegrafiado
telegrafía	telegrafían	ha telegrafiado	han telegrafiado

2 imperfecto de indicativo

		9 pluscuamperfecto de indicativo	
telegrafiaba	telegrafiábamos	había telegrafiado	habíamos telegrafiado
telegrafiabas	telegrafiabais	habías telegrafiado	habíais telegrafiado
telegrafiaba	telegrafiaban	había telegrafiado	habían telegrafiado

3 pretérito

		10 pretérito anterior	
telegrafié	telegrafiamos	hube telegrafiado	hubimos telegrafiado
telegrafiaste	telegrafiasteis	hubiste telegrafiado	hubisteis telegrafiado
telegrafió	telegrafiaron	hubo telegrafiado	hubieron telegrafiado

4 futuro

		11 futuro perfecto	
telegrafiaré	telegrafiaremos	habré telegrafiado	habremos telegrafiado
telegrafiarás	telegrafiaréis	habrás telegrafiado	habréis telegrafiado
telegrafiará	telegrafiarán	habrá telegrafiado	habrán telegrafiado

5 potencial simple

		12 potencial compuesto	
telegrafiaría	telegrafiaríamos	habría telegrafiado	habríamos telegrafiado
telegrafiarías	telegrafiaríais	habrías telegrafiado	habríais telegrafiado
telegrafiaría	telegrafiarían	habría telegrafiado	habrían telegrafiado

6 presente de subjuntivo

		13 perfecto de subjuntivo	
telegrafíe	telegrafiemos	haya telegrafiado	hayamos telegrafiado
telegrafíes	telegrafiéis	hayas telegrafiado	hayáis telegrafiado
telegrafíe	telegrafíen	haya telegrafiado	hayan telegrafiado

7 imperfecto de subjuntivo

		14 pluscuamperfecto de subjuntivo	
telegrafiara	telegrafiáramos	hubiera telegrafiado	hubiéramos telegrafiado
telegrafiaras	telegrafiarais	hubieras telegrafiado	hubierais telegrafiado
telegrafiara	telegrafiaran	hubiera telegrafiado	hubieran telegrafiado
OR		OR	
telegrafiase	telegrafiásemos	hubiese telegrafiado	hubiésemos telegrafiado
telegrafiases	telegrafiaseis	hubieses telegrafiado	hubieseis telegrafiado
telegrafiase	telegrafiasen	hubiese telegrafiado	hubiesen telegrafiado

imperativo	
—	telegrafiemos
telegrafía	telegrafiad
telegrafíe	telegrafíen

Words related to this verb

el telégrafo   telegraph
el telegrama   telegram, cablegram
telegrafista   telegraph operator

to have, to hold

The Seven Simple Tenses		The Seven Compound Tenses	
Singular	Plural	Singular	Plural
1 presente de indicativo		**8 perfecto de indicativo**	
tengo	tenemos	he tenido	hemos tenido
tienes	tenéis	has tenido	habéis tenido
tiene	tienen	ha tenido	han tenido
2 imperfecto de indicativo		**9 pluscuamperfecto de indicativo**	
tenía	teníamos	había tenido	habíamos tenido
tenías	teníais	habías tenido	habíais tenido
tenía	tenían	había tenido	habían tenido
3 pretérito		**10 pretérito anterior**	
tuve	tuvimos	hube tenido	hubimos tenido
tuviste	tuvisteis	hubiste tenido	hubisteis tenido
tuvo	tuvieron	hubo tenido	hubieron tenido
4 futuro		**11 futuro perfecto**	
tendré	tendremos	habré tenido	habremos tenido
tendrás	tendréis	habrás tenido	habréis tenido
tendrá	tendrán	habrá tenido	habrán tenido
5 potencial simple		**12 potencial compuesto**	
tendría	tendríamos	habría tenido	habríamos tenido
tendrías	tendríais	habrías tenido	habríais tenido
tendría	tendrían	habría tenido	habrían tenido
6 presente de subjuntivo		**13 perfecto de subjuntivo**	
tenga	tengamos	haya tenido	hayamos tenido
tengas	tengáis	hayas tenido	hayáis tenido
tenga	tengan	haya tenido	hayan tenido
7 imperfecto de subjuntivo		**14 pluscuamperfecto de subjuntivo**	
tuviera	tuviéramos	hubiera tenido	hubiéramos tenido
tuvieras	tuvierais	hubieras tenido	hubierais tenido
tuviera	tuvieran	hubiera tenido	hubieran tenido
OR		OR	
tuviese	tuviésemos	hubiese tenido	hubiésemos tenido
tuvieses	tuvieseis	hubieses tenido	hubieseis tenido
tuviese	tuviesen	hubiese tenido	hubiesen tenido

imperativo	
—	tengamos
ten	tened
tenga	tengan

Common idiomatic expressions using this verb

Anda despacio que tengo prisa.   Make haste slowly.
tener prisa   to be in a hurry
tener hambre   to be hungry
tener sed   to be thirsty

to end, to terminate

The Seven Simple Tenses		The Seven Compound Tenses	
Singular	Plural	Singular	Plural

1   presente de indicativo

termino	terminamos	
terminas	termináis	
termina	terminan	

8   perfecto de indicativo

he terminado	hemos terminado
has terminado	habéis terminado
ha terminado	han terminado

2   imperfecto de indicativo

terminaba	terminábamos
terminabas	terminabais
terminaba	terminaban

9   pluscuamperfecto de indicativo

había terminado	habíamos terminado
habías terminado	habíais terminado
había terminado	habían terminado

3   pretérito

terminé	terminamos
terminaste	terminasteis
terminó	terminaron

10   pretérito anterior

hube terminado	hubimos terminado
hubiste terminado	hubisteis terminado
hubo terminado	hubieron terminado

4   futuro

terminaré	terminaremos
terminarás	terminaréis
terminará	terminarán

11   futuro perfecto

habré terminado	habremos terminado
habrás terminado	habréis terminado
habrá terminado	habrán terminado

5   potencial simple

terminaría	terminaríamos
terminarías	terminaríais
terminaría	terminarían

12   potencial compuesto

habría terminado	habríamos terminado
habrías terminado	habríais terminado
habría terminado	habrían terminado

6   presente de subjuntivo

termine	terminemos
termines	terminéis
termine	terminen

13   perfecto de subjuntivo

haya terminado	hayamos terminado
hayas terminado	hayáis terminado
haya terminado	hayan terminado

7   imperfecto de subjuntivo

terminara	termináramos
terminaras	terminarais
terminara	terminaran
OR	
terminase	terminásemos
terminases	terminaseis
terminase	terminasen

14   pluscuamperfecto de subjuntivo

hubiera terminado	hubiéramos terminado
hubieras terminado	hubierais terminado
hubiera terminado	hubieran terminado
OR	
hubiese terminado	hubiésemos terminado
hubieses terminado	hubieseis terminado
hubiese terminado	hubiesen terminado

imperativo

—	terminemos
termina	terminad
termine	terminen

Words and expressions related to this verb

la terminación   termination, ending, completion
el término   end, ending
en otros términos   in other terms, in other words

to pull, to draw, to pitch (a ball), to shoot (a gun), to throw, to fling

The Seven Simple Tenses		The Seven Compound Tenses	
Singular	Plural	Singular	Plural
1 presente de indicativo		**8 perfecto de indicativo**	
tiro	tiramos	he tirado	hemos tirado
tiras	tiráis	has tirado	habéis tirado
tira	tiran	ha tirado	han tirado
2 imperfecto de indicativo		**9 pluscuamperfecto de indicativo**	
tiraba	tirábamos	había tirado	habíamos tirado
tirabas	tirabais	habías tirado	habíais tirado
tiraba	tiraban	había tirado	habían tirado
3 pretérito		**10 pretérito anterior**	
tiré	tiramos	hube tirado	hubimos tirado
tiraste	tirasteis	hubiste tirado	hubisteis tirado
tiró	tiraron	hubo tirado	hubieron tirado
4 futuro		**11 futuro perfecto**	
tiraré	tiraremos	habré tirado	habremos tirado
tirarás	tiraréis	habrás tirado	habréis tirado
tirará	tirarán	habrá tirado	habrán tirado
5 potencial simple		**12 potencial compuesto**	
tiraría	tiraríamos	habría tirado	habríamos tirado
tirarías	tiraríais	habrías tirado	habríais tirado
tiraría	tirarían	habría tirado	habrían tirado
6 presente de subjuntivo		**13 perfecto de subjuntivo**	
tire	tiremos	haya tirado	hayamos tirado
tires	tiréis	hayas tirado	hayáis tirado
tire	tiren	haya tirado	hayan tirado
7 imperfecto de subjuntivo		**14 pluscuamperfecto de subjuntivo**	
tirara	tiráramos	hubiera tirado	hubiéramos tirado
tiraras	tirarais	hubieras tirado	hubierais tirado
tirara	tiraran	hubiera tirado	hubieran tirado
OR		OR	
tirase	tirásemos	hubiese tirado	hubiésemos tirado
tirases	tiraseis	hubieses tirado	hubieseis tirado
tirase	tirasen	hubiese tirado	hubiesen tirado

	imperativo	
	—	tiremos
	tira	tirad
	tire	tiren

Consult the sections on verbs used in idiomatic expressions, verbs with prepositions, and the list of over 1,000 verbs conjugated like model verbs in the back pages.

to play (music or a musical instrument), to touch

The Seven Simple Tenses		The Seven Compound Tenses	
Singular	Plural	Singular	Plural
1 presente de indicativo		**8 perfecto de indicativo**	
toco	tocamos	he tocado	hemos tocado
tocas	tocáis	has tocado	habéis tocado
toca	tocan	ha tocado	han tocado
2 imperfecto de indicativo		**9 pluscuamperfecto de indicativo**	
tocaba	tocábamos	había tocado	habíamos tocado
tocabas	tocabais	habías tocado	habíais tocado
tocaba	tocaban	había tocado	habían tocado
3 pretérito		**10 pretérito anterior**	
toqué	tocamos	hube tocado	hubimos tocado
tocaste	tocasteis	hubiste tocado	hubisteis tocado
tocó	tocaron	hubo tocado	hubieron tocado
4 futuro		**11 futuro perfecto**	
tocaré	tocaremos	habré tocado	habremos tocado
tocarás	tocaréis	habrás tocado	habréis tocado
tocará	tocarán	habrá tocado	habrán tocado
5 potencial simple		**12 potencial compuesto**	
tocaría	tocaríamos	habría tocado	habríamos tocado
tocarías	tocaríais	habrías tocado	habríais tocado
tocaría	tocarían	habría tocado	habrían tocado
6 presente de subjuntivo		**13 perfecto de subjuntivo**	
toque	toquemos	haya tocado	hayamos tocado
toques	toquéis	hayas tocado	hayáis tocado
toque	toquen	haya tocado	hayan tocado
7 imperfecto de subjuntivo		**14 pluscuamperfecto de subjuntivo**	
tocara	tocáramos	hubiera tocado	hubiéramos tocado
tocaras	tocarais	hubieras tocado	hubierais tocado
tocara	tocaran	hubiera tocado	hubieran tocado
OR		OR	
tocase	tocásemos	hubiese tocado	hubiésemos tocado
tocases	tocaseis	hubieses tocado	hubieseis tocado
tocase	tocasen	hubiese tocado	hubiesen tocado

imperativo	
—	toquemos
toca	tocad
toque	toquen

Common idiomatic expressions using this verb

¿Sabe Ud. tocar el piano?   Do you know how to play the piano?
Sí, yo sé tocar el piano.   Yes, I know how to play the piano.
tocar a la puerta   to knock on the door

The subject pronouns are found on the page facing page 1.

to take

The Seven Simple Tenses		The Seven Compound Tenses

Singular	Plural	Singular	Plural
1 presente de indicativo		**8 perfecto de indicativo**	
tomo	tomamos	he tomado	hemos tomado
tomas	tomáis	has tomado	habéis tomado
toma	toman	ha tomado	han tomado
2 imperfecto de indicativo		**9 pluscuamperfecto de indicativo**	
tomaba	tomábamos	había tomado	habíamos tomado
tomabas	tomabais	habías tomado	habíais tomado
tomaba	tomaban	había tomado	habían tomado
3 pretérito		**10 pretérito anterior**	
tomé	tomamos	hube tomado	hubimos tomado
tomaste	tomasteis	hubiste tomado	hubisteis tomado
tomó	tomaron	hubo tomado	hubieron tomado
4 futuro		**11 futuro perfecto**	
tomaré	tomaremos	habré tomado	habremos tomado
tomarás	tomaréis	habrás tomado	habréis tomado
tomará	tomarán	habrá tomado	habrán tomado
5 potencial simple		**12 potencial compuesto**	
tomaría	tomaríamos	habría tomado	habríamos tomado
tomarías	tomaríais	habrías tomado	habríais tomado
tomaría	tomarían	habría tomado	habrían tomado
6 presente de subjuntivo		**13 perfecto de subjuntivo**	
tome	tomemos	haya tomado	hayamos tomado
tomes	toméis	hayas tomado	hayáis tomado
tome	tomen	haya tomado	hayan tomado
7 imperfecto de subjuntivo		**14 pluscuamperfecto de subjuntivo**	
tomara	tomáramos	hubiera tomado	hubiéramos tomado
tomaras	tomarais	hubieras tomado	hubierais tomado
tomara	tomaran	hubiera tomado	hubieran tomado
OR		OR	
tomase	tomásemos	hubiese tomado	hubiésemos tomado
tomases	tomaseis	hubieses tomado	hubieseis tomado
tomase	tomasen	hubiese tomado	hubiesen tomado

imperativo	
—	tomemos
toma	tomad
tome	tomen

Sentences using this verb and words related to it

¿A qué hora toma Ud. el desayuno?   At what time do you have breakfast?
Tomo el desayuno a las siete y media.   I have breakfast at seven thirty.
¿Qué toma Ud. en el desayuno?   What do you have for breakfast?

tomar frío   to catch cold
tomar el sol   to take a sun bath

to work, to labor

The Seven Simple Tenses		The Seven Compound Tenses	
Singular	Plural	Singular	Plural
1 presente de indicativo		**8 perfecto de indicativo**	
trabajo	trabajamos	he trabajado	hemos trabajado
trabajas	trabajáis	has trabajado	habéis trabajado
trabaja	trabajan	ha trabajado	han trabajado
2 imperfecto de indicativo		**9 pluscuamperfecto de indicativo**	
trabajaba	trabajábamos	había trabajado	habíamos trabajado
trabajabas	trabajabais	habías trabajado	habíais trabajado
trabajaba	trabajaban	había trabajado	habían trabajado
3 pretérito		**10 pretérito anterior**	
trabajé	trabajamos	hube trabajado	hubimos trabajado
trabajaste	trabajasteis	hubiste trabajado	hubisteis trabajado
trabajó	trabajaron	hubo trabajado	hubieron trabajado
4 futuro		**11 futuro perfecto**	
trabajaré	trabajaremos	habré trabajado	habremos trabajado
trabajarás	trabajaréis	habrás trabajado	habréis trabajado
trabajará	trabajarán	habrá trabajado	habrán trabajado
5 potencial simple		**12 potencial compuesto**	
trabajaría	trabajaríamos	habría trabajado	habríamos trabajado
trabajarías	trabajaríais	habrías trabajado	habríais trabajado
trabajaría	trabajarían	habría trabajado	habrían trabajado
6 presente·de subjuntivo		**13 perfecto de subjuntivo**	
trabaje	trabajemos	haya trabajado	hayamos trabajado
trabajes	trabajéis	hayas trabajado	hayáis trabajado
trabaje	trabajen	haya trabajado	hayan trabajado
7 imperfecto de subjuntivo		**14 pluscuamperfecto de subjuntivo**	
trabajara	trabajáramos	hubiera trabajado	hubiéramos trabajado
trabajaras	trabajarais	hubieras trabajado	hubierais trabajado
trabajara	trabajaran	hubiera trabajado	hubieran trabajado
OR		OR	
trabajase	trabajásemos	hubiese trabajado	hubiésemos trabajado
trabajases	trabajaseis	hubieses trabajado	hubieseis trabajado
trabajase	trabajasen	hubiese trabajado	hubiesen trabajado

imperativo	
—	trabajemos
trabaja	trabajad
trabaje	trabajen

Words related to this verb

el trabajo   work
trabajador, trabajadora   worker
trabajar de manos   to do manual work

traducir

Part. pr. **traduciendo**   Part. pas. **traducido**

to translate

The Seven Simple Tenses		The Seven Compound Tenses	
Singular	Plural	Singular	Plural
1 presente de indicativo		**8 perfecto de indicativo**	
traduzco	traducimos	he traducido	hemos traducido
traduces	traducís	has traducido	habéis traducido
traduce	traducen	ha traducido	han traducido
2 imperfecto de indicativo		**9 pluscuamperfecto de indicativo**	
traducía	traducíamos	había traducido	habíamos traducido
traducías	traducíais	habías traducido	habíais traducido
traducía	traducían	había traducido	habían traducido
3 pretérito		**10 pretérito anterior**	
traduje	tradujimos	hube traducido	hubimos traducido
tradujiste	tradujisteis	hubiste traducido	hubisteis traducido
tradujo	tradujeron	hubo traducido	hubieron traducido
4 futuro		**11 futuro perfecto**	
traduciré	traduciremos	habré traducido	habremos traducido
traducirás	traduciréis	habrás traducido	habréis traducido
traducirá	traducirán	habrá traducido	habrán traducido
5 potencial simple		**12 potencial compuesto**	
traduciría	traduciríamos	habría traducido	habríamos traducido
traducirías	traduciríais	habrías traducido	habríais traducido
traduciría	traducirían	habría traducido	habrían traducido
6 presente de subjuntivo		**13 perfecto de subjuntivo**	
traduzca	traduzcamos	haya traducido	hayamos traducido
traduzcas	traduzcáis	hayas traducido	hayáis traducido
traduzca	traduzcan	haya traducido	hayan traducido
7 imperfecto de subjuntivo		**14 pluscuamperfecto de subjuntivo**	
tradujera	tradujéramos	hubiera traducido	hubiéramos traducido
tradujeras	tradujerais	hubieras traducido	hubierais traducido
tradujera	tradujeran	hubiera traducido	hubieran traducido
OR		OR	
tradujese	tradujésemos	hubiese traducido	hubiésemos traducido
tradujeses	tradujeseis	hubieses traducido	hubieseis traducido
tradujese	tradujesen	hubiese traducido	hubiesen traducido

	imperativo	
	—	traduzcamos
	traduce	traducid
	traduzca	traduzcan

Words related to this verb

la traducción   translation
traducible   translatable
traductor, traductora   translator

The Seven Simple Tenses		The Seven Compound Tenses	
Singular	Plural	Singular	Plural
1 presente de indicativo		**8 perfecto de indicativo**	
traigo	traemos	he traído	hemos traído
traes	traéis	has traído	habéis traído
trae	traen	ha traído	han traído
2 imperfecto de indicativo		**9 pluscuamperfecto de indicativo**	
traía	traíamos	había traído	habíamos traído
traías	traíais	habías traído	habíais traído
traía	traían	había traído	habían traído
3 pretérito		**10 pretérito anterior**	
traje	trajimos	hube traído	hubimos traído
trajiste	trajisteis	hubiste traído	hubisteis traído
trajo	trajeron	hubo traído	hubieron traído
4 futuro		**11 futuro perfecto**	
traeré	traeremos	habré traído	habremos traído
traerás	traeréis	habrás traído	habréis traído
traerá	traerán	habrá traído	habrán traído
5 potencial simple		**12 potencial compuesto**	
traería	traeríamos	habría traído	habríamos traído
traerías	traeríais	habrías traído	habríais traído
traería	traerían	habría traído	habrían traído
6 presente de subjuntivo		**13 perfecto de subjuntivo**	
traiga	traigamos	haya traído	hayamos traído
traigas	traigáis	hayas traído	hayáis traído
traiga	traigan	haya traído	hayan traído
7 imperfecto de subjuntivo		**14 pluscuamperfecto de subjuntivo**	
trajera	trajéramos	hubiera traído	hubiéramos traído
trajeras	trajerais	hubieras traído	hubierais traído
trajera	trajeran	hubiera traído	hubieran traído
OR		OR	
trajese	trajésemos	hubiese traído	hubiésemos traído
trajeses	trajeseis	hubieses traído	hubieseis traído
trajese	trajesen	hubiese traído	hubiesen traído

	imperativo	
	—	traigamos
	trae	traed
	traiga	traigan

Consult the sections on verbs used in idiomatic expressions, verbs with prepositions, and the list of over 1,000 verbs conjugated like model verbs in the back pages.

tropezar

Part. pr. **tropezando** Part. pas. **tropezado**

to stumble, to blunder

The Seven Simple Tenses		The Seven Compound Tenses	
Singular	Plural	Singular	Plural
1 presente de indicativo		**8 perfecto de indicativo**	
tropiezo	tropezamos	he tropezado	hemos tropezado
tropiezas	tropezáis	has tropezado	habéis tropezado
tropieza	tropiezan	ha tropezado	han tropezado
2 imperfecto de indicativo		**9 pluscuamperfecto de indicativo**	
tropezaba	tropezábamos	había tropezado	habíamos tropezado
tropezabas	tropezabais	habías tropezado	habíais tropezado
tropezaba	tropezaban	había tropezado	habían tropezado
3 pretérito		**10 pretérito anterior**	
tropecé	tropezamos	hube tropezado	hubimos tropezado
tropezaste	tropezasteis	hubiste tropezado	hubisteis tropezado
tropezó	tropezaron	hubo tropezado	hubieron tropezado
4 futuro		**11 futuro perfecto**	
tropezaré	tropezaremos	habré tropezado	habremos tropezado
tropezarás	tropezaréis	habrás tropezado	habréis tropezado
tropezará	tropezarán	habrá tropezado	habrán tropezado
5 potencial simple		**12 potencial compuesto**	
tropezaría	tropezaríamos	habría tropezado	habríamos tropezado
tropezarías	tropezaríais	habrías tropezado	habríais tropezado
tropezaría	tropezarían	habría tropezado	habrían tropezado
6 presente de subjuntivo		**13 perfecto de subjuntivo**	
tropiece	tropecemos	haya tropezado	hayamos tropezado
tropieces	tropecéis	hayas tropezado	hayáis tropezado
tropiece	tropiecen	haya tropezado	hayan tropezado
7 imperfecto de subjuntivo		**14 pluscuamperfecto de subjuntivo**	
tropezara	tropezáramos	hubiera tropezado	hubiéramos tropezado
tropezaras	tropezarais	hubieras tropezado	hubierais tropezado
tropezara	tropezaran	hubiera tropezado	hubieran tropezado
OR		OR	
tropezase	tropezásemos	hubiese tropezado	hubiésemos tropezado
tropezases	tropezaseis	hubieses tropezado	hubieseis tropezado
tropezase	tropezasen	hubiese tropezado	hubiesen tropezado

imperativo	
—	tropecemos
tropieza	tropezad
tropiece	tropiecen

Words and expressions related to this verb

tropezar con alguien to run across someone, to meet someone unexpectedly
la tropezadura stumbling
tropezador, tropezadora tripper

to connect, to unite, to join, to bind, to attach

The Seven Simple Tenses		The Seven Compound Tenses	
Singular	Plural	Singular	Plural

1   presente de indicativo

uno	unimos	
unes	unís	
une	unen	

8   perfecto de indicativo

he unido	hemos unido
has unido	habéis unido
ha unido	han unido

2   imperfecto de indicativo

unía	uníamos
unías	uníais
unía	unían

9   pluscuamperfecto de indicativo

había unido	habíamos unido
habías unido	habíais unido
había unido	habían unido

3   pretérito

uní	unimos
uniste	unisteis
unió	unieron

10   pretérito anterior

hube unido	hubimos unido
hubiste unido	hubisteis unido
hubo unido	hubieron unido

4   futuro

uniré	uniremos
unirás	uniréis
unirá	unirán

11   futuro perfecto

habré unido	habremos unido
habrás unido	habréis unido
habrá unido	habrán unido

5   potencial simple

uniría	uniríamos
unirías	uniríais
uniría	unirían

12   potencial compuesto

habría unido	habríamos unido
habrías unido	habríais unido
habría unido	habrían unido

6   presente de subjuntivo

una	unamos
unas	unáis
una	unan

13   perfecto de subjuntivo

haya unido	hayamos unido
hayas unido	hayáis unido
haya unido	hayan unido

7   imperfecto de subjuntivo

uniera	uniéramos
unieras	unierais
uniera	unieran
OR	
uniese	uniésemos
unieses	unieseis
uniese	uniesen

14   pluscuamperfecto de subjuntivo

hubiera unido	hubiéramos unido
hubieras unido	hubierais unido
hubiera unido	hubieran unido
OR	
hubiese unido	hubiésemos unido
hubieses unido	hubieseis unido
hubiese unido	hubiesen unido

imperativo

—	unamos
une	unid
una	unan

Words related to this verb

unido, unida   united
los Estados Unidos   the United States
la unión   union, agreement, harmony

to use, to employ, to wear

The Seven Simple Tenses		The Seven Compound Tenses	
Singular	Plural	Singular	Plural
1 presente de indicativo		**8 perfecto de indicativo**	
uso	usamos	he usado	hemos usado
usas	usáis	has usado	habéis usado
usa	usan	ha usado	han usado
2 imperfecto de indicativo		**9 pluscuamperfecto de indicativo**	
usaba	usábamos	había usado	habíamos usado
usabas	usabais	habías usado	habíais usado
usaba	usaban	había usado	habían usado
3 pretérito		**10 pretérito anterior**	
usé	usamos	hube usado	hubimos usado
usaste	usasteis	hubiste usado	hubisteis usado
usó	usaron	hubo usado	hubieron usado
4 futuro		**11 futuro perfecto**	
usaré	usaremos	habré usado	habremos usado
usarás	usaréis	habrás usado	habréis usado
usará	usarán	habrá usado	habrán usado
5 potencial simple		**12 potencial compuesto**	
usaría	usaríamos	habría usado	habríamos usado
usarías	usaríais	habrías usado	habríais usado
usaría	usarían	habría usado	habrían usado
6 presente de subjuntivo		**13 perfecto de subjuntivo**	
use	usemos	haya usado	hayamos usado
uses	uséis	hayas usado	hayáis usado
use	usen	haya usado	hayan usado
7 imperfecto de subjuntivo		**14 pluscuamperfecto de subjuntivo**	
usara	usáramos	hubiera usado	hubiéramos usado
usaras	usarais	hubieras usado	hubierais usado
usara	usaran	hubiera usado	hubieran usado
OR		OR	
usase	usásemos	hubiese usado	hubiésemos usado
usases	usaseis	hubieses usado	hubieseis usado
usase	usasen	hubiese usado	hubiesen usado

imperativo	
—	usemos
usa	usad
use	usen

Words and expressions related to this verb

¿Usa usted guantes?   Do you wear gloves?
el uso   use, usage
~~usa~~do, usada   used

The Seven Simple Tenses		The Seven Compound Tenses	
Singular	Plural	Singular	Plural

1   presente de indicativo

valgo	valemos		
vales	valéis		
vale	valen		

8   perfecto de indicativo

he valido	hemos valido
has valido	habéis valido
ha valido	han valido

2   imperfecto de indicativo

valía	valíamos
valías	valíais
valía	valían

9   pluscuamperfecto de indicativo

había valido	habíamos valido
habías valido	habíais valido
había valido	habían valido

3   pretérito

valí	valimos
valiste	valisteis
valió	valieron

10   pretérito anterior

hube valido	hubimos valido
hubiste valido	hubisteis valido
hubo valido	hubieron valido

4   futuro

valdré	valdremos
valdrás	valdréis
valdrá	valdrán

11   futuro perfecto

habré valido	habremos valido
habrás valido	habréis valido
habrá valido	habrán valido

5   potencial simple

valdría	valdríamos
valdrías	valdríais
valdría	valdrían

12   potencial compuesto

habría valido	habríamos valido
habrías valido	habríais valido
habría valido	habrían valido

6   presente de subjuntivo

valga	valgamos
valgas	valgáis
valga	valgan

13   perfecto de subjuntivo

haya valido	hayamos valido
hayas valido	hayáis valido
haya valido	hayan valido

7   imperfecto de subjuntivo

valiera	valiéramos
valieras	valierais
valiera	valieran
OR	
valiese	valiésemos
valieses	valieseis
valiese	valiesen

14   pluscuamperfecto de subjuntivo

hubiera valido	hubiéramos valido
hubieras valido	hubierais valido
hubiera valido	hubieran valido
OR	
hubiese valido	hubiésemos valido
hubieses valido	hubieseis valido
hubiese valido	hubiesen valido

imperativo

—	valgamos
val	valed
valga	valgan

Sentences using this verb and words related to it

Más vale pájaro en mano que ciento volando.   A bird in the hand is worth two in the bush.

Más vale tarde que nunca.   Better late than never.

el valor   value, price, valor

to conquer, to overcome

The Seven Simple Tenses		The Seven Compound Tenses	
Singular	Plural	Singular	Plural
1 presente de indicativo		**8 perfecto de indicativo**	
venzo	vencemos	he vencido	hemos vencido
vences	vencéis	has vencido	habéis vencido
vence	vencen	ha vencido	han vencido
2 imperfecto de indicativo		**9 pluscuamperfecto de indicativo**	
vencía	vencíamos	había vencido	habíamos vencido
vencías	vencíais	habías vencido	habíais vencido
vencía	vencían	había vencido	habían vencido
3 pretérito		**10 pretérito anterior**	
vencí	vencimos	hube vencido	hubimos vencido
venciste	vencisteis	hubiste vencido	hubisteis vencido
venció	vencieron	hubo vencido	hubieron vencido
4 futuro		**11 futuro perfecto**	
venceré	venceremos	habré vencido	habremos vencido
vencerás	venceréis	habrás vencido	habréis vencido
vencerá	vencerán	habrá vencido	habrán vencido
5 potencial simple		**12 potencial compuesto**	
vencería	venceríamos	habría vencido	habríamos vencido
vencerías	venceríais	habrías vencido	habríais vencido
vencería	vencerían	habría vencido	habrían vencido
6 presente de subjuntivo		**13 perfecto de subjuntivo**	
venza	venzamos	haya vencido	hayamos vencido
venzas	venzáis	hayas vencido	hayáis vencido
venza	venzan	haya vencido	hayan vencido
7 imperfecto de subjuntivo		**14 pluscuamperfecto de subjuntivo**	
venciera	venciéramos	hubiera vencido	hubiéramos vencido
vencieras	vencierais	hubieras vencido	hubierais vencido
venciera	vencieran	hubiera vencido	hubieran vencido
OR		OR	
venciese	venciésemos	hubiese vencido	hubiésemos vencido
vencieses	vencieseis	hubieses vencido	hubieseis vencido
venciese	venciesen	hubiese vencido	hubiesen vencido

imperativo	
—	venzamos
vence	venced
venza	venzan

Words related to this verb

vencedor, vencedora   victor
vencible   conquerable

The Seven Simple Tenses		The Seven Compound Tenses	
Singular	Plural	Singular	Plural

1   presente de indicativo

		8 perfecto de indicativo	
vendo	vendemos	he vendido	hemos vendido
vendes	vendéis	has vendido	habéis vendido
vende	venden	ha vendido	han vendido

2   imperfecto de indicativo   **9   pluscuamperfecto de indicativo**

vendía	vendíamos	había vendido	habíamos vendido
vendías	vendíais	habías vendido	habíais vendido
vendía	vendían	había vendido	habían vendido

3   pretérito   **10   pretérito anterior**

vendí	vendimos	hube vendido	hubimos vendido
vendiste	vendisteis	hubiste vendido	hubisteis vendido
vendió	vendieron	hubo vendido	hubieron vendido

4   futuro   **11   futuro perfecto**

venderé	venderemos	habré vendido	habremos vendido
venderás	venderéis	habrás vendido	habréis vendido
venderá	venderán	habrá vendido	habrán vendido

5   potencial simple   **12   potencial compuesto**

vendería	venderíamos	habría vendido	habríamos vendido
venderías	venderíais	habrías vendido	habríais vendido
vendería	venderían	habría vendido	habrían vendido

6   presente de subjuntivo   **13   perfecto de subjuntivo**

venda	vendamos	haya vendido	hayamos vendido
vendas	vendáis	hayas vendido	hayáis vendido
venda	vendan	haya vendido	hayan vendido

7   imperfecto de subjuntivo   **14   pluscuamperfecto de subjuntivo**

vendiera	vendiéramos	hubiera vendido	hubiéramos vendido
vendieras	vendierais	hubieras vendido	hubierais vendido
vendiera	vendieran	hubiera vendido	hubieran vendido
OR		OR	
vendiese	vendiésemos	hubiese vendido	hubiésemos vendido
vendieses	vendieseis	hubieses vendido	hubieseis vendido
vendiese	vendiesen	hubiese vendido	hubiesen vendido

imperativo

—	vendamos
vende	vended
venda	vendan

Words related to this verb

vendedor, vendedora   seller, sales person
la venta   sale
venta al mayor, venta por mayor   wholesale
venta al menor, venta por menor   retail sale

The subject pronouns are found on the page facing page 1.

venir

Part. pr. **viniendo** Part. pas. **venido**

to come

The Seven Simple Tenses		The Seven Compound Tenses	
Singular	Plural	Singular	Plural
1 presente de indicativo		**8 perfecto de indicativo**	
vengo	venimos	he venido	hemos venido
vienes	venís	has venido	habéis venido
viene	vienen	ha venido	han venido
2 imperfecto de indicativo		**9 pluscuamperfecto de indicativo**	
venía	veníamos	había venido	habíamos venido
venías	veníais	habías venido	habíais venido
venía	venían	había venido	habían venido
3 pretérito		**10 pretérito anterior**	
vine	vinimos	hube venido	hubimos venido
viniste	vinisteis	hubiste venido	hubisteis venido
vino	vinieron	hubo venido	hubieron venido
4 futuro		**11 futuro perfecto**	
vendré	vendremos	habré venido	habremos venido
vendrás	vendréis	habrás venido	habréis venido
vendrá	vendrán	habrá venido	habrán venido
5 potencial simple		**12 potencial compuesto**	
vendría	vendríamos	habría venido	habríamos venido
vendrías	vendríais	habrías venido	habríais venido
vendría	vendrían	habría venido	habrían venido
6 presente de subjuntivo		**13 perfecto de subjuntivo**	
venga	vengamos	haya venido	hayamos venido
vengas	vengáis	hayas venido	hayáis venido
venga	vengan	haya venido	hayan venido
7 imperfecto de subjuntivo		**14 pluscuamperfecto de subjuntivo**	
viniera	viniéramos	hubiera venido	hubiéramos venido
vinieras	vinierais	hubieras venido	hubierais venido
viniera	vinieran	hubiera venido	hubieran venido
OR		OR	
viniese	viniésemos	hubiese venido	hubiésemos venido
vinieses	vinieseis	hubieses venido	hubieseis venido
viniese	viniesen	hubiese venido	hubiesen venido

imperativo	
—	vengamos
ven	venid
venga	vengan

Common idiomatic expressions using this verb

la semana que viene   next week
el mes que viene   next month
lo por venir   future

The Seven Simple Tenses		The Seven Compound Tenses	
Singular	Plural	Singular	Plural
1 presente de indicativo		**8 perfecto de indicativo**	
veo	vemos	he visto	hemos visto
ves	veis	has visto	habéis visto
ve	ven	ha visto	han visto
2 imperfecto de indicativo		**9 pluscuamperfecto de indicativo**	
veía	veíamos	había visto	habíamos visto
veías	veíais	habías visto	habíais visto
veía	veían	había visto	habían visto
3 pretérito		**10 pretérito anterior**	
vi	vimos	hube visto	hubimos visto
viste	visteis	hubiste visto	hubisteis visto
vio	vieron	hubo visto	hubieron visto
4 futuro		**11 futuro perfecto**	
veré	veremos	habré visto	habremos visto
verás	veréis	habrás visto	habréis visto
verá	verán	habrá visto	habrán visto
5 potencial simple		**12 potencial compuesto**	
vería	veríamos	habría visto	habríamos visto
verías	veríais	habrías visto	habríais visto
vería	verían	habría visto	habrían visto
6 presente de subjuntivo		**13 perfecto de subjuntivo**	
vea	veamos	haya visto	hayamos visto
veas	veáis	hayas visto	hayáis visto
vea	vean	haya visto	hayan visto
7 imperfecto de subjuntivo		**14 pluscuamperfecto de subjuntivo**	
viera	viéramos	hubiera visto	hubiéramos visto
vieras	vierais	hubieras visto	hubierais visto
viera	vieran	hubiera visto	hubieran visto
OR		OR	
viese	viésemos	hubiese visto	hubiésemos visto
vieses	vieseis	hubieses visto	hubieseis visto
viese	viesen	hubiese visto	hubiesen visto

	imperativo	
	—	veamos
	ve	ved
	vea	vean

Words and expressions related to this verb

¡Vamos a ver!   Let's see!
¡A ver!   Let's see!
Ver es creer.   Seeing is believing.
la vista   sight, seeing, view, vision

to dress oneself, to get dressed

The Seven Simple Tenses		The Seven Compound Tenses	
Singular	Plural	Singular	Plural

1   presente de indicativo

me visto	nos vestimos	
te vistes	os vestís	
se viste	se visten	

8   perfecto de indicativo

me he vestido	nos hemos vestido
te has vestido	os habéis vestido
se ha vestido	se han vestido

2   imperfecto de indicativo

me vestía	nos vestíamos
te vestías	os vestíais
se vestía	se vestían

9   pluscuamperfecto de indicativo

me había vestido	nos habíamos vestido
te habías vestido	os habíais vestido
se había vestido	se habían vestido

3   pretérito

me vestí	nos vestimos
te vestiste	os vestisteis
se vistió	se vistieron

10   pretérito anterior

me hube vestido	nos hubimos vestido
te hubiste vestido	os hubisteis vestido
se hubo vestido	se hubieron vestido

4   futuro

me vestiré	nos vestiremos
te vestirás	os vestiréis
se vestirá	se vestirán

11   futuro perfecto

me habré vestido	nos habremos vestido
te habrás vestido	os habréis vestido
se habrá vestido	se habrán vestido

5   potencial simple

me vestiría	nos vestiríamos
te vestirías	os vestiríais
se vestiría	se vestirían

12   potencial compuesto

me habría vestido	nos habríamos vestido
te habrías vestido	os habríais vestido
se habría vestido	se habrían vestido

6   presente de subjuntivo

me vista	nos vistamos
te vistas	os vistáis
se vista	se vistan

13   perfecto de subjuntivo

me haya vestido	nos hayamos vestido
te hayas vestido	os hayáis vestido
se haya vestido	se hayan vestido

7   imperfecto de subjuntivo

me vistiera	nos vistiéramos
te vistieras	os vistierais
se vistiera	se vistieran
OR	
me vistiese	nos vistiésemos
te vistieses	os vistieseis
se vistiese	se vistiesen

14   pluscuamperfecto de subjuntivo

me hubiera vestido	nos hubiéramos vestido
te hubieras vestido	os hubierais vestido
se hubiera vestido	se hubieran vestido
OR	
me hubiese vestido	nos hubiésemos vestido
te hubieses vestido	os hubieseis vestido
se hubiese vestido	se hubiesen vestido

imperativo	
—	vistámonos
vístete	vestíos
vístase	vístanse

Words related to this verb

vestir   to clothe, to dress
desvestirse   to undress oneself, to get undressed
el vestido   clothing, clothes, dress
vestidos usados   secondhand clothing

The Seven Simple Tenses		The Seven Compound Tenses	
Singular	Plural	Singular	Plural

1   presente de indicativo

		8 perfecto de indicativo
viajo	viajamos	he viajado	hemos viajado
viajas	viajáis	has viajado	habéis viajado
viaja	viajan	ha viajado	han viajado

2   imperfecto de indicativo

		9 pluscuamperfecto de indicativo
viajaba	viajábamos	había viajado	habíamos viajado
viajabas	viajabais	habías viajado	habíais viajado
viajaba	viajaban	había viajado	habían viajado

3   pretérito

		10 pretérito anterior
viajé	viajamos	hube viajado	hubimos viajado
viajaste	viajasteis	hubiste viajado	hubisteis viajado
viajó	viajaron	hubo viajado	hubieron viajado

4   futuro

		11 futuro perfecto
viajaré	viajaremos	habré viajado	habremos viajado
viajarás	viajaréis	habrás viajado	habréis viajado
viajará	viajarán	habrá viajado	habrán viajado

5   potencial simple

		12 potencial compuesto
viajaría	viajaríamos	habría viajado	habríamos viajado
viajarías	viajaríais	habrías viajado	habríais viajado
viajaría	viajarían	habría viajado	habrían viajado

6   presente de subjuntivo

		13 perfecto de subjuntivo
viaje	viajemos	haya viajado	hayamos viajado
viajes	viajéis	hayas viajado	hayáis viajado
viaje	viajen	haya viajado	hayan viajado

7   imperfecto de subjuntivo

		14 pluscuamperfecto de subjuntivo
viajara	viajáramos	hubiera viajado	hubiéramos viajado
viajaras	viajarais	hubieras viajado	hubierais viajado
viajara	viajaran	hubiera viajado	hubieran viajado
OR		OR	
viajase	viajásemos	hubiese viajado	hubiésemos viajado
viajases	viajaseis	hubieses viajado	hubieseis viajado
viajase	viajasen	hubiese viajado	hubiesen viajado

imperativo

—	viajemos
viaja	viajad
viaje	viajen

Words and expressions related to this verb

el viaje   trip
hacer un viaje   to take a trip
un viaje de ida y vuelta   round trip
viajero, viajera   traveler

to visit

The Seven Simple Tenses		The Seven Compound Tenses	
Singular	Plural	Singular	Plural
1 presente de indicativo		**8 perfecto de indicativo**	
visito	visitamos	he visitado	hemos visitado
visitas	visitáis	has visitado	habéis visitado
visita	visitan	ha visitado	han visitado
2 imperfecto de indicativo		**9 pluscuamperfecto de indicativo**	
visitaba	visitábamos	había visitado	habíamos visitado
visitabas	visitabais	habías visitado	habíais visitado
visitaba	visitaban	había visitado	habían visitado
3 pretérito		**10 pretérito anterior**	
visité	visitamos	hube visitado	hubimos visitado
visitaste	visitasteis	hubiste visitado	hubisteis visitado
visitó	visitaron	hubo visitado	hubieron visitado
4 futuro		**11 futuro perfecto**	
visitaré	visitaremos	habré visitado	habremos visitado
visitarás	visitaréis	habrás visitado	habréis visitado
visitará	visitarán	habrá visitado	habrán visitado
5 potencial simple		**12 potencial compuesto**	
visitaría	visitaríamos	habría visitado	habríamos visitado
visitarías	visitaríais	habrías visitado	habríais visitado
visitaría	visitarían	habría visitado	habrían visitado
6 presente de subjuntivo		**13 perfecto de subjuntivo**	
visite	visitemos	haya visitado	hayamos visitado
visites	visitéis	hayas visitado	hayáis visitado
visite	visiten	haya visitado	hayan visitado
7 imperfecto de subjuntivo		**14 pluscuamperfecto de subjuntivo**	
visitara	visitáramos	hubiera visitado	hubiéramos visitado
visitaras	visitarais	hubieras visitado	hubierais visitado
visitara	visitaran	hubiera visitado	hubieran visitado
OR		OR	
visitase	visitásemos	hubiese visitado	hubiésemos visitado
visitases	visitaseis	hubieses visitado	hubieseis visitado
visitase	visitasen	hubiese visitado	hubiesen visitado

imperativo	
—	visitemos
visita	visitad
visite	visiten

Words and expressions related to this verb

una visita visit
visitante visitor
visitarse to visit one another
hacer una visita to pay a call, a visit

The Seven Simple Tenses		The Seven Compound Tenses	
Singular	Plural	Singular	Plural

1   presente de indicativo

vivo	vivimos
vives	vivís
vive	viven

8   perfecto de indicativo

he vivido	hemos vivido
has vivido	habéis vivido
ha vivido	han vivido

2   imperfecto de indicativo

vivía	vivíamos
vivías	vivíais
vivía	vivían

9   pluscuamperfecto de indicativo

había vivido	habíamos vivido
habías vivido	habíais vivido
había vivido	habían vivido

3   pretérito

viví	vivimos
viviste	vivisteis
vivió	vivieron

10   pretérito anterior

hube vivido	hubimos vivido
hubiste vivido	hubisteis vivido
hubo vivido	hubieron vivido

4   futuro

viviré	viviremos
vivirás	viviréis
vivirá	vivirán

11   futuro perfecto

habré vivido	habremos vivido
habrás vivido	habréis vivido
habrá vivido	habrán vivido

5   potencial simple

viviría	viviríamos
vivirías	viviríais
viviría	vivirían

12   potencial compuesto

habría vivido	habríamos vivido
habrías vivido	habríais vivido
habría vivido	habrían vivido

6   presente de subjuntivo

viva	vivamos
vivas	viváis
viva	vivan

13   perfecto de subjuntivo

haya vivido	hayamos vivido
hayas vivido	hayáis vivido
haya vivido	hayan vivido

7   imperfecto de subjuntivo

viviera	viviéramos
vivieras	vivierais
viviera	vivieran
OR	
viviese	viviésemos
vivieses	vivieseis
viviese	viviesen

14   pluscuamperfecto de subjuntivo

hubiera vivido	hubiéramos vivido
hubieras vivido	hubierais vivido
hubiera vivido	hubieran vivido
OR	
hubiese vivido	hubiésemos vivido
hubieses vivido	hubieseis vivido
hubiese vivido	hubiesen vivido

imperativo

—	vivamos
vive	vivid
viva	vivan

Words and expressions related to this verb

vivir de   to live on
la vida   life
en vida   while living, while alive
ganarse la vida   to earn one's living

volar

to fly

The Seven Simple Tenses		The Seven Compound Tenses	
Singular	Plural	Singular	Plural
1 presente de indicativo		**8 perfecto de indicativo**	
vuelo	volamos	he volado	hemos volado
vuelas	voláis	has volado	habéis volado
vuela	vuelan	ha volado	han volado
2 imperfecto de indicativo		**9 pluscuamperfecto de indicativo**	
volaba	volábamos	había volado	habíamos volado
volabas	volabais	habías volado	habíais volado
volaba	volaban	había volado	habían volado
3 pretérito		**10 pretérito anterior**	
volé	volamos	hube volado	hubimos volado
volaste	volasteis	hubiste volado	hubisteis volado
voló	volaron	hubo volado	hubieron volado
4 futuro		**11 futuro perfecto**	
volaré	volaremos	habré volado	habremos volado
volarás	volaréis	habrás volado	habréis volado
volará	volarán	habrá volado	habrán volado
5 potencial simple		**12 potencial compuesto**	
volaría	volaríamos	habría volado	habríamos volado
volarías	volaríais	habrías volado	habríais volado
volaría	volarían	habría volado	habrían volado
6 presente de subjuntivo		**13 perfecto de subjuntivo**	
vuele	volemos	haya volado	hayamos volado
vueles	voléis	hayas volado	hayáis volado
vuele	vuelen	haya volado	hayan volado
7 imperfecto de subjuntivo		**14 pluscuamperfecto de subjuntivo**	
volara	voláramos	hubiera volado	hubiéramos volado
volaras	volarais	hubieras volado	hubierais volado
volara	volaran	hubiera volado	hubieran volado
OR		OR	
volase	volásemos	hubiese volado	hubiésemos volado
volases	volaseis	hubieses volado	hubieseis volado
volase	volasen	hubiese volado	hubiesen volado

	imperativo
—	volemos
vuela	volad
vuele	vuelen

Words and expressions related to this verb

el vuelo   flight
Más vale pájaro en mano que ciento volando.   A bird in the hand is worth two in the
  bush.

to return, to go back

The Seven Simple Tenses		The Seven Compound Tenses	
Singular	Plural	Singular	Plural

1   presente de indicativo

		8 perfecto de indicativo	
vuelvo	volvemos	he vuelto	hemos vuelto
vuelves	volvéis	has vuelto	habéis vuelto
vuelve	vuelven	ha vuelto	han vuelto

2   imperfecto de indicativo

		9 pluscuamperfecto de indicativo	
volvía	volvíamos	había vuelto	habíamos vuelto
volvías	volvíais	habías vuelto	habíais vuelto
volvía	volvían	había vuelto	habían vuelto

3   pretérito

		10 pretérito anterior	
volví	volvimos	hube vuelto	hubimos vuelto
volviste	volvisteis	hubiste vuelto	hubisteis vuelto
volvió	volvieron	hubo vuelto	hubieron vuelto

4   futuro

		11 futuro perfecto	
volveré	volveremos	habré vuelto	habremos vuelto
volverás	volveréis	habrás vuelto	habréis vuelto
volverá	volverán	habrá vuelto	habrán vuelto

5   potencial simple

		12 potencial compuesto	
volvería	volveríamos	habría vuelto	habríamos vuelto
volverías	volveríais	habrías vuelto	habríais vuelto
volvería	volverían	habría vuelto	habrían vuelto

6   presente de subjuntivo

		13 perfecto de subjuntivo	
vuelva	volvamos	haya vuelto	hayamos vuelto
vuelvas	volváis	hayas vuelto	hayáis vuelto
vuelva	vuelvan	haya vuelto	hayan vuelto

7   imperfecto de subjuntivo

		14 pluscuamperfecto de subjuntivo	
volviera	volviéramos	hubiera vuelto	hubiéramos vuelto
volvieras	volvierais	hubieras vuelto	hubierais vuelto
volviera	volvieran	hubiera vuelto	hubieran vuelto
OR		OR	
volviese	volviésemos	hubiese vuelto	hubiésemos vuelto
volvieses	volvieseis	hubieses vuelto	hubieseis vuelto
volviese	volviesen	hubiese vuelto	hubiesen vuelto

imperativo	
—	volvamos
vuelve	volved
vuelva	vuelvan

Common idiomatic expressions using this verb

volver en sí   to regain consciousness, to come to
volver sobre sus pasos   to retrace one's steps
una vuelta   turn, revolution, turning
dar una vuelta   to take a stroll

Appendix

Index of English-Spanish verbs

The purpose of this index is to give you instantly the Spanish verb for the English verb you have in mind to use. This saves you time if you do not have a standard English-Spanish word dictionary at your fingertips.

When you find the Spanish verb you need through the English verb, look up its verb forms in this book where all verbs are listed alphabetically at the top of each page. If it is not listed among the 301 verbs in this book, consult the list of over 1,000 Spanish verbs conjugated like model verbs among the 301 which begins on p. 346. If it is not listed there, consult my more comprehensive book, *Dictionary of 501 Spanish verbs fully conjugated in all the tenses* and its indexes.

A

abandon **abandonar**
able, to be **poder**
abolish **abolir, suprimir**
absolve **absolver**
abstain **abstenerse**
accelerate **acelerar**
accept **aceptar**
acclaim **aclamar**
accompany **acompañar**
accuse **acusar**
ache **doler**
acknowledge **reconocer**
acquainted with, to be **conocer**
acquire **adquirir**
acquit **absolver**
act (a part) **desempeñar**
add **agregar, añadir, sumar**
adjust **arreglar**
admire **admirar**
admit **admitir, permitir**
adopt **adoptar**
adore **adorar**
advance **adelantar, avanzar**
advantage, to take **aprovecharse**
advise **aconsejar, advertir**
affirm **asegurar**
aggravate **agravar**
agitate **agitar**
agree **convenir**
agree to **subscribir**
agree upon **acordar**
aid **ayudar, socorrer**

allow **dejar, permitir**
allure **atraer**
amaze **asombrar**
angry, to become **enfadarse**
announce **anunciar**
annoy **aburrir, enojar**
annul **anular**
anoint **untar**
answer **contestar, responder**
appear **aparecer, surgir**
appear (seem) **parecer**
appertain **pertenecer**
applaud **aclamar, aplaudir**
appreciate **apreciar**
approach **acercarse**
arrange **arreglar, ordenar, organizar**
arrive **llegar**
articulate **articular**
ask **preguntar, rogar**
ask for **pedir, rogar**
assail **asaltar**
assault **asaltar**
assemble **reunirse**
assert **asegurar**
assist **ayudar, socorrer**
assume **suponer**
assure **asegurar**
astonish **asombrar, sorprender**
attach **unir**
attack **atacar**
attain **conseguir, lograr**
attempt **tentar**

attend **acudir, asistir**
attest **certificar**
attract **atraer**
avail oneself **aprovecharse**
awaken **despertar**

B

bake **cocer**
baptize **bautizar**
bath, to take a **bañarse**
bathe oneself **bañarse**
battle **batallar**
be **estar, ser**
be able **poder**
be accustomed **acostumbrar, soler**
be acquainted with **conocer**
be bored **aburrirse**
be born **nacer**
be called **llamarse**
be concerned **preocuparse**
be contained in **caber**
be enough **bastar**
be frightened **asustarse**
be (get) high (tipsy) **alumbrarse**
be glad **alegrarse**
be grateful for **reconocer**
be guilty **delinquir**
be ignorant of **ignorar**
be important **importar**
be in the habit of **acostumbrar, soler**
be lacking **faltar**
be lying down **yacer**
be mistaken **equivocarse**
be named **llamarse**
be pleasing **agradar**
be pleasing to **gustar**
be prepared **prepararse**
be present frequently **acudir**
be scared **asustarse**
be silent **callarse**
be sorry for **lastimarse**
be sufficient **bastar**
be thankful for **agradecer**
be wanting **faltar**
be worth **valer**

bear up (endure) **sufrir**
beat **pegar**
become **ponerse**
become angry **calentarse, enfadarse,**
        enojarse
become excited **calentarse**
become ill **enfermarse**
become lively (from liquor)
   alumbrarse
become sick **enfermarse**
become tired **cansarse**
become weary **cansarse**
beg **implorar, rogar**
begin **comenzar, empezar, iniciar,**
        principiar
believe **creer**
belong **pertenecer**
bind **atar, unir**
bite **morder**
bless **bendecir**
blow **soplar**
blow out **soplar**
blunder **tropezar**
boil **bullir, cocer**
bore **aburrir**
born, to be **nacer**
bow **inclinar**
break **romper**
breakfast, to (have) **desayunarse**
breed **criar**
bring **traer**
bring near **acercar**
bring up (breed, rear) **criar**
brush **cepillar**
burden **cargar**
build **construir**
burn **abrasar, quemar**
bustle **bullir**
buy **comprar**
buzz **zumbar**

C

cable **telegrafiar**
call **llamar**
call together **convocar**

called, to be **llamarse**
calm **tranquilizar**
calm down **tranquilizar**
can **poder**
cancel (in mathematics) **suprimir**
carry (away) **llevar**
carry out **ejecutar, realizar**
cast **echar**
catch **coger**
cause **producir**
cause grief **doler**
cause regret **doler**
celebrate **celebrar, festejar**
certify **certificar**
change **cambiar**
change one's clothes **mudarse**
change one's place of residence
  mudarse
characterize **caracterizar**
charm **atraer**
chat **charlar**
choke **sofocar**
choose **escoger, elegir**
christen **bautizar**
clamp **abrazar**
clarify **aclarar**
clean **limpiar**
clean oneself **limpiarse**
climb **subir**
clinch **fijar**
close **cerrar**
clothe **vestir**
clothe oneself **vestirse**
clutch **agarrar**
collect **agregar, colegir**
color (one's hair, *etc.*) **pintarse**
comb one's hair **peinarse**
come **venir**
come across or upon **encontrarse,**
                     hallar
come down **bajar**
come (in) **entrar**
come to an agreement **arreglarse**
come to the rescue **acudir**
come up **subir**
come upon **agarrar**
command **ordenar**
commence **comenzar**

commend **recomendar**
compare **medir**
complain **lastimarse, quejarse**
complete **acabar, completar**
compose **componer**
compromise **arreglarse**
conduct **conducir**
confess **confesar**
confide **fiar**
confine **encerrar**
confirm **confirmar**
conform **arreglarse**
congratulate **felicitar**
connect **juntar, unir**
conquer **vencer**
consecrate **bendecir**
consider **considerar**
constitute **constituir**
construct **construir**
contain **contener**
contained, to be **caber**
continue **continuar, seguir**
contradict **contradecir**
contribute **contribuir**
convene **convocar**
convert **convertir**
convince **convencer**
convoke **convocar**
cook **cocer**
copy **copiar**
correct **corregir**
cost **costar**
counsel **aconsejar**
count **contar**
cover **cubrir, tapar**
cover up **tapar**
creak (as doors, hinges, *etc.*) **gruñir**
crease **chafar**
cross **atravesar, cruzar**
cross out **borrar**
crumple **chafar**
cry out **gritar**
cry (weep) **llorar**
curse **maldecir**
custom, to have the **soler**
cut **acuchillar**
cut open **acuchillar**
cut out (eliminate) **suprimir**

D

dance **bailar**
dare **atreverse, osar**
darn **zurcir**
decide **decidir**
dedicate **dedicar**
defend **defender**
delineate **describir**
deliver **entregar**
demand **exigir**
demonstrate **demostrar**
denounce **denunciar**
deny **negar**
depart **partir**
depend on **atenerse**
descend **bajar**
describe **describir**
deserve **merecer**
desire **desear**
destroy **destruir**
detain **detener**
devote **dedicar**
devote oneself **dedicarse**
die **morir**
direct **dirigir**
discharge **desempeñar**
discover **descubrir**
dismiss **despedir**
dispense **dispensar**
display **presentar**
distinguish **distinguir**
distribute **dispensar**
divide **partir**
divine **adivinar**
do **hacer**
do (something) right **acertar**
doubt **dudar**
draw near **acercarse**
draw (pull) **tirar**
dread **temer**
dream **soñar**
dress **vestir**
dress oneself **vestirse**
drink **beber**
drive (a car) **conducir**
dry **secar**

dry oneself **secarse**
dwell **habitar**

E

earn **ganar**
ease **suavizar**
eat **comer**
eat breakfast **desayunarse**
eat lunch **almorzar**
eat supper **cenar**
echo **sonar**
economize **ahorrar**
elect **elegir**
eliminate **suprimir**
embrace **abrazar**
emphasize **subrayar**
employ **emplear, usar**
enclose **encerrar, incluir**
encounter **encontrar**
end **acabar, terminar**
endure **sufrir**
enjoy **gozar**
enjoy oneself **divertirse**
enlarge **agrandar**
enliven **despertar**
enroll **inscribirse**
enter **entrar**
entertain **festejar**
entreat **implorar**
enunciate **enunciar**
erase **borrar, raer**
erect **erguir**
err **errar**
escape **huir**
escort **acompañar**
establish **establecer**
esteem **estimar**
estimate **estimar**
examine **considerar**
examine by touch **tentar**
excite **mover**
excuse **dispensar**
execute **ejecutar**
exempt **dispensar**
exercise **ejercer**

exert **ejercer**
exhaust **agotar**
expect **aguardar, esperar**
explain **aclarar, explicar**
express **expresar**
extend **tender**

freeze **helar**
fret **apurarse**
frighten **asombrar, asustar**
fry **freír**
fulfill **cumplir, realizar**
fun of, to make **burlarse**
function (machine) **marchar**

F

fall **caer**
fall asleep **dormirse**
fall ill **enfermarse**
fall sick **enfermarse**
fasten **fijar**
fatigue **cansar**
fear **temer**
feast **festejar**
feel **sentir(se)**
feel sorry **sentir**
feel (touch) **tentar**
feign **fingir, simular**
felicitate **felicitar**
fight **batallar, luchar**
fill **llenar**
find **encontrar(se), hallar**
find out **averiguar**
finish **acabar**
fire (burn) **abrasar, quemar**
fit (into) **caber**
fix (fasten) **fijar**
fix (in the mind) **imprimir**
flatten **chafar**
flee **huir**
fling **arrojar, echar, lanzar, tirar**
flow **correr**
fluctuate **vacilar**
fly **volar**
fly away **volarse**
follow **seguir**
forbid **defender**
forecast **predecir**
foretell **adivinar, predecir**
forget **olvidarse**
form **formar**
forsake **abandonar**
forward (remit) **remitir**

G

gain **ganar**
gape **bostezar**
gather **agregar, recoger**
gather (unite, meet) **reunir(se)**
get **adquirir, conseguir, lograr,
     obtener, recibir, sacar**
get angry **calentarse, enojarse**
get cross **enojarse**
get dressed **vestirse**
get excited **calentarse**
get ill **enfermarse**
get married **casarse**
get ready **prepararse**
get sick **enfermarse**
get tipsy **alumbrarse**
get tired **cansarse**
get together **reunirse**
get undressed **desvestirse**
get up **levantarse**
get weary **cansarse**
give **dar**
give as a gift **regalar**
give as a present **regalar**
give back (an object) **devolver**
give (hand over) **entregar**
give notice **advertir**
give up **abandonar**
give warning **advertir**
glitter **brillar**
go **ir**
go ahead **adelantar**
go around **versar**
go away **irse, marcharse**
go back **regresar, volver**
go down **bajar**
go in **entrar**

go out salir
go through atravesar
go to bed acostarse
go up subir
go with acompañar
good-by, to say despedirse
good time, to have a divertirse
govern gobernar
grab coger
grant admitir, permitir
grasp agarrar, asir, coger
gratify placer
grease untar
greet saludar
grieve apurarse, gemir
groan gemir
group agrupar
grow crecer
grow larger agrandar
grow tired aburrirse
grow weary aburrirse
growl gruñir
grumble gruñir, quejarse
grunt gruñir
guard velar
guess adivinar
guide guiar

H

habit, to be in the soler
hand over entregar
hang out (washing) tender
hang up colgar
happen pasar, suceder
harm herir
hasten apresurarse
have (as an auxiliary verb) haber
have (hold) tener
have a good time divertirse
have breakfast desayunarse
have lunch almorzar
have supper cenar
have the custom of soler
have to deber
hear oír

heat calentar
heave alzar
help ayudar, socorrer
hesitate vacilar
hesitate (in speech) balbucear
hide (cover up) tapar
hinder impedir
hint sugerir
hit pegar
hit the mark acertar
hit upon acertar
hold contener, tener
hold fast (overcome) sujetar
hop saltar
hope esperar
hug abrazar
hum zumbar
humor placer
hurl arrojar, echar, lanzar
hurry apresurarse
hurt doler, herir
hurt oneself lastimarse
hustle bullir

I

illuminate alumbrar
immerse sumergir
impede impedir
implore implorar
impress impresionar
impress (imprint) imprimir
imprint imprimir
incite encender
incline inclinar
include incluir
increase agrandar
indicate indicar, señalar
induce inducir
inflame encender
influence inducir, influir
inhabit habitar
inherit heredar
initiate iniciar
inquire averiguar, preguntar
inscribe inscribir

insinuate **sugerir**
insist **insistir**
insure **asegurar**
introduce **introducir, presentar**
intrust **fiar**
investigate **averiguar**
irritate **enojar**

J

jerk **sacudir**
join **juntar, reunir, unir**
jolt **sacudir**
judge **medir**
jump **saltar**

K

keep (a promise) **cumplir**
keep guard **vigilar**
keep on (advance) **adelantar**
keep quiet **callarse**
keep still **callarse**
keep up (maintain) **mantener**
kill **matar**
kindle **encender**
knife **acuchillar**
knock down **abatir, derribar**
know **conocer, saber**
know how **saber**
know (not to) **ignorar**

L

labor **trabajar**
lack **faltar**
lacking, to be **faltar**
laugh **reír(se)**
launch **lanzar**
lead **conducir, guiar**
leap **saltar**
learn **aprender**

leave **dejar, marcharse, partir, salir**
leave (go out) **salir**
lend **prestar**
let **dejar**
let go **dejar, soltar**
let loose **soltar**
lie down **acostarse, yacer**
lie in a grave **yacer**
lie (tell a lie) **mentir**
lift **alzar, levantar**
light **alumbrar**
light (a flame) **encender**
like (be pleasing to) **gustar**
listen (to) **escuchar**
live **vivir**
live in (reside) **habitar**
load **cargar**
lock up **encerrar**
look **mirar**
look alike **parecerse**
look at **mirar**
look for **buscar**
look out (for) **vigilar**
loosen **soltar**
lose **perder**
love **amar**
lunch **almorzar**

M

maintain **mantener, sostener**
make **hacer**
make a present of **regalar**
make an impression **impresionar**
make angry **enojar**
make clear **aclarar**
make fun of **burlarse**
make up (constitute) **constituir**
make up one's face **maquillarse,
                       pintarse**
make void (annul) **anular**
make worse **agravar**
march **marchar**
mark **marcar, notar**
marry **casarse**
matter **importar**

measure **medir**
meet **encontrar(se), reunir(se)**
mend **zurcir**
mention **mencionar**
merit **merecer**
miss **errar, faltar**
mistaken, to be **equivocarse**
moan **gemir**
moisten **untar**
mount **subir**
move **mover**
move along **caminar**
move (change residence) **mudarse**
mumble **chistar**
must **deber**
mutter **chistar**

N

name **llamar**
named, to be **llamarse**
navigate **navegar**
need **faltar, necesitar**
not to know **ignorar**
note **marcar, notar**
notice **notar**

O

obey **obedecer**
observe **marcar, notar, observar**
obtain **adquirir, agarrar, conseguir, lograr, obtener, recibir**
occupy **ocupar**
occur **ocurrir**
offend **delinquir**
offer **ofrecer, tender**
oil **untar**
open **abrir**
oppose **oponer**
order **ordenar**
organize **organizar**
ought **deber**

overcome **sujetar, vencer**
overtake **alcanzar**
overthrow **abatir, derribar**
overturn **voltear**
owe **deber**
own **poseer**

P

pain **doler**
paint **pintar**
parade **pasearse**
pass (by) **pasar**
pay **pagar**
pay attention **fijarse**
perceive **percibir**
perform **ejecutar**
perform (a duty) **desempeñar**
permit **admitir, dejar, permitir**
persist **insistir**
persuade **inducir, mover**
pertain **pertenecer**
pick **recoger**
pick up **alzar, recoger**
pitch **echar**
pitch (a ball) **tirar**
place **colocar, poner**
place near **acercar**
play (a game) **jugar**
play (a string instrument) **tañer**
play (music or a musical instrument)
  tocar
play (a part) **desempeñar**
play (a sport) **jugar**
please **agradar, placer**
plug up **tapar**
plunge **sumergir**
point out **enseñar, indicar, mostrar, señalar**
poke fun at **burlarse**
polish **pulir**
possess **poseer**
possession, to take **apoderarse**
power, to take **apoderarse**
practice **practicar**

prattle **charlar**
preach **predicar**
predict **predecir**
prefer **preferir**
prepare **preparar**
prepare oneself **prepararse**
present **presentar**
pretend **fingir, simular**
prevent **impedir**
print **imprimir**
proclaim **anunciar, proclamar**
procure **lograr**
produce **producir**
progress **adelantar**
prohibit **defender**
promulgate **proclamar**
pronounce **pronunciar**
protect **proteger**
prove **demostrar, probar**
provide for **mantener**
publish **publicar**
pull **tirar**
purchase **comprar**
pursue **seguir**
put **colocar, poner**
put cosmetics on **maquillarse**
put in order **ordenar**
put makeup on **maquillarse**
put on **ponerse**
put on (shoes) **calzar**

Q

quake **temblar**
quarrel **reñir**
question **preguntar**
quiet down **tranquilizar**
quiet, to keep **callarse**
quiver **temblar**

R

race **correr**
rain **llover**

raise (breed) **criar**
raise (lift) **levantar**
raise (prices) **alzar**
reach **alcanzar**
reach one's birthday **cumplir**
read **leer**
realize (fulfill) **realizar**
rear (bring up, breed) **criar**
recall **recordar**
receive **recibir**
recognize **reconocer**
recommend **recomendar**
record (inscribe) **inscribir**
refer **referir**
refund **devolver**
register **inscribirse**
register (a letter) **certificar**
regret **lastimarse, sentir**
regulate **arreglar**
rejoice **alegrarse**
relate **contar, referir**
rely on **atenerse**
remain **quedarse**
remark **notar**
remember **acordarse, recordar**
remit **remitir**
remove (oneself) **quitarse**
repeal **abolir, revocar**
repeat **repetir**
reply **contestar, responder**
request **pedir, rogar**
require **exigir**
resemble each other **parecerse**
reside **habitar**
resolve **resolver**
resound **sonar**
respect **estimar**
respond **responder**
respond (to a call) **acudir**
rest **descansar**
result **resultar**
return (an object) **devolver**
return (go back) **regresar, volver**
revoke **revocar**
revolve **revolver, voltear**
ridicule **burlarse**
ring **sonar**
rinse **aclarar**

rise (get up) levantarse
rise (go up) subir
roam errar
rob robar
rub off raer
rule gobernar
run correr
run away huir
run (machine) marchar
run through atravesar
rush apresurarse

S

sail navegar
salute saludar
satisfy satisfacer
save (money) ahorrar
say decir
say good-by to despedirse
scan (verses) medir
scare asustar
scatter esparcir
scent oler
scold reñir
scramble (eggs) revolver
scrape raer
scream gritar
see ver
seek buscar
seem parecer
seize agarrar, asir, coger
select escoger, elegir
sell vender
send enviar
serve servir
set (of sun) ponerse
set on fire incendiar
set up (organize) organizar
set up straight erguir
settle arreglar, arreglarse
settle in fijarse
shake sacudir
shake (tremble) temblar

shake up agitar
sham simular
shape formar
shatter romper
shave oneself afeitarse
shine brillar
shiver temblar
shoe calzar
shoot (a gun) tirar
shout aclamar, gritar
show enseñar, mostrar, presentar,
  señalar
show up aparecer
shriek gritar
sigh suspirar
sign subscribir
signal señalar
simulate simular
sing cantar
sink sumergir
sit down sentarse
sit erect erguirse
sketch describir
slap pegar
slash acuchillar
sleep dormir
slip away huir
smell oler
smile sonreír
smooth suavizar
smother sofocar
snow nevar
soak in embeber
soak up embeber
sob sollozar
soften suavizar
solve (a problem) resolver
sound sonar
sparkle brillar
speak hablar
spend (time) pasar
split partir
spout surgir
spread out tender
spread (scatter) esparcir
spring saltar
spurt surgir
stagger vacillar

stammer **balbucear**
stand erect **erguirse**
start **comenzar, empezar, iniciar**
state **enunciar**
stay **quedarse**
stay awake **velar**
steal **robar**
stifle **sofocar**
still, to keep **callarse**
stir **agitar**
stop (oneself) **detenerse, pararse**
stop (someone or something)
  detener, parar
stop up **tapar**
straighten up (oneself) **erguirse**
stretch **tender**
stretch (oneself) **desperezarse**
strive **luchar**
struggle **batallar, luchar**
study **estudiar**
stumble **tropezar**
subdue **someter, sujetar**
subject **someter, sujetar**
submerge **sumergir**
submit **someter**
subscribe **subscribir**
succeed **lograr**
succeed (in) **acertar**
succor **socorrer**
suck **chupar**
suck in **embeber**
suffer **sufrir**
suffice **bastar**
suffocate **sofocar**
suggest **sugerir**
sum up **sumar**
summon **convocar**
supplicate **rogar**
support **mantener, sostener**
suppose **suponer**
suppress **suprimir**
surge **surgir**
surprise **sorprender**
surrender **someter**
suspect **sospechar**
swear **jurar**
swim **nadar**

T

take **coger, tomar**
take a bath **bañarse**
take a walk **pasearse**
take advantage **aprovecharse**
take on oath **jurar**
take away **llevar**
take leave of **despedirse**
take notice (of) **advertir, fijarse**
take off (clothing) **quitarse**
take out of pawn **desempeñar**
take out (something) **sacar**
take possession **apoderarse**
take power **apoderarse**
talk **hablar**
teach **enseñar**
tear (break) **romper**
tear down **derribar**
telegraph **telegrafiar**
telephone **telefonear**
tell **contar, decir**
tell a lie **mentir**
temper **suavizar**
tempt **tentar**
terminate **terminar**
test **probar**
thank **agradecer**
think **pensar**
think over **considerar**
throw **arrojar, echar, lanzar, tirar**
throw down **abatir, derribar**
tie **atar**
tilt **inclinar**
tint (one's hair, *etc.*) **pintarse**
tire **cansar**
toast **tostar**
touch **tocar**
tranquilize **tranquilizar**
translate **traducir**
transmit **remitir**
travel **viajar**
treat (a subject) **tratar**
tremble **temblar**
trot **trotar**
try **probar, tentar, tratar**
try on **probar(se)**
turn **versar, voltear**

turn around **voltear**
turn around (revolve) **revolver**
turn over **revolver**
turn upside down **revolver**

U

undergo **sufrir**
underline **subrayar**
underscore **subrayar**
understand **comprender, entender**
undress (oneself) **desvestirse**
unfasten **soltar**
unite **juntar, reunir, unir**
untie **soltar**
uphold **sostener**
urge **exigir**
use **usar, emplear**
use up **agotar**
utilize **utilizar**

V

vacillate **vacilar**
value **estimar**
venture **osar, atreverse**
verify **confirmar**
vex **aburrir, enojar**
vibrate **vibrar**
visit **visitar**
vote. **votar**
vow **votar**

W

wait for **aguardar, esperar**
wake up (oneself) **despertarse**
walk **andar, caminar, marchar**
walk, to take a **pasearse**
wander **errar**
want **desear, querer**
wanting, to be **faltar**
warm up **calentar**
warn **advertir**
wash oneself **lavarse**
watch **mirar**
watch over **velar, vigilar**
wave **agitar**
waver **vacilar**
wear **llevar, usar**
wear (shoes) **calzar**
weary **cansar**
weep **llorar**
weigh **medir**
whine **llorar**
win **ganar**
wipe dry **secar**
wipe out **raer**
wish **desear, querer**
withdraw **quitarse**
work **trabajar**
worry **apurarse, preocuparse**
worship **adorar**
worth, to be **valer**
wound **herir**
wrap up **envolver**
wrestle **luchar**
write **escribir**

Y

yawn **bostezar**

Index of common irregular Spanish verb forms identified by infinitive

The purpose of this index is to help you identify those verb forms which cannot be readily identified because they are irregular in some way. For example, if you come across the verb form *fui* (which is very common) in your Spanish readings, this index will tell you that *fui* is a form of *ir* or *ser*. Then you look up *ir* and *ser* in this book and you will find that verb form on the page where all the forms of *ir* and *ser* are given.

Verb forms whose first three or four letters are the same as the infinitive have not been included because they can easily be identified by referring to the alphabetical listing of the 301 verbs in this book.

After you find the verb of an irregular verb form, if it is not given among the 301 verbs, consult the list of over 1,000 Spanish verbs conjugated like model verbs which begins on p. 346. If it is not listed there, consult my more comprehensive book, *Dictionary of 501 Spanish verbs fully conjugated in all the tenses* and its indexes.

A

abierto **abrir**
acierto, *etc.* **acertar**
acuerdo, *etc.* **acordar**
acuesto, *etc.* **acostarse**
alce, *etc.* **alzar**
ase, *etc.* **asir**
asgo, *etc.* **asir**
ate, *etc.* **atar**

C

caí, *etc.* **caer**
caía, *etc.* **caer**
caigo, *etc.* **caer**
cayera, *etc.* **caer**
cierro, *etc.* **cerrar**
cojo, *etc.* **coger**
cuece, *etc.* **cocer**
cuelgo, *etc.* **colgar**
cuento, *etc.* **contar**
cuesta, *etc.* **costar**
cuezo, *etc.* **cocer**
cupiera, *etc.* **caber**

D

da, *etc.* **dar**
dad **dar**
dé **dar**
demos **dar**
des **dar**
di, *etc.* **dar, decir**
dice, *etc.* **decir**
dicho **decir**
diciendo **decir**
diera, *etc.* **dar**
diese, *etc.* **dar**
digo, *etc.* **decir**
dije, *etc.* **decir**
dimos, *etc.* **dar**
dio **dar**
diré, *etc.* **decir**
diría, *etc.* **decir**
doy **dar**
duelo, *etc.* **doler**
duermo, *etc.* **dormir**
durmamos **dormir**
durmiendo **dormir**

E

eliges, *etc.* **elegir**
eligiendo **elegir**
eligiera, *etc.* **elegir**
elijo, *etc.* **elegir**
era, *etc.* **ser**
eres **ser**
es **ser**

F

fíe, *etc.* **fiar**
fío, *etc.* **fiar**
friendo **freír**
friera, *etc.* **freír**
frío, *etc.* **freír**
frito **freír**
fue, *etc.* **ir, ser**
fuera, *etc.* **ir, ser**
fuese, *etc.* **ir, ser**
fui, *etc.* **ir, ser**

G

gima, *etc.* **gemir**
gimiendo **gemir**
gimiera, *etc.* **gemir**
gimiese, *etc.* **gemir**
gimo, *etc.* **gemir**
goce, *etc.* **gozar**
gocé **gozar**

H

ha **haber**
haga, *etc.* **hacer**
hago, *etc.* **hacer**
han **haber**
habré, *etc.* **haber**
haría, *etc.* **hacer**
has **haber**

haya, *etc.* **haber**
haz **hacer**
he **haber**
hecho **hacer**
hemos **haber**
hice, *etc.* **hacer**
hiciera, *etc.* **hacer**
hiciese, *etc.* **hacer**
hiela **helar**
hiele **helar**
hiera, *etc.* **herir**
hiero, *etc.* **herir**
hiramos **herir**
hiriendo **herir**
hiriera, *etc.* **herir**
hiriese, *etc.* **herir**
hizo **hacer**
hube, *etc.* **haber**
hubiera, *etc.* **haber**
hubiese, *etc.* **haber**
huela, *etc.* **oler**
huelo, *etc.* **oler**
huya, *etc.* **huir**
huyendo **huir**
huyera, *etc.* **huir**
huyese, *etc.* **huir**
huyo, *etc.* **huir**

I

iba, *etc.* **ir**
id **ir**
ido **ir**
idos **irse**
irgo, *etc.* **erguir**
irguiendo **erguir**
irguiera, *etc.* **erguir**
irguiese, *etc.* **erguir**

J

juego, *etc.* **jugar**
juegue, *etc.* **jugar**

L

lea, *etc.* **leer**
leído **leer**
leo, *etc.* **leer**
leyendo **leer**
leyera, *etc.* **leer**
leyese, *etc.* **leer**

LL

llueva **llover**
llueve **llover**

M

mida, *etc.* **medir**
midiendo **medir**
midiera, *etc.* **medir**
midiese, *etc.* **medir**
mido, *etc.* **medir**
mienta, *etc.* **mentir**
miento, *etc.* **mentir**
mintiendo **mentir**
mintiera, *etc.* **mentir**
mintiese, *etc.* **mentir**
muerda, *etc.* **morder**
muerdo, *etc.* **morder**
muero, *etc.* **morir**
muerto **morir**
muestre, *etc.* **mostrar**
muestro, *etc.* **mostrar**
mueva, *etc.* **mover**
muevo, *etc.* **mover**
muramos **morir**
muriendo **morir**
muriera, *etc.* **morir**
muriese, *etc.* **morir**

N

nazca, *etc.* **nacer**
nazco **nacer**

niego, *etc.* **negar**
niegue, *etc.* **negar**
nieva **nevar**
nieve **nevar**

O

oíd **oír**
oiga, *etc.* **oír**
oigo, *etc.* **oír**
oliendo **oler**
oliera, *etc.* **oler**
oliese, *etc.* **oler**
oye, *etc.* **oír**
oyendo **oír**
oyera, *etc.* **oír**
oyese, *etc.* **oír**

P

pida, *etc.* **pedir**
pidamos **pedir**
pidiendo **pedir**
pidiera, *etc.* **pedir**
pidiese, *etc.* **pedir**
pido, *etc.* **pedir**
peinso, *etc.* **pensar**
pierda, *etc.* **perder**
pierdo, *etc.* **perder**
plegue **placer**
plugo **placer**
pluguiera **placer**
pluguieron **placer**
pluguiese **placer**
ponga, *etc.* **poner**
pongámonos **ponerse**
ponte **ponerse**
pruebe, *etc.* **probar**
pruebo, *etc.* **probar**
pude, *etc.* **poder**
pudiendo **poder**
pudiera, *etc.* **poder**
pudiese, *etc.* **poder**
puedo, *etc.* **poder**

puesto **poner**
puse, *etc.* **poner**
pusiera, *etc.* **poner**
pusiese, *etc.* **poner**

Q

quepo, *etc.* **caber**
quiero, *etc.* **querer**
quise, *etc.* **querer**
quisiera, *etc.* **querer**
quisiese, *etc.* **querer**

R

raí, *etc.* **raer**
raía, *etc.* **raer**
raiga, *etc.* **raer**
raigo, *etc.* **raer**
rayendo **raer**
rayera, *etc.* **raer**
rayese, *etc.* **raer**
ría, *etc.* **reír**
riamos **reír**
riendo **reír**
riera, *etc.* **reír**
riese, *etc.* **reír**
riña, *etc.* **reñir**
riñendo **reñir**
riñera, *etc.* **reñir**
riñese, *etc.* **reñir**
riño, *etc.* **reñir**
río, *etc.* **reír**
roto **romper**
ruego, *etc.* **rogar**
ruegue, *etc.* **rogar**

S

saque, *etc.* **sacar**
sé **saber, ser**
sea, *etc.* **ser**

sed **ser**
sepa, *etc.* **saber**
seque, *etc.* **secar**
sido **ser**
siendo **ser**
siento, *etc.* **sentar, sentir**
sigo, *etc.* **seguir**
siguiendo **seguir**
siguiera, *etc.* **seguir**
siguiese, *etc.* **seguir**
sintiendo **sentir**
sintiera, *etc.* **sentir**
sintiese, *etc.* **sentir**
sintió **sentir**
sirviendo **servir**
sirvo, *etc.* **servir**
sois **ser**
somos **ser**
son **ser**
soy **ser**
suela, *etc.* **soler**
suelo, *etc.* **soler**
suelto, *etc.* **soltar**
sueno, *etc.* **sonar**
sueño, *etc.* **soñar**
supe, *etc.* **saber**
supiera, *etc.* **saber**
supiese, *etc.* **saber**

T

tiemblo, *etc.* **temblar**
tiendo, *etc.* **tender**
tienes, *etc.* **tener**
tiento, *etc.* **tentar**
toque, *etc.* **tocar**
tuesto, *etc.* **tostar**
tuve, *etc.* **tener**

U

uno, *etc.* **unir**

V

va **ir**
vais **ir**
vámonos **irse**
vamos **ir**
van **ir**
vas **ir**
vaya, *etc.* **ir**
ve **ir, ver**
vea, *etc.* **ver**
ved **ver**
vendré, *etc.* **venir**
venga, vengo **venir**
veo, *etc.* **ver**
ves **ver**
vete **irse**
vi **ver**
viendo **ver**
viene, *etc.* **venir**
viera, *etc.* **ver**
viese, *etc.* **ver**

vimos, *etc.* **ver**
vine, *etc.* **venir**
vio **ver**
viste **ver, vestir**
vistiendo **vestir**
vistiese **vestir**
visto **ver, vestir**
voy **ir**
vuelo, *etc.* **volar**
vuelto **volver**
vuelvo, *etc.* **volver**

Y

yaz **yacer**
yazco, *etc.* **yacer**
yendo **ir**
yergo, *etc.* **erguir**
yerro, *etc.* **errar**

Verbs used in idiomatic expressions

On the pages containing 301 verbs given in this book, I offer simple sentences, idiomatic expressions, or words and expressions related to verbs. They can help build your Spanish vocabulary and knowledge of Spanish idioms.

When you look up the verb forms of a particular verb in this book, consult the following list so that you may learn some common idiomatic expressions. Consulting this list will save you time because you will not have to use a standard Spanish-English word dictionary to find out what the verbal idiom means. Also, if you do this, you will learn two things at the same time: the verb forms for a particular verb and verbal idioms.

Remember that not all verbs in the Spanish language are used in idioms. Those given below are used very frequently in Spanish readings and in conversation. Some of the following entries contain words, usually nouns, that are related to the verb entry. This, too, will help build your vocabulary. I also include a few proverbs containing verbs because they are interesting, colorful, useful, and they help build your knowledge of Spanish words and idiomatic expressions.

acabar de + inf.

The Spanish idiomatic expression **acabar de + inf.** is expressed in English as *to have just* + past participle.

In the present indicative:
María acaba de llegar.   Mary has just arrived.
Acabo de comer.   I have just eaten.
Acabamos de terminar la lección.   We have just finished the lesson.

In the imperfect indicative:
María acababa de llegar.   Mary had just arrived.
Acababa de comer.   I had just eaten.
Acabábamos de terminar la lección.   We had just finished the lesson.

Note:
(a) When you use **acabar** in the present tense, it indicates that the action of the main verb (+ inf.) has just occurred now in the present. In English, we express this by using *have just* + the past participle of the main verb: *Acabo de llegar*/I have just arrived. (See the other examples above under present indicative.)

(b) When you use **acabar** in the imperfect indicative, it indicates that the action of the main verb (+ inf.) had occurred at some time in the past when another action occurred in the past. In English, we express this by using *had just* + the past participle of the main verb: *Acabábamos de entrar en la casa cuando el teléfono sonó*/We had just entered the house when the telephone rang. (See the other examples above under imperfect indicative.)

Note also that when **acabar** is used in the imperfect indicative + the inf. of the main verb being expressed, the verb in the other clause is usually in the preterit.

322

conocer and saber

These two verbs mean *to know* but they are each used in a distinct sense:

(a) Generally speaking, **conocer** means to know in the sense of *being acquainted* with a person, a place, or a thing: *¿Conoce Ud. a María?*/Do you know Mary? *¿Conoce Ud. bien los Estados Unidos?*/Do you know the United States well? *¿Conoce Ud. este libro?*/Do you know (Are you acquainted with) this book?

In the preterit tense, **conocer** means *met* in the sense of *first met, first became acquainted with someone*: *¿Conoce Ud. a Elena?*/Do you know Helen? *Sí, (yo) la conocí anoche en casa de un amigo mío*/Yes, I met her (for the first time) last night at the home of one of my friends.

(b) Generally speaking, **saber** means to know a fact, to know something thoroughly: *¿Sabe Ud. qué hora es?*/Do you know what time it is? *¿Sabe Ud. la lección?*/Do you know the lesson?

When you use **saber + inf.**, it means *to know how*: *¿Sabe Ud. nadar?*/ Do you know how to swim? *Sí, (yo) sé nadar*/Yes, I know how to swim.

In the preterit tense, **saber** means *found out*: *¿Lo sabe Ud.?*/Do you know it? *Sí, lo supe ayer*/Yes, I found it out yesterday.

dar and darse

dar a   to face (*El comedor da al jardín*/The dining room faces the garden.)

dar con algo   to find something, to come upon something (*Esta mañana di con dinero en la calle*/This morning I found money in the street.)

dar con alguien   to meet someone, to run into someone, to come across someone, to find someone (*Anoche, di con mi amiga Elena en el cine*/Last night I met my friend Helen at the movies.)

dar cuerda al reloj   to wind a watch

dar de beber a   to give something to drink to

dar de comer a   to feed, to give something to eat to (*Me gusta dar de comer a los pájaros en el parque*/I like to feed the birds in the park.)

dar en   to hit against, to strike against

dar en el blanco   to hit the target, to hit it right

dar gritos   to shout

dar la bienvenida   to welcome

dar la hora   to strike the hour

dar la mano a alguien   to shake hands with someone

dar las buenas noches a alguien   to say good evening (good night) to someone

dar las gracias a alguien   to thank someone

dar los buenos días a alguien   to say good morning (hello) to someone

dar por + past part.   to consider (*Lo doy por perdido*/I consider it lost.)

dar recuerdos a to give one's regards (best wishes) to

dar un abrazo to embrace

dar un paseo to take a walk

dar un paseo a caballo to go horseback riding

dar un paseo en automóvil to go for a drive

dar una vuelta to go for a short walk, to go for a stroll

dar unas palmadas to clap one's hands

dar voces to shout

darse cuenta de to realize, to be aware of, to take into account

darse la mano to shake hands with each other

darse por + past part. to consider oneself (*Me doy por insultado*/I consider myself insulted.)

darse prisa to hurry

deber, deber de and tener que

Generally speaking, use **deber** when you want to express a moral obligation, something you ought to do but that you may or may not actually do: *Debo estudiar esta noche pero estoy cansado y no me siento bien*/I ought to study tonight but I am tired and I do not feel well.

Generally speaking, **deber de + inf.** is used to express a supposition, something that is probable: *La señora Gómez debe de estar enferma porque sale de casa raramente*/Mrs. Gómez must be sick (is probably sick) because she goes out of the house rarely.

Generally speaking, use **tener que** when you want to say that you *have to* do something: *No puedo salir esta noche porque tengo que estudiar*/I cannot go out tonight because I have to study.

decir

decirle al oído to whisper in one's ears

dicho y hecho no sooner said than done

Es decir That is to say . . .

querer decir to mean (*¿Qué quiere decir este muchacho?*/What does this boy mean?)

dejar, salir, and salir de

These verbs mean *to leave*, but notice the difference in use:

Use **dejar** when you leave someone or when you leave something behind you: *El alumno dejó sus libros en la sala de clase*/The pupil left his books in the classroom.

Dejar also means *to let* or *to allow* or *to let go*: *Déjelo!*/Let it! (Leave it!)

Use **salir de** when you mean *to leave* in the sense of *to go out of* (a place): *El alumno salió de la sala de clase*/The pupil left the classroom; *¿Dónde está su madre? Mi madre salió*/Where is your mother? My mother went out.

dejar de + inf. and dejar caer

Use **dejar de + inf.** when you mean *to stop* or *to fail to*: *Los alumnos dejaron de hablar cuando la profesora entró en la sala de clase*/The students stopped talking when the teacher came into the classroom; *¡No deje Ud. de llamarme!*/Don't fail to call me!

Dejar caer means *to drop*: *Luis dejó caer sus libros*/Louis dropped his books.

estar

está bien   all right, okay

estar a punto de + inf.   to be about + inf. (*Estoy a punto de salir*/I am about to go out.)

estar a sus anchas   to be comfortable

estar conforme con   to be in agreement with

estar de acuerdo   to agree

estar de acuerdo con   to be in agreement with

estar de boga   to be in fashion, to be fashionable

estar de buenas   to be in a good mood

estar de pie   to be standing

estar de vuelta   to be back

estar en boga   to be in fashion, to be fashionable

estar para + inf.   to be about to (*Estoy para salir*/I am about to go out.)

estar por   to be in favor of

no estar para bromas   not to be in the mood for jokes

gastar and pasar

These two verbs mean *to spend*, but notice the difference in use:

Use **gastar** when you spend money: *No me gusta gastar mucho dinero*/I do not like to spend much money.

Use **pasar** when you spend time: *Me gustaría pasar un año en España*/I would like to spend a year in Spain.

gustar

(a) Essentially, the verb **gustar** means *to be pleasing to* . . .

(b) In English, we say, for example, *I like ice cream*. In Spanish, we say *Me gusta el helado*; that is to say, "Ice cream is pleasing to me (To me ice cream is pleasing)."

(c) In English, the thing that you like is the direct object. In Spanish, the thing that you like is the subject. Also, in Spanish, the person who likes the thing is the indirect object: to me, to you, etc.: *A Roberto le gusta el helado*/Robert likes ice cream; in other words, "To Robert, ice cream is pleasing to him."

(d) In Spanish, therefore, the verb **gustar** is used in the third person, either in the singular or plural, when you talk about something that you like — something that is pleasing to you. Therefore, the verb form must agree with the subject; if the thing liked is singular, the verb is third person singular; if the thing liked is plural, the verb **gustar** is third person plural: *Me gusta el café*/I like coffee; *Me gustan el café y la leche*/I like coffee and milk (Coffee and milk are pleasing to me).

(e) When you mention the person or the persons who like something, you must use the preposition **a** in front of the person; you must also use the indirect object pronoun of the noun which is the person: *A los muchachos y a las muchachas les gusta jugar*/Boys and girls like to play; that is to say, "To play is pleasing to them, to boys and girls."

(f) Other examples:

Me gusta leer.   I like to read.

Te gusta leer.   You (*familiar*) like to read.

A Felipe le gusta el helado.   Philip likes ice cream.

Al chico le gusta la leche.   The boy likes milk.

A Carlota le gusta bailar.   Charlotte likes to dance.

A las chicas les gustó el libro.   The girls liked the book.

Nos gustó el cuento.   We liked the story.

¿Le gusta a Ud. el español?   Do you like Spanish?

A Pedro y a Ana les gustó la película.   Peter and Anna liked the film.

A mi amigo le gustaron los chocolates.   My friend liked the chocolates; that is to say, "The chocolates were pleasing (pleased) to him (to my friend)."

haber

ha habido . . .   there has been . . . , there have been . . .

había . . .   there was . . . , there were . . .

habrá . . .   there will be . . .

habría . . .   there would be . . .

hubo . . .   there was . . . , there were . . .

326

haber, haber de + inf., and tener

The verb **haber** (to have) is used as an auxiliary verb (or helping verb) in order to form the seven compound tenses, which are as follows:

Compound Tenses	Example (in the 1st person sing.)
Present Perfect (or Perfect) Indicative	**he hablado** (I have spoken)
Pluperfect (or Past Perfect) Indicative	**había hablado** (I had spoken)
Preterit Perfect (or Past Anterior)	**hube hablado** (I had spoken)
Future Perfect (or Future Anterior)	**habré hablado** (I will have spoken)
Conditional Perfect	**habría hablado** (I would have spoken)
Present Perfect (or Past) Subjunctive	**haya hablado** (I may have spoken)
Pluperfect (or Past Perfect) Subjunctive	**hubiera hablado** or **hubiese hablado** (I might have spoken)

For an explanation of the formation of these tenses, see p. xxxix—l.

The verb **haber** is also used to form the perfect (or past) infinitive: *haber hablado* (to have spoken). As you can see, this is formed by using the infinitive form of haber + the past participle of the main verb.

The verb **haber** is also used to form the perfect participle: *habiendo hablado* (having spoken). As you can see, this is formed by using the present participle of haber + the past participle of the main verb.

The verb **haber + de + inf.** is equivalent to the English use of "to be supposed to . . ." or "to be to . . .": *María ha de traer un pastel, yo he de traer el helado, y mis amigos han de traer sus discos*/Mary is supposed to bring a pie, I am supposed to bring the ice cream, and my friends are to bring their records.

The verb **tener** is used to mean *to have* in the sense of *to possess* or *to hold*: *Tengo un perro y un gato*/I have a dog and a cat; *Tengo un lápiz en la mano*/ I have (am holding) a pencil in my hand.

In the preterit tense, **tener** can mean *received*: *Ayer mi padre tuvo un cheque*/ Yesterday my father received a check.

hay and hay que + inf.

The word **hay** is not a verb. You might regard it as an impersonal irregular form of **haber**. Actually, the word is composed of **ha** + the archaic **y**, meaning *there*. It is generally regarded as an adverbial expression because it points out that something or someone "is there." Its English equivalent is *There is . . .* or *There are . . .*, for example: *Hay muchos libros en la mesa*/There are many books on the table; *Hay una mosca en la sopa*/There is a fly in the soup; *Hay veinte alumnos en esta clase*/There are twenty students in this class.

Hay que + inf. is an impersonal expression that denotes an obligation and it is commonly translated into English as: *One must . . .* or *It is necessary to . . .* Examples: *Hay que estudiar para aprender*/It is necessary to study in order to learn; *Hay que comer para vivir*/One must eat in order to live.

hacer and hacerse

hace poco   a little while ago

hace un año   a year ago

Hace un mes que partió el señor Molina.   Mr. Molina left one month ago.

hace una hora   an hour ago

hacer caso de   to pay attention to

hacer daño a algo   to harm something

hacer daño a alguien   to harm someone

hacer de   to act as (*El señor González siempre hace de jefe*/Mr. González always acts as a boss.)

hacer el baúl   to pack one's trunk

hacer el favor de + inf.   please (*Haga Ud. el favor de entrar*/Please come in.)

hacer el papel de   to play the role of

hacer la maleta   to pack one's suitcase

hacer pedazos   to smash, to break, to tear into pieces

hacer un viaje   to take a trip

hacer una broma   to play a joke

hacer una pregunta   to ask a question

hacer una visita   to pay a visit

hacerle falta   to need (*A Juan le hace falta un lápiz*/John needs a pencil.)

hacerse   to become (*Elena se hizo dentista*/Helen became a dentist.)

hacerse daño   to hurt oneself, to harm oneself

hacerse tarde   to be getting late (*Vámonos; se hace tarde*/Let's leave; it's getting late.)

¿Cuánto tiempo hace que + present tense . . . ?

(a) Use this formula when you want to ask *How long + the present perfect tense* in English:

¿Cuánto tiempo hace que Ud. estudia el español?   How long have you been studying Spanish?

¿Cuánto tiempo hace que Ud. espera el autobús?   How long have you been waiting for the bus?

(b) When this formula is used, you generally expect the person to tell you how long a time it has been, e.g., one year, two months, a few minutes.

(c) This is used when the action began at some time in the past and continues up to the present moment. That is why you must use the present tense of the verb — the action of studying, waiting, etc. is still going on at the present.

Hace + length of time + que + present tense

(a) This formula is the usual answer to the question ¿**Cuánto tiempo hace que** + present tense . . . ?

(b) Since the question is asked in terms of *how long*, the usual answer is in terms of time: a year, two years, a few days, months, minutes, etc.:
Hace tres años que estudio el español.   I have been studying Spanish for three years.
Hace veinte minutos que espero el autobús.   I have been waiting for the bus for twenty minutes.

(c) The same formula is used if you want to ask *how many weeks, how many months, how many minutes*, etc.:
¿Cuántos años hace que Ud. estudia el español?   How many years have you been studying Spanish?
¿Cuántas horas hace que Ud. mira la televisión?   How many hours have you been watching television?

¿Desde cuándo + present tense . . . ?

¿Desde cuándo estudia Ud. el español?   How long have you been studying Spanish?

Present tense + desde hace + length of time

Estudio el español desde hace tres años.   I have been studying Spanish for three years.

¿Cuánto tiempo hacía que + imperfect tense

(a) If the action of the verb began in the past and ended in the past, use the imperfect tense.

(b) This formula is equivalent to the English: *How long + past perfect tense*:
¿Cuánto tiempo hacía que Ud. hablaba cuando entré en la sala de clase?
How long had you been talking when I entered into the classroom?

(c) Note that the action of talking in this example began in the past and ended in the past when I entered the classroom.

329

Hacía + length of time + que + imperfect tense

The imperfect tense of the verb is used here because the action began in the past and ended in the past; it is not going on at the present moment.

Hacía una hora que yo hablaba cuando Ud. entró en la sala de clase. I had been talking for one hour when you entered the classroom.

¿Desde cuándo + imperfect tense . . . ?

¿Desde cuándo hablaba Ud. cuando yo entré en la sala de clase? How long had you been talking when I entered into the classroom?

Imperfect tense + desde hacía + length of time

(Yo) hablaba desde hacía una hora cuando Ud. entró en la sala de clase. I had been talking for one hour when you entered into the classroom.

ir, irse

Use **ir** when you simply mean *to go*: *Voy al cine/*I am going to the movies.

Use **irse** when you mean *to leave* in the sense of *to go away*: *Mis padres se fueron al campo para visitar a mis abuelos/*My parents left for (went away to) the country to visit my grandparents.

jugar and tocar

Both these verbs mean *to play* but they have different uses. **Jugar a** means to play a sport, a game: *¿Juega Ud. al tenis?/*Do you play tennis? *Me gusta jugar a la pelota/*I like to play ball.

The verb **tocar** means to play a musical instrument: *Carmen toca muy bien el piano/*Carmen plays the piano very well.

The verb **tocar** has other meanings, too. It is commonly used as follows: *to be one's turn*, in which case it takes an indirect object: *¿A quién le toca?/*Whose turn is it? *Le toca a Juan/*It is John's turn. *to knock on a door* (tocar a la puerta): *Alguien toca a la puerta/*Someone is knocking on (at) the door.

Essentially, **tocar** means *to touch*.

llegar a ser, hacerse and ponerse

These three verbs mean *to become*. Note the difference in use:

Use **llegar a ser** + a noun, e.g., *to become a doctor, to become a teacher*; in other words, the noun indicates the goal that you are striving for: *Quiero* *llegar a ser doctor*/I want to become a doctor. **Hacerse** is used similarly: *Juan se hizo abogado*/John became a lawyer.

Use **ponerse + an adj.**, e.g., *to become pale, to become sick*; in other words, the adj. indicates the state or condition (physical or mental) that you have become: *Cuando vi el accidente, me puse pálido*/When I saw the accident, I became pale; *Mi madre se puso triste al oír la noticia desgraciada*/My mother became sad upon hearing the unfortunate news.

llevar and tomar

These two verbs mean *to take* but note the difference in use:

Llevar means *to take* in the sense of carry or transport from place to place: *José llevó la silla de la cocina al comedor*/Joseph took the chair from the kitchen to the dining room.

The verb **llevar** is also used when you *take someone somewhere*: *Pedro llevó a María al baile anoche*/Peter took Mary to the dance last night.

As you probably know, **llevar** also means *to wear*: *María, ¿por qué llevas tu falda nueva?*/Mary, why are you wearing your new skirt?

Tomar means *to take* in the sense of grab or catch: *La profesora tomó el libro y comenzó a leer a la clase*/The teacher took the book and began to read to the class; *Mi amigo tomó el tren esta mañana a las siete*/My friend took the train this morning at seven o'clock.

pedir and preguntar

Both these verbs mean *to ask* but note the difference:

Pedir means *to ask for something* or *to request*: *El alumno pidió un lápiz al profesor*/The pupil asked the teacher for a pencil.

Preguntar means *to inquire, to ask a question*: *La alumna preguntó a la profesora cómo estaba*/The pupil asked the teacher how she was.

pensar de and pensar en

Both these verbs mean *to think of* but note the difference:

Pensar is used with the prep. **de** when you ask someone what he/she thinks of someone or something, when you ask for someone's opinion: *¿Qué piensa Ud. de este libro?*/What do you think of this book? *Pienso que es bueno*/I think that it is good.

Pensar is used with the prep. **en** when you ask someone what or whom he/she is thinking about: *Miguel, no hablas mucho; ¿en qué piensas?*/Michael, you are not talking much; of what are you thinking? (what are you thinking of?); *Pienso en las vacaciones de verano*/I'm thinking of summer vacation.

poder and saber

Both these verbs mean *can* but the difference in use is as follows:

Poder means *can* in the sense of *ability*: *No puedo ayudarle; lo siento*/I cannot (am unable to) help you; I'm sorry.

Saber means *can* in the sense of *to know how*: *Este niño no sabe contar*/This child can't (does not know how to) count.

In the preterit tense **poder** has the special meaning of *succeeded*: *Después de algunos minutos, Juan pudo abrir la puerta*/After a few minutes, John succeeded in opening the door.

In the preterit tense, **saber** has the special meaning of *found out*: *Lo supe ayer*/I found it out yesterday.

ser

Debe de ser . . .   It is probably . . .

Debe ser . . .   It ought to be . . .

Es de lamentar.   It's too bad.

Es de mi agrado.   It's to my liking.

Es hora de . . .   It is time to . . .

Es lástima or **Es una lástima.**   It's a pity; It's too bad.

Es que . . .   The fact is . . .

para ser   in spite of being (*Para ser tan viejo, él es muy ágil*/In spite of being so old, he is very nimble.)

sea lo que sea   whatever it may be

ser aficionado a   to be a fan of (*Soy aficionado al béisbol*/I'm a baseball fan.)

ser amable con   to be kind to (*Mi profesora de español es amable conmigo*/My Spanish teacher is kind to me.)

ser todo oídos   to be all ears (*Te escucho; soy todo oídos*/I'm listening to you; I'm all ears.)

si no fuera por . . .   if it were not for . . .

ser and estar

These two verbs mean *to be* but note the differences in use:

Generally speaking, use **ser** when you want to express *to be*.

Use **estar** when *to be* is used in the following ways:

(a) Health:
   (1) *¿Cómo está Ud.?*   How are you?
   (2) *Estoy bien.*   I am well.
   (3) *Estoy enfermo (enferma).*   I am sick.

(b) Location: persons, places, things

    (1) *Estoy en la sala de clase.*   I am in the classroom.

    (2) *La escuela está lejos.*   The school is far.

    (3) *Barcelona está en España.*   Barcelona is (located) in Spain.

    (4) *Los libros están en la mesa.*   The books are on the table.

(c) State or condition: persons

    (1) *Estoy contento (contenta).*   I am happy.

    (2) *Los alumnos están cansados. (Las alumnas están cansadas.)*
    The students are tired.

    (3) *María está triste hoy.*   Mary is sad today.

    (4) *Estoy listo (lista).*   I am ready.

    (5) *Estoy pálido (pálida).*   I am pale.

    (6) *Estoy ocupado (ocupada).*   I am busy.

    (7) *Estoy seguro (segura).*   I am sure.

    (8) *Este hombre está vivo.*   This man is alive.

    (9) *Ese hombre está muerto.*   That man is dead.

    (10) *Este hombre está borracho.*   This man is drunk.

(d) State or condition: things and places

    (1) *La ventana está abierta.*   The window is open.

    (2) *La taza está llena.*   The cup is full.

    (3) *El té está caliente.*   The tea is hot.

    (4) *La limonada está fría.*   The lemonade is cold.

    (5) *La biblioteca está cerrada los domingos.*   The library is closed
    on Sundays.

(e) To form the progressive present of a verb, use the present tense of
estar + the present part. of the main verb:

    Estoy estudiando en mi cuarto y no puedo salir esta noche.
    I am studying in my room and I cannot go out tonight.

(f) To form the progressive past of a verb, use the imperfect tense of
estar + the present part. of the main verb:

    Mi hermano estaba leyendo cuando (yo) entré en el cuarto.
    My brother was reading when I entered (came into) the room.

tener

    ¿Cuántos años tienes? ¿Cuántos años tiene Ud.?   How old are you?
    Tengo diez y seis años.   I am sixteen years old.

    ¿Qué tienes? ¿Qué tiene Ud.?   What's the matter?   What's the matter
    with you?   **No tengo nada.**   There's nothing wrong; There's nothing the
    matter (with me).

    tener algo que hacer   to have something to do

    tener calor   to feel (to be) warm (persons)

    tener cuidado   to be careful

tener dolor de cabeza   to have a headache

tener dolor de estómago   to have a stomach ache

tener éxito   to be successful

tener frío   to feel (to be) cold (persons)

tener ganas de + inf.   to feel like + pres. part. (*Tengo ganas de tomar un helado/*I feel like having an ice cream.)

tener gusto en + inf.   to be glad + inf. (*Tengo mucho gusto en conocerle/* I am very glad to meet you.)

tener hambre   to feel (to be) hungry

tener la bondad de   please, please be good enough to . . . (*Tenga la bondad de cerrar la puerta/*Please close the door.)

tener la culpa de algo   to take the blame for something, to be to blame for something (*Tengo la culpa de eso/*I am to blame for that.)

tener lugar   to take place (*El accidente tuvo lugar anoche/*The accident took place last night.)

tener miedo de   to be afraid of

tener mucha sed   to feel (to be) very thirsty (persons)

tener mucho calor   to feel (to be) very warm (persons)

tener mucho frío   to feel (to be) very cold (persons)

tener mucho que hacer   to have a lot to do

tener poco que hacer   to have little to do

tener prisa   to be in a hurry

tener que + inf.   to have + inf. (*Tengo que estudiar/*I have to study.)

tener que ver con   to have to do with (*No tengo nada que ver con él/*I have nothing to do with him.)

tener razón   to be right (*Usted tiene razón/*You are right.) **no tener razón** to be wrong (*Usted no tiene razón/*You are wrong.)

tener sed   to feel (to be) thirsty (persons)

tener sueño   to feel (to be) sleepy

tener suerte   to be lucky

tener vergüenza de   to be ashamed of

volver and devolver

These two verbs mean *to return* but note the difference:

Volver means *to return* in the sense of *to come back*: *Voy a volver a casa/*I am going to return home. A synonym of **volver** is **regresar**: *Los muchachos regresaron a las ocho de la noche/*The boys came back (returned) at eight o'clock.

Devolver means *to return* in the sense of *to give back*: *Voy a devolver el libro a la biblioteca/*I am going to return the book to the library.

Spanish proverbs using verbs

A Dios rogando y con el mazo dando.   Put your faith in God and keep your powder dry.

Anda despacio que tengo prisa.   Make haste slowly.

Cuando el gato va a sus devociones, bailan los ratones.   When the cat is away, the mice will play.

Dicho y hecho.   No sooner said than done.

Díme con quien andas y te diré quien eres.   Tell me who your friends are and I will tell you who you are.

El ejercicio hace maestro al novicio.   Practice makes perfect.

El que mucho abarca poco aprieta.   Do not bite off more than you can chew.

El que no se aventura no cruza el mar.   Nothing ventured, nothing gained.

El tiempo da buen consejo.   Time will tell.

Más vale pájaro en mano que ciento volando.   A bird in the hand is worth two in the bush.

Más vale tarde que nunca.   Better late than never.

Mientras hay alma hay esperanza.   Where there is life there is hope.

Perro que ladra no muerde.   A barking dog does not bite.

Piedra movediza, el moho no la cobija.   A rolling stone gathers no moss.

Quien canta su mal espanta.   When you sing you drive away your grief.

Quien siembra vientos recoge tempestades.   If you sow the wind, you will reap the whirlwind.

Si a Roma fueres, haz como vieres.   When in Rome do as the Romans do. [Note that it is not uncommon to use the future subjunctive in proverbs, as in *fueres* (**ir** or **ser**) and *vieres* (**ver**); see p. xxxvii.]

Weather expressions using verbs

Weather expressions using hacer and hay

¿Qué tiempo hace?   What is the weather like?

Hace buen tiempo.   The weather is good.

Hace calor.   It is warm (hot).

Hace fresco hoy.   It is cool today.

Hace frío.   It is cold.

Hace mal tiempo.   The weather is bad.

Hace sol.   It is sunny.

Hace viento.   It is windy.

¿Qué tiempo hacía cuando usted salió esta mañana?   What was the weather like when you went out this morning?

Hacía mucho frío ayer por la noche.   It was very cold yesterday evening.

Hacía mucho viento.   It was very windy.

¿Qué tiempo hará mañana?   What will the weather be like tomorrow?

Se dice que hará mucho calor.   They say it will be very hot.

Hay lodo.   It is muddy.   **Había lodo.**   It was muddy.

Hay luna.   The moon is shining *or* There is moonlight.   **Había luna ayer por la noche.**   There was moonlight yesterday evening.

¿Hay mucha nieve aquí en el invierno?   Is there much snow here in winter?

Hay neblina.   It is foggy.   **Había mucha neblina.**   It was very foggy.

Hay polvo.   It is dusty.   **Había mucho polvo.**   It was very dusty.

Other weather expressions using other verbs

Está lloviendo ahora.   It is raining now.

Está nevando.   It is snowing.

Esta mañana llovía cuando tomé el autobús.   This morning it was raining when I took the bus.

Estaba lloviendo cuando tomé el autobús.   It was raining when I took the bus.

Estaba nevando cuando me desperté.   It was snowing when I woke up.

¿Nieva mucho aquí en el invierno?   Does it snow much here in winter?

Las estrellas brillan.   The stars are shining.

¿Le gusta a usted la lluvia?   Do you like rain?

¿Le gusta a usted la nieve?   Do you like snow?

Verbs with prepositions

Spanish verbs are used with certain prepositions or no preposition at all. At times, the preposition used with a particular verb changes the meaning entirely, e.g., **contar** means *to count, to relate,* or *to tell*; **contar con** means *to rely on, to count on.*

When you look up a verb among the 301 to find its verb forms (or in the section of over 1,000 Spanish verbs conjugated like model verbs among the 301), also consult all the categories given below so that you will learn what preposition that verb requires, if any.

The following are used frequently in Spanish readings and in conversation.

A. *Verbs of motion take the prep. a + inf.*

apresurarse a   to hasten to, to hurry to
dirigirse a   to go to, to go toward
ir a   to go to
regresar a   to return to
salir a   to go out to
venir a   to come to
volver a   to return to

> Examples:
> *Me apresuré a tomar el tren.*   I hurried to take the train.
> *El profesor se dirigió a la puerta.*   The teacher went toward the door.
> *María fue a comer.*   Mary went to eat.

B. *The following verbs take the prep. a + inf.*

acertar a   to happen to
acostumbrarse a   to become used to, to become accustomed to
aficionarse a hacer algo   to become fond of doing something
alcanzar a   to succeed in (doing something)
aprender a   to learn to, to learn how to
aspirar a   to aspire to
atreverse a   to dare to
ayudar a (hacer algo)   to help to
comenzar a   to begin to
condenar a   to condemn to
convidar a   to invite to
decidirse a   to decide to
dedicarse a   to devote oneself to
detenerse a   to pause to, to stop to
disponerse a   to get ready to
echarse a   to begin to, to start to
empezar a   to begin to, to start to

enseñar a   to teach to
exponerse a   to run the risk of
invitar a   to invite to
negarse a   to refuse to
obligar a   to oblige to, to obligate to
ponerse a   to begin to, to start to
prepararse a   to prepare (oneself) to
principiar a   to begin to, to start to
resignarse a   to resign oneself to
resolverse a   to make up one's mind to
someter a   to submit to, to subdue to
venir a   to end up by
volver a   to (do something) again

> Examples:
>
> *Me acostumbré a estudiar mis lecciones todas las noches.*   I became used to studying my lessons every evening.
>
> *No me atreví a responder.*   I did not dare to answer.
>
> *El hombre comenzó a llorar.*   The man began to cry.
>
> *Me dispuse a salir.*   I got ready to go out.
>
> *Me eché a llorar.*   I began to cry.
>
> *El señor Gómez se negó a ir.*   Mr. Gómez refused to go.
>
> *Juana se puso a correr.*   Jane began to run.
>
> *El muchacho volvió a jugar.*   The boy played again.

C. *The following verbs take the prep. a + noun (or pronoun if that is the required dependent element)*

---

acercarse a   to approach
acostumbrarse a   to become accustomed to, to become used to
aficionarse a   to become fond of
asemejarse a   to resemble, to look like
asistir a   to attend, to be present at
asomarse a   to appear at
cuidar a alguien   to take care of someone .
dar a   to face, to overlook, to look out upon, to look out over
dedicarse a   to devote oneself to
echar una carta al correo   to mail, to post a letter
echar la culpa a alguien   to blame someone, to put the blame on someone
jugar a   to play (a game, sport, cards)
llegar a ser   to become
llevar a cabo   to carry out, to accomplish
oler a   to smell of, to smell like
parecerse a   to resemble, to look like
querer a   to love
saber a   to taste of, to taste like, to have the flavor of
ser aficionado a   to be fond of, to be a fan of

sonar a   to sound like
subir a   to get on, to get into (a bus, a train, a vehicle)
tocarle a una persona   to be a person's turn

Examples:

Nos acercamos a la cuidad.   We are approaching the city.

Una muchacha bonita se asomó a la puerta.   A pretty girl appeared at the door.

Mi cuarto da al jardín.   My room faces the garden.

Me dedico a mis estudios.   I devote myself to my studies.

Me gusta jugar al tenis.   I like to play tennis.

Enrique llegó a ser profesor de matemáticas.   Henry became a mathematics teacher.

Jorge llevó a cabo sus responsabilidades.   George carried out his responsibilities.

Mi hermano se parece a mi padre y yo me parezco a mi madre.   My brother resembles my father and I resemble my mother.

Quiero a mi patria.   I love my country.

Soy aficionado a los deportes.   I am fond of sports.

Subí al tren.   I got on the train.

Le toca a Juan.   It is John's turn.

D. *The following verbs take the prep. con + inf.*

amenazar con   to threaten to
contar con   to count on, to rely on
contentarse con   to be satisfied with
soñar con   to dream of, to dream about

Examples:

Cuento con tener éxito.   I am counting on being successful.

Me contento con quedarme en casa.   I am satisfied with staying at home.

Sueño con ir a Chile.   I dream of going to Chile.

E. *The following verbs take the prep. con + noun (or pronoun if that is the required dependent element)*

acabar con   to finish, to put an end to, to make an end of, to finish off
casarse con   to marry, to get married to
conformarse con   to put up with
contar con   to count on, to rely on
contentarse con   to be satisfied with
cumplir con   to fulfill
dar con   to meet, to find, to come upon
encontrarse con   to run into, to meet by chance
entenderse con   to come to an understanding with
meterse con   to pick a quarrel with
quedarse con   to keep, to hold on to
soñar con   to dream of, to dream about
tropezar con   to come upon, to run across unexpectedly, to run into

Examples:

José se casó con Ana.   Joseph married Anna.

Me conformo con tus ideas.   I put up with your ideas.

Contamos con nuestros padres.   We count on our parents.

Me contento con poco dinero.   I am satisfied with little money.

Siempre cumplo con mi promesa.   I always fulfill my promise.

Anoche di con mis amigos en el cine.   Last night I met my friends at the movies.

Ayer por la tarde me encontré con un amigo mío.   Yesterday afternoon I ran into a friend of mine.

Me quedo con el dinero.   I am keeping the money; I am holding on to the money.

Sueño con un verano agradable.   I am dreaming of a pleasant summer.

F. *The following verbs take the prep. de + inf.*

---

acabar de   to have just
acordarse de   to remember to
alegrarse de   to be glad to
arrepentirse de   to repent
cansarse de   to become tired of
cesar de   to cease, to stop
dejar de   to stop, to fail to
encargarse de   to take charge of
enterarse de   to find out about
haber de   *see* the section "Verbs used in idiomatic expressions"
ocuparse de   to be busy with, to attend to
olvidarse de   to forget to
tratar de   to try to
tratarse de   to be a question of

Examples:

Guillermo acaba de llegar.   William has just arrived.

Felipe acababa de partir.   Philip had just left.

Me alegro de hablarle.   I am glad to talk to you.

Me canso de esperar el autobús.   I'm getting tired of waiting for the bus.

Cesó de llover.   It stopped raining.

Jaime dejó de escribir la composición.   James failed to write the composition.

Mi padre se ocupa de preparar la comida.   My father is busy preparing the meal.

Andrés se olvidó de estudiar.   Andrew forgot to study.

Siempre trato de hacer un buen trabajo.   I always try to do a good job.

Se trata de abstenerse.   It is a question of abstaining.

G. *The following verbs take the prep. de + noun (or pronoun if that is the required dependent element)*

---

abusar de   to abuse, to overindulge in
acordarse de   to remember

alejarse de to go away from

apartarse de to keep away from

apoderarse de to take possession of

aprovecharse de to take advantage of

bajar de to get out of, to descend from, to get off

burlarse de to make fun of

cambiar de to change (trains, buses, clothes, etc.)

cansarse de to become tired of

carecer de to lack

compadecerse de to feel sorry for, to pity, to sympathize with

constar de to consist of

cuidar de algo to take care of something

depender de to depend on

despedirse de to say good-bye to, to take leave of

despojar de to take off (clothing)

disfrutar de to enjoy

enamorarse de to fall in love with

encogerse de hombros to shrug one's shoulders

enterarse de to find out about

fiarse de alguien to trust someone

gozar de algo to enjoy something

haber de *see* the section "Verbs used in idiomatic expressions"

ocuparse de to be busy with, to attend to

oír hablar de to hear of, to hear about

olvidarse de to forget

pensar de to think of (**pensar de** is used when asking for an opinion)

perder de vista to lose sight of

ponerse de acuerdo to come to an agreement

preocuparse de to worry about, to be concerned about

quejarse de to complain about

reírse de to laugh at

saber de memoria to know by heart, to memorize

salir de to go out of, to leave from

servir de to serve as

servirse de to make use of, to use

tratarse de to be a question of, to deal with

Examples:

Me acuerdo de aquel hombre. I remember that man.

Vamos a aprovecharnos de esta oportunidad. Let's take advantage of this opportunity.

Después de bajar del tren, fui a comer. After getting off the train, I went to eat.

Todos los días cambio de ropa. Every day I change my clothes.

Me canso de este trabajo. I am getting tired of this work.

Esta composición carece de calidad. This composition lacks quality.

Me compadezco de ese pobre hombre. I pity that poor man.

Todos los sábados cuido de mi automóvil. Every Saturday I take care of my car.

Ahora tengo que despedirme de usted.   Now I have to say good-bye.

Eduardo se enamoró de Carmen.   Edward fell in love with Carmen.

Mi madre se ocupa de mi padre que está enfermo.   My mother is busy with my father who is sick.

Oí hablar de la boda de Anita.   I heard about Anita's wedding.

Carlos se olvidó del aniversario de sus padres.   Charles forgot about his parents' anniversary.

¿Qué piensa Ud. de nuestro profesor de español?   What do you think of our Spanish teacher?

¡Mira! El mono se ríe de nosotros!   Look! The monkey is laughing at us.

Siempre salgo de casa a las ocho de la mañana.   I always leave (from, go out of) the house at eight in the morning.

En nuestro club, Cristóbal sirve de presidente.   In our club, Christopher serves as president.

H. *The following verbs generally take the prep. en + inf.*

complacerse en   to be pleased to, to delight in
consentir en   to consent to
convenir en   to agree to, to agree on
empeñarse en   to persist in, to insist on
esforzarse en   to strive for, to force oneself to, to try hard to
insistir en   to insist on
quedar en   to agree to, to agree on
tardar en   to be late (to delay) in

Examples:

La señora Pardo consintió en asistir a la conferencia.   Mrs. Pardo consented to attending the meeting.

El muchacho se empeñó en salir.   The boy insisted on going out.

Mis amigos insistieron en venir a verme.   My friends insisted on coming to see me.

El avión tardó en llegar.   The plane was late in arriving.

I. *The following verbs generally take the prep. en + noun (or pronoun if that is the required dependent element)*

apoyarse en   to lean against, to lean on
confiar en   to rely on, to trust in
consistir en   to consist of
convertirse en   to become, to convert to
entrar en   to enter (into), to go into
fijarse en   to stare at, to notice, to take notice, to observe
meterse en   to get involved in, to plunge into
pensar en   to think of, to think about [**pensar en** is used when asking or when stating what or whom a person is thinking of]
ponerse en camino   to set out, to start out

reparar en   to notice, to observe
volver en sí   to regain consciousness, to be oneself again

Examples:

Me apoyé en la puerta.   I leaned against the door.

Entré en el restaurante.   I entered (I went in) the restaurant.

¿En qué piensa Ud.?   What are you thinking of?

Pienso en mi trabajo.   I am thinking of my work.

¿En quién piensa Ud.?   Whom are you thinking of?

Pienso en mi madre.   I am thinking of my mother.

¿En quiénes piensa Ud.?   Whom are you thinking of?

Pienso en mis padres.   I am thinking of my parents.

J. *The following verbs generally take the prep. por + inf., noun, pronoun, adj., if that is the required dependent element*

---

acabar por   to end up by
dar por   to consider, to regard as
darse por   to pretend (to be something), to think oneself (to be something)
estar por   to be in favor of
interesarse por   to take an interest in
pasar por   to be considered as
preguntar por   to ask for, to inquire about
tener por   to consider something, to have an opinion on something
tomar por   to take someone for

Examples:

Domingo acabó por casarse con Elena.   Dominic finally ended up by marrying Helen.

¿Mi libro de español? Lo doy por perdido.   My Spanish book? I consider it lost.

La señorita López se da por actriz.   Miss López pretends to be an actress.

Estamos por quedarnos en casa esta noche.   We are in favor of staying at home this evening.

El señor Pizarro pasa por experto.   Mr. Pizarro is considered an expert.

Pregunto por el señor Pardo. ¿Está en casa?   I am asking for Mr. Pardo. Is he at home?

K. *Verb + NO PREPOSITION + inf. The following verbs do not ordinarily take a preposition when followed by an infinitive*

---

deber + inf.   must, ought to
Debo hacer mis lecciones.   I must (ought to) do my lessons.

dejar + inf.   to allow to, to let
Mi madre me dejó salir.   My mother allowed me to go out.
Dejé caer mi libro.   I dropped my book (I let my book fall).

desear + inf.   to desire to, to wish to
Deseo tomar un café.   I wish to have a cup of coffee.

esperar + inf.   to expect to, to hope to
Espero ir a la América del Sur este invierno.   I expect to go to South America this winter.

hacer + inf.   to do, to make, to have something made or done
Tú me haces llorar.   You make me cry.
Mi padre hace construir una casita.   My father is having a small house built [by someone].
Note that the use of *hacer* + *inf.* can be described as the "causative (causal)" use of *hacer* when there is an inf. directly after it. The construction *hacer* + *inf.* indicates that something is being made or being done by someone. Further examples: *hacer firmar*/to have (something) signed (by someone); *hacer confesar*/to have (someone) confess or to make (someone) confess. This causative use of *hacer* is used in a verb tense that is needed + inf. form of the verb which tells what action is being done or being made: *Mi padre hizo construir una casita*/My father had a little house built; *Le haré confesar*/I shall make him confess; *El señor López lo hizo firmar la carta*/Mr. López made him sign the letter.

necesitar + inf.   to need
Necesito pasar una hora en la biblioteca.   I need to spend an hour in the library.

oír + inf.   to hear
Le oí entrar por la ventana.   I heard him enter through the window.
He oído hablar de su buena fortuna.   I have heard (talk) about your good fortune.
He oído decir que la señora Sierra está enferma.   I have heard (tell) that Mrs. Sierra is sick.

pensar + inf.   to intend to, to plan to
Pienso hacer un viaje a México.   I plan to take a trip to Mexico.

poder + inf.   to be able to, can
Puedo venir a verle a la una.   I can come to see you at one o'clock.

preferir + inf.   to prefer
Prefiero quedarme en casa esta noche.   I prefer to stay at home this evening.

prometer + inf.   to promise
Prometo venir a verle a las ocho.   I promise to come to see you at eight o'clock.

querer + inf.   to want to, to wish to
Quiero comer ahora.   I want to eat now.
¿Qué quiere decir este muchacho?   What does this boy mean?

saber + inf.   to know how to
¿Sabe Ud. nadar?   Do you know how to swim?
Sí, yo sé nadar.   Yes, I know how to swim.

ver + inf.   to see
Veo venir el tren.   I see the train coming.

L. *The following verbs do not ordinarily require a preposition, whereas in English a preposition is used*

---

agradecer   to thank for, to be thankful (to someone) for (something)
Le agradecí su paciencia.   I thanked him for his patience.

aprovechar   to take advantage of
¿No quiere Ud. aprovechar la oportunidad?   Don't you want to take advantage of the opportunity?

buscar   to look for, to search for
Busco mi libro.   I am looking for my book.

escuchar   to listen to
Escucho la música.   I am listening to the music.

esperar   to wait for
Espero el autobús.   I am waiting for the bus.

guardar cama   to stay in bed
La semana pasada guardé cama.   Last week I stayed in bed.

lograr   to succeed in
El alumno logró hacerlo.   The pupil succeeded in doing it.

mirar   to look at
Miro el cielo.   I am looking at the sky.

pagar   to pay for
Pagué los billetes.   I paid for the tickets.

pedir   to ask for
Pido un libro.   I am asking for a book.

soler + inf.   to be accustomed to, to be in the habit of
(Yo) suelo acompañar a mis amigos en el autobús.   I am in the habit of accompanying my friends on the bus.

Over 1,000 Spanish verbs conjugated like model verbs among the 301

The number after each verb is the page number in this book where a model verb is shown fully conjugated.

If the verb you have in mind to use is not listed among the 301 verbs in this book and if it is not listed among those that follow here because it might have been omitted inadvertently or because it is a verb a student would encounter in an advanced course of study in Spanish, consult my more comprehensive book, *Dictionary of 501 Spanish verbs fully conjugated in all the tenses* and its indexes.

A

abadanar 167
abalanzar 49
abalear 139
abalizar 226
abanar 167
abanderar 155
abandonar 284
abanicar 76
abaratar 206
abarcar 283
abarrotar 7
abatatar 7
abatatarse 7, 196
abatir 19
abdicar 62
abjurar 41
abnegar 215
abominar 281
abonar 284
aborrecer 34
abrasar 233
abrazar 104
abrigar 228
abrogar 263
absorber 57
abstraer 287
abusar 17
acamar 197
acaparar 229
acelerar 155
acentuar 95
aclamar 197
aclarar 18
acoger 78
acompasar 233

acopiar 66
acorrer 99
acostar 15
acrecer 101
activar 192
actuar 95
acuchillar 178
acudir 33
acumular 52
adaptar 7
adelantar 70
adicionar 284
adivinar 67
administrar 146
adoptar 7
adscribir 152
adular 176
advenir 294
afamar 31
afeitar 23
afianzar 82
aficionar 225
afirmar 284
afligir 158
afluir 180
afrontar 70
agarrar 31
agitar 162
agotar 7
agrandar 51
agravar 51
agregar 228
agrupar 219
ahorrar 41
ahumar 31

ajustar 176
alagar 228
alambrar 41
alanzar 191
alar 176
alarmar 31
alienar 167
aligar 228
alimentar 195
alocar 283
alojar 53
alotar 7
alumbrar 44
alumbrarse 38
amanecer 89
ampliar 31
amplificar 76
analizar 56
anegar 215
animar 31
anotar 7
antepagar 228
anteponer 241
anular 176
anunciar 250
apaciguar 50
apagar 228
aparar 282
apetecer 89
aplicar 62
apocar 62
apoderar 36
apreciar 250
aprehender 37
aprestar 247

Q

R

V

Y

Z

U

353